U0510698

图书在版编目(CIP)数据

马克思恩格斯列宁斯大林论人口问题 / 张世生主编 . —北京：中国社会
科学出版社，2015.12

（中国社会科学院马克思主义理论学科建设与理论研究工程系列丛书）

ISBN 978 - 7 - 5161 - 6306 - 1

Ⅰ.①马… Ⅱ.①张… Ⅲ.①马列著作 - 人口 - 问题研究 Ⅳ.①A564

中国版本图书馆 CIP 数据核字（2015）第 131089 号

出 版 人	赵剑英
责任编辑	赵 丽
责任校对	韩天炜
责任印制	王 超

出 版	中国社会科学出版社
社 址	北京鼓楼西大街甲 158 号
邮 编	100720
网 址	http：//www. csspw. cn
发 行 部	010 - 84083685
门 市 部	010 - 84029450
经 销	新华书店及其他书店

印 刷	北京君升印刷有限公司
装 订	廊坊市广阳区广增装订厂
版 次	2015 年 12 月第 1 版
印 次	2015 年 12 月第 1 次印刷

开 本	710×1000 1/16
印 张	19.5
插 页	2
字 数	320 千字
定 价	69.00 元

凡购买中国社会科学出版社图书，如有质量问题请与本社营销中心联系调换
电话：010 - 84083683

"马克思主义经典作家专题摘编"编委会

前　言

　　以毛泽东、邓小平、江泽民为核心的党的三代领导集体和以胡锦涛同志为总书记的党中央始终高度重视党的理论工作，重视全党对马克思主义理论的学习和研究工作。十八大以来，以习近平同志为总书记的党中央更是把意识形态工作作为党的一项极端重要的工作来抓。

　　2004 年 1 月，《中共中央关于进一步繁荣发展哲学社会科学的意见》下发，并决定实施马克思主义理论研究和建设工程。为贯彻落实党中央关于把中国社会科学院努力建设成为马克思主义坚强阵地、党和国家的思想库智囊团（智库）、哲学社会科学的最高殿堂的要求，中国社会科学院党组采取了一系列重要措施。2009 年年初决定把加强马克思主义理论学科建设与理论研究作为一项重要工作来抓，并成立中国社会科学院马克思主义理论学科建设与理论研究工程领导小组。小组成立后，一方面注重抓好马克思主义理论学科组织机构的建设，设立马克思主义理论类别的研究室和中心等；同时又注重马克思主义基础理论研究，安排了马克思主义经典作家在 36 个相关领域的"专题摘编"及基础理论专题研究。

　　中国社会科学院推出的"马克思主义经典作家专题摘编"丛书的出版，对马克思主义理论学科建设本身，对深化我国相关科研工作，对相关部门的工作人员和广大干部群众的学习将提供便利并会产生一定的促进作用。

中国社会科学院

"马克思主义经典作家专题摘编"编委会

2015 年 1 月

目　　录

一 人的发展及其本质

（一）人类的起源

1. 蒙昧时代

（1）低级阶段。这是人类的童年。人还住在自己最初居住的地方，即住在热带的或亚热带的森林中。他们至少是部分地住在树上，只有这样才可以说明，为什么他们在大猛兽中间还能生存。他们以果实、坚果、根作为食物；音节清晰的语言的产生是这一时期的主要成就。在有史时期所知道的一切民族中，已经没有一个是处在这种原始状态的了。虽然这一状态大概延续了好几千年之久，但我们却不能根据直接的证据去证明它；不过，我们既然承认人是起源于动物界的，那么，我们就不能不承认这种过渡状态了。

（2）中级阶段。从采用鱼类（我们把虾类、贝壳类及其他水栖动物都算在内）作为食物和使用火开始。这两者是互相联系着的，因为鱼类食物，只有用火才能做成完全可吃的东西。而自从有了这种新的食物以后，人们便不受气候和地域的限制了；他们沿着河流和海岸，甚至在蒙昧状态中已散布在地球上的大部分地区。石器时代早期的粗制的、未加磨制的石器，即所谓旧石器时代的石器（这些石器完全属于或大部分都属于这一阶段）遍布于各大洲，就是这种迁徙的证据。新移居的地带，以及不断的活跃的探索欲，加上掌握了摩擦取火的本领，就提供了新的食物，这就是在热灰或烧穴（地灶）中煨烤的淀粉质的根和块茎，以及随着最初武器即棍棒和标枪的发明而间或取得的附加食物——猎物。像书籍中所描写的纯粹的狩猎民族，即专靠打猎为生的民族，从未有过；靠猎物来维持生活，是极其靠不住的。由于食物来源经常没有保证，在这个阶段上大概发生了食人之风，这种风气，此后保持颇久。即在今日，澳大利亚人和许多波利尼西亚人还是处在蒙昧时代的这个中级阶段上。

（3）高级阶段。从弓箭的发明开始。由于有了弓箭，猎物便成了通常的食物，而打猎也成了常规的劳动部门之一。弓、弦、箭已经是很复杂的工具，发明这些工具需要有长期积累的经验和较发达的智力，因而也要同时熟悉其他许多发明。如果把已经知道弓箭，但还不知道制陶术（摩尔根认为向野蛮时代过渡就是从制陶术开始）的各民族，彼此对照一下，我们的确就可以看到，已经有定居而成村落的某些萌芽，以及对生活资料生产的某种程度的掌握，如：木制的容器和用具，用韧皮纤维做成的手工织物（没有织机），用韧皮或芦苇编成的篮子，以及磨制的（新石器时代的）石器。火和石斧通常已经使人能够制造独木舟，有的地方已经使人能够用方木和木板来建筑房屋了。例如，在美洲西北部的印第安人中间，我们就可以看到这一切进步，这些印第安人虽然已经使用弓和箭，但还不知道制陶术。弓箭对于蒙昧时代，正如铁剑对于野蛮时代和火器对于文明时代一样，乃是决定性的武器。

2. 野蛮时代

（1）低级阶段。从学会制陶术开始。可以证明，在许多地方，也许是在一切地方，陶器的制造都是由于在编制的或木制的容器上涂上黏土使之能够耐火而产生的。在这样做时，人们不久便发现，成型的黏土不要内部的容器，同样可以使用。

在此以前，我们可以把发展过程看做普遍适用于一切民族的一定时期的过程，而不管他们所生活的地域如何。但是，随着野蛮时代的到来，我们达到了这样一个阶段，这时两大陆的自然条件上的差异，就有了意义。野蛮时代的特有的标志，是动物的驯养、繁殖和植物的种植。东大陆，即所谓旧大陆，差不多有着一切适于驯养的动物和除一种以外一切适于种植的谷物；而西大陆，即美洲，在一切适于驯养的哺乳动物中，只有羊驼一种，并且只是在南部某些地方才有；而在一切可种植的谷物中，也只有一种，但却是最好的一种，即玉蜀黍。由于自然条件的这种差异，两个半球上的居民，从此以后，便各自循着自己独特的道路发展，而表示各个阶段的界标在两个半球也就各不相同了。

（2）中级阶段。在东大陆，是从驯养家畜开始；在西大陆，是从靠灌溉之助栽培食用植物以及在建筑上使用土坯（即用阳光晒干的砖）和石头开始。

我们先从西大陆说起，因为在这里，在被欧洲人征服以前，不论什么地方，都还没有越过这个阶段。

……

（3）高级阶段。从铁矿石的冶炼开始，并由于拼音文字的发明及其应用于文献记录而过渡到文明时代。这一阶段，前面已经说过，只是在东半球才独立经历过，其生产的进步，要比过去一切阶段的总和还要来得丰富。英雄时代的希腊人、罗马建城前不久的各意大利部落、塔西佗时代的德意志人、海盗时代的诺曼人，都属于这个阶段。

首先，我们在这里初次看到了带有铁铧的用牲畜拉的犁；有犁以后，大规模耕种土地，即田野农业，从而生活资料在当时条件下实际上无限制地增加，便都有可能了；从而也能够砍伐森林使之变为耕地和牧场了，这件事，如果没有铁斧和铁锹，也不可能大规模进行。但这样一来，人口也开始迅速增长起来，稠密地聚居在不大的地域内。而在田野农业产生以前，要有极其特殊的条件才能把50万人联合在一个统一的中央领导之下；这样的事大概从来都没有过。

野蛮时代高级阶段的全盛时期，我们在荷马的诗中，特别是在《伊利亚特》中可以看到。发达的铁制工具、风箱、手磨、陶工的辘轳、榨油和酿酒、成为手工艺的发达的金属加工、货车和战车、用方木和木板造船、作为艺术的建筑术的萌芽、由设塔楼和雉堞的城墙围绕起来的城市、荷马的史诗以及全部神话——这就是希腊人由野蛮时代带入文明时代的主要遗产。如果我们把凯撒，甚至塔西佗对日耳曼人的记述跟这些成就作一比较，便可看出，野蛮时代高级阶段在生产的发展上已取得多么丰富的成就。

恩格斯：《家庭、私有制和国家的起源》（1884年3月底—5月底），摘自《马克思恩格斯文集》第4卷，人民出版社2009年12月第1版，第33—38页。

这是一个方面。但我们不要忘记，这种组织是注定要灭亡的。它没有超出部落的范围；部落联盟的建立就已经标志着这种组织开始崩溃，这一点我们在后面将会看到，易洛魁人征服其他部落的企图也表明了这一点。凡是部落以外的，便是不受法律保护的。在没有明确的和平条约的地方，部落与部落之间便存在着战争，而且这种战争进行得很残酷，使别的动物无法和人类相比，只是到后来，才因物质利益的影响而缓和一些。全盛时期的氏族制度，如我们在美洲所见的，其前提是生产极不发展，因而广大地区内人口极度稀少；因此，人类差不多完全受着同他异己地对立着的、不可理解的外部大自然的支配，这也就反映在幼稚的宗教观念中。部落始终是人们的界限，无论对其他部落的人来说或者对他们自己来说都是如此：部落、氏族及其制度，都是神圣而不可侵犯的，都是自然所赋予的最高权力，个人在感情、思想和行动上始终是无条件服从的。这个时代的人们，虽然令我们感到值得赞叹，但他们彼此完全没有差别，他们都还依存于——用马克思的话说——自然形成的共同体的脐带。这种自然形成的共同体的权力必然要被打破，而且也确实被打破了。不过它是被那种使人感到从一开始就是一种退化，一种离开古代氏族社会的纯朴道德高峰的堕落的势力所打破的。最卑下的利益——无耻的贪欲、狂暴的享受、卑劣的名利欲、对公共财产的自私自利的掠夺——揭开了新的、文明的阶级社会；最卑鄙的手段——偷盗、强制、欺诈、背信——毁坏了古老的没有阶级的氏族社会，把它引向崩溃。而这一新社会自身，在其整整两千五百余年的存在期间，只不过是一幅区区少数人靠牺牲被剥削和被压迫的大多数人而求得发展的图画罢了，而这种情形，现在比从前更加厉害了。

恩格斯：《家庭、私有制和国家的起源》（1884 年 3 月底—5 月底），摘自《马克思恩格斯文集》第 4 卷，人民出版社 2009 年 12 月第 1 版，第112 页。

但是，人们并不是到处都停留在这个阶段。在亚洲，他们发现了可以驯服并且在驯服后可以繁殖的动物。野生的雌水牛，需要去猎取；但已经驯服的雌水牛，每年可生一头小牛，此外还可以挤奶。有些最先进的部落——雅利安人、闪米特人，也许还有图兰人——，其主要的劳动部门起初就是驯养牲畜，只是到后来才又有繁殖和看管牲畜。游牧部落从其余的野蛮人群中分离出来——这是第一次社会大分工。游牧部落生产的生活资料，不仅比其余的野蛮人多，而且也不相同。同其余的野蛮人比较，他们不仅有数量多得多的乳、乳制品和肉类，而且有兽皮、绵羊毛、山羊毛和随着原料增多而日益增加的纺织物。这就第一次使经常的交换成为可能。在更早的阶段上，只能有偶然的交换；制造武器和工具的特殊技能，可能导致暂时的分工。例如，在许多地方，都发现石器时代晚期的石器作坊的无可置疑的遗迹；在这种作坊中发展了自己技能的匠人们，大概是为全体工作，正如印度的氏族公社的终身手艺人至今仍然如此一样。在这个阶段上，除了部落内部发生的交换以外，决不可能有其他的交换，而且，即使是部落内部的交换，也仍然是一种例外的事件。但是，自从游牧部落分离出来以后，我们就看到，各不同部落的成员之间进行交换以及把交换作为一种经常制度来发展和巩固的一切条件都具备了。起初是部落和部落之间通过各自的氏族酋长来进行交换；但是当畜群开始变为特殊财产的时候，个人交换便越来越占优势，终于成为交换的唯一形式。不过，游牧部落用来同他们的邻人交换的主要物品是牲畜；牲畜变成了一切商品都用来估价并且到处都乐于与之交换的商品——一句话，牲畜获得了货币的职能，在这个阶段上就已经起货币的作用了。在商品交换刚刚产生的时候，对货币商品的需求，就以这样的必然性和速度发展起来了。

恩格斯：《家庭、私有制和国家的起源》（1884 年 3 月底—5 月底），摘自《马克思恩格斯文集》第 4 卷，人民出版社 2009 年 12 月第 1 版，第 178—179 页。

近年来，否认人类性生活的这个初期阶段，已成时髦了。人们想使人类免去这一"耻辱"。在这里，人们不仅以缺乏任何直接的证据为口实，而且还特别引用其他动物界的例子；从其他动物界里，勒土尔诺（《婚姻和家庭之进化》1888 年版）搜集了许多事实，表明完全杂乱的性关系即使在这里也应该属于低级发展阶段。但是，我从这一切事实中只能得出这样一个结论，即它们对于人类及其原始生活条件绝对证明不了任何东西。脊椎动物长期的成对同居，用生理的原因足以说明，例如在鸟类中，是由于雌鸟在孵卵期间需要扶助；在鸟类中存在的忠实的专偶制的例子，对于人类丝毫不能有所证明，因为人类并非起源于鸟类。如果严格的专偶制是各种美德的最高峰，那么优胜的棕叶就应当属于绦虫了，因为绦虫在其 50—200 个关节或体节的每一节中都有完备的雌雄性器官，终生都在每个体节中自行交合。而如果我们只限于谈哺乳动物，那么我们在这里就可以找出性生活的一切形式——杂交、类似群婚的形式、多妻制、个体婚制；所缺乏的只是多夫制，这一点只有人类才能做得出来。甚至我们的近亲——猿猴类，在雌雄的配合上也显露了种种可能的差别；如果再缩小范围，仅仅考察一下四种类人猿，那么在这里勒土尔诺只能说，它们有时是专偶制，有时是多偶制，而从日罗－特隆的著作来看，索绪尔则断言它们是专偶制。最近韦斯特马克（《人类婚姻史》1891 年伦敦版）关于类人猿是专偶制的断语，也远不能作为证据。总之，现有的材料的性质使得诚实的勒土尔诺承认：

"不过，在哺乳动物中，智力发展的程度和性关系的形式之间，根本没有严格的关系。"

而埃斯皮纳斯（《论动物的社会》1877 年版）则率直地说：

"群是我们在动物中所能看到的最高的社会集团。它大概是由家庭构成的，但是家庭和群一开始就处在对抗之中，它们是以反比例发展的。"

从上述情况已经可以看出，我们关于类人猿的家庭集团及其他共居生活集团还几乎没有丝毫确定的知识；现有的材料都是直接互相矛盾的。这也没有什么稀奇。甚至我们所掌握的关于蒙昧人类族系的一切材料，也是十分矛盾，十分需要严格考证和精选的；而观察猿猴社会，比观察人类社会，还要困难得多。因此，凡根据这样绝对不可靠的报告而作的任何结论，我们都必须加以摒弃。

> 恩格斯：《家庭、私有制和国家的起源》（1884 年 3 月底—5 月底），摘自《马克思恩格斯文集》第 4 卷，人民出版社 2009 年 12 月第 1 版，第 43—44 页。

（二）人的形成过程

交换和分工被认为是产生人的才能的巨大差异的原因，这种差异又由于交换而成为有用的。斯卡尔培克把人的生产的本质力量或者说生产性的本质力量分为两部分：（1）个人的、他所固有的力量，即他的智力和从事一定劳动的特殊素质或能力；（2）来源于社会——不是来源于现实个人——的力量，即分工和交换。——其次：分工受市场的限制。——人的劳动是简单的机械运动；最主要的事情由对象的物质特性去完成。——分配给每一个人的操作应当尽可能少。

> 马克思：《1844 年经济学哲学手稿》（1844 年 4—8 月），摘自《马克思恩格斯文集》第 1 卷，人民出版社 2009 年 12 月第 1 版，第 241 页。

因此，人是特殊的个体，并且正是人的特殊性使人成为个体，成为现实的、单个的社会存在物，同样，人也是总体，是观念的总体，是被思考和被感知的社会的自为的主体存在，正如人在现实中既作为对社会存在的直观和现实享受而存在，又作为人的生命表现的总体而存在一样。

> 马克思：《1844 年经济学哲学手稿》（1844 年 4—8 月），摘自《马克思恩格斯文集》第 1 卷，人民出版社 2009 年 12 月第 1 版，第 188 页。

因此，社会的人的感觉不同于非社会的人的感觉。只是由于人的本质客观地展开的丰富性，主体的、人的感性的丰富性，如有音乐感的耳朵、能感受形式美的眼睛，总之，那些能成为人的享受的感觉，即确证自己是人的本质力量的感觉，才一部分发展起来，一部分产生出来。因为，不仅五官感觉，而且连所谓精神感觉、实践感觉（意志、爱等等），一句话，人的感觉、感觉的人性，都是由于它的对象的存在，由于人化的自然界，才产生出来的。

马克思：《1844 年经济学哲学手稿》（1844 年 4—8 月），摘自《马克思恩格斯文集》第 1 卷，人民出版社 2009 年 12 月第 1 版，第 191 页。

可见，全部历史是为了使"人"成为感性意识的对象和使"人作为人"的需要成为需要而作准备的历史（发展的历史）。历史本身是自然史的一个现实部分，即自然界生成为人这一过程的一个现实部分。自然科学往后将包括关于人的科学，正像关于人的科学包括自然科学一样：这将是一门科学。〔Ⅹ〕人是自然学的直接对象；因为直接的感性自然界，对人来说直接是人的感性（这是同一个说法），直接是另一个人对他来说感性地存在着的人；因为他自己的感性，只有通过别人，才对他本身来说是人的感性。但是，自然界是关于人的科学的直接对象。人的第一个对象——人——就是自然界、感性；而那些特殊的、人的、感性的本质力量，正如它们只有在自然对象中才能得到客观的实现一样，只有在关于自然本质的科学中才能获得它们的自我认识。思维本身的要素，思想的生命表现的要素，即语言，具有感性的性质。同自然界的社会的现实和人的自然科学或关于人的自然科学，是同一个说法。

马克思：《1844 年经济学哲学手稿》（1844 年 4—8 月），摘自《马克思恩格斯文集》第 1 卷，人民出版社 2009 年 12 月第 1 版，第 194 页。

正像一切自然物必须形成一样，人也有自己的形成过程即历史，但历史对人来说是被认识到的历史，因而它作为形成过程是一种有意识地抛弃自身的形成过程。历史是人的真正的自然史。

马克思：《1844 年经济学哲学手稿》（1844 年 4—8 月），摘自《马克思恩格斯文集》第 1 卷，人民出版社 2009 年 12 月第 1 版，第 211 页。

人们不能自由选择自己的生产力——这是他们的全部历史的基础，因为任何生产力都是一种既得的力量，是以往的活动的产物。可见，生产力是人们应用能力的结果，但是这种能力本身决定于人们所处的条件，决定

于先前已经获得的生产力，决定于在他们以前已经存在、不是由他们创立
而是由前一代人创立的社会形式。后来的每一代人都得到前一代人已经取
得的生产力并当做原料来为自己新的生产服务，由于这一简单的事实，就
形成人们的历史中的联系，就形成人类的历史，这个历史随着人们的生产
力以及人们的社会关系的愈益发展而愈益成为人类的历史。由此就必然得
出一个结论：人们的社会历史始终只是他们的个体发展的历史，而不管他
们是否意识到这一点。他们的物质关系形成他们的一切关系的基础。这种
物质关系不过是他们的物质的和个体的活动所借以实现的必然形式罢了。

> 马克思：《马克思致帕维尔·瓦西里耶维奇·安年科夫》（1846 年 12 月 28
> 日），摘自《马克思恩格斯文集》第 10 卷，人民出版社 2009 年 12 月第 1
> 版，第 43 页。

如果我们单独考察资本主义生产并且把流通过程和激烈竞争撇开不说，
资本主义生产对已经实现的、对象化在商品中的劳动，是异常节约的。相
反地，它对人，对活劳动的浪费，却大大超过任何别的生产方式，它不仅
浪费血和肉，而且也浪费神经和大脑。在这个直接处于人类社会实行自觉
改造以前的历史时期，人类本身的发展实际上只是通过极大地浪费个人发
展的办法来保证和实现的。因为这里所说的全部节约都来源于劳动的社会
性质，所以，实际上正是劳动的这种直接社会性质造成工人的生命和健康
的浪费。

> 马克思：《资本论》第 3 卷（1894 年 11 月），摘自《马克思恩格斯文集》
> 第 7 卷，人民出版社 2009 年 12 月第 1 版，第 103—104 页。

利润率即资本的相对增长率，首先对一切新的独立形成的资本嫩芽来
说，是重要的。只要资本的形成仅仅发生在某些可以用利润量来弥补利润
率的少数现成的大资本手中，使生产活跃的火焰就会熄灭。生产就会进入
睡眠状态。利润率是资本主义生产的推动力；那种而且只有那种生产出来
能够提供利润的东西才会被生产。英国经济学家对利润率下降的担忧就是
由此产生的。单是这种可能性就使李嘉图感到不安，这正好表明他对资本
主义生产条件有深刻的理解。有人责难他，说他在考察资本主义生产时不
注意"人"，只看到生产力的发展，而不管这种发展以人和资本价值的多
大牺牲为代价。这正好是他的学说中的重要之处。

> 马克思：《资本论》第 3 卷（1894 年 11 月），摘自《马克思恩格斯文集》

第 7 卷，人民出版社 2009 年 12 月第 1 版，第 288 页。

正像在从前的目的论者看来，植物所以存在，是为了给动物充饥；动物所以存在，是为了给人类充饥；同样，历史所以存在，也是为了给理论的充饥（即证明）这种消费行为服务。人为了历史能存在而存在，而历史则为了真理的论据能存在而存在。在这种批判的庸俗化的形式中重复着思辨的英明：人所以存在，历史所以存在，是为了使真理达到自我意识。

　　马克思和恩格斯：《神圣家族，或对批判的批判所做的批判》（1844 年 9—11 月），摘自《马克思恩格斯文集》第 1 卷，人民出版社 2009 年 12 月第 1 版，第 284 页。

黑格尔的历史观以抽象的或绝对的精神为前提，这种精神是这样发展的：人类只是这种精神的无意识或有意识的承担者，即群众。可见，黑格尔是在经验的、公开的历史内部让思辨的、隐秘的历史发生的。人类的历史变成了抽象精神的历史，因而也就变成了同现实的人相脱离的人类彼岸精神的历史。

　　马克思和恩格斯：《神圣家族，或对批判的批判所做的批判》（1844 年 9—11 月），摘自《马克思恩格斯文集》第 1 卷，人民出版社 2009 年 12 月第 1 版，第 291—292 页。

在认识到人是本质、是人的全部活动和全部状况的基础之后，唯有"批判"还能够发明出新的范畴来，并像它正在做的那样，重新把人本身变成一个范畴，变成一整套范畴的原则。当然，这样"批判"就走上了最后的求生之路，因为对惊慌不安和受到查究的神学的非人性说来已别无他路可走了。历史什么事情也没有做，它"不拥有任何惊人的丰富性"，它"没有进行任何战斗"！其实，正是人，现实的、活生生的人在创造这一切，拥有这一切并且进行战斗。并不是"历史"把人当做手段来达到自己——仿佛历史是一个独具魅力的人——的目的。历史不过是追求着自己目的的人的活动而已。

　　马克思和恩格斯：《神圣家族，或对批判的批判所做的批判》（1844 年 9—11 月），摘自《马克思恩格斯文集》第 1 卷，人民出版社 2009 年 12 月第 1 版，第 295 页。

全部人类历史的第一个前提无疑是有生命的个人的存在。因此，第一个需要确认的事实就是这些个人的肉体组织以及由此产生的个人对其他自然的关系。当然，我们在这里既不能深入研究人们自身的生理特性，也不能深入研究人们所处的各种自然条件——地质条件、山岳水文地理条件、气候条件以及其他条件。任何历史记载都应当从这些自然基础以及它们在历史进程中由于人们的活动而发生的变更出发。

可以根据意识、宗教或随便别的什么来区别人和动物。一旦人开始生产自己的生活资料的时候，即迈出由他们的肉体组织所决定的这一步的时候，人本身就开始把自己和动物区别开来。人们生产自己的生活资料，同时间接地生产着自己的物质生活本身。

人们用以生产自己的生活资料的方式，首先取决于他们已有的和需要再生产的生活资料本身的特性。这种生产方式不应当只从它是个人肉体存在的再生产这方面加以考察。更确切地说，它是这些个人的一定的活动方式，是他们表现自己生活的一定方式、他们的一定的生活方式。个人怎样表现自己的生活，他们自己就是怎样。因此，他们是什么样的，这同他们的生产是一致的——既和他们生产什么一致，又和他们怎样生产一致。因而，个人是什么样的，这取决于他们进行生产的物质条件。

马克思和恩格斯：《德意志意识形态》（1845 年秋—1846 年 5 月），摘自《马克思恩格斯文集》第 1 卷，人民出版社 2009 年 12 月第 1 版，第 519—520 页。

思想、观念、意识的生产最初是直接与人们的物质活动，与人们的物质交往，与现实生活的语言交织在一起的。人们的想象、思维、精神交往在这里还是人们物质行动的直接产物。表现在某一民族的政治、法律、道德、宗教、形而上学等的语言中的精神生产也是这样。人们是自己的观念、思想等等的生产者，但这里所说的人们是现实的、从事活动的人们，他们受自己的生产力和与之相适应的交往的一定发展——直到交往的最遥远的形态——所制约。意识在任何时候都只能是被意识到了的存在，而人们的存在就是他们的现实生活过程。如果在全部意识形态中，人们和他们的关系就像在照相机中一样是倒立成像的，那么这种现象也是从人们生活的历史过程中产生的，正如物体在视网膜上的倒影是直接从人们生活的生理过程中产生的一样……

这种考察方法不是没有前提的。它从现实的前提出发，它一刻也不离开这种前提。它的前提是人，但不是处在某种虚幻的离群索居和固定不变状态中的人，而是处在现实的、可以通过经验观察到的、在一定条件下进行的发展过程中的人。只要描绘出这个能动的生活过程，历史就不再像那些本身还是抽象的经验主义者所认为的那样，是一些僵死的事实的汇集，也不再像唯心主义者所认为的那样，是想象的主体的想象活动。

　　……

　　[……] 实际上，而且对实践的唯物主义者即共产主义者来说，全部问题都在于使现存世界革命化，实际地反对并改变现存的事物。如果在费尔巴哈那里有时也遇见类似的观点，那么它们始终不过是一些零星的猜测，而且对费尔巴哈的总的观点的影响微乎其微，以致只能把它们看做是具有发展能力的萌芽。费尔巴哈对感性世界的"理解"一方面仅仅局限于对这一世界的单纯的直观，另一方面仅仅局限于单纯的感觉。费尔巴哈设定的是"人"，而不是"现实的历史的人"。"人"实际上是"德国人"。在前一种情况下，在对感性世界的直观中，他不可避免地碰到与他的意识和他的感觉相矛盾的东西，这些东西扰乱了他所假定的感性世界的一切部分的和谐，特别是人与自然界的和谐。为了排除这些东西，他不得不求助于某种二重性的直观，这种直观介于仅仅看到"眼前"的东西的普通直观和看出事物的"真正本质"的高级的哲学直观之间。他没有看到，他周围的感性世界决不是某种开天辟地以来就直接存在的、始终如一的东西，而是工业和社会状况的产物，是历史的产物，是世世代代活动的结果，其中每一代都立足于前一代所奠定的基础上，继续发展前一代的工业和交往，并随着需要的改变而改变他们的社会制度。甚至连最简单的"感性确定性"的对象也只是由于社会发展、由于工业和商业交往才提供给他的。大家知道，樱桃树和几乎所有的果树一样，只是在几个世纪以前由于商业才移植到我们这个地区。由此可见，樱桃树只是由于一定的社会在一定时期的这种活动才为费尔巴哈的"感性确定性"所感知。

　　　　马克思和恩格斯：《德意志意识形态》（1845年秋—1846年5月），摘自
　　《马克思恩格斯文集》第1卷，人民出版社2009年12月第1版，第524—
　　528页。

　　我们谈的是一些没有任何前提的德国人，因此我们首先应当确定一切人类生存的第一个前提，也就是一切历史的第一个前提，这个前提是：人们为了能够"创造历史"，必须能够生活。但是为了生活，首先就需要吃

喝住穿以及其他一些东西。因此第一个历史活动就是生产满足这些需要的资料，即生产物质生活本身，而且，这是人们从几千年前直到今天单是为了维持生活就必须每日每时从事的历史活动，是一切历史的基本条件。即使感性在圣布鲁诺那里被归结为像一根棍子那样微不足道的东西，它仍然必须以生产这根棍子的活动为前提。因此任何历史观的第一件事情就是必须注意上述基本事实的全部意义和全部范围，并给予应有的重视。大家知道，德国人从来没有这样做过，所以他们从来没有为历史提供世俗基础，因而也从未拥有过一个历史学家。法国人和英国人尽管对这一事实同所谓的历史之间的联系了解得非常片面——特别是因为他们受政治意识形态的束缚——，但毕竟作了一些为历史编纂学提供唯物主义基础的初步尝试，首次写出了市民社会史、商业史和工业史。

第二个事实是，已经得到满足的第一个需要本身、满足需要的活动和已经获得的为满足需要而用的工具又引起新的需要，而这种新的需要的产生是第一个历史活动。从这里立即可以明白，德国人的伟大历史智慧是谁的精神产物。德国人认为，凡是在他们缺乏实证材料的地方，凡是在神学、政治和文学的谬论不能立足的地方，就没有任何历史，那里只有"史前时期"；至于如何从这个荒谬的"史前历史"过渡到真正的历史，他们却没有对我们作任何解释。不过另一方面，他们的历史思辨所以特别热衷于这个"史前历史"，是因为他们认为在这里他们不会受到"粗暴事实"的干预，而且还可以让他们的思辨欲望得到充分的自由，创立和推翻成千上万的假说。

一开始就进入历史发展过程的第三种关系是：每日都在重新生产自己生命的人们开始生产另外一些人，即繁殖。这就是夫妻之间的关系，父母和子女之间的关系，也就是家庭。这种家庭起初是唯一的社会关系，后来，当需要的增长产生了新的社会关系而人口的增多又产生了新的需要的时候，这种家庭便成为从属的关系了（德国除外）。这时就应该根据现有的经验材料来考察和阐明家庭，而不应该像通常在德国所做的那样，根据"家庭的概念"来考察和阐明家庭。此外，不应该把社会活动的这三个方面看做是三个不同的阶段，而只应该看做是三个方面，或者，为了使德国人能够明白，把它们看做是三个"因素"。从历史的最初时期起，从第一批人出现以来，这三个方面就同时存在着，而且现在也还在历史上起着作用。

马克思和恩格斯：《德意志意识形态》（1845 年秋—1846 年 5 月），摘自《马克思恩格斯文集》第 1 卷，人民出版社 2009 年 12 月第 1 版，第 531—532 页。

单个人随着自己的活动扩大为世界历史性的活动，越来越受到对他们来说是异己的力量的支配（他们把这种压迫想象为所谓世界精神等等的圈套），受到日益扩大的、归根结底表现为世界市场的力量的支配，这种情况在迄今为止的历史中当然也是经验事实。但是，另一种情况也具有同样的经验根据，这就是：随着现存社会制度被共产主义革命所推翻（下面还要谈到这一点）以及与这一革命具有同等意义的私有制的消灭，这种对德国理论家们来说是如此神秘的力量也将被消灭；同时，每一个单个人的解放的程度是与历史完全转变为世界历史的程度一致的。至于个人在精神上的现实丰富性完全取决于他的现实关系的丰富性，根据上面的叙述，这已经很清楚了。只有这样，单个人才能摆脱种种民族局限和地域局限而同整个世界的生产（也同精神的生产）发生实际联系，才能获得利用全球的这种全面的生产（人们的创造）的能力。各个人的全面的依存关系、他们的这种自然形成的世界历史性的共同活动的最初形式，由于这种共产主义革命而转化为对下述力量的控制和自觉的驾驭，这些力量本来是由人们的相互作用产生的，但是迄今为止对他们来说都作为完全异己的力量威慑和驾驭着他们。这种观点仍然可以用思辨的、观念的方式，也就是用幻想的方式解释为"类的自我产生"（"作为主体的社会"），从而把所有前后相继、彼此相联的个人想象为从事自我产生这种神秘活动的唯一的个人。这里很明显，尽管人们在肉体上和精神上互相创造着，但是他们既不像圣布鲁诺胡说的那样，也不像"唯一者"、"被创造的"人那样创造自己本身。

马克思和恩格斯：《德意志意识形态》（1845 年秋—1846 年 5 月），摘自《马克思恩格斯文集》第 1 卷，人民出版社 2009 年 12 月第 1 版，第 541—542 页。

由此可见，这种历史观就在于：从直接生活的物质生产出发阐述现实的生产过程，把同这种生产方式相联系的、它所产生的交往形式即各个不同阶段上的市民社会理解为整个历史的基础，从市民社会作为国家的活动描述市民社会，同时从市民社会出发阐明意识的所有各种不同的理论产物和形式，如宗教、哲学、道德等等，而且追溯它们产生的过程。这样做当然就能够完整地描述事物了（因而也能够描述事物的这些不同方面之间的相互作用）。这种历史观和唯心主义历史观不同，它不是在每个时代中寻找某种范畴，而是始终站在现实历史的基础上，不是从观念出发来解释实践，而是从物质实践出发来解释各种观念形态，由此也就得出下述结论：意识的一切形式和产物不是可以通过精神的批判来消灭的，不是可以通过把它们消融在"自我意识"中或化为"怪影"、"幽灵"、"怪想"等等来消灭的，而只有通过实际地推翻这一切唯心主义谬论所由产生的现实的社会关系，才能把它们消灭；历史的动力以及宗教、哲学和任何其他理论的动力是革命，而不是批判。这种观点表明：历史不是作为"源于精神的精神"消融在"自我意识"中而告终的，历史的每一阶段都遇到一定的物质结果，一定的生产力总和，人对自然以及个人之间历史地形成的关系，都遇到前一代传给后一代的大量生产力、资金和环境，尽管一方面这些生产力、资金和环境为新的一代所改变，但另一方面，它们也预先规定新的一代本身的生活条件，使它得到一定的发展和具有特殊的性质。由此可见，这种观点表明：人创造环境，同样，环境也创造人。每个个人和每一代所遇到的现成的东西：生产力、资金和社会交往形式的总和，是哲学家们想象为"实体"和"人的本质"的东西的现实基础，是他们加以神化并与之斗争的东西的现实基础，这种基础尽管遭到以"自我意识"和"唯一者"的身份出现的哲学家们的反抗，但它对人们的发展所起的作用和影响却丝毫也不因此而受到干扰。各代所遇到的这些生活条件还决定着这样的情况：历史上周期性地重演的革命动荡是否强大到足以摧毁现存一切的基础；如果还没有具备这些实行全面变革的物质因素，就是说，一方面还没有一定的生产力，另一方面还没有形成不仅反抗旧社会的个别条件，而且反抗旧的"生活生产"本身、反抗旧社会所依据的"总和活动"的革命群众，那么，正如共产主义的历史所证明的，尽管这种变革的观念已经表述过千百次，但这对于实际发展没有任何意义。

　　　　马克思和恩格斯：《德意志意识形态》（1845 年秋—1846 年 5 月），摘自
　　《马克思恩格斯文集》第 1 卷，人民出版社 2009 年 12 月第 1 版，第 544—
　　545 页。

　　个人的这种发展是在历史地前后相继的等级和阶级的共同生存条件下产生的，也是在由此而强加于他们的普遍观念中进行的，如果用哲学的观

点来考察这种发展，当然就很容易产生这样的臆想：在这些个人中，类或人得到了发展，或者说这些个人发展了人；这样臆想，是对历史的莫大侮辱。这样一来，就可以把各种等级和阶级看做是普遍表达方式的一些类别，看做是类的一些亚种，看做是人的一些发展阶段。

个人隶属于一定阶级这一现象，在那个除了反对统治阶级以外不需要维护任何特殊的阶级利益的阶级形成之前，是不可能消灭的。

——

个人力量（关系）由于分工而转化为物的力量这一现象，不能靠人们从头脑里抛开关于这一现象的一般观念的办法来消灭，而是只能靠个人重新驾驭这些物的力量，靠消灭分工的办法来消灭。没有共同体，这是不可能实现的。只有在共同体中，个人才能获得全面发展其才能的手段，也就是说，只有在共同体中才可能有个人自由。在过去的种种冒充的共同体中，如在国家等等中，个人自由只是对那些在统治阶级范围内发展的个人来说是存在的，他们之所以有个人自由，只是因为他们是这一阶级的个人。从前各个人联合而成的虚假的共同体，总是相对于各个人而独立的；由于这种共同体是一个阶级反对另一个阶级的联合，因此对于被统治的阶级来说，它不仅是完全虚幻的共同体，而且是新的桎梏。在真正的共同体的条件下，各个人在自己的联合中并通过这种联合获得自己的自由。

各个人的出发点总是他们自己，不过当然是处于既有的历史条件和关系范围之内的自己，而不是意识形态家们所理解的"纯粹的"个人。然而在历史发展的进程中，而且正是由于在分工范围内社会关系的必然独立化，在每一个人的个人生活同他的屈从于某一劳动部门以及与之相关的各种条件的生活之间出现了差别。这不应当理解为，似乎像食利者和资本家等等已不再是有个性的个人了，而应当理解为，他们的个性是由非常明确的阶级关系决定和规定的，上述差别只是在他们与另一阶级的对立中才出现，而对他们本身来说，上述差别只是在他们破产之后才产生。在等级中（尤其是在部落中）这种现象还是隐蔽的，例如，贵族总是贵族，平民总是平民，不管他的其他关系如何；这是一种与他的个性不可分割的品质。有个性的个人与阶级的个人的差别，个人生活条件的偶然性，只是随着那本身是资产阶级产物的阶级的出现才出现。只有个人相互之间的竞争和斗争才产生和发展了这种偶然性本身。因此，各个人在资产阶级的统治下被设想得要比先前更自由些，因为他们的生活条件对他们来说是偶然的；事实上，他们当然更不自由，因为他们更加屈从于物的力量。等级的差别特别显著地表现在资产阶级与无产阶级的对立中。当市民等级、同业公会等等起来反对农村贵族的时候，他们的生存条件，即在他们割断了封建的联系以前就潜在地存在着的动产和手艺，表现为一种与封建土地所有制相对立的积极的东西，因此起先也具有一种特殊的封建形式。当然，逃亡农奴认为他们先前的农奴地位对他们的个性来说是某种偶然的东西。但是，在这方面，他们只是做了像每一个挣脱了枷锁的阶级所做的事，此外，他们不是作为一个阶级解放出来的，而是零零散散地解放出来的。其次，他们并没有越出等级制度的范围，而只是形成了一个新的等级，在新的处境中也还保存了他们过去的劳动方式，并且使这种劳动方式摆脱已经和他们所达到的发展阶段不相适应的桎梏，从而使它得到进一步的发展。

马克思和恩格斯：《德意志意识形态》（1845 年秋—1846 年 5 月），摘自《马克思恩格斯文集》第 1 卷，人民出版社 2009 年 12 月第 1 版，第 570—572 页。

只有在这个阶段上，自主活动才同物质生活一致起来，而这又是同各个人向完全的个人的发展以及一切自发性的消除相适应的。同样，劳动向自主活动的转化，同过去受制约的交往向个人本身的交往的转化，也是相互适应的。随着联合起来的个人对全部生产力的占有，私有制也就终结了。在迄今为止的历史上，一种特殊的条件总是表现为偶然的，而现在，各个人本身的独自活动，即每一个人本身特殊的个人职业，才是偶然的。

哲学家们在不再屈从于分工的个人身上看到了他们名之为"人"的那种理想，他们把我们所阐述的整个发展过程看做是"人"的发展过程，从而把"人"强加于迄今每一历史阶段中所存在的个人，并把"人"描述成历史的动力。这样，整个历史过程被看成是"人"的自我异化过程，实质上这是因为，他们总是把后来阶段的一般化的个人强加于先前阶段的个人，并且把后来的意识强加于先前的个人。借助于这种从一开始就撇开现实条件的本末倒置的做法，他们就可以把整个历史变成意识的发展过程了。

马克思和恩格斯：《德意志意识形态》（1845 年秋—1846 年 5 月），摘自《马克思恩格斯文集》第 1 卷，人民出版社 2009 年 12 月第 1 版，第 582 页。

挪威的农民从来都不是农奴，这使得全部发展（卡斯蒂利亚的情形也类似）具有一种完全不同的背景。挪威的小资产者是自由农民之子，在这种情况下，与堕落的德国小市民相比，他们是真正的人。同样，挪威的小资产阶级妇女与德国的小市民妇女相比也不知要好多少倍。就拿易卜生的戏剧来说，不管有怎样的缺点，它们却反映了一个虽然是中小资产阶级的，但与德国相比却有天渊之别的世界；在这个世界里，人们还有自己的性格以及首创精神，并且独立地行动，尽管在外国人看来往往有些奇怪。

恩格斯：《恩格斯致康拉德·施米特》（1890 年 8 月 5 日），摘自《马克思
恩格斯文集》第 10 卷，人民出版社 2009 年 12 月第 1 版，第 585 页。

我打算从马克思的著作中给您找出一则您所期望的题词。我认为，马克思是当代唯一能够和那位伟大的佛罗伦萨人相提并论的社会主义者。但是，除了《共产主义宣言》中的下面这句话（《社会评论》杂志社出版的意大利文版第 35 页），我再也找不出合适的了："代替那存在着阶级和阶级对立的资产阶级旧社会的，将是这样一个联合体，在那里，每个人的自由发展是一切人的自由发展的条件。"

恩格斯：《恩格斯致朱泽培·卡内帕》（1894 年 1 月 9 日），摘自《马克思
恩格斯文集》第 10 卷，人民出版社 2009 年 12 月第 1 版，第 666 页。

（三）人的本质

人的本质，人，在黑格尔看来 = 自我意识。因此，人的本质的全部异化不过是自我意识的异化。自我意识的异化没有被看做人的本质的现实异化的表现，即在知识和思维中反映出来的这种异化的表现。

马克思：《1844 年经济学哲学手稿》（1844 年 4—8 月），摘自《马克思恩
格斯文集》第 1 卷，人民出版社 2009 年 12 月第 1 版，第 207 页。

因此，人作为对象性的、感性的存在物，是一个受动的存在物；因为它感到自己是受动的，所以是一个有激情的存在物。激情、热情是人强烈追求自己的对象的本质力量。

马克思：《1844 年经济学哲学手稿》（1844 年 4—8 月），摘自《马克思恩
格斯文集》第 1 卷，人民出版社 2009 年 12 月第 1 版，第 211 页。

通过实践创造对象世界，改造无机界，人证明自己是有意识的类存在物，就是说是这样一种存在物，它把类看做自己的本质，或者说把自身看做类存在物。诚然，动物也生产。动物为自己营造巢穴或住所，如蜜蜂、海狸、蚂蚁等。但是，动物只生产它自己或它的幼仔所直接需要的东西；动物的生产是片面的，而人的生产是全面的；动物只是在直接的肉体需要的支配下生产，而人甚至不受肉体需要的影响也进行生产，并且只有不受这种需要的影响才进行真正的生产；动物只生产自身，而人再生产整个自然界；动物的产品直接属于它的肉体，而人则自由地面对自己的产品。动物只是按照它所属的那个种的尺度和需要来构造，而人却懂得按照任何一个种的尺度来进行生产，并且懂得处处都把固有的尺度运用于对象；因此，人也按照美的规律来构造。

因此，正是在改造对象世界的过程中，人才真正地证明自己是类存在物。这种生产是人的能动的类生活。通过这种生产，自然界才表现为他的作品和他的现实。因此，劳动的对象是人的类生活的对象化：人不仅像在意识中那样在精神上使自己二重化，而且能动地、现实地使自己二重化，从而在他所创造的世界中直观自身。因此，异化劳动从人那里夺去了他的生产的对象，也就从人那里夺去了他的类生活，即他的现实的类对象性，把人对动物所具有的优点变成缺点，因为人的无机的身体即自然界被夺走了。

同样，异化劳动把自主活动、自由活动贬低为手段，也就把人的类生活变成维持人的肉体生存的手段。

因此，人具有的关于自己的类的意识，由于异化而改变，以致类生活对他来说竟成了手段。

> 马克思：《1844 年经济学哲学手稿》（1844 年 4—8 月），摘自《马克思恩格斯文集》第 1 卷，人民出版社 2009 年 12 月第 1 版，第 162—163 页。

德国唯一实际可能的解放是以宣布人是人的最高本质这个理论为立足点的解放。在德国，只有同时从对中世纪的部分胜利解放出来，才能从中世纪得到解放。在德国，不摧毁一切奴役制，任何一种奴役制都不可能被摧毁。彻底的德国不从根本上进行革命，就不可能完成革命。德国人的解放就是人的解放。

> 马克思：《〈黑格尔法哲学批判〉导言》（1843 年 10 月中—12 月中），摘自《马克思恩格斯文集》第 1 卷，人民出版社 2009 年 12 月第 1 版，第 18页。

动物和自己的生命活动是直接同一的。动物不把自己同自己的生命活动区别开来。它就是自己的生命活动。人则使自己的生命活动本身变成自己意志的和自己意识的对象。他具有有意识的生命活动。这不是人与之直接融为一体的那种规定性。有意识的生命活动把人同动物的生命活动直接区别开来。正是由于这一点，人才是类存在物。或者说，正因为人是类存在物，他才是有意识的存在物，就是说，他自己的生活对他来说是对象。仅仅由于这一点，他的活动才是自由的活动。异化劳动把这种关系颠倒过来，以致人正因为是有意识的存在物，才把自己的生命活动，自己的本质变成仅仅维持自己生存的手段。

……

这样一来，异化劳动导致：

（3）人的类本质，无论是自然界，还是人的精神的类能力，都变成了对人来说是异己的本质，变成了维持他的个人生存的手段。异化劳动使人自己的身体同人相异化，同样也使在人之外的自然界同人相异化，使他的精神本质、他的人的本质同人相异化。

（4）人同自己的劳动产品、自己的生命活动、自己的类本质相异化的直接结果就是人同人相异化。当人同自身相对立的时候，他也同他人相对立。凡是适用于人对自己的劳动、对自己的劳动产品和对自身的关系的东西，也都适用于人对他人、对他人的劳动和劳动对象的关系。

总之，人的类本质同人相异化这一命题，说的是一个人同他人相异化，以及他们中的每个人都同人的本质相异化。

马克思：《1844年经济学哲学手稿》（1844年4—8月），摘自《马克思恩格斯文集》第1卷，人民出版社2009年12月第1版，第162—164页。

私有财产的主体本质，私有财产作为自为地存在着的活动、作为主体、作为人，就是劳动。因此，十分明显，只有把劳动视为自己的原则——亚当·斯密——，也就是说，不再认为私有财产仅仅是人之外的一种状态的国民经济学，只有这种国民经济才应该被看成私有财产的现实能量和现实运动的产物（这种国民经济是私有财产的在意识中自为地形成的独立运动，是现代工业本身），现代工业的产物；而另一方面，正是这种国民经济学促进并赞美了这种工业的能量和发展，使之变成意识的力量。因此，按照这种在私有制范围内揭示出财富的主体本质的启蒙国民经济学的看法，那些认为私有财产对人来说仅仅是对象性的本质的货币主义体系和重商主义体

系的拥护者，是拜物教徒、天主教徒。因此，恩格斯有理由把亚当·斯密
称做国民经济学的路德。正像路德把信仰看成是宗教的外部世界的本质，
因而起来反对天主教异教一样，正像他把宗教笃诚变成人的内在本质，从
而扬弃了外在的宗教笃诚一样，正像他把僧侣移入世俗人心中，因而否定
了在世俗人之外存在的僧侣一样，由于私有财产体现为人本身中，人本身
被认为是私有财产的本质，从而人本身被设定为私有财产的规定，就像在
路德那里被设定为宗教的规定一样，因此在人之外存在的并且不依赖于人
的——也就是只应以外在方式来保存和维护的——财富被扬弃了，换言之，
财富的这种外在的、无思想的对象性就被扬弃了。由此可见，以劳动为原
则的国民经济学表面上承认人，其实是彻底实现对人的否定而已，因为人
本身已不再同私有财产的外在本质处于外部的紧张关系中，而是人本身成
了私有财产的这种紧张的本质。以前是自身之外的存在——人的真正外
化——的东西，现在仅仅变成了外化的行为，变成了外在化。因此，如果
上述国民经济学是从表面上承认人、人的独立性、自主活动等等开始，并
由于把私有财产移入人自身的本质中而能够不再受制于作为存在于人之外
的本质的私有财产的那些地域性的、民族的等等的规定，从而发挥一种世
界主义的、普遍的、摧毁一切界限和束缚的能量，以便自己作为唯一的政
策、普遍性、界限和束缚取代这些规定，——那么国民经济学在它往后的
发展过程中必定抛弃这种伪善性，而表现出自己的十足的昔尼克主义。它
也正是这样做的——它不在乎这种学说使它陷入的那一切表面上的矛
盾——，它十分片面地，因而也更加明确和彻底地发挥了关于劳动是财富
的唯一本质的论点，然而它表明，这个学说的结论与上述原来的观点相反，
实际上是敌视人的；最后，它还致命地打击了私有财产和财富源泉的最后
个别的、自然的、不依赖于劳动运动的存在形式即地租，打击了这种已经
完全成了国民经济学的东西因而对国民经济学无法反抗的封建所有制的表
现。（李嘉图学派。）从斯密经过萨伊尔到李嘉图、穆勒等等，国民经济学
的昔尼克主义不仅相对地增长了——因为工业所造成的后果在后面这些人
面前以更发达和更充满矛盾的形式表现出来——，而且肯定地说，他们总
是自觉地在排斥人这方面比他们的先驱者走得更远，但是，这只是因为他
们的科学发展得更加彻底、更加真实罢了。因为他们使具有活动形式的私
有财产成为主体，就是说，既使人成为本质，同时又使作为某种非存在物

.

〔Unwesen〕的人成为本质，所以现实中的矛盾就完全符合他们视为原则的那个充满矛盾的本质。支离破碎的工业现实不仅没有推翻，相反，却证实了他们的自身支离破碎的原则。他们的原则本来就是这种支离破碎状态的原则。

马克思：《1844 年经济学哲学手稿》（1844 年 4—8 月），摘自《马克思恩格斯文集》第 1 卷，人民出版社 2009 年 12 月第 1 版，第 178—180 页。

把妇女当做共同淫欲的虏获物和婢女来对待，这表现了人在对待自身方面的无限的退化，因为这种关系的秘密在男人对妇女的关系上，以及在对直接的、自然的类关系的理解方式上，都毫不含糊地、确凿无疑地、明显地、露骨地表现出来。人对人的直接的、自然的、必然的关系是男人对妇女的关系。在这种自然的类关系中，人对自然的关系直接就是人对人的关系，正像人对人的关系直接就是人对自然的关系，就是他自己的自然的规定。因此，这种关系通过感性的形式，作为一种显而易见的事实，表现出人的本质在何种程度上对人来说成了自然，或者自然在何种程度上成为人具有的人的本质。因此，从这种关系就可以判断人的整个文化教养程度。从这种关系的性质就可以看出，人在何种程度上对自己来说成为并把自身理解为类存在物、人。男人对妇女的关系是人对人最自然的关系。因此，这种关系表明人的自然的行为在何种程度上是合乎人性的，或者，人的本质在何种程度上对人来说成为自然的本质，他的人的本性在何种程度上对他来说成为自然。这种关系还表明，人的需要在何种程度上成为合乎人性的需要，就是说，别人作为人在何种程度上对他来说成为需要，他作为最具有个体性的存在在何种程度上同时又是社会存在物。

马克思：《1844 年经济学哲学手稿》（1844 年 4—8 月），摘自《马克思恩格斯文集》第 1 卷，人民出版社 2009 年 12 月第 1 版，第 184—186 页。

斯卡尔培克把个人的、人生来就有的力量即智力和从事劳动的身体素质，同来源于社会的力量即相互制约的交换和分工区别开来。但是，私有财产是交换的必要前提。在这里，斯卡尔培克用客观的形式表述了斯密、萨伊、李嘉图等人所说的东西，因为斯密等人把利己主义、私人利益称为交换的基础，或者把买卖称为交换的本质的和适合的形式。

穆勒把商业说成是分工的结果。他认为，人的活动可归结为机械的运动，分工和使用机器可以促进生产的丰富。委托给每个人的操作范围必须尽可能小。分工和采用机器也决定着财富的大量生产即产品的生产。这是大制造业产生的原因。

> 马克思:《1844 年经济学哲学手稿》(1844 年 4—8 月),摘自《马克思恩格斯文集》第 1 卷,人民出版社 2009 年 12 月第 1 版,第 240—241 页。

蒲鲁东先生不知道,整个历史也无非是人类本性的不断改变而已。

> 马克思:《哲学的贫困》(1847 年上半年),摘自《马克思恩格斯文集》第 1 卷,人民出版社 2009 年 12 月第 1 版,第 632 页。

大家知道,僧侣们曾经在古代异教经典的手抄本上面写上荒诞的天主教圣徒传。德国著作家对世俗的法国文献采取相反的做法。他们在法国的原著下面写上自己的哲学胡说。例如,他们在法国人对货币关系的批判下面写上"人的本质的外化",在法国人对资产阶级国家的批判下面写上所谓"抽象普遍物的统治的扬弃",等等。

> 马克思和恩格斯:《共产党宣言》(1847 年 12 月—1848 年 1 月底),摘自《马克思恩格斯文集》第 2 卷,人民出版社 2009 年 12 月第 1 版,第 58 页。

费尔巴哈把宗教的本质归结于人的本质。但是,人的本质并不是单个人所固有的抽象物,在其现实性上,它是一切社会关系的总和。

费尔巴哈没有对这种现实的本质进行批判,因此他不得不:

(1)撇开历史的进程,把宗教感情固定为独立的东西,并假定有一种抽象的——孤立的——人的个体。

(2)因此,本质只能被理解为"类",理解为一种内在的、无声的、把许多个人自然地联系起来的普遍性。

> 马克思:《关于费尔巴哈的提纲》(1845 年春),摘自《马克思恩格斯文集》第 1 卷,人民出版社 2009 年 12 月第 1 版,第 501 页。

人们在生产中不仅仅影响自然界,而且也互相影响,他们只有以一定的方式共同活动和互相交换其活动,才能进行生产。为了进行生产,人们相互之间便发生一定的联系和关系;只有在这些社会联系和社会关系的范围内,才会有他们对自然界的影响,才会有生产。

生产者相互发生的这些社会关系,他们借以互相交换其活动和参与全部生产活动的条件,当然依照生产资料的性质而有所不同。随着新作战工具即射击火器的发明,军队的整个内部组织就必然改变了,各个人借以组成军队并能作为军队行动的那些关系就改变了,各个军队相互间的关系也发生了变化。

因此,各个人借以进行生产的社会关系,即社会生产关系,是随着物质生产资料、生产力的变化和发展而变化和改变的。生产关系总合起来就构成所谓社会关系,构成所谓社会,并且是构成一个处于一定历史发展阶段上的社会,具有独特的特征的社会。古典古代社会、封建社会和资产阶级社会都是这样的生产关系的总和,而其中每一个生产关系的总和同时又标志着人类历史发展中的一个特殊阶段。

> 马克思:《雇佣劳动与资本》(1847 年 12 月下半月),摘自《马克思恩格斯文集》第 1 卷,人民出版社 2009 年 12 月第 1 版,第 724 页。

鲍威尔先生犯了一个极其严重的错误,他认为,由于把这个矛盾当做"普遍的"矛盾来理解和批判,他便从政治的本质上升到了人的本质。其实他只是从局部的政治解放上升到了完全的政治解放,从立宪制国家上升到了民主代议制国家。

> 马克思和恩格斯:《神圣家族,或对批判的批判所做的批判》(1844 年 9—11 月),摘自《马克思恩格斯文集》第 1 卷,人民出版社 2009 年 12 月第 1 版,第 315 页。

从这些分析中还可以看出,费尔巴哈是多么错误,他(《维干德季刊》1845 年第 2 卷)竟借助于"共同人"这一规定宣称自己是共产主义者,把这一规定变成"人"的谓词,以为这样一来又可以把表达现存世界中特定革命政党的拥护者的"共产主义者"一词变成一个空洞范畴。费尔巴哈关于人与人之间的关系的全部推论无非是要证明:人们是互相需要的,而且过去一直是互相需要的。他希望确立对这一事实的理解,也就是说,和其他的理论家一样,他只是希望确立对现存的事实的正确理解,然而一个真正的共产主义者的任务却在于推翻这种现存的东西。不过,我们完全承认,费尔巴哈在力图理解这一事实的时候,达到了理论家一般所能达到的地步,他还是一位理论家和哲学家。然而值得注意的是:圣布鲁诺和圣麦克斯立即用费尔巴哈关于共产主义者的观念来代替真正的共产主义者,这样做的目的多少是为了使他们能够像同"源于精神的精神"、同哲学范畴、同势均力敌的对手作斗争那样来同共产主义作斗争,而就圣布鲁诺来说,这样做也还是为了实际的利益。我们举出《未来哲学》中的一个地方作为例子,来说明费尔巴哈既承认现存的东西同时又不了解现存的东西,这一点始终是费尔巴哈和我们的对手的共同之点。费尔巴哈在那里阐述道：某物或某人的存在同时也就是某物或某人的本质；一个动物或一个人的一定生存条件、生活方式和活动，就是使这个动物或这个人的"本质"感到满意的东西。任何例外在这里都被肯定地看做是不幸的偶然事件，是不能改变的反常现象。这样说来，如果千百万无产者根本不满意他们的生活条件，如果他们的"存在"同他们的"本质"完全不符合，那么，根据上述论点，这是不可避免的不幸，应当平心静气地忍受这种不幸。可是，这千百万无产者或共产主义者所想的完全不一样，而且这一点他们将在适当时候，在实践中，即通过革命使自己的"存在"同自己的"本质"协调一致的时候予以证明。因此，在这样的场合费尔巴哈从来不谈人的世界，而是每次都求救于外部自然界，而且是那个尚未置于人的统治之下的自然界。但是，每当有了一项新的发明，每当工业前进一步，就有一块新的地盘从这个领域划出去，而能用来说明费尔巴哈这类论点的事例借以产生的基地，也就越来越小了。现在我们只来谈谈其中的一个论点：鱼的"本质"是它的"存在"，即水。河鱼的"本质"是河水。但是，一旦这条河归工业支配，一旦它被染料和其他废料污染，成为轮船行驶的航道，一旦河水被引入水渠，而水渠的水只要简单地排放出去就会使鱼失去生存环境，那么这条河的水就不再是鱼的"本质"了，对鱼来说它将不再是适合生存的环境了。把所有这类矛盾宣布为不可避免的反常现象，实质上，同圣麦克斯·施蒂纳对不满者的安抚之词没有区别，施蒂纳说，这种矛盾是他们自己的矛盾，这种恶劣环境是他们自己的恶劣环境，而且他们可以安于这种环境，或者忍住自己的不满，或者以幻想的方式去反抗这种环境。同样，这同圣布鲁诺的责难也没有区别，布鲁诺说，这些不幸情况的发生是由于那些当事人陷入"实体"这堆粪便之中，他们没有达到"绝对自我意识"，也没有认清这些恶劣关系是源于自己精神的精神。

马克思和恩格斯：《德意志意识形态》（1845 年秋—1846 年 5 月），摘自《马克思恩格斯文集》第 1 卷，人民出版社 2009 年 12 月第 1 版，第 548—550 页。

古代根本不懂主体权利，它的整个世界观实质上是抽象的、普遍的、实体性的，因此古代没有奴隶制就不可能存在。基督教日耳曼世界观以抽象的主体性，从而以任意、内在性、唯灵论作为基本原则同古代相对抗；

但是，正因为这种主体性是抽象的、片面的，所以它必然会立刻变成自己的对立物，它所带来的也就不是主体的自由，而是对主体的奴役。抽象的内在性变成了抽象的外在性，即人的贬低和外在化，这一新原则造成的第一个后果，就是奴隶制以另一种形式即农奴制的形式重新出现；这种形式不像奴隶制那样令人厌恶，却因此而更虚伪和不合乎人性。废除封建制度，实行政治改革，也就是说，表面上承认理性从而使非理性真正达到顶点，从表面上看这是消灭了农奴制，实际上只是使它变得更不合乎人性和更普遍。政治改革第一次宣布：人类今后不应该再通过强制即政治的手段，而应该通过利益即社会的手段联合起来。它以这个新原则为社会的运动奠定了基础。虽然这样一来它就否定了国家，但是，另一方面，它恰好又重新恢复了国家，因为它把在此以前被教会所篡夺的内容归还给国家，从而给予这个在中世纪时并无内容也无意义的国家以重新发展的力量。在封建主义的废墟上产生了基督教国家，这是基督教世界秩序在政治方面达到的顶点。由于利益被升格为普遍原则，这个基督教世界秩序也在另一方面达到了顶点。因为利益实质上是主体的、利己的、单个的利益，这样的利益就是日耳曼基督教的主体性原则和单一化原则的最高点。利益被升格为人类的纽带——只要利益仍然正好是主体的和纯粹利己的——就必然会造成普遍的分散状态，必然会使人们只管自己，使人类彼此隔绝，变成一堆互相排斥的原子；而这种单一化又是基督教的主体性原则的最终结果，也就是基督教世界秩序达到的顶点。——其次，只要外在化的主要形式即私有制仍然存在，利益就必然是单个利益，利益的统治必然表现为财产的统治。封建奴役制的废除使"现金支付成为人们之间唯一的纽带"。这样一来，财产，这个同人的、精神的要素相对立的自然的、无精神内容的要素，就被捧上宝座，最后，为了完成这种外在化，金钱、这个财产的外在化了的空洞抽象物，就成了世界的统治者。人已经不再是人的奴隶，而变成了物的奴隶；人的关系的颠倒完成了；现代生意经世界的奴役，即一种完善、发达而普遍的出卖，比封建时代的农奴制更不合乎人性、更无所不包；卖淫比初夜权更不道德、更残暴。——基督教世界秩序再也不能向前发展了；它必然要在自身内部崩溃并让位给合乎人性、合乎理性的制度。基督教国家只是一般国家所能采取的最后一种表现形式；随着基督教国家的衰亡，国家本身也必然要衰亡。人类分解为一大堆孤立的、互相排斥的原子，这种情况本身就是一切同业公会利益、民族利益以及一切特殊利益的消灭，是人类走向自由的自主联合以前必经的最后阶段。人，如果正像他现在接近于要做的那样，要重新回到自身，那么通过金钱的统治而完成外在化，就是必由之路。

> 恩格斯：《英国状况》（1844年1月初—2月初），摘自《马克思恩格斯文集》第1卷，人民出版社2009年12月第1版，第93—95页。

只要国家和教会还是实现人的本质的普遍规定性的唯一形式，就根本谈不到社会的历史。因此，古代和中世纪也表明不可能有任何的社会发展；只有宗教改革——这种还带有成见还有点含糊的反抗中世纪的初次尝试，才引起了社会变革，才把农奴变成了"自由的"劳动者。但是，这个变革在大陆没有那么持久的影响，其实这种变革在这里只是经过18世纪的革命才告完成。而在英国，随着宗教改革，当时所有的农奴变成了维兰、包达尔、考塔尔，从而变成了享有人身自由的劳动者阶级，而且，这里早在18世纪就已经发展了这一变革的结果。至于这种情况为什么只发生在英国，前面已经分析过了。

> 恩格斯：《英国状况》（1844年1月初—2月初），摘自《马克思恩格斯文集》第1卷，人民出版社2009年12月第1版，第93页。

这种利己主义已是如此登峰造极，如此荒谬，同时又具有如此程度的自我意识，以致由于其本身的片面性而不能维持片刻，不得不马上转向共产主义。首先可以轻而易举地向施蒂纳证明，他的利己主义的人，必然由于纯粹的利己主义而成为共产主义者。这就是我们应当给这个家伙的回答。其次必须告诉他：人的心灵，从一开始就直接由于自己的利己主义而是无私的和富有牺牲精神的；于是，他又回到他所反对的东西上面。用这几句老生常谈就能驳倒他的片面性。可是，原则上正确的东西，我们也必须吸收。而原则上正确的东西当然是，在我们能够为某一件事做些什么以前，我们必须首先把它变成我们自己的、利己的事，也就是说，在这个意义上，即使抛开一些可能的物质上的愿望不谈，我们也是从利己主义成为共产主义者的，要从利己主义成为人，而不仅仅是成为个人。或者换句话说，施蒂纳摒弃费尔巴哈的"人"，摒弃起码是《基督教的本质》里的"人"，是正确的。费尔巴哈的"人"是从上帝引申出来的，费尔巴哈是从上帝进到"人"的，这样，他的"人"无疑还戴着抽象概念的神学光环。进到"人"

的真正途径是与此完全相反的。我们必须从我，从经验的、有血有肉的个人出发，不是为了像施蒂纳那样陷在里面，而是为了从那里上升到"人"。只要"人"不是以经验的人为基础，那么他始终是一个虚幻的形象。简言之，如果要使我们的思想，尤其是要使我们的"人"成为某种真实的东西，我们就必须从经验主义和唯物主义出发；我们必须从个别物中引申出普遍物，而不要从本身中或者像黑格尔那样从虚无中去引申。

> 恩格斯：《恩格斯致马克思》（1844 年 11 月 19 日），摘自《马克思恩格斯文集》第 10 卷，人民出版社 2009 年 12 月第 1 版，第 24—25 页。

可以肯定地说，人们在接触到比较生理学的时候，对人类高于其他动物的唯心主义的矜夸是会极端轻视的。人们到处都会看到，人体的结构同其他哺乳动物完全一致，而在基本特征方面，这种一致性也表现在一切脊椎动物身上，甚至表现在昆虫、甲壳动物和绦虫等等身上（比较模糊一些）。黑格尔关于量变系列中的质的飞跃这一套东西在这里也是非常合适的。最后，人们能从最低级的纤毛虫身上看到原始形态，看到独立生活的单细胞，这种细胞又同最低级的植物（单细胞的菌类——马铃薯病菌和葡萄病菌等等）、同包括人的卵子和精子在内的处于较高级的发展阶段的胚胎并没有什么显著区别，这种细胞看起来就同生物机体中独立存在的细胞（血球，表皮细胞和黏膜细胞，腺、肾等等的分泌细胞）一样。……

> 恩格斯：《恩格斯致马克思》（1858 年 10 月 7 日），摘自《马克思恩格斯文集》第 10 卷，人民出版社 2009 年 12 月第 1 版，第 164 页。

人类社会和动物界的本质区别在于，动物最多是采集，而人则从事生产。仅仅由于这个唯一的然而是基本的区别，就不可能把动物界的规律直接搬到人类社会中来。……人类的生产在一定的阶段上会达到这样的高度：能够不仅生产生活必需品，而且生产奢侈品，即使最初只是为少数人生产。这样，生存斗争——我们暂时假定这个范畴在这里是有效的——就变成为享受而斗争，不再是单纯为生存资料而斗争，而是为发展资料，为社会地生产出来的发展资料而斗争，对于这个阶段，来自动物界的范畴就不再适用了。

> 恩格斯：《恩格斯致彼得·拉甫罗维奇·拉甫罗夫》（1875 年 11 月 12—17 日），摘自《马克思恩格斯文集》第 10 卷，人民出版社 2009 年 12 月第 1 版，第 412 页。

首先是劳动，然后是语言和劳动一起，成了两个最主要的推动力，在它们的影响下，猿脑就逐渐地过渡到人脑；后者和前者虽然十分相似，但是要大得多和完善得多。

> 恩格斯：《自然辩证法》（1873—1882 年），摘自《马克思恩格斯文集》第 9 卷，人民出版社 2009 年 12 月第 1 版，第 554 页。

一句话，动物仅仅利用外部自然界，简单地通过自身的存在在自然界中引起变化；而人则通过他所作出的改变来使自然界为自己的目的服务，来支配自然界。这便是人同其他动物的最终的本质的差别，而造成这一差别的又是劳动。

> 恩格斯：《自然辩证法》（1873—1882 年），摘自《马克思恩格斯文集》第 9 卷，人民出版社 2009 年 12 月第 1 版，第 559 页。

一旦社会占有了生产资料，商品生产就将被消除，而产品对生产者的统治也将随之消除。社会生产内部的无政府状态将为有计划的自觉的组织所代替。个体生存斗争停止了。于是，人在一定意义上才最终地脱离了动物界，从动物的生存条件进入真正人的生存条件。

> 恩格斯：《社会主义从空想到科学的发展》（1880 年 1 月—3 月上半月），摘自《马克思恩格斯文集》第 3 卷，人民出版社 2009 年 12 月第 1 版，第 564 页。

（四）人口与社会发展的辩证关系

工人生产的财富越多，他的生产的影响和规模越大，他就越贫穷。工人创造的商品越多，他就越变成廉价的商品。物的世界的增值同人的世界的贬值成正比。劳动生产的不仅是商品，它还生产作为商品的劳动自身和工人，而且是按它一般生产商品的比例生产的。

> 马克思：《1844 年经济学哲学手稿》（1844 年 4—8 月），摘自《马克思恩格斯文集》第 1 卷，人民出版社 2009 年 12 月第 1 版，第 156 页。

因此，结果是，人（工人）只有在运用自己的动物机能——吃、喝、生殖，至多还有居住、修饰等等——的时候，才觉得自己在自由活动，而在运用人的机能时，觉得自己只不过是动物。动物的东西成为人的东西，而人的东西成为动物的东西。

……

我们已经考察了一个方面，考察了外化劳动对工人本身的关系，也就是说，考察了外化劳动对自身的关系。我们发现，这一关系的产物或必然结果是非工人对工人和劳动的财产关系。私有财产作为外化劳动的物质的、概括的表现，包含着这两种关系：工人对劳动、对自己的劳动产品和对非工人的关系，以及非工人对工人和工人的劳动产品的关系。

马克思：《1844 年经济学哲学手稿》（1844 年 4—8 月），摘自《马克思恩格斯文集》第 1 卷，人民出版社 2009 年 12 月第 1 版，第 160—168 页。

现代的"公法状况"的基础、发达的现代国家的基础，并不像批判所认为的那样是特权的社会，而是废除和取消了特权的社会，是使在政治上仍被特权束缚的生活要素获得自由的发达的市民社会。在这里，没有任何"享有特权的封闭状态"同别的封闭状态相对立，同公共状况相对立。自由工业和自由贸易正在消除享有特权的封闭状态，从而也在消除各种享有特权的封闭状态之间的斗争；而与此同时，自由工业和自由贸易却用挣脱了特权束缚的（这种特权使人们同普遍整体隔绝开来，但同时又把他们结合成为较小的排他性整体）、自身不再由于普遍纽带的假象而依赖于他人的人，来取代那些封闭状态，从而引起人反对人、个人反对个人的普遍斗争。同样，整个市民社会就是这种由于各自的个性而从此相互隔绝的所有个人之间相互反对的战争，就是摆脱了特权桎梏的自然生命力的不可遏制的普遍运动。民主代议制国家和市民社会的对立是社会共同体和奴隶制的典型对立的完成。在现代世界，每一个人都既是奴隶制的成员，同时又是共同体的成员。这种市民社会的奴隶制在表面上看来是最大的自由，因为这种奴隶制看上去似乎是尽善尽美的个人独立，这种个人把自己的异化的生命要素如财产、工业、宗教等既不再受普遍纽带束缚也不再受人束缚的不可遏制的运动，当做自己的自由，但是，这样的运动实际上是个人的十足的屈从性和非人性。在这里，法代替了特权。

马克思和恩格斯：《神圣家族，或对批判的批判所做的批判》（1844 年9—11 月），摘自《马克思恩格斯文集》第 1 卷，人民出版社 2009 年 12月第 1 版，第 316—317 页。

随着人类愈益控制自然，个人却似乎愈益成为别人的奴隶或自身的卑劣行为的奴隶。甚至科学的纯洁光辉仿佛也只能在愚昧无知的黑暗背景上闪耀。我们的一切发明和进步，似乎结果是使物质力量成为有智慧的生命，而人的生命则化为愚钝的物质力量。现代工业和科学为一方与现代贫穷和衰颓为另一方的这种对抗，我们时代的生产力和社会关系之间的这种对抗，是显而易见的、不可避免的和毋庸争辩的事实。

马克思：《在〈人民报〉创刊纪念会上的演说》（1856 年 4 月 14 日），摘自《马克思恩格斯文集》第 2 卷，人民出版社 2009 年 12 月第 1 版，第 580 页。

人们自己创造自己的历史，但是他们并不是随心所欲地创造，并不是在他们自己选定的条件下创造，而是在直接碰到的、既定的、从过去承继下来的条件下创造。一切已死的先辈们的传统，像梦魇一样纠缠着活人的头脑。当人们好像刚好在忙于改造自己和周围的事物并创造前所未有的事物时，恰好在这种革命危机时代，他们战战兢兢地请出亡灵来为自己效劳，借用它们的名字、战斗口号和衣服，以便穿着这种久受崇敬的服装，用这种借来的语言，演出世界历史的新的一幕。例如，路德换上了使徒保罗的服装，1789—1814 年的革命依次穿上了罗马共和国和罗马帝国的服装，而 1848 年的革命就只知道拙劣地时而模仿 1789 年，时而又模仿 1793—1795 年的革命传统。就像一个刚学会一种新语言的人总是要把它翻译成本国语言一样；只有当他能够不必在心里把新语言翻译成本国语言，能够忘掉本国语言来运用新语言的时候，他才算领会了新语言的精神，才算是运用自如。

马克思：《路易波拿马的雾月十八日》（1851 年 12 月中—1852 年 3 月 25 日），摘自《马克思恩格斯文集》第 2 卷，人民出版社 2009 年 12 月第 1 版，第 470—471 页。

政治解放的限度一开始就表现在：即使人还没有真正摆脱某种限制，国家也可以摆脱这种限制，即使人还不是自由人，国家也可以成为自由国家。……

人把宗教从公法领域驱逐到私法领域中去，这样人就在政治上从宗教中解放出来。宗教不再是国家的精神；因为在国家中，人——虽然是以有限的形式，以特殊的形式，在特殊的领域内——是作为类存在物和他人共同行动的；宗教成了市民社会的、利己主义领域的、一切人反对一切人的战争的精神。它已经不再是共同性的本质，而是差别的本质。它成了人同自己的共同体、同自身并同他人分离的表现——它最初就是这样的。它只不过是特殊的颠倒、私人的奇想和任意行为的抽象教义。例如，宗教在北美的不断分裂，使宗教在表面上具有纯粹个人事务的形式。它被推到许多私人利益中去，并且被逐出作为共同体的共同体。但是，我们不要对政治解放的限度产生错觉。人分为公人和私人，宗教从国家向市民社会的转移，这不是政治解放的一个阶段，这是它的完成；因此，政治解放并没有消除人的实际的宗教笃诚，也不力求消除这种宗教笃诚。

　　　　马克思：《论犹太人问题》（1843 年 10 月中—12 月中），摘自《马克思恩
　　格斯文集》第 1 卷，人民出版社 2009 年 12 月第 1 版，第 28—32 页。

　　政治国家的成员信奉宗教，是由于个人生活和类生活之间、市民社会生活和政治生活之间的二元性；他们信奉宗教是由于人把处于自己的现实个性彼岸的国家生活当做他的真实生活；他们信奉宗教是由于宗教在这里是市民社会的精神，是人与人分离和疏远的表现。政治民主制度之所以是基督教的，是因为在这里，人，不仅一个人，而且每一个人，是享有主权的，是最高的存在物，但这是具有无教养的非社会表现形式的人，是具有偶然存在形式的人，是本来样子的人，是由于我们整个社会组织而堕落了的人、丧失了自身的人、外化了的人，是受非人的关系和自然力控制的人，一句话，人还不是现实的类存在物。基督教的幻象、幻梦和基本要求，即人的主权——不过人是作为一种不同于现实人的、异己的存在物——在民主制中，却是感性的现实性、现代性、世俗准则。

　　　　马克思：《论犹太人问题》（1843 年 10 月中—12 月中），摘自《马克思恩
　　格斯文集》第 1 卷，人民出版社 2009 年 12 月第 1 版，第 36—37 页。

　　但是，自由这一人权不是建立在人与人相结合的基础上，而是相反，建立在人与人相分隔的基础上。这一权利就是这种分隔的权利，是狭隘的、局限于自身的个人的权利。

　　……

　　只有当现实的个人把抽象的公民复归于自身，并且作为个人，在自己的经验生活、自己的个体劳动、自己的个体关系中间，成为类存在物的时候，只有当人认识到自身"固有的力量"是社会力量，并把这种力量组织起来因而不再把社会力量以政治力量的形式同自身分离的时候，只有到了那个时候，人的解放才能完成。

　　　　马克思：《论犹太人问题》（1843 年 10 月中—12 月中），摘自《马克思恩
　　格斯文集》第 1 卷，人民出版社 2009 年 12 月第 1 版，第 41—46 页。

世界不会满足人，人决心以自己的行动来改变世界。

> 列宁：《黑格尔〈逻辑学〉一书摘要》（1914 年 9—12 月），摘自《列宁全集》第 55 卷，人民出版社 1990 年 12 月第 2 版，第 183 页。

……可是在所有的资本主义国家中，居民有十分之九是穷人：工资微薄的工人和大多比工人过得还要坏的农民。就这样，大工业在繁荣时期拼命大量生产，把大量产品抛向市场，而占人口多数的穷人则无力购买。机器、工具、仓库、铁路等等的数量日益增长，但是这种增长却不时中断，因为人民群众仍然处于赤贫境地，而所有这些改善了的生产方式归根到底是为人民群众准备的。危机表明，如果土地、工厂、机器等等不是被一小撮靠人民贫困而获得亿万利润的私有者所窃据，那么，现代社会就能够生产出更丰富得多的产品来改善全体劳动人民的生活。危机表明，工人的斗争不能局限于争取资本家的个别让步：在工业复苏时期，这种让步是能够争得的（俄国工人在 1894—1898 年期间进行了坚决的斗争，不止一次争得了让步），但破产到来时，资本家不仅要收回曾经作过的让步，而且要利用工人的孤立无援更大幅度地降低工资。在社会主义无产阶级大军还没有把资本和私有制的统治推翻之前，这种情形将不可避免地会继续发生。

> 列宁：《危机的教训》（1901 年 8 月），摘自《列宁专题文集》之《论资本主义》卷，人民出版社 2009 年 12 月第 1 版，第 47—48 页。

现在军事化正在深入到全部社会生活中。军事化成为一切。帝国主义就是大国为瓜分和重新瓜分世界而进行的残酷斗争，因此它必然导致包括小国和中立国在内的一切国家的进一步军事化。对此无产阶级的妇女该怎么办呢？？只是咒骂任何战争以及和军事有关的一切，只是要求废除武装吗？真正革命的被压迫阶级的妇女，绝不会甘心充当这种可耻的角色。她们会对自己的儿子说："你快长大了。人家会给你枪。你要拿起枪来，好好地学习一切军事方面的东西——这是无产者所需要的，这并不是为了去打自己的兄弟，像在当前这场掠夺战争中所做的那样，像社会主义的叛徒劝你去做的那样，而是为了反对'自己'国家的资产阶级，为了不是靠善良的愿望，而是用战胜资产阶级和解除它的武装的办法来消灭剥削、贫困和战争。"

> 列宁：《无产阶级革命的军事纲领》（1916 年 8 月 9 日［22 日］以前），摘自《列宁专题文集》之《论社会主义》卷，人民出版社 2009 年 12 月第 1

版，第 12 页。

在资本主义社会里，在它最顺利的发展条件下，比较完全的民主制度就是民主共和国制。但是这种民主制度始终受到资本主义剥削制度狭窄框子的限制，因此它实质上始终是少数人的即只是有产阶级的、只是富人的民主制度。资本主义社会的自由始终与古希腊共和国的自由即奴隶主的自由大致相同。由于资本主义剥削制度的条件，现代的雇佣奴隶被贫困压得喘不过气，结果都"无暇过问民主"，"无暇过问政治"，大多数居民在通常的平静的局势下都被排斥在社会政治生活之外。

> 列宁：《国家与革命》（1917 年 8—9 月），摘自《列宁专题文集》之《论马克思主义》卷，人民出版社 2009 年 12 月第 1 版，第 258 页。

但是，奴隶一旦意识到自己的奴役地位，并且站起来为自身的解放而斗争，他就有一半已经不再是奴隶了。现代的觉悟工人，受到了大工厂工业的教育和城市生活的启发，轻蔑地抛弃了宗教偏见，把天堂生活让给僧侣和资产阶级伪善者去享受，为自己去争取人间的美好生活。现代无产阶级正在站到社会主义方面来。

> 列宁：《社会主义和宗教》（1905 年 12 月 3 日 ［16 日］），摘自《列宁专题文集》之《论辩证唯物主义和历史唯物主义》卷，人民出版社 2009 年 12 月第 1 版，第 220 页。

……资本主义已使主要工业部门达到大机器工业的阶段；它从而使生产社会化了，造成了新制度的物质条件，同时造成了新的社会力量——工厂工人阶级，即城市无产阶级。虽然这个阶级遭受的资产阶级剥削，按经济实质来说，和俄国全体劳动群众遭受的剥削是同样的，但是这个阶级在谋求自身解放这个方面却具有特别有利的条件：它同完全建立在剥削上面的旧社会已经没有丝毫联系；它的劳动条件和生活环境本身就把它组织起来，迫使它开动脑筋，使它有可能走上政治斗争的舞台。社会民主党人自然是把自己的全部注意力和一切希望寄托在这个阶级身上，把自己的纲领归结为发展这个阶级的阶级自觉，把自己的全部活动都用来帮助这个阶级起来进行反对现代制度的直接政治斗争，并吸引俄国全体无产阶级投入这个斗争。

> 列宁：《什么是"人民之友"以及他们如何攻击社会民主党人？（节选）》（1894 年春夏），摘自《列宁专题文集》之《论辩证唯物主义和历史唯物主义》卷，人民出版社 2009 年 12 月第 1 版，第 210—211 页。

总之，资本主义在农业中的影响表现如下：

它要求雇佣工人获得自由，它排斥一切旧的盘剥形式。但是农业雇佣工人依旧处于受压迫的地位。压迫加重了，这就要求进行更加激烈的斗争。

资本主义大大增加了土地占有者所索取的贡赋，大大提高了级差地租和绝对地租。飞涨的地租又阻碍着农业的进一步发展。

> 列宁：《对欧洲和俄国的土地问题的马克思主义观点》（1903 年 2 月），摘自《列宁专题文集》之《论资本主义》卷，人民出版社 2009 年 12 月第 1 版，第 57 页。

斗争的结局归根到底取决于如下这一点：俄国、印度、中国等等构成世界人口的绝大多数。正是这个人口的大多数，最近几年来非常迅速地卷入了争取自身解放的斗争，所以在这个意义上说，世界斗争的最终解决将会如何，是不可能有丝毫怀疑的。在这个意义上说，社会主义的最终胜利是完全和绝对有保证的。

……

我们应当努力建成这样一个国家，在这个国家里工人能够保持他们对农民的领导，保持农民对他们的信任，并通过大力节约把自己社会关系中任何浪费现象的任何痕迹铲除干净。

> 列宁：《宁肯少些，但要好些》（1923 年 3 月 2 日），摘自《列宁专题文集》之《论社会主义》卷，人民出版社 2009 年 12 月第 1 版，第 378—379 页。

劳动群众摆脱长期以来的压迫者和剥削者——地主和资本家。这个向真正自由和真正平等跨出的一步，按其大小、规模和速度说来，都是世界上空前未有的，而资产阶级的拥护者（包括小资产阶级民主派在内）对这一步却不加考虑。

> 列宁：《无产阶级专政时代的经济和政治》（1919 年 10 月 30 日），摘自《列宁专题文集》之《论社会主义》卷，人民出版社 2009 年 12 月第 1 版，第 158 页。

其次，人口的增长，人口密度的大小，无疑也包含在"社会物质生活条件"这一概念中，因为人是社会物质生活条件中的必要因素，没有一定的最低限度的人口，就不可能有任何社会物质生活。……

> 斯大林：《论辩证唯物主义和历史唯物主义》（1938 年 9 月），摘自《斯大林文集》（1934—1952），人民出版社 1985 年 12 月第 1 版，第 217 页。

二 婚姻和家庭

（一） 婚姻和家庭概述

在人们的生产力发展的一定状况下，就会有一定的交换［commerce］和消费形式。在生产、交换和消费发展的一定阶段上，就会有相应的社会制度形式、相应的家庭、等级或阶级组织，一句话，就会有相应的市民社会。有一定的市民社会，就会有不过是市民社会的正式表现的相应的政治国家。

马克思：《马克思致帕维尔·瓦西里耶维奇·安年科夫》（1846 年 12 月 28 日），摘自《马克思恩格斯文集》第 10 卷，人民出版社 2009 年 12 月第 1 版，第 43 页。

在这种土地所有制的第一种形式中，第一个前提首先是自然形成的共同体：家庭和扩大成为部落的家庭，或通过家庭之间互相通婚［而组成的部落］，或部落的联合。因为我们可以设想，游牧，总而言之迁徙，是生存方式的最初的形式，部落不是定居在一定的地方，而是哪里有牧草就往哪里放牧（人类不是生来就定居的；除非在特别富饶的自然环境里，人才有可能像猿猴那样栖息在某一棵树上，否则总是像野兽那样到处游荡），所以，部落共同体，即天然的共同体，并不是共同占有（暂时的）和利用土地的结果，而是其前提。

马克思：《〈政治经济学批判（1857—1858 年手稿）〉摘选》（1857 年底—1858 年 5 月），摘自《马克思恩格斯文集》第 8 卷，人民出版社 2009 年 12 月第 1 版，第 123 页。

在日耳曼的形式中，农民并不是国家的公民，也就是说，不是城市居民；相反地，这种形式的基础是孤立的、独立的家庭住宅，这一基础通过同本部落其他类似的家庭住宅结成联盟，以及通过在发生战争、举行宗教活动、解决诉讼等等时为取得相互保证而举行的临时集会来得到保障。在这里，个人土地财产既不表现为同公社土地财产相对立的形式，也不表现为以公社为中介，而是相反，公社只存在于这些个人土地所有者本身的相互关系中。公社财产本身只表现为各个个人的部落住地和所有土地的公共附属物。

马克思：《〈政治经济学批判（1857—1858 年手稿）〉摘选》（1857 年底—1858 年 5 月），摘自《马克思恩格斯文集》第 8 卷，人民出版社 2009 年 12 月第 1 版，第 133 页。

共同体（部落体）的特殊形式和与它相联系的对自然界的所有权这二者的原始统一，或者说，把生产的客观条件当做自然存在，当做以公社为中介的单个人的客观存在这样一种关系——这种统一一方面表现为一种特殊的所有制形式——，在一定的生产方式本身中具有其活生生的现实性；这种生产方式既表现为个人之间的相互关系，又表现为他们对无机自然的一定的能动的关系，表现为一定的劳动方式（这种劳动方式总是表现为家庭劳动，常常是表现为公社劳动）。

马克思：《〈政治经济学批判（1857—1858 年手稿）〉摘选》（1857 年底—1858 年 5 月），摘自《马克思恩格斯文集》第 8 卷，人民出版社 2009 年 12 月第 1 版，第 146 页。

统治和从属关系的方式上的差别，即使还没有触及生产方式本身，也会在那些单纯为了家庭需要来经营的农村副业和家庭副业转化为独立的资本主义的劳动部门的地方，最明显地呈现出来。

马克思：《〈资本论（1863—1865 年手稿）〉摘选》（1863 年 8 月—1865 年底），摘自《马克思恩格斯文集》第 8 卷，人民出版社 2009 年 12 月第 1 版，第 508 页。

刚刚讲过的那些亲属制度和家庭形式，同现在所盛行的亲属制度和家庭形式不同的地方，就在于每个孩子有几个父亲和母亲。按照美洲的亲属制度（夏威夷的家庭是与它相适应的），兄弟和姊妹不能成为同一个孩子的父亲和母亲；反之，夏威夷的亲属制度，却以通常都是这种情形的家庭为前提。在这里，我们可以看见一系列家庭形式，这些家庭形式，同那些迄今习惯上认为唯一通行的形式正相矛盾。传统的观念只知道有个体婚制，以及和它并存的一夫多妻制，至多还有一妻多夫制，同时，正如满口道德的庸人所应当做的那样，还把实践偷偷地但毫不知耻地逾越官方社会所定的界限这一事实隐瞒起来。反之，原始历史的研究却向我们展示了这样一种状态，在这种状态下，男子过着多妻制的生活，而他们的妻子同时也过着多夫制的生活，所以，他们两者的子女都被看做大家共有的子女；这种状态本身，在最终分解为个体婚姻以前，又经历了一系列的变化。这些变化是这样的：被共同的婚姻纽带所联结的范围，起初是很广泛的，后来越来越缩小，直到最后只留下现在占主要地位的成对配偶为止。

　　摩尔根在这样考证过去的家庭的历史时，同他的多数同行一致，也认为曾经存在过一种原始的状态，那时部落内部盛行毫无限制的性关系，因此，每个女子属于每个男子，同样，每个男子也属于每个女子。这种原始状态，早在上一个世纪就有人谈过，不过只是一般谈谈而已；只有巴霍芬才第一个认真对待这个问题，并且到历史的和宗教的传说中寻找这种原始状态的痕迹，这是他的伟大功绩之一。现在我们知道，他所找出的这些痕迹，决没有追溯到杂乱的性关系的社会阶段，而只是追溯到晚得多的一个形式，即群婚制。那个原始社会阶段，如果确实存在过的话，也是属于非常遥远的时代，以致在社会的化石，即在落后的蒙昧人中间，我们未必可以找到它在过去存在的直接证据了。巴霍芬的功绩，就在于他把这个问题提了出来作为考察的中心。

恩格斯：《家庭、私有制和国家的起源》（1884 年 3 月底—5 月底），摘自
《马克思恩格斯文集》第 4 卷，人民出版社 2009 年 12 月第 1 版，第 41—
42 页。

　　由此可见，动物社会对于推断人类社会确有某种价值——但只是反面的价值而已。在较高等的脊椎动物中，据我们所知，只有两种家庭形式：多妻制和成对配偶制；在这两种家庭形式中，都只许有一个成年的雄者，只许有一个丈夫。雄者的忌妒，既联结又限制着动物的家庭，使动物的家庭跟群对立起来；由于这种忌妒，作为共居生活较高形式的群，在一些场合成为不可能，而在另一些场合则被削弱，或在交配期间趋于瓦解，在最好的情况下，其进一步的发展也受到阻碍。单是这一点就足以证明，动物的家庭和人类的原始社会是两不相容的东西；正在努力脱离动物状态的原始人类，或者根本没有家庭，或者至多只有动物中所没有的那种家庭。像正在形成中的人这样一种没有武器的动物，即使互相隔绝，以成对配偶为共居生活的最高形式，就像韦斯特马克根据猎人的口述所断定的大猩猩和黑猩猩的情况那样，也是能够以不多的数量生存下去的。为了在发展过程中脱离动物状态，实现自然界中的最伟大的进步，还需要一种因素：以群的联合力量和集体行动来弥补个体自卫能力的不足。用现今类人猿那样的生活条件根本无法解释向人类状态的过渡；这种类人猿给我们的印象，毋宁说是一种正在逐渐灭绝的、至少也是处于衰落状态的脱离正轨的旁系。只此一点，就足以驳倒由它们的家庭形式类推原始人类的家庭形式的任何论调了。而成年雄者的相互宽容，没有忌妒，则是形成较大的持久的集团的首要条件，只有在这种集团中才能实现由动物向人的转变。的确，我们发现历史上可以确切证明并且现在某些地方还可以加以研究的最古老、最原始的家庭形式是什么呢？那就是群婚，即整群的男子与整群的女子互为所有，很少有忌妒余地的婚姻形式。其次，在较晚的一个发展阶段上，我们又发现了多夫制这种例外形式，这一形式更是直接同一切忌妒的感情相矛盾，因而是动物所没有的。不过，我们所知道的群婚形式都伴有特殊复杂的条件，以致必然使我们追溯到各种更早、更简单的性关系的形式，从而归根结底使我们追溯到一个同从动物状态向人类状态的过渡相适应的杂乱的性关系的时期，这样，动物婚姻形式的引证，就使我们恰好回到这些引证本来要使我们永远离开的那一点上去了。

> 恩格斯：《家庭、私有制和国家的起源》（1884 年 3 月底—5 月底），摘自《马克思恩格斯文集》第 4 卷，人民出版社 2009 年 12 月第 1 版，第 45—46 页。

按照摩尔根的意见，从这种杂乱的性关系的原始状态中，大概很早就发展出了以下几种家庭形式：

（1）血缘家庭——这是家庭的第一个阶段。在这里，婚姻集团是按照辈分来划分的：在家庭范围以内的所有祖父和祖母，都互为夫妻；他们的子女，即父亲和母亲，也是如此；同样，后者的子女，构成第三个共同夫妻圈子。而他们的子女，即第一个集团的曾孙子女们，又构成第四个圈子。这样，这一家庭形式中，仅仅排斥了祖先和子孙之间、双亲和子女之间互为夫妻的权利和义务（用现代的说法）。同胞兄弟姊妹、从（表）兄弟姊妹、再从（表）兄弟姊妹和血统更远一些的从（表）兄弟姊妹，都互为兄弟姊妹，正因为如此，也一概互为夫妻。兄弟姊妹的关系，在家庭的这一阶段上，也自然而然地包括相互的性关系。这种家庭的典型形式，应该是一对配偶的子孙中每一代都互为兄弟姊妹，正因为如此，也互为夫妻。

……

（2）普那路亚家庭。如果说家庭组织上的第一个进步在于排除了父母和子女之间相互的性关系，那么，第二个进步就在于对于姊妹和兄弟也排除了这种关系。这一进步，由于当事者的年龄比较接近，所以比第一个进步重要得多，但也困难得多。这一进步是逐渐实现的，大概先从排除同胞的（即母方的）兄弟姊妹之间的性关系开始，起初是在个别场合，以后逐渐成为惯例（在夏威夷群岛上，在本世纪尚有例外），最后甚至禁止旁系兄弟姊妹之间的结婚，用现代的称谓来说，就是禁止同胞兄弟姊妹的子女、孙子女以及曾孙子女之间结婚；按照摩尔根的看法，这一进步可以作为

"自然选择原则在发生作用的最好说明"。

……

（3）对偶制家庭。某种或长或短时期内的成对配偶制，在群婚制度下，或者更早的时候，就已经发生了；一个男子在许多妻子中有一个主妻（还不能称为爱妻），而他对于这个女子来说是她的许多丈夫中的最主要的丈夫。这种情况，在不小的程度上助长了传教士中间的混乱，这些传教士们有时把群婚看做一种杂乱的共妻，有时又把它看做一种任意的通奸。但是，这种习惯上的成对配偶制，随着氏族日趋发达，随着不许互相通婚的"兄弟"和"姊妹"级别的日益增多，必然要日益巩固起来。氏族在禁止血缘亲属结婚方面所起的推动作用，使事情更加向前发展了。例如我们看到，在易洛魁人和其他处于野蛮时代低级阶段的大多数印第安人那里，在他们的亲属制度所点到的一切亲属之间都禁止结婚，其数多至几百种。由于婚姻禁规日益错综复杂，群婚就越来越不可能；群婚就被对偶制家庭排挤了。在这一阶段上，一个男子和一个女子共同生活；不过，多妻和偶尔的通奸，则仍然是男子的权利，虽然由于经济的原因，很少有实行多妻制的；同时，在同居期间，多半都要求妇女严守贞操，要是有了通奸的情事，便残酷地加以处罚。然而，婚姻关系是很容易由任何一方解除的，而子女像以前一样仍然只属于母亲。

……

（4）专偶制家庭。如上所述，它是在野蛮时代的中级阶段和高级阶段交替的时期从对偶制家庭中产生的；它的最后胜利乃是文明时代开始的标志之一。它是建立在丈夫的统治之上的，其明显的目的就是生育有确凿无疑的生父的子女；而确定这种生父之所以必要，是因为子女将来要以亲生的继承人的资格继承他们父亲的财产。专偶制家庭和对偶制不同的地方，就在于婚姻关系要牢固得多，这种关系现在已不能由双方任意解除了。这

时通例只有丈夫可以解除婚姻关系，赶走他的妻子。对婚姻不忠的权利，这时至少仍然有习俗保证丈夫享有（拿破仑法典明确规定丈夫享有这种权利，只要他不把姘妇带到家里来）；而且随着社会的进一步发展，这种权利也行使得越来越广泛；如果妻子回想起昔日的性的实践而想加以恢复时，她就要受到比过去任何时候都更严厉的惩罚。

恩格斯：《家庭、私有制和国家的起源》（1884 年 3 月底—5 月底），摘自《马克思恩格斯文集》第 4 卷，人民出版社 2009 年 12 月第 1 版，第 47—74 页。

在婚姻问题上，法律，即使是最进步的法律，只要当事人让人把他们出于自愿一事正式记录在案，也就十分满足了。至于法律幕后的现实生活发生了什么事，这种自愿是怎样造成的，法律和法学家都可以置之不问。但是，最简单的法制比较，在这里也会向法学家们表明，这种自愿究竟是怎么一回事。在法律保证子女继承父母财产的应得部分，因而不能剥夺他们继承权的各国——在德国，在采用法国法制的各国以及其他一些国家中——，子女的婚事必须得到父母的同意。在采用英国法制的各国，法律并不要求结婚要得到父母的同意，在这些国家，父母对自己的财产也有完全的遗赠自由，他们可以任意剥夺子女的继承权。很明显，尽管如此，甚至正因为如此，在英国和美国，在有财产可继承的阶级中间，结婚的自由在事实上丝毫也不比在法国和德国更多些。

男女婚后在法律上的平等权利，情况也不见得更好些。我们从过去的社会关系中继承下来的两性的法律上的不平等，并不是妇女在经济上受压迫的原因，而是它的结果。在包括许多夫妇和他们的子女的古代共产制家户经济中，由妇女料理家务，正如由男子获得食物一样，都是一种公共的、为社会所必需的事业。随着家长制家庭，尤其是随着专偶制个体家庭的产生，情况就改变了。料理家务失去了它的公共的性质。它与社会不再相干了。它变成了一种私人的服务；妻子成为主要的家庭女仆，被排斥在社会生产之外。只有现代的大工业，才又给妇女——只是给无产阶级的妇女——开辟了参加社会生产的途径。但在这种情况下，如果她们仍然履行自己对家庭中的私人的服务的义务，那么她们就仍然被排除于公共的生产之外，而不能有什么收入了；如果她们愿意参加公共的事业而有独立的收入，那么就不能履行家庭中的义务。不论在工厂里，或是在一切行业直到医务界和律师界，妇女的地位都是这样的。现代的个体家庭建立在公开的或隐蔽的妇女的家务奴隶制之上，而现代社会则是纯粹以个体家庭为分子而构成的一个总体。现今在大多数情形之下，丈夫都必须是挣钱的人，赡养家庭的人，至少在有产阶级中间是如此，这就使丈夫占据一种无须任何特别的法律特权加以保证的统治地位。在家庭中，丈夫是资产者，妻子则相当于无产阶级。不过，在工业领域内，只有在资本家阶级的一切法定的特权被废除，而两个阶级在法律上的完全平等的权利确立以后，无产阶级所受的经济压迫的独特性质，才会最明白地显露出来；民主共和国并不消除两个阶级的对立，相反，正是它才提供了一个为解决这一对立而斗争的地盘。同样，在现代家庭中丈夫对妻子的统治的独特性质，以及确立双方的真正社会平等的必要性和方法，只有当双方在法律上完全平等的时候，才会充分表现出来。那时就可以看出，妇女解放的第一个先决条件就是一切女性重新回到公共的事业中去；而要达到这一点，又要求消除个体家庭作为社会的经济单位的属性。

　　恩格斯：《家庭、私有制和国家的起源》（1884年3月底—5月底），摘自《马克思恩格斯文集》第4卷，人民出版社2009年12月第1版，第86—88页。

　　既然性爱按其本性来说就是排他的——虽然这种排他性今日只是在妇女身上无例外地得到实现——，那么，以性爱为基础的婚姻，按其本性来说就是个体婚姻。我们已经看到，巴霍芬认为由群婚向个体婚过渡这一进步主要应归功于妇女，是多么的正确；只有由对偶婚制向专偶制的进步才是男子的功劳；在历史上，后一进步实质上是使妇女地位恶化，而便利了男子的不忠实。因此，那种迫使妇女容忍男子的这些通常的不忠实行为的经济考虑——例如对自己的生活，特别是对自己子女的未来的担心——一旦消失，那么由此而达到的妇女的平等地位，根据以往的全部经验来判断，与其说会促进妇女的多夫制，倒不如说会在无比大的程度上促进男子的真正的专偶制。

　　恩格斯：《家庭、私有制和国家的起源》（1884年3月底—5月底），摘自《马克思恩格斯文集》第4卷，人民出版社2009年12月第1版，第95—96页。

　　至于畜群怎样并且在什么时候从部落或氏族的共同占有变为各个家庭

家长的财产，我们至今还不得而知。不过，基本上，这一过渡一定是在这个阶段上发生的。随着畜群和其他新的财富的出现，便发生了对家庭的革命。谋取生活资料总是男子的事情，谋取生活资料的工具是由男子制造的，并且是他们的财产。畜群是新的谋取生活资料的工具，最初对它们的驯养和以后对它们的照管都是男子的事情。因此，牲畜是属于他们的；用牲畜交换来的商品和奴隶，也是属于他们的。这时谋生所得的全部剩余都归了男子，妇女参加它的享用，但在财产中没有她们的份儿。"粗野的"战士和猎人，以在家中次于妇女而占第二位为满足，但"比较温和的"牧人，却依恃自己的财富挤上了首位，把妇女挤到了第二位。而妇女是不能抱怨的。家庭内的分工决定了男女之间的财产分配；这一分工仍然和以前一样，可是它现在却把迄今所存在的家庭关系完全颠倒了过来，这纯粹是因为家庭以外的分工已经不同了。从前保证妇女在家中占统治地位的同一原因——妇女只限于从事家务劳动——，现在却保证男子在家中占统治地位：妇女的家务劳动现在同男子谋取生活资料的劳动比较起来已经相形见绌；男子的劳动就是一切，妇女的劳动是无足轻重的附属品。在这里就已经表明，只要妇女仍然被排除于社会的生产劳动之外而只限于从事家庭的私人劳动，那么妇女的解放，妇女同男子的平等，现在和将来都是不可能的。妇女的解放，只有在妇女可以大量地、社会规模地参加生产，而家务劳动只占她们极少的工夫的时候，才有可能。而这只有依靠现代大工业才能办到，现代大工业不仅容许大量的妇女劳动，而且是真正要求这样的劳动，并且它还力求把私人的家务劳动逐渐溶化在公共的事业中。

恩格斯：《家庭、私有制和国家的起源》（1884年3月底—5月底），摘自《马克思恩格斯文集》第4卷，人民出版社2009年12月第1版，第180—181页。

文明时代所由以开始的商品生产阶段，在经济上有下列特征：（1）出现了金属货币，从而出现了货币资本、利息和高利贷；（2）出现了作为生产者之间的中间阶级的商人；（3）出现了土地私有制和抵押；（4）出现了作为占统治地位的生产形式的奴隶劳动。与文明时代相适应并随之彻底确立了自己的统治地位的家庭形式是专偶制、男子对妇女的统治，以及作为社会经济单位的个体家庭。国家是文明社会的概括，它在一切典型的时期毫无例外地都是统治阶级的国家，并且在一切场合在本质上都是镇压被压迫被剥削阶级的机器。此外，文明时代还有如下的特征：一方面，是把城市和乡村的对立作为整个社会分工的基础固定下来；另一方面，是实行所有者甚至在死后也能够据以处理自己财产的遗嘱制度。这种同古代氏族制度直接冲突的制度，在雅典直到梭伦时代之前还没有过；在罗马，它很早就已经实行了，究竟在什么时候我们不知道；在德意志人中间，这种制度是由教士引入的，为的是使诚实的德意志人能够毫无阻碍地将自己的遗产遗赠给教会。

> 恩格斯：《家庭、私有制和国家的起源》（1884 年 3 月底—5 月底），摘自《马克思恩格斯文集》第 4 卷，人民出版社 2009 年 12 月第 1 版，第 195—196 页。

人类社会脱离动物野蛮阶段以后的一切发展，都是从家庭劳动创造出的产品除了维持自身生活的需要尚有剩余的时候开始的，都是从一部分劳动可以不再用于单纯生活资料的生产，而是用于生产资料的生产的时候开始的。劳动产品超出维持劳动的费用而形成剩余，以及社会的生产基金和后备基金靠这种剩余而形成和积累，过去和现在都是一切社会的、政治的和智力的发展的基础。在迄今为止的历史中，这种基金都是一个特权阶级的财产，而政治统治权和精神主导权也和这种财产一起落到这个特权阶级的手里。即将到来的社会变革将把这种社会的生产基金和后备基金，即全部原料、生产工具和生活资料，从特权阶级的支配中夺过来，把它们转交给全社会作为公有财产，这样才真正把它们变成了社会的基金。

> 恩格斯：《反杜林论》（1876 年 9 月—1878 年 6 月），摘自《马克思恩格斯文集》第 9 卷，人民出版社 2009 年 12 月第 1 版，第 202 页。

工业在资本主义基础上的迅速发展，使劳动群众的贫穷和困苦成了社会的生产条件。犯罪现象一年比一年增多。如果说以前在光天化日之下肆无忌惮地干出来的封建罪恶虽然没有消灭，但终究已经暂时被迫收敛了，那么，以前只是暗中偷着干的资产阶级罪恶却更加猖獗了。商业日益变成欺诈。革命的箴言"博爱"化为竞争中的蓄意刁难和忌妒。贿赂代替了暴力压迫，金钱代替了刀剑成了社会权力的第一杠杆。初夜权从封建领主手中转到了资产阶级工厂主的手中。卖淫增加到了前所未闻的程度。婚姻本身和以前一样仍然是法律承认的卖淫的形式，是卖淫的官方的外衣，并且还以大量的通奸作为补充。总之，同启蒙学者的华美诺言比起来，由"理性的胜利"建立起来的社会制度和政治制度竟是一幅令人极度失望的讽刺画。

恩格斯:《反杜林论》（1876 年 9 月—1878 年 6 月），摘自《马克思恩格斯文集》第 9 卷，人民出版社 2009 年 12 月第 1 版，第 272—273 页。

在中世纪的社会里，特别是在最初几世纪，生产基本上是为了供自己消费。它主要只是满足生产者及其家属的需要。在那些有人身依附关系的地方，例如在农村中，生产还满足封建主的需要。因此，在这里没有交换，产品也不具有商品的性质。农民家庭差不多生产了自己所需要的一切：食物、用具和衣服。只有当他们在满足自己的需要并向封建主交纳实物贡献以后还能生产更多的东西时，他们才开始生产商品；这种投入社会交换即拿去出卖的多余产品就成了商品。诚然，城市手工业者一开始就必然为交换而生产。但是，他们也自己生产自己所需要的大部分东西；他们有园圃和小块土地；他们在公共森林中放牧牲畜，并且从这些森林中取得木材和燃料；妇女纺麻，纺羊毛等等。以交换为目的的生产，即商品生产，还只是在形成中。因此，交换是有限的，市场是狭小的，生产方式是稳定的，地方和外界是隔绝的，地方内部是统一的；农村中有马尔克，城市中有行会。

恩格斯:《反杜林论》（1876 年 9 月—1878 年 6 月），摘自《马克思恩格斯文集》第 9 卷，人民出版社 2009 年 12 月第 1 版，第 289 页。

两个人或两个人的意志就其本身而言是彼此完全平等的——这不仅不是公理，而且甚至是过度的夸张。首先，两个人甚至就其本身而言，在性别上可能就是不平等的，这一简单的事实立刻使我们想到：社会的最简单的要素——如果我们暂且接受这样的童稚之见——不是两个男人，而是一个男人和一个女人，他们建立了家庭，即以生产为目的的社会结合的最简单的和最初的形式。但是这丝毫不合杜林先生的心意。因为，一方面，必须使这两个社会奠基者尽可能地平等。另一方面，甚至杜林先生也不能从原始家庭构造出男女之间在道德上和法上的平等地位。这样，二者必居其一：或者是杜林所说的通过自身繁衍而建立起整个社会的社会分子一开始就注定要灭亡，因为两个男人是永远不能生出小孩来的；或者是我们必须设想他们是两个家长。在这种情况下，十分简单的基本模式就转成自己的反面：它不是证明人的平等，而最多只是证明家长的平等，而且因为妇女是不被理睬的，所以还证明妇女的从属地位。

恩格斯：《反杜林论》（1876 年 9 月—1878 年 6 月），摘自《马克思恩格斯文集》第 9 卷，人民出版社 2009 年 12 月第 1 版，第 102—103 页。

巴尔扎克……在《人间喜剧》里给我们提供给了一部法国"社会"……他描写了这个在他看来是模范社会的最后残余怎样在庸俗的、满身铜臭的暴发户的逼攻之下逐渐屈服，或者被这种暴发户所腐蚀；他描写了贵妇人（他们在婚姻上的不忠只不过是维护自己的一种方式，这和她们在婚姻上听人摆布的情况是完全相适应的）怎样让位给为了金钱或衣着而给自己丈夫戴绿帽子的资产阶级妇女。

恩格斯：《恩格斯致玛格丽特·哈克奈斯》（1888 年 4 月初），摘自《马克思恩格斯文集》第 10 卷，人民出版社 2009 年 12 月第 1 版，第 570—571 页。

经济关系反映为法的原则，同样必然是一种头足倒置的反映。这种反映是在活动者没有意识到的情况下发生的；法学家以为他是凭着先验的原理来活动的，然而这只不过是经济的反映而已。这样一来，一切都头足倒置了。而这种颠倒——在它没有被认识的时候构成我们称之为意识形态观点的那种东西——又对经济基础发生反作用，并且能在某种限度内改变经济基础，我认为这是不言而喻的。以家庭的同一发展阶段为前提，继承法的基础是经济的。尽管如此，也很难证明：例如在英国立遗嘱的绝对自由，在法国对这种自由的严格限制，在一切细节上都只是出于经济的原因。但是二者都对经济起着很大的反作用，因为二者都影响财产的分配。

恩格斯：《恩格斯致康拉德·施米特》（1890 年 10 月 27 日），摘自《马克思恩格斯文集》第 10 卷，人民出版社 2009 年 12 月第 1 版，第 598 页。

根据唯物主义观点，历史中的决定性因素，归根结底是直接生活的生产和再生产。但是，生产本身又有两种。一方面是生活资料即食物、衣服、住房以及为此所必需的工具的生产；另一方面是人自身的生产，即种的繁衍。一定历史时代和一定地区内的人们生活于其下的社会制度，受着两种生产的制约：一方面受劳动的发展阶段的制约，另一方面受家庭的发展阶段的制约。

恩格斯：《家庭、私有制和国家的起源》（1884 年 3 月底—5 月底），摘自《马克思恩格斯文集》第 4 卷，人民出版社 2009 年 12 月第 1 版，第 15—16 页。

人类的"这三种婚姻形式大体上与人类发展的三个主要阶段相适应。群婚制是与蒙昧时代相适应的，对偶婚制是与野蛮时代相适应的，以通奸和卖淫为补充的专偶制是与文明时代相适应的"。

恩格斯：《家庭、私有制和国家的起源》（1884 年 3 月底—5 月底），摘自《马克思恩格斯文集》第 4 卷，人民出版社 2009 年 12 月第 1 版，第 88 页。

（二）群婚制和个体婚制

那么，杂乱的性关系究竟是什么意思呢？这就是说，现在或较早时期通行的禁规在那时是没有效力的。我们已经看到，忌妒所造成的限制是怎样崩溃的。如果说有什么可以确定的话，那就是：忌妒是一种较后发展起来的感情。血亲婚配的观念，也是如此。不仅兄弟和姊妹起初曾经是夫妇，而且父母和子女之间的性关系今日在许多民族中也还是允许的。班克罗夫特（《北美太平洋沿岸各州的土著民族》1875 年版第 1 卷）证明，白令海峡沿岸的加惟基人、阿拉斯加附近的科迪亚克岛上的人、英属北美内地的提纳人，都有这种关系；勒土尔诺也提出了关于印第安赤北韦人、智利的库库人、加勒比人、印度支那半岛的克伦人的同样事实的报告；至于古希腊人和古罗马人关于帕提亚人、波斯人、西徐亚人、匈奴人等的故事，在这里就不必说了。在血亲婚配尚未发明之前（这的确是一种发明，而且是一种极其宝贵的发明），父母和子女之间的性关系所引起的憎恶，并不大于其他不同辈的人们之间的性关系；而后者即使今日在最市侩气的国家里也还在发生，而且并不引起多大的惊骇；甚至年逾 60 的老"姑娘"，如果她们十分富有的话，有时也可以嫁给一个 30 来岁的青年男子。不过，如果我们从我们所知道的最原始的家庭形式上抛弃那种与它们连在一起的血亲婚配的观念——这种观念跟我们的观念完全不同，而且往往是跟它们直接冲突的——，那么我们就得出一种只能叫做杂乱的性关系的形式了。所谓杂乱，是说后来由习俗所规定的那些限制那时还不存在。但是由此决不能说，在日常实践中也必然是一片混乱。短时期的成对配偶决不是不可能的，正如在群婚制中，当时的多数情况也是成对配偶那样。所以，如果说韦斯特马克（他是最近的一个否认这种原始状态的人）把两性在生孩子以前一切成对同居状态，都叫做婚姻，那么就应该说，这种婚姻完全可以在杂乱的性关系状态下发生，而它跟杂交状态，即不存在习俗规定的对性关系的限制的那种状态不相矛盾。当然，韦斯特马克是从如下的观点出发的，他认为：

"杂交状态包含着对个人爱恋的压抑"，因而"卖淫是这种状态的最真实的形式"。

恩格斯：《家庭、私有制和国家的起源》（1884 年 3 月底—5 月底），摘自
《马克思恩格斯文集》第 4 卷，人民出版社 2009 年 12 月第 1 版，第 46—
47 页。

在一切形式的群婚家庭中，谁是某一个孩子的父亲是不确定的，但谁是孩子的母亲则是确定的。即使母亲把共同家庭的一切子女都叫做自己的子女，对于他们都担负母亲的义务，但她仍然能够把她自己亲生的子女同其余一切子女区别开来。由此可知，只要存在着群婚，那么世系就只能从母亲方面来确定，因此，也只承认女系。一切蒙昧民族和处在野蛮时代低级阶段的民族，实际上都是这样；所以巴霍芬的第二个伟大功绩，就在于他第一个发现了这一点。他把这种只从母亲方面确认世系的情况和由此逐渐发展起来的继承关系叫做母权制；为了简便起见，我保留了这一名称；不过它是不大恰当的，因为在社会发展的这一阶段上，还谈不到法律意义上的权利。

……

当摩尔根写他的著作的时候，我们关于群婚的知识还是非常有限的。我们仅略略知道一点那种组织为级别的澳大利亚人的群婚，此外就是摩尔根早在 1871 年发表了他所得到的关于夏威夷普那路亚家庭的材料。普那路亚家庭，一方面，给美洲印第安人中盛行的亲属制度提供了完备的说明，而这一制度曾经是摩尔根的全部研究的出发点；另一方面，它又是一个引出母权制氏族的现成的出发点；最后，它乃是远比澳大利亚的级别制度更高的一个发展阶段。因此，摩尔根把这个形式看做必然先于对偶婚存在的一个发展阶段，并且认定它在较早的时期普遍流行，这是可以理解的。自从那时以来，我们了解了群婚的一系列其他形式，现在我们知道，摩尔根在这里走得太远了。不过，他仍然很幸运，在他的普那路亚家庭中碰到了最高的、典型的群婚形式，即可以用来十分容易地说明向更高形式过渡的那种形式。

使我们关于群婚的知识大大丰富起来的，是英国传教士洛里默·法伊森，他在这种家庭形式的典型地区——澳大利亚，对群婚作了多年的研究。他在南澳大利亚的芒特甘比尔地区的澳大利亚黑人中发现了最低的发展阶段。在这里，整个部落分为两个级别：克洛基和库米德。每个级别内部都严格禁止性关系；反之，一级别的每个男子生来就是另一级别的每个女子的丈夫，而后者生来也是前者的妻子。不是单个人，而是整个集团相互结婚，即级别和级别结婚。而且应当指出，这里除了两个外婚制级别的划分所造成的限制以外，年龄差别或某种特殊血缘亲属关系都没有造成什么障碍。对克洛基的任何男子说来，库米德的每个女子都是他的当然的妻子；但是，他自己的女儿，既是库米德女性所生，根据母权制也是库米德，所以，她生来就是每个克洛基男人的妻子，从而也是自己父亲的妻子。至少，我们所知道的这种级别组织对于这一点是没有加以禁止的。所以，或者是在这种组织发生的那个时期，虽然已有限制近亲婚配的朦胧意向，但是人们还不把父母和子女间的性关系看做特别可怕的事情——在这种情况下，级别制度就是从杂乱的性关系的状态中直接产生的；或者是在级别发生的时候，父母和子女间的性关系业已为习俗所禁止——在这种情况下，当前的状态就表明在它以前曾经存在过血缘家庭，而它是走出血缘家庭的第一步。后面这一种情况，比较可信。据我所知，在澳大利亚，父母和子女间的婚姻关系的例子，还没有人提到过；而比较晚一些的外婚形式，即母权制氏族，通常也默然以禁止这种关系为前提，把这种禁规看做一种在氏族产生时就已存在的事情。

......

群婚在澳大利亚还是一种级别婚，它是往往分布于全大陆的整个一级别的男子和同样广布的一级别的女子的群众性夫妻关系——这种群婚，如果加以详细的观察，并不完全像习惯于娼妓制度的庸人幻想所想象的那样可怕。相反，过了许多年以后，人们才猜测到有这种群婚存在，而不久以前又对它争论起来。在肤浅的观察者看来，它是一种不牢固的个体婚制，而在某些地方则是与偶尔的通奸并行的多妻制。只有像法伊森和豪伊特那样，花费许多年工夫，才能在这些使普通的欧洲人对于其实践反倒更感到亲切的婚姻关系中发现一种调节规则，根据这种规则，一个外地的澳大利亚黑人在离开本乡数千公里的地方，在说着他所不懂的语言的人们中间，往往依然可以在一个个住宿地，在一个个部落里，找到毫无反抗和怨恨地委身于他的女子，而根据这种规则有着几个妻子的男人，也要让出一个妻子给自己的客人去过夜。在欧洲人视为不道德和无规则的地方，事实上都盛行着一种严格的规则。这些女子属于客人的通婚级别，因而她们生来就是他的妻子；把双方结合起来的那个道德规则，同时又用剥夺权利的惩罚方法，禁止相互所属的通婚级别以外的任何性关系。甚至在抢劫妇女（这是经常的，某些地方还是通例）的地方，也很慎重地遵守级别的规则。

恩格斯：《家庭、私有制和国家的起源》（1884 年 3 月底—5 月底），摘自《马克思恩格斯文集》第 4 卷，人民出版社 2009 年 12 月第 1 版，第 52—57 页。

要弄清现在美洲的群婚是否已完全被对偶婚所排除的问题，必须更加仔细地研究一下还处于蒙昧时代高级阶段的西北部民族，特别是南美的各民族。关于后者，流传着各种各样的性关系不受限制的事例，使人很难设想在这里旧时的群婚已经完全克服。无论如何，群婚的遗迹还没有完全消失。在北美的至少 40 个部落中，同长姊结婚的男子有权把她的一俟达到婚龄的一切妹妹也娶为妻子——这是一整群姊妹共夫的遗风。而加利福尼亚半岛的居民（蒙昧时代高级阶段），据班克罗夫特说，则有一些节日，在节日里几个"部落"聚集在一起，不加区别地发生性关系。这显然是指一些氏族，它们在这些节日里，对于从前一个氏族的妇女以另一氏族的所有男子为她们的共同丈夫，而男子则以另一氏族的所有妇女为他们的共同妻子的时代，还保留着一点朦胧的记忆。这种习俗在澳大利亚仍然盛行着。有些民族中，还有这种情形，即男性长者、酋长和巫师，利用共妻制来为自己服务，自己独占大多数妇女；但是，他们在一定节日和民众大集会时，必须重新实行以前的共妻制，让自己的妻子去和年轻的男子们寻乐。韦斯特马克在他的《人类婚姻史》一书第 28—29 页，举了许多例子，表明在印度的霍人、桑塔尔人、潘札人和科塔尔人部落中，在某些非洲民族和其他民族中，都有这种定期的沙特恩节即在一个短时期内恢复旧时的自由的性关系。奇怪的是，韦斯特马克由此得出一个结论，说这并不是他所否认的群婚的残余，而是原始人和其他动物所共有的交配期的残余。

……

在另一些民族中，新郎的朋友和亲属或请来参加婚礼的客人，在举行婚礼时,都可以提出古代遗传下来的对新娘的权利,新郎按次序是最后的一个;在巴利阿里群岛和在非洲的奥及娄人中,在古时都是如此;而在阿比西尼亚的巴里人中,现在也还是如此。在另一些民族中,则由一个有公职的人——部落或氏族的头目、酋长、萨满、祭司、诸侯或其他不管是什么头衔的人,代表公社行使对新娘的初夜权。尽管新浪漫主义者竭力掩饰这一事实,但这种初夜权至今还作为群婚的残余,存在于阿拉斯加地区的大多数居民(班克罗夫特《土著民族》第1卷第81页)、墨西哥北部的塔胡人(同上,第584页)及其他民族中;在整个中世纪,它至少存在于原为凯尔特人的各个国家中,例如在阿拉贡;在这些地方,它是直接由群婚传下来的。在卡斯蒂利亚,农民虽然从来没有成为农奴,但在阿拉贡却盛行过极丑恶的农奴制,直到1486年天主教徒斐迪南德作出裁决为止。在这个文件中说:

"兹决定并宣告,上述领主〈senyors,男爵〉……亦不得在农民娶妻时与其妻同睡第一夜,或在婚礼之夜,新娘躺在床上以后,跨越该床及该女子,作为自己统治的标志;上述领主亦不得违反农民的女儿或儿子的意志去差使他们,无论偿付报酬与否。"(转引自祖根海姆《农奴制度》1861年彼得堡版第35页上的加泰罗尼亚语原文。)

> 恩格斯:《家庭、私有制和国家的起源》(1884年3月底—5月底),摘自《马克思恩格斯文集》第4卷,人民出版社2009年12月第1版,第61—64页。

在说到随着母权制的覆灭而迅速发展起来的专偶制以前,我们再就多妻制和多夫制说几句话。这两种婚姻形式,只能算是例外,可以说是历史的奢侈品,除非它们在某一个国家内同时并存,但是大家知道这是没有的事。因此,由于被排除在多妻制以外的男子并不能从因多夫制而成为多余的妇女那里求得安慰,而且男女的数目,不管社会制度如何,迄今又差不多是相等的,所以,不论多妻制或多夫制的婚姻形式都不能上升为普遍通行的形式。事实上,一夫多妻制显然是奴隶制度的产物,并且限于个别占据特殊地位的人物。在闪米特人的家长制家庭中,只有家长本人,至多还有他的几个儿子,过着多妻制的生活,其余的人都以一人一妻为满足。现在整个东方还是如此;多妻制是富人和显贵人物的特权,多妻主要是用购买女奴隶的方法取得的;人民大众都是过着专偶制的生活。印度和西藏的多夫制，也同样是个例外；关于它起源于群婚这个肯定并非无关紧要的问题，还需要作进一步的研究。而在实践上，多夫制的容让性看来要比伊斯兰教徒的富于忌妒的后房制度大得多。例如至少在印度的纳伊尔人中间，虽然每三四个或更多的男子共有一个妻子，但是他们每人同时还可以和别的三个或更多的男子共有第二个，甚至第三个、第四个……妻子。奇怪的是，麦克伦南在叙述这种婚姻俱乐部时（其成员可以同时加入几个俱乐部），竟没有发现俱乐部婚姻这个新类别。不过，这种婚姻俱乐部的制度，决不是真正的多夫制；恰好相反，正如日罗－特隆已经指出的，这只是群婚的一种特殊化了的形式；男子过着多妻制的生活，而妇女则过着多夫制的生活。

恩格斯：《家庭、私有制和国家的起源》（1884 年 3 月底—5 月底），摘自《马克思恩格斯文集》第 4 卷，人民出版社 2009 年 12 月第 1 版，第 72—73 页。

摩尔根所说的淫游制，是指与个体婚制并存的男子和未婚妇女在婚姻之外发生的性关系，这种性关系，大家知道，以各种不同的形式盛行于整个文明时代，而且日益变为公开的卖淫了。这种淫游制直接起源于群婚制，起源于妇女为赎买贞操权利而作的献身牺牲。为金钱而献身，最初是一种宗教行为，它是在爱神庙举行的，所得的钱最初都归于神庙的财库。亚美尼亚的阿娜伊蒂斯庙、科林斯的阿芙罗狄蒂庙的庙奴，以及印度神庙中的宗教舞女，即所谓 Bajaderen（葡萄牙语 bailadeira——舞女一词的讹误），都是最初的娼妓。这种献身起初是每个妇女的义务，后来便只由这些女祭司代替其他所有妇女来实行了。在其他一些民族中，这种淫游制起源于允许姑娘们在结婚前有性的自由，因此也是群婚制的残余，只不过这种残余是通过另外一种途径传到今天的。随着财产差别的产生，亦即早在野蛮时代高级阶段，与奴隶劳动并存就零散地出现了雇佣劳动，同时，作为它的必然补充，也出现了与女奴隶的强制献身并存的自由妇女的职业卖淫。由此可见，群婚制传给文明时代的遗产是两重的，正如文明时代所产生的一切都是两重的、双面的、分裂为二的、对立的一样：一方面是专偶制，另一方面则是淫游制以及它的最极端的形式——卖淫。淫游制和社会的任何其他制度一样，也是一种社会的制度；它使旧时的性的自由继续存在，以利于男子。在实际上不仅被容忍而且特别为统治阶级所乐于实行的淫游制，在口头上是受到诅咒的。但是实际上，这种诅咒决不是针对着参与此事的男子，而只是针对着妇女：她们被剥夺权利，被排斥在外，以便用这种方法再一次宣布男子对妇女的无条件统治乃是社会的根本法则。

> 恩格斯：《家庭、私有制和国家的起源》（1884 年 3 月底—5 月底），摘自《马克思恩格斯文集》第 4 卷，人民出版社 2009 年 12 月第 1 版，第 79—80 页。

这样，我们便有了三种主要的婚姻形式，这三种婚姻形式大体上与人类发展的三个主要阶段相适应。群婚制是与蒙昧时代相适应的，对偶婚制是与野蛮时代相适应的，以通奸和卖淫为补充的专偶制是与文明时代相适应的。在野蛮时代高级阶段，在对偶婚制和专偶制之间，插入了男子对女奴隶的统治和多妻制。

> 恩格斯：《家庭、私有制和国家的起源》（1884 年 3 月底—5 月底），摘自《马克思恩格斯文集》第 4 卷，人民出版社 2009 年 12 月第 1 版，第 88 页。

可见，个体婚制在历史上决不是作为男女之间的和好而出现的，更不是作为这种和好的最高形式而出现的。恰好相反。它是作为女性被男性奴役，作为整个史前时代所未有的两性冲突的宣告而出现的。在马克思和我于 1846 年合写的一个旧的、未发表的手稿中，我发现了如下一句话："最初的分工是男女之间为了生育子女而发生的分工。"现在我可以补充几句：在历史上出现的最初的阶级对立，是同个体婚制下夫妻间的对抗的发展同时发生的，而最初的阶级压迫是同男性对女性的压迫同时发生的。个体婚制是一个伟大的历史的进步，但同时它同奴隶制和私有制一起，却开辟了一个一直继续到今天的时代，在这个时代中，任何进步同时也是相对的退步，因为在这种进步中，一些人的幸福和发展是通过另一些人的痛苦和受压抑而实现的。个体婚制是文明社会的细胞形态，根据这种形态，我们就可以研究文明社会内部充分发展着的对立和矛盾的本质。

旧时性关系的相对自由，决没有随着对偶婚或者甚至个体婚的胜利而消失。

"旧的婚姻制度，虽然由于普那路亚集团的逐渐消亡而缩小到更加狭小的范围内，但仍然围绕着正在向前发展的家庭，并且伴随着它直到文明时代的最初期……这种旧制度最后终于消失在新型的淫游制中，这种新型的淫游制伴随着人类直到进入文明时代，就像一个阴影笼罩在家庭上面。"

恩格斯：《家庭、私有制和国家的起源》（1884 年 3 月底—5 月底），摘自
《马克思恩格斯文集》第 4 卷，人民出版社 2009 年 12 月第 1 版，第 78—
79 页。

（三）对偶制家庭和专偶制家庭

摩尔根一生的大部分，是在易洛魁人中间度过的，这种易洛魁人现在
还居住在纽约州；他并且被一个易洛魁人部落（塞讷卡人部落）接纳入
族。他发现，易洛魁人奉行着一种同他们的实际的家庭关系相矛盾的亲属
制度。在易洛魁人中间盛行的，是一种双方可以轻易解除的个体婚姻，摩
尔根把它称为"对偶制家庭"。因此，这种夫妻的子女，是众所周知和大
家公认的；对谁应该用父亲、母亲、儿子、女儿、兄弟、姊妹等称呼，是
不会有疑问的。但是，这些称呼的实际使用，却与此矛盾。易洛魁人的男
子，不仅把自己亲生的子女称为自己的儿子和女儿，而且把他兄弟的子女
也称为自己的儿子和女儿，而他们都称他为父亲。他把自己姊妹的子女则
称为自己的外甥和外甥女，他们称他为舅父。反之，易洛魁人的女子，把
自己姊妹的子女和她自己亲生的子女一概都称为自己的儿子和女儿，而他
们都称她为母亲。她把自己兄弟的子女则称为自己的内侄和内侄女，她自
己被称为他们的姑母。同样，兄弟的子女们互称兄弟姊妹，姊妹的子女们
也互称兄弟姊妹。而一个女人的子女和她兄弟的子女，则互称为表兄弟和
表姊妹。这并不是一些空洞的名称，而是实际上流行的对血缘亲属关系的
亲疏和辈分的观点的表达；这种观点是一种完备地制定了的亲属制度的基
础，这种亲属制度可以表达单个人的数百种不同的亲属关系。不仅如此，
这种亲属制度不仅在所有美洲印第安人中（直到现在还没有发现过例外）
完全有效，而且在印度最古的居民中，在德干的达罗毗荼人部落和印度斯
坦的戈拉人部落中，也差不多毫无变更地实行着。在南印度的泰米尔人和
纽约州的塞讷卡部落的易洛魁人用来表达亲属关系的名称中，至今还有
200 种以上不同的亲属关系是用相同的名称来表达的。所以在印度的这些
部落中间，正和在所有美洲印第安人中间一样，从现行家庭形式中产生的
亲属关系，也是同亲属制度相矛盾的。

恩格斯：《家庭、私有制和国家的起源》（1884 年 3 月底—5 月底），摘自

《马克思恩格斯文集》第 4 卷，人民出版社 2009 年 12 月第 1 版，第 39—
40 页。

这种对偶制家庭，本身还很脆弱，还很不稳定，不能使人需要有或者
只是希望有自己的家户经济，因此它根本没有使早期传下来的共产制家户
经济解体。而共产制家户经济意味着妇女在家内的统治，正如在不能确认
生身父亲的条件下只承认生身母亲意味着对妇女即母亲的高度尊敬一样。
那种认为妇女在最初的社会里曾经是男子的奴隶的意见，是 18 世纪启蒙时
代所留传下来的最荒谬的观念之一。在一切蒙昧人中，在一切处于野蛮时
代低级阶段、中级阶段、部分地还有处于高级阶段的野蛮人中，妇女不仅
居于自由的地位，而且居于受到高度尊敬的地位。这种地位到了对偶婚时
期是怎样的情形，可以由在塞讷卡部落的易洛魁人中做过多年传教士的阿
瑟·莱特作证明。他说：

"讲到他们的家庭，当他们还住在老式长屋〈包含几个家庭的共产制
家户经济〉中的时候…… 那里总是由某一个克兰〈氏族〉占统治地位，因
此妇女是从别的克兰〈氏族〉中招来丈夫的…… 通常是女方在家中支配一
切；贮藏品是公有的；但是，倒霉的是那种过于怠惰或过于笨拙因而不能
给公共贮藏品增加一分的不幸的丈夫或情人。不管他在家里有多少子女或
占有多少财产，仍然要随时听候命令，收拾行李，准备滚蛋。对于这个命
令，他不可有反抗的企图；他无法在这栋房子里住下去，他非回到自己的
克兰〈氏族〉去不可；或者像他们通常所做的那样，到别的克兰内重新结
婚。妇女在克兰〈氏族〉里，乃至一般在任何地方，都有很大的势力。有
时，她们可以毫不犹豫地撤换酋长，把他贬为普通的战士。"

恩格斯：《家庭、私有制和国家的起源》（1884 年 3 月底—5 月底），摘自
《马克思恩格斯文集》第 4 卷，人民出版社 2009 年 12 月第 1 版，第 59—
60 页。

对偶制家庭产生于蒙昧时代和野蛮时代交替的时期，大部分是在蒙昧
时代高级阶段，有些地方刚刚到达野蛮时代低级阶段。这是野蛮时代所特
有的家庭形式，正如群婚之于蒙昧时代，专偶制之于文明时代一样。要使
对偶制家庭进一步发展为牢固的专偶制，需要有别的原因，这种原因与我
们已经看到的一直起着作用的那些原因不同。在成对配偶制中，群已经减
缩到它的最后单位，仅由两个原子组成的分子，即一男和一女。自然选择

已经通过日益缩小婚姻共同体的范围而完成了自己的使命；在这一方面，它再也没有事可做了。因此，如果没有新的、社会的动力发生作用，那么，从成对配偶制中就没有任何根据产生新的家庭形式了。但是，这种动力开始发生作用了。

> 恩格斯：《家庭、私有制和国家的起源》（1884 年 3 月底—5 月底），摘自《马克思恩格斯文集》第 4 卷，人民出版社 2009 年 12 月第 1 版，第 64—65 页。

但是，专偶制完全肯定地将要失掉的东西，就是它因起源于财产关系而被烙上的全部特征，这些特征就是：第一，男子的统治，第二，婚姻的不可解除性。男子在婚姻上的统治是他的经济统治的结果，它将自然地随着后者的消失而消失。婚姻的不可解除性，部分地是专偶制所赖以产生的经济状况的结果，部分地是这种经济状况和专偶制之间的联系还没有被正确地理解并且被宗教加以夸大的那个时代留下的传统。这种不可解除性现在就已经遭到千万次的破坏了。如果说只有以爱情为基础的婚姻才是合乎道德的，那么也只有继续保持爱情的婚姻才合乎道德。不过，个人性爱的持久性在各个不同的个人中间，尤其在男子中间，是很不相同的，如果感情确实已经消失或者已经被新的热烈的爱情所排挤，那就会使离婚无论对于双方或对于社会都成为幸事。只是要使人们免于陷入离婚诉讼的无益的泥潭才好。

> 恩格斯：《家庭、私有制和国家的起源》（1884 年 3 月底—5 月底），摘自《马克思恩格斯文集》第 4 卷，人民出版社 2009 年 12 月第 1 版，第 96 页。

在威尔士被英国人征服以前数世纪，即至迟于 11 世纪所制定的古代威尔士的法律，还表明有整个村落共同耕作的事情，虽然这只是一种普遍流行的早期习俗的稀有残余；每个家庭有供自己耕作的五英亩土地；此外，另有一块土地共同耕种，收获物实行分配。从它跟爱尔兰和苏格兰类似这一点来看，毫无疑问这种农村公社乃是一种氏族或氏族分支，即使对威尔士法律的重新考查——我没有时间去这样做（我的摘要是在 1869 年作的）——未必能直接证实这一点。然而，威尔士以及爱尔兰的材料却直接证明，在 11 世纪时，凯尔特人的对偶婚还根本没有被专偶制所代替。在威尔士，婚姻只有满了七年之后才不能解除，或者更确切些说，才不能终止。

甚至只差三夜就满七年，夫妻还是可以分离的。那时便要分家：由妻子来分，丈夫取他的一份。家具是按一定的非常有趣的规则来分的。如果是丈夫提出离婚的，那他必须把妻子的嫁妆和其他某些东西还给她；如果是妻子提出离婚的，那她便少得一点。如有三个子女，丈夫分两个，妻子分一个，即中间那一个。如果妻子在离婚后重新结婚，而她的前夫想重新要她时，即使她的一只脚已经踏上新夫的婚床，也要顺从前夫的要求。而如果已经同居七年，即使以前并未正式结婚，他们也是夫和妻。在结婚以前，少女的贞操完全不严格遵守，也不要求遵守；与此有关的规定，具有非常轻佻的性质，同资产阶级的道德完全不符。如果妻子与人通奸，丈夫可以殴打她（这是允许他这样做的三种情况之一，在其余场合殴打妻子是要受罚的），但是这样一来，他就无权要求别的补偿了；因为

"对于同一过错，或者要求赎罪，或者要求报复，但两者不可得兼"。

恩格斯：《家庭、私有制和国家的起源》（1884年3月底—5月底），摘自《马克思恩格斯文集》第4卷，人民出版社2009年12月第1版，第148—149页。

随着男子在家中的实际统治的确立，实行男子独裁的最后障碍便崩毁了。这种独裁，由于母权制的倾覆、父权制的实行、对偶婚制向专偶制的逐步过渡而被确认，并且永久化了。但是这样一来，在古代的氏族制度中就出现了一个裂口：个体家庭已经成为一种力量，并且以威胁的姿态起来与氏族对抗了。

恩格斯：《家庭、私有制和国家的起源》（1884年3月底—5月底），摘自《马克思恩格斯文集》第4卷，人民出版社2009年12月第1版，第181—182页。

除了自由民和奴隶的差别以外，又出现了富人和穷人的差别——随着新的分工，社会又有了新的阶级划分。各个家庭家长之间的财产差别，炸毁了各地迄今一直保存着的旧的共产制家庭公社；同时也炸毁了为这种公社而实行的土地的共同耕作。耕地起初是暂时地、后来便永久地分配给各个家庭使用，它向完全的私有财产的过渡，是逐渐进行的，是与对偶婚制向专偶制的过渡平行地发生的。个体家庭开始成为社会的经济单位了。

恩格斯：《家庭、私有制和国家的起源》（1884年3月底—5月底），摘自《马克思恩格斯文集》第4卷，人民出版社2009年12月第1版，第183页。

但是，在专偶制内部，第二种对立也因此而发展起来了。同靠淫游制来使自己的生活更美好的丈夫并存的还有一个被冷落的妻子。正如吃了半个苹果以后就再不能有一个整苹果一样，没有对立的另一面，就不可能有对立的这一面。尽管如此，男子的想法似乎仍然不是这样，直到他们的妻子教训了他们，使他们醒悟为止。随着个体婚制，出现了两种经常性的、以前所不知道的特有的社会人物：妻子的经常的情人和戴绿帽子的丈夫。男子获得了对妇女的胜利，但是桂冠是由失败者宽宏大量地给胜利者加上的。虽然加以禁止、严惩但终不能根除的通奸，已成为与个体婚制和淫游制并行的不可避免的社会的制度了。子女是否确凿无疑地出自父亲，像从前一样，至多只能依据道德的信念；所以，为了解决这个无法解决的矛盾，《拿破仑法典》第312条规定：

"L'enfant conçu pendant le mariage a pour père le mari"——凡在结婚以后怀胎的婴儿，以丈夫为父。

恩格斯：《家庭、私有制和国家的起源》（1884年3月底—5月底），摘自《马克思恩格斯文集》第4卷，人民出版社2009年12月第1版，第80页。

但是，这个进步无疑是由这样的情况引起的，即德意志人还生活在对偶制家庭中，他们在可能的范围内把适应于对偶制家庭的妇女地位嫁接到专偶制上来；这一进步决不是由于德意志人的什么传奇性的、道德上纯洁得令人惊奇的天性所引起的，这种天性只不过是：对偶制实际上并不像专偶制那样在明显的道德对立中发展。恰好相反，德意志人在其迁徙时期，特别是在向东南方，即黑海沿岸草原游牧民族区迁徙时期，在道德上堕落得很厉害，除骑马术以外，他们还从这些游牧民族那里染上了丑恶的反常情的恶习，阿米亚努斯关于泰发耳人，普罗科皮阿斯关于海鲁莱人的叙述就是明显的证明。

……

在今日的资产阶级中间，缔结婚姻有两种方式。在天主教国家中，父母照旧为年轻的资产阶级儿子选择适当的妻子，其结果自然是专偶制所固有的矛盾得到了最充分的发展：丈夫方面是大肆实行淫游，妻子方面是大肆通奸。天主教会禁止离婚，恐怕也只是因为它确信对付通奸就像对付死亡一样，是没有任何药物可治的。相反，在新教国家中，通例是允许资产阶级的儿子有或多或少的自由去从本阶级选择妻子；因此，一定程度的爱可能成为结婚的基础，而且，为了体面，也始终以此为前提，这一点符合新教伪善的精神。在这里，丈夫实行淫游并不那么厉害，而妻子的通奸也比较不那么常见。不过，在任何婚姻形式下，人们结婚后和结婚前仍然是同样的人，而新教国家的资产者又大多是些庸人，所以，这种新教的专偶制，即使拿一般最好的场合来看，也只不过是导致被叫做家庭幸福的极端枯燥无聊的婚姻共同体罢了。小说就是这两种缔结婚姻的方法的最好的镜子：法国的小说是天主教婚姻的镜子；德国的小说是新教婚姻的镜子。在这两种场合，"他都有所得"；在德国小说中是青年得到了少女；在法国小说中是丈夫得到了绿帽子。两者之中究竟谁的处境更坏，不是每次都可以弄清楚的。因此，德国小说的枯燥之于法国资产者，正如法国小说的"不道德"之于德国的庸人一样是令人不寒而栗的。可是，最近，自从"柏林成为世界都市"以来，德国小说也开始不那么胆怯地描写当地早就为人所知的淫游和通奸了。

> 恩格斯：《家庭、私有制和国家的起源》（1884 年 3 月底—5 月底），摘自《马克思恩格斯文集》第 4 卷，人民出版社 2009 年 12 月第 1 版，第 82—84 页。

只有在被压迫阶级中间，而在今天就是在无产阶级中间，性爱才成为而且也才可能成为对妇女的关系的常规，不管这种关系是否为官方所认可。不过，在这里，古典的专偶制的全部基础也就除去了。在这里没有任何财产，而专偶制和男子的统治原是为了保存和继承财产而建立的；因此，在这里也就没有建立男子统治的任何推动力了。况且，在这里也没有达到这个目的的手段：维护男子统治的资产阶级法律，只是为了维护有产者和他们同无产者的相互关系而存在的；它是要花费金钱的，而因为工人贫穷的缘故，它对于工人同他的妻子的关系就没有效力了。在这里，起决定作用的完全是另一种个人的和社会的关系。此外，自从大工业迫使妇女从家庭进入劳动市场和工厂，而且往往把她们变为家庭的供养者以后，在无产者家庭中，除了自专偶制出现以来就蔓延开来的对妻子的野蛮粗暴也许还遗留一些以外，男子统治的最后残余也已失去了任何基础。这样一来，无产者的家庭，甚至在双方都保持最热烈的爱情和最牢固的忠实的情况下，并且不管有可能得到什么宗教的和世俗的祝福，也不再是严格意义上的专偶制的家庭了。所以，专偶制的经常伴侣——淫游和通奸，在这里只有极其微小的作用；妻子事实上重新取得了离婚的权利，当双方不能和睦相处时，他们就宁愿分离。一句话，无产者的婚姻之为专偶制，是在这个名词的词源学意义上说的，决不是在这个名词的历史意义上说的。

恩格斯：《家庭、私有制和国家的起源》（1884年3月底—5月底），摘自《马克思恩格斯文集》第4卷，人民出版社2009年12月第1版，第85—86页。

但是，我们现在正在走向一种社会变革，那时，专偶制的迄今存在的经济基础，正像它的补充物即卖淫的经济基础一样，不可避免地都要消失。专偶制的产生是由于大量财富集中于一人之手，也就是男子之手，而且这种财富必须传给这一男子的子女，而不是传给其他人的子女。为此，就需要妻子方面的专偶制，而不是丈夫方面的专偶制，所以这种妻子方面的专偶制根本不妨碍丈夫的公开的或秘密的多偶制。但是，行将到来的社会变革至少将把绝大部分耐久的、可继承的财富——生产资料——变为社会所有，从而把这一切对于传授遗产的关切减少到最低限度。可是，既然专偶制是由于经济的原因而产生的，那么当这种原因消失的时候，它是不是也要消失呢？

可以不无理由地回答：它不仅不会消失，而且相反地，只有那时它才能完全地实现。因为随着生产资料转归社会所有，雇佣劳动、无产阶级、从而一定数量的——用统计方法可以计算出来的——妇女为金钱而献身的必要性，也要消失了。卖淫将要消失，而专偶制不仅不会灭亡，而且最后对于男子也将成为现实。

这样一来，男子的地位无论如何要发生很大的变化。而妇女的地位，一切妇女的地位也要发生很大的转变。随着生产资料转归公有，个体家庭就不再是社会的经济单位了。私人的家务变为社会的事业。孩子的抚养和教育成为公共的事情；社会同等地关怀一切儿童，无论是婚生的还是非婚生的。因此，对于"后果"的担心也就消除了，这种担心在今天成了妨碍少女毫无顾虑地委身于所爱的男子的最重要的社会因素——既是道德的也是经济的因素。那么，会不会由于这个原因，就足以逐渐产生更随便的性关系，从而也逐渐产生对处女的荣誉和女性的羞耻都更加马虎的社会舆论呢？最后，难道我们没有看见，在现代世界上专偶制和卖淫虽然是对立物，却是不可分离的对立物，是同一社会秩序的两极吗？能叫卖淫消失而不叫专偶制与它同归于尽吗？

在这里，一个在专偶制发展的时候最多只处于萌芽状态的新的因素——个人的性爱，开始发生作用了。

恩格斯：《家庭、私有制和国家的起源》（1884 年 3 月底—5 月底），摘自《马克思恩格斯文集》第 4 卷，人民出版社 2009 年 12 月第 1 版，第 89—90 页。

因此，直到中世纪末期，在绝大多数场合，婚姻的缔结仍然和最初一样，不是由当事人决定的事情。起初，人们一出世就已经结了婚——同整个一群异性结了婚。在较后的各种群婚形式中，大概仍然存在着类似的状态，只是群的范围逐渐缩小罢了。在对偶婚之下，通例是由母亲给自己的子女说定婚事；在这里关于新的亲戚关系的考虑也起着决定的作用，这种新的亲戚关系应该使年轻夫妇在氏族和部落中占有更牢固的地位。当父权制和专偶制随着私有财产的分量超过共同财产以及随着对继承权的关切而占了统治地位的时候，结婚便更加依经济上的考虑为转移了。买卖婚姻的形式正在消失，但它的实质却在越来越大的范围内实现，以致不仅对妇女，而且对男子都规定了价格，而且不是根据他们的个人品质，而是根据他们的财产来规定价格。当事人双方的相互爱慕应当高于其他一切而成为婚姻基础的事情，在统治阶级的实践中是自古以来都没有的。至多只是在浪漫故事中，或者在不受重视的被压迫阶级中，才有这样的事情。

恩格斯：《家庭、私有制和国家的起源》（1884 年 3 月底—5 月底），摘自《马克思恩格斯文集》第 4 卷，人民出版社 2009 年 12 月第 1 版，第 92—93 页。

（四）母权制家庭和父权制家庭

根据母权制，就是说，当世系还是只按女系计算的时候，并根据氏族内最初的继承习惯，氏族成员死亡以后起初是由他的同氏族亲属继承的。财产必须留在氏族以内。最初，由于财物不多，在实践上大概总是转归最亲近的同氏族亲属所有，就是说，转归母方的血缘亲属所有。但是，男性死者的子女并不属于死者的氏族，而是属于他们的母亲的氏族；最初他们是同母亲的其他血缘亲属共同继承母亲的，后来，可能就首先由他们来继承了；不过，他们不能继承自己的父亲，因为他们不属于父亲的氏族，而父亲的财产应该留在父亲自己的氏族内。所以，畜群的所有者死亡以后，他的畜群首先应当转归他的兄弟姊妹和他的姊妹的子女，或者转归他母亲的姊妹的后代。他自己的子女则被剥夺了继承权。

因此，随着财富的增加，财富便一方面使丈夫在家庭中占据比妻子更重要的地位；另一方面，又产生了利用这个增强了的地位来废除传统的继承制度使之有利于子女的原动力。但是，当世系还是按母权制来确定的时候，这是不可能的。因此，必须废除母权制，而它也就被废除了。这并不像我们现在所想象的那样困难，因为这一革命——人类所经历过的最深刻的革命之一——并不需要侵害到任何一个活着的氏族成员。氏族的全体成员都仍然能够和以前一样。只要有一个简单的决定，规定以后氏族男性成员的子女应该留在本氏族内，而女性成员的子女应该离开本氏族，转到他们父亲的氏族中去就行了。这样就废除了按女系计算世系的办法和母系的继承权，确立了按男系计算世系的办法和父系的继承权。这一革命在文明民族中是怎样和在何时发生的，我们毫无所知。它是完全属于史前时代的事。不过这一革命确实发生过，关于这一点，特别是巴霍芬所搜集的关于母权制的许多遗迹的材料可以充分证明；至于这一革命是怎样容易地完成的，可以从许许多多印第安部落的例子上看出来；在那里，部分地由于日益增长的财富和改变了的生活方式（从森林移居大草原）的影响，部分地由于文明和传教士的道德上的影响，这一革命不久以前方才发生，现在还在进行。在密苏里河流域的八个部落中，有六个是实行男系世系和男系继承制的，只有两个还按女系。在肖尼人、迈阿密人和德拉韦人各部落中，已经形成一种习俗，即用属于父亲氏族的一个氏族人名来给子女取名字，用这种方法把他们列入父亲的氏族，以便他们能继承自己的父亲。"借更改名称以改变事物，乃是人类天赋的决疑法！于是就寻找一个缝隙，当实际利益提供足够的推动力时在传统的范围以内打破传统！"（马克思语）因此，就发生了一个不可救药的混乱，这种混乱只有通过向父权制的过渡才能消除，而且确实部分地被这样消除了。"这看来是一个十分自然的过渡。"（马克思语）至于比较法学家们对这一过渡在旧大陆的各文明民族中是如何完成的说法——当然几乎全部只是一些假说而已——，见马·柯瓦列夫斯基《家庭及所有制的起源和发展概论》1890 年斯德哥尔摩版。

　　母权制被推翻，乃是女性的具有世界历史意义的失败。丈夫在家中也掌握了权柄，而妻子则被贬低，被奴役，变成丈夫淫欲的奴隶，变成单纯的生孩子的工具了。妇女的这种被贬低了的地位，在英雄时代，尤其是古典时代的希腊人中间，表现得特别露骨，虽然它逐渐被粉饰伪装起来，有些地方还披上了较温和的外衣，但是丝毫也没有消除。

　　这样确立的男子独裁的第一个结果，表现在这时发生的家长制家庭这一中间形式上。这一形式的主要特点不是多妻制（关于这一点后边再讲），而是若干数目的自由人和非自由人在家长的父权之下组成一个家庭。在闪米特类型的家庭中，这个家长过着多妻的生活，非自由人也有妻子和子女，而整个组织的目的在于在一定的地域范围以内照管畜群。这种家庭的根本之处在于，一是把非自由人包括在内，一是父权；所以，这种家庭形式的完善的典型是罗马人的家庭。Familia 这个词，起初并不表示现代庸人的那种由脉脉温情同家庭龃龉组合起来的理想；在罗马人那里，它起初甚至不是指夫妻及其子女，而只是指奴隶。Famulus 的意思是一个家庭奴隶，而 familia 则是指属于一个人的全体奴隶。还在盖尤斯时代，familia ，idest pat-rimonium（即遗产），就是通过遗嘱遗留的。这一用语是罗马人所发明，用以表示一种新的社会机体，这种机体的首长，以罗马的父权支配着妻子、子女和一定数量的奴隶，并且对他们握有生杀之权。

　　"因此，这一用语不会比拉丁部落的严酷的家庭制度更早，这种家庭制度是在采用田野耕作和奴隶制合法化以后，也是在雅利安意大利人同希腊人分离以后发生的。"

　　恩格斯：《家庭、私有制和国家的起源》（1884 年 3 月底—5 月底），摘自《马克思恩格斯文集》第 4 卷，人民出版社 2009 年 12 月第 1 版，第 67—69 页。

　　不过，个体家庭决不是在任何地方和任何时候都具有像在希腊人中间所有的那种古典的粗野形式。罗马人作为世界的未来征服者，具有虽不如希腊人细致但比他们远大的见识，在罗马人中间，妇女是比较自由和受尊敬的。罗马的男子认为，妻子的贞操已经由于他对妻子有生杀之权而得到了充分的保证。此外，这里妇女同男子一样，可以自愿解除婚姻关系。但是，在个体婚制发展方面的最大进步，无疑是随着德意志人登上历史舞台而发生的，因为在德意志人中间，大概由于他们贫穷的缘故，专偶制看来在那个时候还没有从对偶制中完全发展起来。我们是根据塔西佗所提到的如下三种情况而得出这个结论的。第一，尽管十分尊重婚姻——"他们以一个妻子为满足，妇女生活在被贞操防卫起来的环境中"——，但是在他们的显要人物和部落首长中间却实行多妻制，同我们在实行对偶婚的美洲人中间看到的情况类似。第二，从母权制向父权制的过渡，在他们那里可能只是在前此不久的时候才完成的，因为母亲的兄弟——按照母权制是最近的男性的同氏族亲属——在他们那里仍然被认为是比自己的父亲更亲近的亲属，这一点也是与美洲印第安人的观点相一致的；正如马克思所常常说的，他在美洲印第安人中间找到了一把了解我们自己的原始时代的钥匙。第三，在德意志人中间，妇女很受尊敬并且对公共事务也有很大的影响，这同专偶制所特有的男子统治是直接对立的。差不多在这一切方面，德意志人都与斯巴达人相一致；正如我们已经看到的，在斯巴达人中间，对偶婚也还没有完全被放弃。因此，在这方面，一个崭新的要素也随着德意志人的出现而获得了在世界上的统治地位。在各民族混合的过程中，在罗马世界的废墟上发展起来的新的专偶制，使男子的统治具有了比较温和的形式，而使妇女至少从外表上看来有了古典古代所从未有过的更受尊敬和更加自由的地位。这样就第一次造成了一种可能性，在这种可能性的基础上，从专偶制之中——因情况的不同，或在它的内部，或与它并行，或与它相反——发展起来了我们应归功于专偶制的最伟大的道德进步：整个过去的世界所不知道的现代的个人性爱。

> 恩格斯：《家庭、私有制和国家的起源》（1884 年 3 月底—5 月底），摘自《马克思恩格斯文集》第 4 卷，人民出版社 2009 年 12 月第 1 版，第 81—82 页。

　　如果说，德意志人改革了专偶制的古代形式，缓和了男子在家庭中的统治，给了妇女以比古典世界任何时期都更高的地位，那么，使他们能够做到这一点的，如果不是他们的野蛮状态、他们的氏族习惯，如果不是他们仍有母权制时代的遗风，又是什么呢？

> 恩格斯：《家庭、私有制和国家的起源》（1884 年 3 月底—5 月底），摘自《马克思恩格斯文集》第 4 卷，人民出版社 2009 年 12 月第 1 版，第 175 页。

（五）原始社会的家庭

生产资料在产品的形成上具有不同的使用方法，一种是生产资料和产品相对保持独立的形态，另一种是生产资料改变或全部丧失独立的形态，这个区别属于劳动过程本身，因此，对没有任何交换，没有商品生产，只是为了满足自己的需要，例如，家长制家庭自己的需要的劳动过程来说，也是存在的，这个区别被亚·斯密歪曲了，这是因为：1. 他塞进了和这里完全无关的关于利润的规定，说什么一些生产资料在保持原来的形态时，给所有者带来利润；2. 他把一部分生产要素在劳动过程中的变化，和属于产品交换、商品流通，同时包含流通中的商品的所有权变换的那种形式变换（买和卖）混为一谈。

> 马克思：《资本论》第 2 卷（1894 年 11 月），摘自《马克思恩格斯文集》第 6 卷，人民出版社 2009 年 12 月第 1 版，第 226 页。

第一种所有制形式是部落所有制。这种所有制与生产的不发达阶段相适应，当时人们靠狩猎、捕鱼、畜牧，或者最多靠耕作为生。在人们靠耕作为生的情况下，这种所有制是以有大量未开垦的土地为前提的。在这个阶段，分工还很不发达，仅限于家庭中现有的自然形成的分工的进一步扩大。因此，社会结构只限于家庭的扩大：父权制的部落首领，他们管辖的部落成员，最后是奴隶。潜在于家庭中的奴隶制，是随着人口和需求的增长，随着战争和交易这种外部交往的扩大而逐渐发展起来的。

第二种所有制形式是古典古代的公社所有制和国家所有制。这种所有制是由于几个部落通过契约或征服联合为一个城市而产生的。在这种所有制下仍然保存着奴隶制。除公社所有制以外，动产私有制以及后来的不动产私有制已经发展起来，但它们是作为一种反常的、从属于公社所有制的形式发展起来的。公民仅仅共同拥有支配自己那些做工的奴隶的权力，因此受公社所有制形式的约束。这是积极公民的一种共同私有制，他们面对着奴隶不得不保存这种自然形成的联合方式。因此，建筑在这个基础上的整个社会结构，以及与此相联系的人民权力，随着私有制，特别是不动产私有制的发展而逐渐趋向衰落。分工已经比较发达。城乡之间的对立已经产生，后来，一些代表城市利益的国家同另一些代表乡村利益的国家之间的对立出现了。在城市内部存在着工业和海外贸易之间的对立。公民和奴隶之间的阶级关系已经充分发展。

> 马克思和恩格斯：《德意志意识形态》（1845 年秋—1846 年 5 月），摘自
> 《马克思恩格斯文集》第 1 卷，人民出版社 2009 年 12 月第 1 版，第
> 521 页。

分工包含着所有这些矛盾，而且又是以家庭中自然形成的分工和以社会分裂为单个的、互相对立的家庭这一点为基础的。与这种分工同时出现的还有分配，而且是劳动及其产品的不平等的分配（无论在数量上或质量上）；因而产生了所有制，它的萌芽和最初形式在家庭中已经出现，在那里妻子和儿女是丈夫的奴隶。家庭中这种诚然还非常原始和隐蔽的奴隶制，是最初的所有制，但就是这种所有制也完全符合现代经济学家所下的定义，即所有制是对他人劳动力的支配。其实，分工和私有制是相等的表达方式，对同一件事情，一个是就活动而言，另一个是就活动的产品而言。

> 马克思和恩格斯：《德意志意识形态》（1845 年秋—1846 年 5 月），摘自
> 《马克思恩格斯文集》第 1 卷，人民出版社 2009 年 12 月第 1 版，第 535—
> 536 页。

住宅建筑。不言而喻，野蛮人的每一个家庭都有自己的洞穴和茅舍，正如游牧人的每一个家庭都有独自的帐篷一样。这种单个分开的家庭经济由于私有制的进一步发展而成为更加必需的了。在农业民族那里，共同的家庭经济也和共同的耕作一样是不可能的。城市的建造是一大进步。但是，在过去任何时代，消灭单个分开的经济——这与消灭私有制分不开的——是不可能的，因为还没有具备这样做的物质条件。组织共同的家庭经济的前提是发展机器，利用自然力和许多其他的生产力，例如自来水、煤气照明、蒸汽采暖等，以及消灭城乡之间的［对立］。没有这些条件，共同的经济本身将不会再成为新生产力，将没有任何物质基础，将建立在纯粹的理论基础上，就是说，将是一种纯粹的怪想，只能导致寺院经济。——还可能有什么呢？——这就是城市里的集中和为了各个特定目的而进行的公共房舍（监狱、兵营等）的兴建。不言而喻，消灭单个分开的经济是和消灭家庭分不开的。

> 马克思和恩格斯：《德意志意识形态》（1845 年秋—1846 年 5 月），摘自
> 《马克思恩格斯文集》第 1 卷，人民出版社 2009 年 12 月第 1 版，第 568—
> 569 页。

每个原始家庭，至迟经过几代以后是一定要分裂的。原始共产制的共

同的家户经济（它毫无例外地一直盛行到野蛮时代中级阶段的后期），决定着家庭公社的最大限度的规模，这种规模虽然依条件而变化，但是在每个地方都是相当确定的。不过，认为同母所生的子女之间的性关系不妥的观念一旦发生，这种观念就一定要影响到旧家庭公社的分裂和新家庭公社的建立（这种新的家庭公社这时并不必然同家庭群体相一致）。一列或者数列姊妹成为一个公社的核心，而她们的同胞兄弟则成为另一个公社的核心。摩尔根称之为普那路亚家庭的形式，便经过这样或类似的途径而由血缘家庭产生出来了。按照夏威夷的习俗，若干数目的姊妹——同胞的或血统较远的即从（表）姊妹，再从（表）姊妹或更远一些的姊妹——是她们共同丈夫们的共同的妻子，但是在这些共同丈夫之中，排除了她们的兄弟；这些丈夫彼此已不再互称兄弟，他们也不再必须是兄弟了，而是互称普那路亚，即亲密的同伴，即所谓 associé。同样，一列兄弟——同胞的或血统较远的——则跟若干数目的女子（只要不是自己的姊妹）共同结婚，这些女子也互称普那路亚。这是古典形式的一种家庭结构；这种形式后来又有一系列变种，它的主要特征是一定的家庭范围内相互的共夫和共妻，不过，妻子的兄弟（起初是同胞的，以后更及于血统较远的）被排除在这个家庭范围以外，另一方面也把丈夫的姊妹除外。

恩格斯：《家庭、私有制和国家的起源》（1884 年 3 月底—5 月底），摘自《马克思恩格斯文集》第 4 卷，人民出版社 2009 年 12 月第 1 版，第 50—51 页。

由此可见，原始历史上家庭的发展，就在于不断缩小最初包括整个部落并在内部盛行两性共同婚姻的那个范围。由于次第排斥亲属通婚（起初是血统较近的，后来是血统越来越远的亲属，最后甚至是仅有姻亲关系的），任何群婚形式终于在实际上成为不可能的了，结果，只剩下一对暂时松散地结合的配偶，即一旦解体整个婚姻就终止的分子。从这一点就已经可以看出，个体婚制的发生同现代字面意义上的个人性爱是多么不相干。所有正处于这一发展阶段的各民族的实践，更加证明了这一点。在以前的各种家庭形式下，男子是从来不缺乏女子的，相反，女子倒是多了一点；而现在女子却稀少起来，不得不去寻找了。因此，随着对偶婚的发生，便开始出现抢劫和购买妇女的现象，这是发生了一个深刻得多的变化的普遍迹象，不过只是迹象而已；但是苏格兰的学究麦克伦南，却把这些迹象，这些单纯的求妻方法，说成是"抢劫婚姻"和"买卖婚姻"，虚构为两种特殊的家庭。此外，在美洲印第安人和其他处于同一发展阶段的民族中间，缔结婚姻并不是当事人本人的事情（甚至往往不同他们商量），而是他们的母亲的事情。这样，订婚的往往是两个彼此全不相识的人，只是到婚期临近时，才告诉他们业已订婚。在婚礼之前，新郎赠送礼物给新娘的同氏族亲属（即新娘的母方亲属，而不是她的父亲和父亲的亲属）；这种礼物算是被出让的女儿的代价。婚姻可以根据夫妇任何一方的意愿而解除，但是在许多部落中，例如在易洛魁人中，逐渐形成了对这种离婚采取否定态度的社会舆论；在夫妇不和时，双方的氏族亲属便出面调解，只有在调解无效时，才实行离婚，此时子女仍归妻方，以后双方都有重新结婚的自由。

> 恩格斯：《家庭、私有制和国家的起源》（1884 年 3 月底—5 月底），摘自《马克思恩格斯文集》第 4 卷，人民出版社 2009 年 12 月第 1 版，第 59 页。

我们现在来谈一谈摩尔根的另一发现，这一发现至少与他根据亲属制度恢复原始家庭形式有着同等重要的意义。摩尔根证明：美洲印第安人部落内部用动物名称命名的血族团体，实质上是与希腊人的氏族［genea］、罗马人的氏族［gentes］相同的；美洲的形式是原始的形式，而希腊—罗马的形式是晚出的、派生的形式；原始时代希腊人和罗马人的氏族、胞族和部落的全部社会组织，跟美洲印第安人的组织极其相似；氏族，直到野蛮人进入文明时代为止，甚至再往后一点，是一切野蛮人所共有的制度（就现有资料而言）。摩尔根证明了这一切以后，便一下子说明了希腊、罗马上古史中最困难的地方，同时，出乎意料地给我们阐明了原始时代——国家产生以前社会制度的基本特征。虽然这个发现在人们一旦知道它之后显得十分简单，但是，摩尔根只是最近才做到这一点的；在他于 1871 年出版的前一部著作中，他还没有看透这个秘密，而这个秘密揭开之后，就使一向那样自信的英国原始史学家们一时沉默了下去。

> 恩格斯：《家庭、私有制和国家的起源》（1884 年 3 月底—5 月底），摘自《马克思恩格斯文集》第 4 卷，人民出版社 2009 年 12 月第 1 版，第 98 页。

由于手、说话器官和脑不仅在每个人身上，而且在社会中发生共同作用，人才有能力完成越来越复杂的动作，提出并达到越来越高的目的。劳动本身经过一代又一代变得更加不同、更加完善和更加多方面了。除打猎和畜牧外，又有了农业，农业之后又有了纺纱、织布、冶金、制陶和航海。伴随着商业和手工业，最后出现了艺术和科学；从部落发展成了民族和国家。法和政治发展起来了，而且和它们一起，人间事物在人的头脑中的虚幻的反映——宗教，也发展起来了。在所有这些起初表现为头脑的产物并且似乎支配着人类社会的创造物面前，劳动的手的较为简陋的产品退到了次要地位；何况能作出劳动计划的头脑在社会发展的很早的阶段上（例如，在简单的家庭中），就已经能不通过自己的手而是通过别人的手来完成计划好的劳动了。

恩格斯：《自然辩证法》（1873—1882 年），摘自《马克思恩格斯文集》第 9 卷，人民出版社 2009 年 12 月第 1 版，第 557 页。

（六） 资产阶级社会中的家庭和婚姻

节制需要，这个国民经济学的原则在它的人口论中最鲜明地表现出来。人太多了。甚至连人的存在都是十足的奢侈，而如果工人是"道德的"（穆勒曾建议公开赞扬那些在两性关系上表现节制的人，并公开谴责那些违背这一结婚不生育原则的人……难道这不是禁欲主义的道德、学说吗?），那么他就会在生育方面实行节约。人的生产表现为公众的不幸。

马克思：《1844 年经济学哲学手稿》（1844 年 4—8 月），摘自《马克思恩格斯文集》第 1 卷，人民出版社 2009 年 12 月第 1 版，第 229 页。

……也就是，因为工人用他的工资维持了他本人和他的家属生活，从而维持了他的劳动力。工人为了能够继续生存和继续作为商品的买者出现，必须重新出卖他的劳动力。……

说到生产奢侈品的部类Ⅱb，它的 v 即（Ⅱb）v 的情况是和Ⅰv 的情况相同的。为Ⅱb 的资本家更新货币形式的可变资本的那些货币，经过Ⅱa 的资本家之手，迂回地流回到Ⅱb 的资本家手中。但是，工人是直接向购买他们的劳动力的资本主义生产者购买生活资料，还是向另一类资本家购买生活资料，以致货币要经过后一类资本家之手，才迂回地流回到前一类资本家手中，这毕竟是有区别的。因为工人阶级是挣一文吃一文的，他们在能买的时候才买。而资本家……就不是这样。

马克思：《资本论》第 2 卷（1894 年 11 月），摘自《马克思恩格斯文集》第 6 卷，人民出版社 2009 年 12 月第 1 版，第 497 页。

已经执行职能的资本（剩余产品就是由于它执行职能而产生）的总额越大，转化为潜在货币资本的剩余产品的量也就越大。但是，当每年再生产的潜在货币资本的量绝对增大时，这种资本的分裂也就会更容易，因此，这种资本可以更迅速地被投入一个特殊的企业，不论这个企业是在同一个资本家手中，还是在另一些人（例如参加遗产分割的家庭成员，等等）手中。在这里，货币资本的分裂是指：完全离开原有的资本，以便作为新的货币资本投入一个新的独立的企业。

马克思：《资本论》第 2 卷（1894 年 11 月），摘自《马克思恩格斯文集》第 6 卷，人民出版社 2009 年 12 月第 1 版，第 561 页。

现代的、资产阶级的家庭是建立在什么基础上的呢？是建立在资本上面，建立在私人发财上面的。这种家庭只是在资产阶级那里才以充分发展的形式存在着，而无产者的被迫独居和公开的卖淫则是它的补充。

资产者的家庭自然会随着它的这种补充的消失而消失，两者都要随着资本的消失而消失。

马克思和恩格斯：《共产党宣言》（1847 年 12 月—1848 年 1 月底），摘自《马克思恩格斯文集》第 2 卷，人民出版社 2009 年 12 月第 1 版，第 48—49 页。

于是就发生了这样的情况：正在兴起的资产阶级，特别是在现存制度最受动摇的新教国家里，都越来越承认在婚姻方面也有缔结契约的自由，并用上述方式来实现这一自由。婚姻仍然是阶级的婚姻，但在阶级内部则承认当事者享有某种程度的选择的自由。在字面上，在道德理论上以及在诗歌描写上，再也没有比认为不以夫妻相互性爱和真正自由的协议为基础的任何婚姻都是不道德的那种观念更加牢固而不可动摇的了。总之，恋爱婚姻被宣布为人权，并且不仅是 droit de l'homme，而且在例外的情况下也是妇女的权利。

恩格斯：《家庭、私有制和国家的起源》（1884 年 3 月底—5 月底），摘自《马克思恩格斯文集》第 4 卷，人民出版社 2009 年 12 月第 1 版，第 95 页。

杜林先生以前曾设想，不必改造生产本身，人们就能以社会的生产方式去代替资本主义的生产方式，现在，他在这里想象，人们可以把现代的资产阶级家庭同它的整个经济基础分隔开来，而不会由此改变家庭的全部形式。这个家庭形式，在他看来是这样的不可改变，以致他甚至把"古代罗马法"（即使它具有某种"完美的"形式）当做家庭永远奉行的标准，并且设想家庭只是"继承遗产"的单位，即拥有财产的单位。在这个问题上，空想主义者比杜林先生高明得多。在空想主义者看来，随着人们自由结合成社会和私人家务劳动转为公共事业，青年教育的社会化，从而家庭成员间真正自由的相互关系，也就直接产生了。此外，马克思已经证明（《资本论》第 515 页及以下几页），"由于大工业使妇女、男女少年和儿童在家庭范围以外，在社会地组织起来的生产过程中起着决定性的作用，它也就为家庭和两性关系的更高级的形式创造了新的经济基础"。

恩格斯：《反杜林论》（1876 年 9 月—1878 年 6 月），摘自《马克思恩格斯文集》第 9 卷，人民出版社 2009 年 12 月第 1 版，第 335—336 页。

如果说机器的采用和增加意味着成百万的手工劳动者为少数机器劳动者所排挤，那么，机器的改进就意味着越来越多的机器劳动者本身受到排挤，而归根到底就意味着造成一批超过资本雇工的平均需要的、可供支配的雇佣劳动者，一支真正的产业后备军（我早在 1845 年就这样称呼他们），这支后备军在工业开足马力工作的时期可供随意支配，而由于随后必然到来的崩溃又被抛到街头，这支后备军任何时候都是工人阶级在自己同资本进行生存斗争中的绊脚石，是把工资抑制在合乎资本家需要的低水平上的调节器。这样一来，机器，用马克思的话来说，就成了资本用来对付工人阶级的最强有力的武器，劳动资料不断地夺走工人手中的生活资料，工人自己的产品变成了奴役工人的工具。于是，劳动资料的节约，一开始就同时成为对劳动力的最无情的浪费和对劳动发挥作用的正常条件的剥夺；机器这一缩短劳动时间的最有力的手段，变成了使工人及其家属一生的时间转化为可以随意用来增殖资本的劳动时间的最可靠的手段；于是，一部分人的过度劳动成了另一部分人失业的前提，而在全世界追逐新消费者的大工业，却在国内把群众的消费限制到忍饥挨饿这样一个最低水平，从而破坏了自己的国内市场。

恩格斯：《反杜林论》（1876 年 9 月—1878 年 6 月），摘自《马克思恩格斯文集》第 9 卷，人民出版社 2009 年 12 月第 1 版，第 290—291 页。

（七）共产主义社会中的家庭和婚姻

在它的最初的形态中不过是私有财产关系的普遍化和完成。而作为这种关系的普遍化和完成，共产主义是以双重的形态表现出来的：首先，实物财产的统治在这种共产主义面前显得如此强大，以致它想把不能被所有的人作为私有财产占有的一切都消灭；它想用强制的方式把才能等等抛弃。在这种共产主义看来，物质的直接占有是生活和存在的唯一目的；工人这个规定并没有被取消，而是被推广到一切人身上；私有财产关系仍然是共同体同物的世界的关系；最后，这个用普遍的私有财产来反对私有财产的运动是以一种动物的形式表现出来的：用公妻制——也就是把妇女变成公有的和共有的财产——来反对婚姻（它确实是一种排他性的私有财产的形式）。人们可以说，公妻制这种思想是这个还相当粗陋的和毫无思想的共产主义的昭然若揭的秘密。正像妇女从婚姻转向普遍卖淫一样，财富——也就是人的对象性的本质——的整个世界，也从它同私有者的排他性的婚姻的关系转向它同共同体的普遍卖淫关系。这种共产主义——由于它到处否定人的个性——只不过是私有财产的彻底表现，私有财产就是这种否定。普遍的和作为权力形成起来的忌妒，是贪欲所采取的并且只是用另一种方式使自己得到满足的隐蔽形式。任何私有财产本身所产生的思想，至少对于比自己更富足的私有财产都含有忌妒和平均主义欲望，这种忌妒和平均主义欲望甚至构成竞争的本质。粗陋的共产主义者不过是充分体现了这种忌妒和这种从想象的最低限度出发的平均主义。他具有一个特定的、有限制的尺度。对整个文化和文明的世界的抽象否定，向贫穷的、需求不高的人——他不仅没有超越私有财产的水平，甚至从来没有达到私有财产的水平——的非自然的简单状态的倒退，恰恰证明对私有财产的这种扬弃决不是真正的占有。

马克思：《1844 年经济学哲学手稿》（1844 年 4—8 月），摘自《马克思恩格斯文集》第 1 卷，人民出版社 2009 年 12 月第 1 版，第 183—184 页。

费尔巴哈是从宗教上的自我异化、从世界被二重化为宗教的、想象的世界和现实的世界这一事实出发的。他做的工作是把宗教世界归结于它的世俗基础。他没有注意到，在做完这一工作之后，主要的事情还没有做。因为，世俗基础使自己从自身中分离出去，并在云霄中固定为一个独立王国，这一事实，只能用这个世俗基础的自我分裂和自我矛盾来说明。因此，对于世俗基础本身首先应当从它的矛盾中去理解，然后用消除矛盾的方法在实践中使之发生革命。因此，例如，自从发现神圣家族的秘密在于世俗家庭之后，对于世俗家庭本身就应当从理论上进行批判，并在实践中加以变革。

> 马克思：《关于费尔巴哈的提纲》（1845 年春），摘自《马克思恩格斯文集》第 1 卷，人民出版社 2009 年 12 月第 1 版，第 504—505 页。

共产主义社会制度对家庭将产生什么影响？

答：共产主义社会制度将使两性关系成为仅仅和当事人有关而社会无须干预的纯粹私人关系。共产主义社会制度之所以能实现这一点，是由于这种社会制度将废除私有制并将由社会教育儿童，从而将消灭迄今为止的婚姻的两种基础，即私有制所产生的妻子依赖丈夫、孩子依赖父母。这也是对道貌岸然的市侩关于共产主义公妻制的号叫的回答。公妻制完全是资产阶级社会的现象，现在的卖淫就是公妻制的充分表现。卖淫是以私有制为基础的，它将随着私有制的消失而消失。因此，共产主义组织并不实行公妻制，正好相反，它要消灭公妻制。

> 恩格斯：《共产主义原理》（1847 年 10 月底—11 月），摘自《马克思恩格斯文集》第 1 卷，人民出版社 2009 年 12 月第 1 版，第 689—690 页。

这样，我们现在关于资本主义生产行将消灭以后的两性关系的秩序所能推想的，主要是否定性质的，大都限于将要消失的东西。但是，取而代之的将是什么呢？这要在新的一代成长起来的时候才能确定：这一代男子一生中将永远不会用金钱或其他社会权力手段去买得妇女的献身；而这一代妇女除了真正的爱情以外，也永远不会再出于其他某种考虑而委身于男子，或者由于担心经济后果而拒绝委身于她所爱的男子。这样的人们一经出现，对于今日人们认为他们应该做的一切，他们都将不去理会，他们自己将做出他们自己的实践，并且造成他们的与此相适应的关于个人实践的社会舆论——如此而已。

> 恩格斯：《家庭、私有制和国家的起源》（1884 年 3 月底—5 月底），摘自《马克思恩格斯文集》第 4 卷，人民出版社 2009 年 12 月第 1 版，第 96—97 页。

三 生育

(一) 生育观念和生育模式

假定平均工资不仅足以使工人人口维持，而且足以使它以任何比例不断地增长，那么，从一开始就使增长的资本得到更多的工人人口，同时，得到更多的剩余劳动，因此，人口的增长，也使资本增加。实际上，在资本主义生产条件下，必须从这个假定出发，因为这个假定包括剩余价值即资本的不断增长。至于资本主义生产本身怎样促进人口的增长，这里还不需要研究。

马克思：《政治经济学批判（1861—1863 年手稿）第一部分》（1861 年 8 月—1862 年 3 月），摘自《马克思恩格斯全集》第 32 卷，人民出版社 1998 年 1 月第 2 版，第 212 页。

在这整个时期内，我们交纳给地主们的税从未超过 3 便士。而在 1834 年面包价廉、市场繁荣的时候，你们对我们说过什么话呢？——"你们是不幸的，因为你们生育的孩子太多了，你们的婚姻比你们的手艺还要多产！"

马克思：《关于自由贸易问题的演说》（1848 年 1 月 9 日），摘自《马克思恩格斯文集》第 1 卷，人民出版社 2009 年 12 月第 1 版，第 745 页。

新的不变资本显然来源于利润；它以收入的形式存在极短时间，随后即转化为资本。这部分利润归结为剩余劳动时间，即使没有资本存在，社会也必须不断地完成这个剩余劳动时间，以便能支配一个所谓发展基金——仅仅人口的增长，就已使这个发展基金成为必要的了。

马克思：《政治经济学批判（1861—1863 年手稿）第二部分〈剩余价值理论〉》（1862 年春—1862 年底），摘自《马克思恩格斯全集》第 33 卷，人民出版社 2004 年 6 月第 2 版，第 85—86 页。

假定剥削率不变，利润率决定于就业工人人数，决定于所使用的工人的绝对量，因而决定于人口的增长。虽然这个量增加了，但是随着资本的积累和工业的发展，它对所使用的资本的总额的比率却降低了（因此，在剥削率不变的情况下，利润率［会下降］）。同样，人口也绝对不会像复利计算那样按照同样的几何级数［增长］。在工业发展的一定阶段，人口的增长可以说明剩余价值量和利润量的增加，但同时又可以说明利润率的下降。

马克思：《政治经济学批判（1861—1863年手稿）第四分部〈剩余价值理论（结尾）〉》（1862年春—1862年底），摘自《马克思恩格斯全集》，第35卷，人民出版社2013年4月第2版，第281—282页。

这样的妇女，特别是在怀了孕还要工作的条件下，是生不出健壮的孩子来的。根据报告，特别是曼彻斯特的报告，她们生的孩子都很弱，只有巴莱一个人认为是健康的，但是他也说，在他所视察的苏格兰，结了婚的女人几乎没有一个在工厂做工；并且除格拉斯哥的工厂外，那里的工厂多半都在城外，这对孩子们的健康就有不小的帮助：在曼彻斯特近郊的工人的孩子几乎都是脸色红润而且生气勃勃的，可是城里的看上去都是脸色苍白的、腺病质的。但是一到九岁，乡村孩子就突然失掉了红润的脸色，因为他们被送进了工厂，并且很快就和城市中的孩子分不出来了。

恩格斯：《英国工人阶级状况》（1844年9月—1845年3月），摘自《马克思恩格斯全集》第2卷，人民出版社1957年12月第1版，第449页。

在一个国家中，如果工作日的长度已定，要增加剩余价值就只能靠增加工人人数即增加人口；这种人口的增加是一国总资本生产剩余价值的数学界限。另一方面，如果工人人数已定，这个界限就由工作日可能延长的程度来决定。往后我们会看到，这个规律只适用于我们在上面所分析的剩余价值形式。

恩格斯：《为"双周评论"写的"资本论"第一卷书评》（1868年5月22日—6月28日），摘自《马克思恩格斯全集》第21卷，人民出版社2003年5月第2版，第448页。

我带着多少有些奇怪的心情读完了你三页深思熟虑的议论，我所以感到奇怪，是因为不知道你这样做的用意何在。当我终于弄清了问题的实质，了解到这一切都是为了说明根本用不着说明的你的结婚一事时，我禁不住笑了起来。如果所有无产者都这样瞻前顾后，那末无产阶级就要断子绝孙了，或者只有依靠非婚生子女才能蕃衍后代，而这种方式，作为一种大量现象，我们也许只有在已经不存在任何无产阶级的时候才能谈得上。因此，我衷心祝贺你终于克服了重重疑虑而自由地进行恋爱。你会发现，在困难的时刻，两个人在一起要比一个人好过些；我在相当长的时间中，有时是在非常艰苦的条件下体验到了这一点，而且从来没有后悔过。请向你的新娘转达我最衷心的问候，并望你拔起双腿赶快跳进新房。

恩格斯：《致爱德华·伯恩施坦（1886年10月9日于伦敦）》，摘自《马克思恩格斯全集》第36卷，人民出版社1974年10月第1版，第532页。

在皮罗戈夫医生代表大会上，关于堕胎，也就是关于人工流产问题，引起了很大的兴趣和热烈的讨论。报告人利奇库斯引用了在现代所谓文明国家里极为流行的打胎现象的材料。

在纽约，一年内人工流产达8万次，在法国，每月达36000次。在彼得堡，人工流产的百分比在五年内增加了一倍多。

皮罗戈夫医生代表大会通过了一个决定：母亲因人工堕胎而受到刑事追究是绝对不应当的，至于医生也只是在"图谋私利"的情况下才应当受到追究。

在辩论中多数人发言主张堕胎不应受惩罚，这自然也就涉及到所谓新马尔萨斯主义的问题（人工避孕措施），并且触及到问题的社会方面。例如，根据《俄罗斯言论报》报道，维格多尔契克先生说"避孕措施应该受到欢迎"，而阿斯特拉汉先生的高声发言博得了热烈的掌声，他说：

"我们应当使母亲们相信，生孩子就是为了让他们在学校里受摧残，就是为了让他们去参加征兵抽签，就是为了让他们去自杀！"

如果报道属实，阿斯特拉汉先生的这种论调果真博得了热烈的掌声，那么这个事实并不使我感到惊奇。这是因为听众都是一些带有市侩心理的中小资产者，从他们那里，除了最庸俗的自由主义以外，又能期待什么呢？

但是，从工人阶级的观点来看，阿斯特拉汉先生上述这番话最清楚不过地表明了"社会新马尔萨斯主义"的极端反动和极端贫乏。

"……生孩子就是为了让他们受摧残……"仅仅是为了这个目的吗？为什么不是为了让他们比我们更好地、更同心协力地、更自觉地、更坚定地去同摧残和毁灭我们这一代的现代生活条件作斗争呢？

这也就是农民、手工业者、知识分子即一切小资产者的心理同无产者的心理的根本不同之处。小资产者看到和感觉到自己要完蛋了，日子愈来愈难过了，为生存而进行的斗争愈来愈残酷无情了，他们和他们的家庭愈来愈没有出路了。这是无可争辩的事实。小资产者对这种情况也表示抗议。

但是他们是怎样表示抗议的呢？

他们是作为必遭灭亡的、对于自己的将来感到绝望的、受压抑的和怯懦的阶级的代表来表示抗议的。于是没有办法，只好少生孩子，免得也像我们那样受苦受难，也像我们那样受穷受屈辱，——这就是小资产者的叫喊。

觉悟的工人远不是这种观点。不管这种叫喊多么恳切动人，他们是不会因此而模糊自己的意识的。是的，不论我们工人，还是小业主群众，都过着充满难以忍受的压迫和苦难的生活。我们这一代比我们的父辈更艰难。但是有一个方面我们要比我们的父辈幸运得多。我们已经学会斗争并且学得很快，而且我们不像我们父辈中的优秀人物那样单枪匹马地斗争，也不是为了资产阶级雄辩家提出的在思想内容上与我们格格不入的口号而斗争。我们比我们的父辈斗争得出色。我们的子女将比我们斗争得更出色，而且他们一定会取得胜利。

工人阶级不会在斗争中灭亡，而会在斗争中成长，巩固，壮大，团结起来，受到教育和锻炼。对于农奴制、资本主义和小生产，我们是悲观论者，但是对于工人运动及其目的，我们是竭诚的乐观论者。我们已经在为新的大厦奠定基础，我们的子女将把它建成。

正因为这样——也只是因为这样——我们是新马尔萨斯主义的死敌；新马尔萨斯主义是落后的利己的市侩夫妇的思潮，他们恐惧地嘟哝说：上帝保佑，让我们自己勉勉强强地维持下去吧，至于孩子最好不要。

当然，这丝毫不妨碍我们要求无条件地废除有关追究堕胎或追究传播关于避孕措施的医学著作等等的一切法律。这样的法律不过是表示统治阶级的伪善。这些法律并不能治好资本主义的脓疮，反而会使这种脓疮变成恶性肿瘤。从而给被压迫群众带来极大的痛苦。医学宣传的自由和保护男女公民的起码民主权利是一回事。新马尔萨斯主义的社会学说是另一回事。觉悟的工人永远要进行最无情的斗争来反对把这一反动的怯懦的学说强加到现代社会最先进、最强大、最有决心进行伟大改造的阶级身上的尝试。

> 列宁：《工人阶级和新马尔萨斯主义》（1913 年 6 月 6 日［19 日］），《列宁全集》第 23 卷，人民出版社 1990 年 4 月第 2 版，第 265—267 页。

（二）生育的影响因素

可见，伴随生产力的提高而来的是大资本的统治加强，叫做工人的机器愈来愈简单化，由于扩大分工的范围和采用机器的规模，由于公开规定奖励生育，由于资产阶级的破产的各阶层的竞争等等，工人之间的直接竞争也日益加剧。

马克思：《工资》（1847 年 12 月底），摘自《马克思恩格斯全集》第 6 卷，
人民出版社 1961 年 8 月第 1 版，第 652 页。

但是，一个人在体力或智力上胜过另一个人，因此在同一时间内提供较多的劳动，或者能够劳动较长的时间；而劳动，要当做尺度来用，就必须按照它的时间或强度来确定，不然它就不成其为尺度了。这种平等的权利，对不同等的劳动来说是不平等的权利。它不承认任何阶级差别，因为每个人都像其他人一样只是劳动者；但是它默认，劳动者的不同等的个人天赋，从而不同等的工作能力，是天然特权。所以就它的内容来讲，它像一切权利一样是一种不平等的权利。权利，就它的本性来讲，只在于使用同一尺度；但是不同等的个人（而如果他们不是不同等的，他们就不成其为不同的个人）要用同一尺度去计量，就只有从同一个角度去看待他们，从一个特定的方面去对待他们，例如在现在所讲的这个场合，把他们只当做劳动者；再不把他们看做别的什么，把其他一切都撇开了。其次，一个劳动者已经结婚，另一个则没有；一个劳动者的子女较多，另一个的子女较少，如此等等。因此，在提供的劳动相同，从而由社会消费基金中分得的份额相同的条件下，某一个人事实上所得到的比另一个人多些，也就比另一个人富些，如此等等。要避免所有这些弊病，权利就不应当是平等的，而应当是不平等的。

马克思：《哥达纲领批判》（1875 年 4 月底—5 月 7 日），摘自《马克思恩
格斯文集》第 3 卷，人民出版社 2009 年 12 月第 1 版，第 435 页。

狄奥多鲁斯谈到古代埃及人时就这样说过：

"他们抚养子女所花的力气和费用少得简直令人难以相信。他们给孩子随便煮一点最简单的食物；甚至纸草的下端，只要能用火烤一烤，也拿来给孩子们吃。此外也给孩子们吃沼泽植物的根和茎，有的生吃，有的煮一煮或烧一烧再吃。因为气候非常温暖，大多数孩子不穿鞋和衣服。因此父母养大一个子女的费用总共不超过 20 德拉马。埃及有那么多的人口并有可能兴建那么多宏伟的建筑，主要可由此得到说明。"

但是古代埃及能兴建这些宏伟建筑，与其说是由于埃及人口众多，还不如说是由于有很大一部分人口可供支配。单个工人的必要劳动时间越少，他能提供的剩余劳动就越多；同样，工人人口中为生产必要生活资料所需要的部分越小，可以用于其他事情的部分就越大。

马克思：《资本论》第1卷（1894年11月），摘自《马克思恩格斯文集》
第5卷，人民出版社2009年12月第1版，第586—587页。

同时，另一些因素也会起作用。生产的停滞会使工人阶级的一部分闲置下来，由此使就业的部分处于这样一种境地：他们只好让工资下降，甚至下降到平均水平以下。这种情况对资本所发生的影响，就好像在工资保持平均水平而相对剩余价值或绝对剩余价值已经提高时一样。繁荣时期会使更多的工人结婚，并会减少他们子女的死亡；这种情形——不管它使人口实际增加多少——并没有使实际劳动的人口增加，但是会对工人和资本的关系发生这样的影响，好像实际从事劳动的工人人数增加了。另一方面，价格下降和竞争斗争也会刺激每个资本家通过采用新的机器、新的改良的劳动方法、新的结合，使他的总产品的个别价值下降到它的一般价值以下，就是说，提高既定量劳动的生产力，降低可变资本和不变资本的比率，从而把工人游离出来，总之，就是造成人为的过剩人口。其次，不变资本要素的贬值，本身就是一个会使利润率提高的要素。所使用的不变资本的量同可变资本相比相对增加，但是这个量的价值可能下降。已经发生的生产停滞，为生产在资本主义界限内以后的扩大准备好了条件。

马克思：《资本论》第3卷（1894年11月），摘自《马克思恩格斯文集》
第7卷，人民出版社2009年12月第1版，第283—284页。

节制需要，这个国民经济学的原则在它的人口论中最鲜明地表现出来。人太多了。甚至连人的存在都是十足的奢侈，而如果工人是"道德的"（穆勒曾建议公开赞扬那些在两性关系上表现节制的人，并公开谴责那些违背这一结婚不生育原则的人……难道这不是禁欲主义的道德、学说吗？）那么他就会在生育方面实行节约。人的生产表现为公众的不幸。

马克思：《1844年经济学哲学手稿》（1844年4—8月），摘自《马克思恩
格斯文集》第1卷，人民出版社2009年12月第1版，第229页。

人口理论中唯一正确的东西是，资本的发展把大量人口置于这样一种条件下，在这种条件下人口的再生产也像动物和植物一样，除阻碍它的因素外没有其他界限。贫苦人的再生产比劳动者在其自然条件下要快，因为它的再生产条件是无限小的。赤贫的人们生殖得很快，完全像在动物界一样：种类越小，它再生产的量就越大。

> 马克思：《经济学手稿（1861—1863 年）》（1861 年 8 月—1863 年 7 月），
> 摘自《马克思恩格斯全集》第 48 卷，人民出版社 1985 年 2 月第 1 版，第
> 490 页。

……人口过剩或劳动力过剩是始终与财富过剩、资本过剩和地产过剩联系着的。只有在整个生产力过大的地方，人口才会过多。

> 恩格斯：《国民经济学批判大纲》（1843 年 9 月底或 10 月初—1844 年 1 月
> 中），摘自《马克思恩格斯文集》第 1 卷，人民出版社 2009 年 12 月第 1
> 版，第 80 页。

资产阶级的这种令人厌恶的贪婪造成了这样一大串疾病！妇女不能生育，孩子畸形发育，男人虚弱无力，四肢残缺不全，整代整代的人都毁灭了，他们疲倦而且衰弱，——而所有这些都不过是为了要填满资产阶级的钱袋！

> 恩格斯：《英国工人阶级状况》（1844 年 9 月—1845 年 3 月），摘自《马
> 克思恩格斯全集》第 2 卷，人民出版社 1957 年 12 月第 1 版，第 453 页。

农民在农忙时苦于劳动力不足，但他只能雇少量的工人。因此他不得不尽量利用自己子女的劳动。结果就出现了这样的情况：就德国整个农业来说，童工在本户工人中的百分比比在雇佣工人中的百分比几乎高出一半。童工在本户工人中占 4.4%，而在雇佣工人中则占 3%。

> 列宁：《农民经济中的童工》（1913 年 6 月 8 日 [21 日]），《列宁全集》
> 第 23 卷，人民出版社 1990 年 4 月第 2 版，第 298—299 页。

其次，人口的增长，人口密度的大小，无疑也包括在"社会物质生活条件"这一概念中，因为人是社会物质生活条件的必要因素，没有一定的最低限度的人口，就不可能有任何社会物质生活。人口的增长是不是决定人们社会制度的主要力量呢？

历史唯物主义对于这个问题的回答也是否定的。

当然，人口的增长对于社会的发展有影响，它促进或者延缓社会的发展，但是它不可能是社会发展的主要力量，它对于社会发展的影响不可能是决定的影响，因为人口的增长本身并不能说明为什么某种社会制度恰恰被一定的新制度所代替，而不是被其他某种制度所代替；为什么原始公社制度恰恰被奴隶占有制度所代替，奴隶占有制度被封建制度所代替，封建制度被资产阶级制度所代替，而不是被其他某种制度所代替。

如果人口的增长是社会发展的决定力量，那么较高的人口密度就必定会产生出相应的较高类型的社会制度。可是，事实上没有这样的情形。中国的人口密度比美国高 3 倍，但是从社会发展来看，美国高于中国，因为在中国仍然是半封建制度占统治地位，而美国早已达到资本主义发展的最高阶段。比利时的人口密度比美国高 18 倍，比苏联高 25 倍，但是从社会发展来看，美国高于比利时，同苏联相比，比利时更是落后整整一个历史时代，因为在比利时占统治地位的是资本主义制度，而苏联已经消灭了资本主义，在国内确立了社会主义制度。

由此应该得出结论：人口的增长不是而且不可能是决定社会制度性质、决定社会面貌的社会发展的主要力量。

> 斯大林：《论辩证唯物主义和历史唯物主义》（1938 年 9 月），摘自《斯大林文集》（1934—1952），人民出版社 1985 年 12 月第 1 版，第 217—218 页。

（三）生育控制

前面已经指出，机器起初使儿童、少年像工人妻子一样在以机器为基础而产生的工厂内直接地受资本的剥削，后来使他们在所有其他工业部门内间接地受资本的剥削，而使他们的身体受到摧残。因此在这里，我们只谈一点，就是工人子女出生后头几年的惊人的死亡率。在英格兰，有 16 个户籍区在 10 万个不满一周岁的儿童中每年平均的死亡人数只是 9085 人（其中有一个区只是 7047 人）；24 个区是 10000 人到 11000 人；39 个区是 11000 人到 12000 人；48 个区是 12000 人到 13000 人；22 个区超过 20000 人；25 个区超过 21000 人；17 个区超过 22000 人；11 个区超过 23000 人；在胡、伍尔弗汉普顿、阿什顿安德莱恩和普雷斯顿超过 24000 人；在诺丁汉、斯托克波特和布拉德弗德超过 25000 人；在威斯贝奇是 26001 人；在曼彻斯特是 26125 人。1861 年的一个官方医生调查报告指出：造成这样高的死亡率的原因，除了当地的情况外，主要是由于母亲外出就业，以及由此引起的对子女的照顾不周和虐待，例如饮食不适、缺乏营养、喂鸦片剂等等，另外，母亲还违反天性地虐待自己的子女，从而发生故意饿死和毒死的事件。相反地，在"妇女最少就业"的农业区，"死亡率则最低"。但是，1861 年的调查委员会却得出了一个出人意料的结论：在北海沿岸的一些纯农业区，不满一周岁的儿童的死亡率几乎赶上了名声最坏的工厂区。因此，朱利安·汉特医生被派去就地研究这种现象。他的报告收在《公共卫生。第 6 号报告》·中。在此以前人们认为，是疟疾和低洼的沼泽地区所特有的其他疾病使儿童大批死亡。但调查却得出了完全相反的结论：

"把冬天是沼泽地夏天是贫瘠草地的土地变成肥沃的谷物耕地，这是消灭疟疾的原因，但也就是这个原因造成了非常高的婴儿死亡率。"

汉特医生在这些地区询问过 70 个开业医生，他们对这一点的意见"惊人地一致"。事实上，随着土地耕作的革命，采用了工业制度。

"同少年男女在帮伙里一起劳动的已婚妇女，为了挣一些钱，被一个出租整个帮伙的叫做'帮头'的人，交给租地农场主支配。这些帮伙往往到离本村许多英里以外的地方去；早晚都可以在路上看到他们，妇女们穿着短裙和短上衣、靴子，有时穿长裤，表面上很健壮有力，但由于放荡成性而败坏了，她们喜欢这种忙碌的独立的生活方式，而毫不考虑这会给她们家里瘦弱的子女带来多么不幸的后果。"

马克思：《资本论》第 1 卷（1894 年 11 月），摘自《马克思恩格斯文集》第 5 卷，人民出版社 2009 年 12 月第 1 版，第 457—459 页。

人类数量增多到必须为其增长规定一个限度的这种抽象可能性当然是存在的。但是，如果说共产主义社会在将来某个时候不得不像已经对物的生产进行调节那样，同时也对人的生产进行调节，那么正是那个社会，而且只有这个社会才能无困难地做到这点。在这样的社会里，有计划地达到现在法国和下奥地利在自发的无计划的发展过程中产生的那种结果，在我看来，并不是那么困难的事情。无论如何，共产主义社会中的人们自己会决定，是否应当为此采取某种措施，在什么时候，用什么办法，以及究竟是什么样的措施。我不认为自己有向他们提出这方面的建议和劝导的使命。那些人无论如何也会和我们一样聪明。

恩格斯：《恩格斯致卡尔·考茨基（1881 年 2 月 1 日）》，摘自《马克思恩格斯文集》第 10 卷，人民出版社 2009 年 12 月第 1 版，第 455—456 页。

死亡率之所以这样高，主要是由于工人阶级的幼儿的死亡数字很高。小孩的娇嫩的身体最不能抵抗恶劣生活条件的不利影响。如果父母都工作，或者其中一人死亡，孩子就常常没有人照顾，这种情况很快就会造成恶果；因此，像曼彻斯特这个地方，根据我们在前面提到的那个报告，工人的孩子有57%以上不到五岁就死亡，而上等阶级的孩子在五岁以前死亡的只有20%，农业区各阶级所有的孩子在五岁以前死亡的平均也不到32%，这就没有什么可奇怪的了。在前面多次提到的《工匠》杂志的那篇文章里，我们得到了关于这方面的更详细的材料。该文的作者把城市和农业区各种儿童疾病的死亡数字——加以对比，证明曼彻斯特和利物浦的流行病所引起的死亡率，一般说来比农业区高2倍；在城市患神经系统疾病的比农村多四倍，患胃病的比农村多一倍多，同时，在城市因肺部疾病死的人数和农村比较是2.5∶1。在城市，因天花、麻疹、百日咳和猩红热而死亡的幼儿比农村多三倍，因脑水肿而死亡的多两倍，因痉挛而死亡的多九倍。为了再引证一个权威的材料，我在这里列出一个表，这个表是威德博士在他的《中等阶级和工人阶级的历史》（1835年伦敦第3版）中根据1832年议会工厂委员会的报告制成的。

......

除了贫穷阶级目前被忽视和被压迫所必然引起的这一切疾病，还有其他原因促使幼儿死亡率上升。有许多家庭，妻子和丈夫都外出工作，结果孩子就完全没有人照顾，他们或者被锁在家里，或者交给别人照看。这样，如果有成百的这种孩子死于各种各样的不幸事件，也就没有什么可奇怪的了。任何一个地方也不像英国的大城市有这样多的孩子被车压死，被马踩死，任何一个地方也不像这些城市有这样多的孩子摔死、淹死或烧死。孩子们因烧伤或被开水烫伤而致死的特别多。这种事情，在曼彻斯特的冬季数月里几乎每周都要发生一次，在伦敦也同样经常发生，只是报上很少刊登罢了；我手头只有1844年12月15日《每周快讯》上的一个统计材料。根据这个材料，从12月1日到7日这一星期中就发生了六起这样的事件。这些惨遭横死的可怜的孩子们完全是我们的社会混乱以及热衷于保持这种混乱状况的有产阶级的牺牲品。但是人们很难断定，甚至这种可怕的痛苦的死亡是否对这些孩子来说也是一件好事，因为这种死亡使他们摆脱了充满艰辛和困苦的、忧愁多而欢乐少的漫长一生。在英国事情已经发展到这种地步，资产阶级天天在报纸上读到这一切，但他们对此却无动于衷。如果我根据我所引用的那些肯定为他们所熟悉的官方或非官方的证据，直接控告他们犯了社会谋杀罪，他们也是无法申辩的。他们应该想办法结束这种可怕的情况，否则就把管理公共利益的权力移交给工人阶级。对后一种办法，他们没有兴趣；而前一种，只要他们还是资产阶级，还坚持资产阶级偏见，他们就无力做到。虽然在现在，在数十万牺牲者已经倒下去以后，他们终于对未来采取了一些微小的预防性措施，公布了一个至少对住宅杂乱无章地挤在一起的情形多少有所限制的"首都建筑法"，虽然他们夸耀他们这种不仅远远没有触动弊端的根源，而且连最普通的卫生警察的规定也算不上的措施，但是，他们还是不能以此来洗清他们的罪名。英国资产阶级现在只能二者选一，或者不顾这种落到他们身上的无可辩驳的谋杀罪名，继续统治，或者为了工人阶级的利益，自己引退。到目前为止，他们还是宁愿选择前者。

恩格斯：《英国工人阶级状况》（1844年9月—1845年3月），摘自《马克思恩格斯文集》第1卷，人民出版社2009年12月第1版，第420—423页。

四　人口与生产

（一）人口是生产的基础

从一开头就可以看出，固定资本和流动资本的比例，对大资本家要比对小资本家有利得多。最大的银行家需要的固定资本只比最小的银行家略多一点。二者的固定资本都只限于银行办公的费用。大土地占有者的生产工具决不会与他的土地面积成比例地增加。同样，大资本家所享有的比小资本家高的信用，就是固定资本即一笔必须经常准备着的货币的更大节约。最后，不言而喻，凡是工业劳动高度发展的地方，也就是几乎所有手工劳动都变成工厂劳动的地方，小资本家仅仅为了拥有必要的固定资本，哪怕把他的全部资本都投入也不够。大家知道，大规模耕作所用的劳动，通常只占用不多的劳动人手。

马克思：《1844 年经济学哲学手稿》（1844 年 4—8 月），摘自《马克思恩格斯文集》第 1 卷，人民出版社 2009 年 12 月第 1 版，第 137 页。

诚然，在国民经济学领域掀起了一场争论。一方（罗德戴尔、马尔萨斯等）推崇奢侈而咒骂节约；另一方（萨伊、李嘉图等）则推崇节约而咒骂奢侈。但是，一方承认，它要求奢侈是为了生产出劳动即绝对的节约；而另一个承认，它推崇节约是为了生产出财富即奢侈。前者沉湎于浪漫主义的臆想，认为不应仅仅由贪财欲决定富人的消费，并且当它把挥霍直接当做发财致富的手段时，它是跟它自己的规律相矛盾的。因此，后者极其严肃而详尽地向前者证明，我通过挥霍只会减少而不会增加我的财产。后者装腔作势地不承认，正是突发的怪想和念头决定生产；它忘记了"考究的需要"，它忘记了没有消费就不会有生产；它忘记了，通过竞争，生产只会变得日益全面、日益奢侈；它忘记了，按照它的理论，使用决定物的价值，而时尚决定使用；它希望看到仅仅生产"有用的东西"，但它忘记了生产过多的有用的东西就会生产出过多的无用的人口。双方都忘记了，挥霍和节约，奢侈和困苦，富有和贫穷是画等号的。

而且，如果你愿意节俭行事，并且不愿意毁于幻想，那么你不仅应当在你的直接感觉，如吃等等方面节约，而且也应当在普遍利益、同情、信任等等这一切方面节约。

马克思：《1844 年经济学哲学手稿》（1844 年 4—8 月），摘自《马克思恩格斯文集》第 1 卷，人民出版社 2009 年 12 月第 1 版，第 227—228 页。

从上文可以看出，资本主义社会必然要转变为社会主义社会这个结论，马克思完全是从现代社会的经济的运动规律得出的。劳动社会化通过无数种形式日益迅速地向前发展，在马克思去世后的半个世纪以来，特别明显地表现在大生产与资本家的卡特尔、辛迪加和托拉斯的增长以及金融资本的规模和势力的巨大增长上，——这就是社会主义必然到来的主要物质基础。这个转变的思想上精神上的推动者和实际上的执行者，就是资本主义本身培养的无产阶级。表现于多种多样和内容日益丰富的形式的无产阶级反对资产阶级的斗争，必然要成为以无产阶级夺取政权（"无产阶级专政"）为目标的政治斗争。生产社会化不能不导致生产资料转变为社会所有，导致"剥夺者被剥夺"。劳动生产率大大提高，工作日缩短，完善的集体劳动代替残存的原始的分散的小生产，——这就是这种转变的直接结果。资本主义彻底破坏了农业同工业的联系，但同时又以自己的高度发展准备新的因素来建立这种联系，使工业同农业在自觉运用科学和合理组织集体劳动的基础上，在重新分布人口（既消除农村的荒僻、与世隔绝和不开化状态，也消除大量人口集中在大城市的反常现象）的基础上结合起来。现代资本主义的最高形式准备着新的家庭形式，并为妇女的地位和青年一代的教育准备新的条件。在现代社会里，女工和童工的使用，资本主义对父权制家庭的瓦解，必然采取最可怕最痛苦最可憎的形式。但是"由于大工业使妇女、男女少年和儿童在家庭范围以外，在社会地组织起来的生产过程中起着决定性的作用，它也就为家庭和两性关系的更高级的形式创造了新的经济基础。……工人由各种年龄的男女搭配组合而成，尽管在其自发的、野蛮的、资本主义的形式中，也就是在工人为生产过程而存在，不是生产过程为工人而存在的那种形式中，是造成毁灭和奴役的祸根，但在适当的条件下，必然会反过来变成人类发展的源泉"（《资本论》第 1 卷第 13 章末）。

列宁：《卡尔·马克思》（1914 年 11 月），摘自《列宁专题文集》之《论马克思主义》卷，人民出版社 2009 年 12 月第 1 版，第 29—30 页。

在一个经济遭到破坏的国家里，第一个任务就是拯救劳动者。全人类的首要的生产力就是工人，劳动者。如果他们能活下去，我们就能拯救一切，恢复一切。

> 列宁：《在全俄社会教育第一次代表大会上的讲话》（1919 年 5 月），摘自《列宁全集》第 36 卷，人民出版社 1985 年 10 月第 2 版，第 346 页。

生命产生脑。自然界反映在人脑中。人在自己的实践中、在技术中检验这些反映的正确性并运用它们，从而也就达到客观真理。

> 列宁：《黑格尔〈逻辑学〉一书摘要》（1914 年 9—12 月），摘自《列宁全集》第 55 卷，人民出版社 1990 年 12 月第 2 版，第 170 页。

……把领袖看做唯一的历史创造者，而不把工人和农民放在眼里的时代已经过去了。现在各个民族和各个国家的命运不仅仅是由领袖决定的，而首先和主要是由千百万劳动群众决定的。工人和农民不声不响地建设工厂、矿井、铁路、集体农庄和国营农场，创造一切生活资料，供给全世界以衣食，——这才是真正的英雄和新生活的创造者。

> 斯大林：《在全苏集体农庄突击队员第一次代表大会上的演说》（1933 年 2 月 19 日），摘自《斯大林选集》（下卷），人民出版社 1979 年 12 月第 1 版，第 327 页。

生产工具的发展和改善是由参加生产的人来实现的，而不是与人无关的，所以，生产工具变化和发展了，生产力的最重要的因素——人也随着变化和发展，人的生产经验、劳动技能以及运用生产工具的本领也随着变化和发展。

> 斯大林：《论辩证唯物主义与历史唯物主义》（1938 年 9 月），摘自《斯大林文集》（1934—1952），人民出版社 1985 年 12 月第 1 版，第 222 页。

这就是说，社会发展史首先是生产的发展史，是各种生产方式在许多世纪过程中依次更迭的历史，是生产力和人们生产关系的发展史。

这就是说，社会发展史同时也是物质资料生产者本身的历史，即作为生产过程的基本力量、生产社会生存所必需的物质资料的劳动群众的历史。

这就是说，历史科学要想成为真正的科学，就不能再把社会发展史归结为帝王将相的行动，归结为那些蹂躏他国的"侵略者"和"征服者"的行动，而首先应当研究物质资料生产者的历史，劳动群众的历史，各国人民的历史。

这就是说，研究社会历史规律的关键，不应该到人们的头脑中，到社会的观点和思想中去寻求，而要到社会在每个特定历史时期所采取的生产方式中，即到社会的经济中去寻求。

这就是说，历史科学的首要任务是研究和揭示生产的规律，生产力和生产关系发展的规律，社会经济发展的规律。

这就是说，无产阶级党要想成为真正的党，首先应当掌握生产发展规律的知识，社会经济发展规律的知识。

这就是说，要在政治上不犯错误，无产阶级党在制定自己的党纲以及进行实际活动的时候，首先应当从生产发展的规律出发，从社会经济发展的规律出发。

斯大林：《论辩证唯物主义与历史唯物主义》（1938 年 9 月），摘自《斯大林文集》（1934—1952），人民出版社 1985 年 12 月第 1 版，第 220 页。

这是不是说，例如，自然规律发生作用的结果，即自然力发生作用的结果是根本无法避免的，自然力的破坏作用在任何地方和任何时候都是以不受人们影响的、不可抗拒的力量而出现的呢？不，不是这个意思。在天文、地质及其他某些类似的过程中，人们即使认识了它们的发展规律，也确实无力影响它们。把这些过程除外，在其他许多场合，人们决不是无能为力的，就是说，人们是能够影响自然界过程的。在一切这样的场合，人们如果认识了自然规律，考虑到它们，依靠它们，善于应用和利用它们，便能限制它们发生作用的范围，把自然界的破坏力引导到另一方向，使自然界的破坏力转而有利于社会。

我们且从许许多多的例子中举出一个来看。在上古时代，江河泛滥、洪水横流以及由此引起的房屋和庄稼的毁灭，曾经被认为是无法防止的灾害，是人们无力抗拒的。可是后来，随着人类知识的发展，当人们学会了修筑堤坝和水电站的时候，就能使社会防止在从前看来是无法防止的水灾。不但如此，人们还学会了控制自然界的破坏力，可以说是学会了驾驭它们，使水力转而有利于社会，利用水来灌溉田地，取得动力。

斯大林：《对于与一九五一年十一月讨论会有关的经济问题的意见》，摘自《斯大林文集》（1934—1952），人民出版社 1985 年 12 月第 1 版，第 598—599 页。

（二）人口和分工

社会内部的分工以及个人被相应地限制在特殊职业范围内的现象，同工场手工业内部的分工一样，是从相反的两个起点发展起来的。在家庭内部，随后在氏族内部，由于性别和年龄的差别，也就是在纯生理的基础上产生了一种自然的分工。随着共同体的扩大，人口的增长，特别是各氏族间的冲突，一个氏族之征服另一个氏族，这种分工的材料也扩大了。另一方面，我在前面已经谈到，产品交换是在不同的家庭、氏族、共同体互相接触的地方产生的，因为在文化的初期，以独立资格互相接触的不是个人，而是家庭、氏族等等。不同的共同体在各自的自然环境中，找到不同的生产资料和不同的生活资料。因此，它们的生产方式、生活方式和产品，也就各不相同。这种自然的差别，在共同体互相接触时引起了产品的互相交换，从而使这些产品逐渐转化为商品。交换没有造成生产领域之间的差别，而是使不同的生产领域发生关系，从而使它们转化为社会总生产的多少互相依赖的部门。在这里，社会分工是由原来不同而又互不依赖的生产领域之间的交换产生的。而在那里，在以生理分工为起点的地方，直接互相联系的整体的各个特殊器官互相分开和分离，——这个分离过程的主要推动力是同其他共同体交换商品，——并且独立起来，以致不同的劳动的联系是以产品作为商品的交换为中介的。在一种场合，原来独立的东西丧失了独立，在另一种场合，原来非独立的东西获得了独立。

　　一切发达的、以商品交换为中介的分工的基础，都是城乡的分离。可以说，社会的全部经济史，都概括为这种对立的运动。但是关于这种对立，我们不在这里多谈。

　　　　　马克思：《资本论》第 1 卷（1894 年 11 月），摘自《马克思恩格斯文集》
　　　　　第 5 卷，人民出版社 2009 年 12 月第 1 版，第 407—408 页。

（三）人口增长和需要增长

　　征服这一事实看起来好像是同整个这种历史观矛盾的。到目前为止，暴力、战争、掠夺、抢劫等等被看做是历史的动力。这里我们只能谈谈主要之点，因此，我们举一个最显著的例子：古老文明被蛮族破坏，以及与此相联系重新开始形成一种新的社会结构（罗马和蛮人，封建制度和高卢人，东罗马帝国和土耳其人）。对进行征服的蛮族来说，正如以上所指出的，战争本身还是一种通常的交往形式；在传统的、对该民族来说唯一可能的粗陋生产方式下，人口的增长越来越需要新的生产资料，因而这种交往形式越来越被加紧利用。相反，在意大利，由于地产日益集中（这不仅是由购买和负债引起的，而且还是由继承引起的，当时一些古老的氏族由于生活放荡和很少结婚而逐渐灭亡，他们的财产转入少数人手里），由于耕地变为牧场（这不仅是由通常的、至今仍然起作用的经济原因引起的，而且也是由掠夺来的和进贡的谷物的输入以及由此造成的意大利谷物没有买主的现象引起的），自由民几乎完全消失了，就是奴隶也在不断地死亡，而不得不经常代之以新的奴隶。奴隶制仍然是整个生产的基础。介于自由民与奴隶之间的平民，始终不过是流氓无产阶级。总之，罗马始终只不过是一个城市，它与各行省之间的联系几乎仅仅是政治上的联系，因而这种联系自然也就可能为政治事件所破坏。

马克思和恩格斯：《德意志意识形态》（1845 年秋—1846 年 5 月），摘自《马克思恩格斯文集》第 1 卷，人民出版社 2009 年 12 月第 1 版，第 577—578 页。

（四）人民群众是历史的真正创造者

历史活动是群众的活动，随着历史活动的深入，必将是群众队伍的扩大。

马克思和恩格斯：《神圣家族，或对批判的批判所做的批判》（1844 年 9—11 月），摘自《马克思恩格斯文集》第 1 卷，人民出版社 2009 年 12 月第 1 版，第 287 页。

在一切生产工具中，最强大的一种生产力是革命阶级本身。

马克思：《哲学的贫困》（1847 年上半年），摘自《马克思恩格斯文集》第 1 卷，人民出版社 2009 年 12 月第 1 版，第 655 页。

在十七世纪的英国和十八世纪的法国，甚至资产阶级的最光辉灿烂的成就都不是它自己争得的，而是平民大众，即工人和农民为它争得的。

恩格斯：《普鲁士"危机"》（1873 年 1 月初），摘自《马克思恩格斯全集》第 18 卷，人民出版社 1964 年 10 月第 1 版，第 325 页。

自从阶级产生以来，从来没有过一个时期社会可以没有劳动阶级。这个阶级的名称、社会地位有过变化，农奴代替了奴隶，后来本身又被自由工人所代替，所谓自由，是摆脱了奴隶地位的自由，但也是除自己的劳动力外一无所有的自由。然而有一点是很清楚的，无论不从事生产的社会上层发生什么变化，没有一个生产者阶级，社会就不能生存。可见，这个阶级在任何情况下都是必要的，虽然定会有一天它将不再是一个阶级，而是包括整个社会。

> 恩格斯：《必要的和多余的社会阶级》（1881 年 8 月初），摘自《马克思恩格斯全集》第 25 卷，人民出版社 2001 年 4 月第 2 版，第 534 页。

因此，如果要去探究那些隐藏在——自觉地或不自觉地，而且往往是不自觉地——历史人物的动机背后并且构成历史的真正的最后动力的动力，那么问题涉及的，与其说是个别人物，即使是非常杰出的人物的动机，不如说是使广大群众、使整个整个的民族，并且在每一民族中间又是使整个整个阶级行动起来的动机；而且也不是短暂的爆发和转瞬即逝的火光，而是持久的、引起重大历史变迁的行动。

> 恩格斯：《路德维希·费尔巴哈和德国古典哲学的终结》（1886 年初），摘自《马克思恩格斯文集》第 4 卷，人民出版社 2009 年 12 月第 1 版，第 304 页。

发现唯物主义历史观，或者更确切地说，把唯物主义贯彻和推广运用于社会现象领域，消除了以往的历史理论的两个主要缺点。第一、以往的历史理论至多只是考察了人们历史活动的思想动机，而没有研究产生这些动机的原因，没有探索社会关系体系发展的客观规律性，没有把物质生产的发展程度看做这些关系的根源；第二、以往的理论从来忽视居民群众的活动，只有历史唯物主义才第一次使我们能以自然科学的精确性去研究群众生活的社会条件以及这些条件的变更。马克思以前的"社会学"和历史学，至多是积累了零星收集来的未加分析的事实，描述了历史过程的个别方面。马克思主义则指出了对各种社会经济形态的产生、发展和衰落过程进行全面而周密的研究的途径，因为它考察了所有各种矛盾的趋向的总和，把这些趋向归结为可以准确测定的、社会各阶级的生活和生产的条件，排除了选择某种"主导"思想或解释这种思想时的主观主义和武断态度，揭示了物质生产力的状况是所有一切思想和各种不同趋向的根源。人们自己创造自己的历史……

> 列宁：《卡尔·马克思》（1914 年 11 月），摘自《列宁专题文集》之《论马克思主义》卷，人民出版社 2009 年 12 月第 1 版，第 14—15 页。

风暴是群众自身的运动。无产阶级这个唯一彻底革命的阶级，起来领导群众了，并且第一次唤起了千百万农民进行公开的革命斗争。第一次风暴是在 1905 年。第二次风暴正在我们眼前开始扩展。

……吸取了这些教训的无产阶级，一定会给自己开拓一条与全世界社会主义工人自由联合的道路……

> 列宁:《纪念赫尔岑》(1912 年 4 月 25 日〔5 月 8 日〕)，摘自《列宁专题文集》之《论辩证唯物主义和历史唯物主义》卷，人民出版社 2009 年 12 月第 1 版，第 237—238 页。

人的意识不仅反映客观世界，并且创造客观世界。

> 列宁:《黑格尔〈逻辑学〉一书摘要》(1914 年 9—12 月)，摘自《列宁全集》第 55 卷，人民出版社 1990 年 12 月第 2 版，第 182 页。

世界所以有这种突飞猛进的发展，其基本原因是有成亿成亿的人卷进这个发展的洪流了。

> 列宁:《庆祝〈真理报〉创刊十周年》(1922 年 5 月 2 日)，摘自《列宁全集》第 43 卷，人民出版社 1987 年 10 月第 2 版，第 175—176 页。

社会主义的伟大奠基人马克思和恩格斯，在几十年中考察了工人运动的发展和世界社会主义革命的成长，清楚地看到:从资本主义过渡到社会主义，需要经过长久的阵痛，经过长时期的无产阶级专政，摧毁一切旧东西，无情地消灭资本主义的各种形式，需要有全世界工人的合作，全世界的工人则应当联合自己的一切力量来保证彻底的胜利。

> 列宁:《全俄工兵农代表苏维埃第三次代表大会文献》(1918 年 1 月中旬)，摘自《列宁全集》第 33 卷，人民出版社 1985 年 10 月第 2 版，第 278 页。

(1) 既然如此，那么在社会物质生活条件体系中，究竟什么是决定社会面貌、决定社会制度性质、决定社会从这一制度发展到另一制度的主要力量呢?

历史唯物主义认为，这种力量就是人们生存所必需的**生活资料的谋得方式**，就是社会生存和发展所必需的食品、衣服、鞋子、住房、燃料和生产工具等等**物质资料的生产方式**。

要生活，就要有食品、衣服、鞋子、住房和燃料等等，要有这些物质资料，就必须生产它们，要生产它们，就需要有人们用来生产食品、衣服、鞋子、住房和燃料等等的生产工具，就需要善于生产这些工具，善于使用这些工具。

用来生产物质资料的**生产工具**，以及有一定的**生产经验**和**劳动技能**来使用生产工具、实现物质资料生产的人，——所有这些因素共同构成社会的**生产力**。

但是生产力还只是生产的一个方面，生产方式的一个方面，它所表示的是人们同那些用来生产物质资料的自然物和自然力的关系。生产的另一个方面，生产方式的另一个方面，就是人们在生产过程中的相互关系，即人们的**生产关系**。人们同自然界作斗争以及利用自然界来生产物质资料，并不是彼此孤立、彼此隔绝、各人单独进行的，而是以一个人群为单位、以社会为单位共同进行的。因此，生产在任何时候和任何条件下都是**社会的**生产。人们在实现物质资料的生产的时候，在生产内部彼此建立这种或那种相互关系，即这种或那种生产关系。这些关系可能是不受剥削的人们彼此间的合作和互助关系，可能是统治和服从的关系，最后，也可能是从一种生产关系形式向另一种生产关系形式过渡的关系。可是，不管生产关系带有怎样的性质，它们在任何时候和任何制度下，都同社会的生产力一样，是生产的必要因素。

马克思说："人们在生产中不仅仅影响自然界，而且也互相影响。他们如果不以一定方式结合起来共同活动和互相交换其活动，便不能进行生产。为了进行生产，人们便发生一定的联系和关系；只有在这些社会联系和社会关系的范围内，才会有他们对自然界的关系，才会有生产。"（《马克思恩格斯全集》俄文第 1 版第 5 卷第 429 页）

可见，生产、生产方式既包括社会生产力，也包括人们的生产关系，而体现着两者在物质资料生产过程中的统一。

（2）生产的**第一个特点**就是它永远也不会长久停留在一点上，而是始终处在变化和发展的状态中；同时，生产方式的变化又必然引起全部社会制度、社会思想、政治观点和政治设施的变化，即引起全部社会结构和政治结构的改造。在不同的发展阶段上，人们有着不同的生产方式，或者说得粗浅一些，过着不同方式的生活。在原始公社制度下有一种生产方式，在奴隶制度下有另一种生产方式，在封建制度下又有一种生产方式，如此等等。与此相适应，人们的社会制度、他们的精神生活、他们的观点、他们的政治设施也是各不相同的。

社会的生产方式怎样，社会本身基本上也就怎样，社会的思想和理论、政治观点和政治设施也就怎样。

或者说得粗浅一些：人们的生活方式怎样，人们的思想方式也就怎样。

斯大林：《论辩证唯物主义和历史唯物主义（1938 年 9 月）》，摘自《斯大林文集》（1934—1952），人民出版社 1985 年 12 月第 1 版，第 218—220 页。

（五）人与自然界

资本主义生产过程实质上同时就是积累过程。我们已经指出，在资本主义生产的发展中，那个必须单纯再生产即保存的价值量，甚至在所使用的劳动力不变的情况下，也会随着劳动生产率的提高而增加。但是，随着劳动的社会生产力的发展，所生产的使用价值——生产资料是其中的一个部分——的量，还会增加得更多。而追加劳动——通过对它的占有，这种追加财富能够再转化为资本——并不是取决于这种生产资料（包括生活资料）的价值，而是取决于它的量，因为工人在劳动过程中不是同生产资料的价值发生关系，而是同生产资料的使用价值发生关系。然而，资本的积累本身以及随之而来的资本积累，本身就是提高生产力的一个物质手段。但是，生产资料的这种增加已经意味着工人人口的增加，意味着创造出同剩余资本相适应的工人人口，甚至大体上总是超过这个资本的需要的工人人口，即过剩工人人口。剩余资本暂时超过它所支配的工人人口，这会发生双重的作用。一方面，这会提高工资，从而缓和那些使工人后代减少和绝灭的影响，使结婚变得容易，由此使工人人口逐渐增加。另一方面，这会使创造相对剩余价值的方法（机器的采用和改良）得到采用，由此更迅速得多地创造出人为的相对过剩人口；而这种相对过剩人口又成为使人口实际上迅速增加的温室，因为在资本主义生产中，贫困会产生人口。因此，从资本积累过程——它只是资本主义生产过程的一个要素——的性质来看，自然会得出如下的结论：预定要转化为资本的已经增加了的生产资料的量，总会随时找到相应地增加了的、甚至过剩的可供剥削的工人人口。所以，在生产过程和积累过程的发展中，可以被占有和已经被占有的剩余劳动的量，从而社会资本所占有的利润的绝对量，都必然会增加。但是，同一些生产规律和积累规律，会随着不变资本的量增加，使不变资本的价值同转化为活劳动的可变资本部分的价值相比，越来越快地增加。因此，同一些规律，使社会资本的绝对利润量日益增加，使它的利润率日益下降。

马克思：《资本论》第 3 卷（1894 年 11 月），摘《马克思恩格斯文集》第

7 卷，人民出版社 2009 年 12 月第 1 版，第 242—244 页。

但是生产力越发展，它就越和消费关系的狭隘基础发生冲突。在这个充满矛盾的基础上，资本过剩和日益增加的人口过剩结合在一起是完全不矛盾的；因为在二者相结合的情况下，所生产的剩余价值的量虽然会增加，但是生产剩余价值的条件和实现这个剩余价值的条件之间的矛盾，恰好也会随之而增大。

马克思：《资本论》第 3 卷（1894 年 11 月），摘《马克思恩格斯文集》第 7 卷，人民出版社 2009 年 12 月第 1 版，第 273 页。

生活资料和现有的人口相比不是生产得太多了。正好相反。要使大量人口能够体面地、像人一样地生活，生活资料还是生产得太少了。

对于人口中有劳动能力的那部分人的就业来说，生产资料生产得不是太多了。正好相反。首先是在人口中生产出了一个过大的部分，他们实际上不会劳动，他们由于自己的条件可以靠剥削别人的劳动来生活，或者靠这样一种劳动来生活，这种劳动只有在可鄙的生产方式下才能称为劳动。其次，要使全部有劳动能力的人口在生产效率最大的情况下劳动，就是说，要使他们的绝对劳动时间能够由于劳动时间内所使用的不变资本的数量和效率而得到缩短，已经生产出来的生产资料还很不够。

马克思：《资本论》第 3 卷（1894 年 11 月），摘《马克思恩格斯文集》第 7 卷，人民出版社 2009 年 12 月第 1 版，第 287 页。

"在其他一切条件相同的情况下，一个国家从它的利润中进行积蓄的能力，随着利润率的变化而变化，这种能力在利润率高时就大，在利润率低时就小；但是在利润率下降时，其他一切条件就不会保持不变……在利润率低时，积累的速度通常会比人口增加的速度快，例如在英国……在利润高时，积累的速度通常会比人口增加的速度慢。"例如：波兰、俄国、印度等等。（理查·琼斯《政治经济学绪论》1833 年伦敦版第 50—51 页）

琼斯正确地指出：尽管利润率下降，积累的欲望和能力仍然会增加。第一，由于相对过剩人口增加。第二，由于随着劳动生产率的提高，同一个交换价值所代表的使用价值量，即资本的物质要素的量会增加。第三，由于生产部门会多样化。第四，由于信用制度、股份公司等等的发展以及由此引起的结果，即自己不成为产业资本家，也很容易把货币转化为资本。第五，由于需要和致富欲望的增长。第六，由于固定资本的大量投资不断增长，如此等等。

马克思：《资本论》第 3 卷（1894 年 11 月），摘《马克思恩格斯文集》第 7 卷，人民出版社 2009 年 12 月第 1 版，第 295 页。

剩余价值和剩余劳动的同一，为资本的积累设置了一个质的界限：总工作日、生产力和人口（可以同时剥削的工作日数目由人口限定）在各个时期的发展。相反地，如果剩余价值在利息这个没有概念的形式上来理解，那么，界限就只是量的界限，并且会超出任何想象。

但是，在生息资本的形式上，资本拜物教的观念完成了。按照这个观念，积累的劳动产品，而且是作为货币固定下来的劳动产品，由于它天生的秘密性质，作为纯粹的自动体，具有按几何级数生产剩余价值的能力，以致像《经济学家》所认为的那样，这种积累的劳动产品，早已对自古以来世界所有的财富进行了贴现，依法据为己有。过去的劳动产品，过去的劳动，在这里本身就孕育着现在的或未来的活的剩余劳动的一部分。不过我们知道，过去劳动的产品的价值保存下来，也就是说再生产出来，这实际上只是它们同活劳动接触的结果；其次，过去劳动的产品对于活的剩余劳动的支配权，恰好只是在存在着资本关系——一定的社会关系，在这种社会关系中，过去劳动独立地同活劳动相对立，并支配着活劳动——的时期内才存在。

马克思：《资本论》第 3 卷（1894 年 11 月），摘《马克思恩格斯文集》第 7 卷，人民出版社 2009 年 12 月第 1 版，第 449 页。

这份统计资料清楚地表明，这位慈善家的地租的一部分，不过是他的租地人替他从农业工人的工资中掠夺而来的。这个统计材料的公布之所以有意思，还因为其中包含的事实，可以毫不犹豫地和 1814 年、1815 年调查委员会所揭露的最坏的事实相媲美。当情况迫使农业短工的工资暂时提高时，租地农场主就立即叫嚷说，要把工资提高到其他产业部门所通行的正常水平，而不同时降低地租，是不可能的，并且这必然会使他们破产。因此，这里面包含着这样的自供：租地农场主以地租的名义，克扣一部分工资交给土地所有者。例如，1849—1859 年，英格兰农业工人的工资由于下面的一系列有决定意义的情况而提高了：爱尔兰的人口外流断绝了从该地来的农业工人的供给；工厂工业异常大量地吸收农业人口；战争需要兵员；异常大量的人口移居澳洲和美国（加利福尼亚），以及其他一些不必在这里详细论述的原因。同时，除了1854—1856年歉收时期以外，这个期间的谷物平均价格下降了16%以上。租地农场主叫嚷要求降低地租。在个别情况下，他们达到了目的。但是总的说来，他们的这个要求并没有成功。他们只好求助于降低生产费用，如大量采用蒸汽发动机和新机器，这些机器，一方面代替了马，把马从经营上排挤出去，另一方面也把农业短工游离出来，造成了一个人为的过剩人口，并由此引起工资的再度下降。这10年来，尽管和总人口的增长相比，农业人口普遍地相对减少了，并且尽管某些纯农业区的农业人口绝对减少了，但上述情况还是发生了。

马克思：《资本论》第3卷（1894年11月），摘《马克思恩格斯文集》第7卷，人民出版社2009年12月第1版，第708—709页。

确切地说，只是就真正的农业地租来说，地租以及土地价值会随着土地产品市场的扩大，从而随着非农业人口的增加，随着他们对食物和原料的需要和需求的增加而增长。资本主义生产方式由于它的本性，使农业人口同非农业人口比起来不断减少，因为在工业（狭义的工业）中，不变资本比可变资本的相对增加，是同可变资本的绝对增加结合在一起的，虽然可变资本相对减少了；而在农业中，经营一定土地所需的可变资本则绝对减少，因此，只有在耕种新的土地时，可变资本才会增加，但这又以非农业人口的更大增加为前提。

马克思：《资本论》第3卷（1894年11月），摘《马克思恩格斯文集》第7卷，人民出版社2009年12月第1版，第718页。

第四，人口增长和资本增长所达到的每一发展程度会给土地耕作的扩大带来一定的、即使是有弹性的限制；有些偶谈状况的作用会暂时影响市场价格，如连年的丰收和歉收就是这样，——撇开这些情况不说，土地耕作面积的扩大总是取决于一国资本市场和营业状态的整个情况。在资本紧迫时期，即使未耕地能给租地农场主（不管他付不付地租）提供平均利润，也不足以使追加资本投入农业。在资本过剩时期，即使市场价格不上涨，只要其他方面具备了正常的条件，资本就会涌到农业上来。那些比以往耕种的土地还要好的土地，事实上只是由于位置的原因，或者由于从前不能打破的那些使它被排除在外的限制，或者由于偶然的因素，而被排挤在竞争之外。因此，我们只好经营那些和最后耕种的土地质量相同的土地。但在新的土地和最后耕种的土地之间，始终存在着开垦费用上的差别，并且它们是否会被开垦，还要取决于市场价格和信用关系的状况。只要这种土地以后实际进入竞争，在其他情况不变时，市场价格又会下降到它以前的水平，于是，新耕种的土地提供的地租就会和质量相当的旧土地提供的是一样的。

马克思：《资本论》第3卷（1894年11月），摘《马克思恩格斯文集》第7卷，人民出版社2009年12月第1版，第871页。

土地所有权的这个形式的前提是：正如在先前各种更古老的土地所有权形式下一样，和城市人口相比，农村人口在数量上占有巨大优势，因此，尽管资本主义生产方式通常已取得统治地位，但相对地说还不大发展，从而在其他生产部门内，资本的积聚也是在狭小界限内进行的，资本的分散仍占优势。按照事物的本性，农产品的绝对部分，在这里必然作为直接的生存资料，由它的生产者即农民本人消费，并且只有除此以外的余额，才作为商品进入同城市的贸易。在这里，土地产品的平均市场价格不管是怎样决定的，级差地租，即质量较好的土地或位置较好的土地所得到的商品价格的余额部分，在这里显然和在资本主义生产方式中一样，必然是存在的。

马克思：《资本论》第3卷（1894年11月），摘《马克思恩格斯文集》第7卷，人民出版社2009年12月第1版，第909页。

小土地所有制的前提是：人口的最大多数生活在农村，占统治地位的，不是社会劳动，而是孤立劳动；在这种情况下，财富和再生产的发展，无论是再生产的物质条件还是精神条件的发展，都是不可能的，因而，也不可能具有合理耕作的条件。在另一方面，大土地所有制使农业人口减少到一个不断下降的最低限量，而同他们相对立，又造成一个不断增长的拥挤在大城市中的工业人口。由此产生了各种条件，这些条件在社会的以及由生活的自然规律所决定的物质变换的联系中造成一个无法弥补的裂缝，于是就造成了地力的浪费，并且这种浪费通过商业而远及国外（李比希）。

马克思：《资本论》第3卷（1894年11月），摘《马克思恩格斯文集》第7卷，人民出版社2009年12月第1版，第918—919页。

大家知道，在"铁的工资规律"中，除了从歌德的"永恒的、铁的、伟大的规律"中抄来的"铁的"这个词以外，没有什么东西是拉萨尔的。"铁的"这个词是正统的信徒们借以互相识别的一个标记。但是，如果我接受带有拉萨尔印记因而是拉萨尔所说的意义上的规律，我就不得不连同他的论据一起接受下来。这个论据是什么呢？正如朗格在拉萨尔死后不久所表明的，这就是（朗格自己宣扬的）马尔萨斯的人口论。但是，如果这个理论是正确的，那么，我即使把雇佣劳动废除一百次，也还废除不了这个规律，因为在这种情况下，这个规律不仅支配着雇佣劳动制度，而且支配着一切社会制度。经济学家们50多年以来正是以此为根据证明，社会主义不能消除自然本身造成的贫困，而只能使它普遍化，使它同时分布在社会的整个表面上！

> 马克思：《哥达纲领批判》（1875年4月底—5月7日），摘自《马克思恩格斯文集》第3卷，人民出版社2009年12月第1版，第440—441页。

与此相反，在农业生产中，使用劳动量最多的产品的价格决定一切同类产品的价格。首先，这里不能像工业生产中那样随意增加效率相同的生产工具，即肥力相同的土地。其次，随着人口的增加，人们就开始经营劣等地，或者在原有土地上进行新的投资，这新的投资的收益比原始投资的收益就相应地减少。在这两种情况下都是用较多的劳动量获得较少的产品。人口的需要必然造成这种劳动的增加，因此耕作费用较高的土地的产品就一定和耕作费用较低的土地的产品同样有销路。但由于竞争使市场价格平均化，所以优等地的产品就要同劣等地的产品等价销售。优等地的产品价格中超过生产费用的余额就构成租。假如人们可以随时得到肥力相同的土地，假如人们能够像在工业生产中一样也可以随时使用费用较少而效率较高的机器，或者假如后来的投资和最初的投资具有相同的生产效率，那么，农产品的价格就会像我们所见的工业产品价格一样，取决于最好的生产工具所生产的商品的成本价格。但是，从这时起租就会消失。

> 马克思：《哲学的贫困》（1847年上半年），摘自《马克思恩格斯文集》第1卷，人民出版社2009年12月第1版，第641页。

第三位获奖者是大厂主格雷格先生，他的著作是为大租地农场主写的，他不能满足于重复类似的滥调，他的话是比较科学的。

他承认谷物法之所以会引起地租的上涨，只是因为谷物法会引起谷物价格的上涨，而谷物法之所以会引起谷物价格的上涨，正是由于谷物法会迫使资本投于劣等地，这是很容易说明的。

随着人口的增长，由于外国谷物不能输入，就不得不去开垦肥力较差的土地，耕种这种土地需要较大的耗费，因而它的产品也就较贵。

马克思：《关于自由贸易问题的演说》（1848 年 1 月 9 日），摘自《马克思恩格斯文集》第 1 卷，人民出版社 2009 年 12 月第 1 版，第 747 页。

一定量同时使用的工人，是工场手工业内部分工的物质前提，同样，人口数量和人口密度是社会内部分工的物质前提，在这里，人口密度代替了工人在同一个工场内的密集。但是人口密度是一种相对的东西。人口较少但交通工具发达的国家，比人口较多但交通工具不发达的国家有更加密集的人口；从这个意义上说，例如，美国北部各州的人口比印度的人口更加稠密。

马克思：《资本论》第 1 卷（1894 年 11 月），摘自《马克思恩格斯文集》第 5 卷，人民出版社 2009 年 12 月第 1 版，第 408—409 页。

杜林先生断言，大面积的地产的经营需要有地主和被奴役者，这种说法纯粹是他的"自由创造物和想象物"。在整个东方，公社或国家是土地的所有者，在那里的语言中甚至没有地主这个名词，关于这一点，杜林先生尽可以向英国的法学家请教，他们曾在印度徒劳地苦苦思索"谁是土地的所有者？"这个问题，正像已去世的邦君亨利希七十二世·罗伊斯 – 施莱茨 – 格赖茨 – 罗本施泰因 – 埃伯斯多夫徒劳地苦苦思索"谁是守夜者？"这个问题一样。只有土耳其人才第一次在被他们征服的东方国家推行了一种地主封建制度。希腊早在英雄时代就已经带着等级划分进入历史，这种等级划分本身显然只是我们所不知道的久远的史前时代的产物；但是就在这里，土地也主要是由独立的农民耕种的；成为例外的，是贵族和部落首领的较大的田产，而且它们很快就消失了。在意大利，土地主要是由农民垦殖的；在罗马共和国末期，大田庄即大庄园排挤小农而代之以奴隶，它们同时也以畜牧业代替了农业，而且像普林尼所已经知道的那样，使意大利趋于崩溃（latifundia Italiam perdidere）。在中世纪，农民的耕作在整个欧洲占支配地位（特别是在垦荒地方面），至于农民是否必须向某个封建主交纳贡献，交纳什么，这对于目前的问题是无关紧要的。弗里斯兰、下萨克森、佛兰德和下莱茵的移民耕种了从斯拉夫人那里夺来的易北河以东的土地，他们作为自由农进行耕作，交纳很低的赋税，但他们决不是处于"某种形式下的徭役"之下。——在北美洲，绝大部分的土地是自由农的劳动开垦出来的，而南部的大地主用他们的奴隶和掠夺性的耕作制度耗尽了地力，以致在这些土地上只能生产云杉，而棉花的种植则不得不越来越往西移。在澳大利亚和新西兰，英国政府人为地制造土地贵族的一切企图都遭到了失败。总之，除了气候使欧洲人无法在当地从事农业劳动的热带和亚热带的殖民地以外，利用奴隶或徭役制农奴来征服自然界和开垦土地的大地主，纯粹是幻想的产物。相反，在古代出现大地主的地方，例如意大利，他们不是把荒地变为可耕的土地，而是把农民已经开垦的土地变为牧场，把人赶走，使整片整片的土地荒芜。只是在近代，自从比较稠密的人口抬高了地价以来，特别是自从农艺学的发展使劣等的土地也较能适于耕种以来，大地产才开始大规模地参与荒地和牧场的开垦，而这主要是通过夺取农民的公地进行的，在英国是这样，在德国也是这样。但当时不是没有对应的措施。例如大土地占有者每在英格兰开垦一英亩公地，总要在英格兰至少把三英亩耕地变成牧羊场，最后甚至把这些耕地变成单纯的猎取大猎物的围场。

恩格斯：《反杜林论》（1876 年 9 月—1878 年 6 月），摘自《马克思恩格斯文集》第 9 卷，人民出版社 2009 年 12 月第 1 版，第 183—185 页。

讲一些泛泛的空话来痛骂奴隶制和其他类似的现象，对这些可耻的现象发泄高尚的义愤，这是最容易不过的事情。可惜，这样做仅仅说出了一件人所共知的事情，这就是：这种古希腊罗马的制度已经不再适合我们目前的状况和由这种状况所决定的我们的感情。但是，这种制度是怎样产生的，它为什么存在，它在历史上起了什么作用，关于这些问题，我们并没有因此而得到任何的说明。如果我们深入地研究一下这些问题，我们就不得不说——尽管听起来是多么矛盾和离奇——在当时的情况下，采用奴隶制是一个巨大的进步。人类是从野蛮开始的，因此，为了摆脱野蛮状态，他们必须使用野蛮的、几乎是野蛮般的手段，这毕竟是事实。古代的公社，在它们继续存在的地方，从印度到中国，在数千年中曾是最野蛮的国家形式即东方专制制度的基础。只是在公社瓦解的地方，各民族才靠自身的力量继续向前迈进，它们最初的经济进步就在于借助奴隶劳动来提高和进一步发展生产。有一点是清楚的：当人的劳动的生产率还非常低，除了必要生活资料只能提供很少的剩余的时候，生产力的提高、交往的扩大、国家和法的发展、艺术和科学的创立，都只有通过更大的分工才有可能，这种分工的基础是从事单纯体力劳动的群众同管理劳动、经营商业和掌管国事以及后来从事艺术和科学的少数特权分子之间的大分工。这种分工的最简单的完全自发的形式，正是奴隶制。在古代世界、特别是希腊世界的历史前提之下，进步到以阶级对立为基础的社会，这只能通过奴隶制的形式来完成。甚至对奴隶来说，这也是一种进步；成为大批奴隶来源的战俘以前都被杀掉，在更早的时候甚至被吃掉，现在至少能保全生命了。

在这里我们顺便补充一下，剥削阶级和被剥削阶级、统治阶级和被压迫阶级之间的到现在为止的一切历史对立，都可以从人的劳动的这种相对不发展的生产率中得到说明。只要实际从事劳动的居民必须占用很多时间来从事自己的必要劳动，因而没有多余的时间来从事社会的公共事务——劳动管理、国家事务、法律事务、艺术、科学等等，总是必然有一个脱离实际劳动的特殊阶级来从事这些事务；而且这个阶级为了它自己的利益，从来不会错过机会来把越来越沉重的劳动负担加到劳动群众的肩上。只有通过大工业所达到的生产力的极大提高，才有可能把劳动无例外地分配给一切社会成员，从而把每个人的劳动时间大大缩短，是一切人都有足够的自由时间来参加社会的公共事务——理论的和实际的公共事务。因此，只是在现在，任何统治阶级和剥削阶级才成为多余的，而且成为社会发展的障碍；也只是在现在，统治阶级和剥削阶级，无论拥有多少"直接的暴力"，都将被无情地消灭。

恩格斯：《反杜林论》（1876年9月—1878年6月），摘自《马克思恩格斯文集》第9卷，人民出版社2009年12月第1版，第188—190页。

这就是杜林先生据以建立他的新经济学的"自然规律"。他仍然忠于他在哲学中已经陈述过的方法。从最无聊的陈词滥调中抽出两三个有时甚至措辞不当的不言而喻的语句，也会构成经济学的不需要证明的公理、基本原理、自然规律。在阐述这些毫无内容的规律的内容的借口下，乘机对各种题目作一番广泛的经济学的空谈，而这些题目的名称在这些所谓的规律中已经出现了，如发明、分工、运输工具、人口、利益、竞争等等。给这种空谈的平淡无奇的平庸性所加的佐料不过是神谕式的大话，有时是对于各种琐碎事情的曲解或自以为了不起的臆想。然后，我们终于见到了地租、资本赢利和工资，由于我们在前面只研究了后两种占有形式，所以在这里，在结束时我们还要简略地研究一下杜林先生对地租的看法。

恩格斯：《反杜林论》（1876年9月—1878年6月），摘自《马克思恩格斯文集》第9卷，人民出版社 2009 年 12 月第 1 版，第 232 页。

一经形成的工业推动所带来的结果是无穷无尽的。一个工业部门的前进运动会传播到所有其他的部门。正如我们刚才所看到的，新产生的力量需要营养；新产生的劳动人口带来了新的生活关系和新的需求。机械生产的优越性降低了产品的价格，从而使生活必需品降价，其结果是使工资普遍更低了；所有其他的产品也卖得更便宜了，这样，由于价格低廉，就争得了一个与价格低廉相称的更广阔的市场。使用机械辅助手段而获益一旦成为先例，一切工业部门也就渐渐仿效起来；文明程度的提高，这是工业中一切改进的无可争议的结果，文明程度一提高，就产生新的需要、新的生产部门，而这样一来又引起新的改进。随着棉纺业的革命，必然会发生整个工业的革命。如果我们不是一直都能密切注视这种运动着的力量怎样传播到工业体系中比较间接的部门，那么这只能归咎于统计资料和历史资料的不足。但是，我们到处都会看出，使用机械辅助手段，特别是应用科学原理，是进步的动力。

恩格斯：《英国状况》（1844 年 1 月初—2 月初），摘自《马克思恩格斯文集》第 1 卷，人民出版社 2009 年 12 月第 1 版，第 102 页。

18 世纪在英国所引起的最重要的结果就是：由于工业革命，产生了无产阶级。新的工业总是需要大批常备的工人来供给无数新的劳动部门，而且需要的是以前未曾有过的工人。1780 年以前，英国的无产者很少，这是上面所描述的英国社会状况必然产生的结果。工业把劳动集中到工厂和城市；工业活动和农业活动不可能结合在一起了，新的工人阶级只能依靠自己的劳动。过去的例外变成了通则，而且还逐渐扩展到城市以外。小块土地的耕作被大租佃者所排斥，这样就产生了新的雇农阶级。城市人口增加了两三倍，这些增加的人口几乎全是工人。采矿业的扩展同样需要大量的新工人，这些工人也是全靠自己的日工资生活的。

另一方面，中等阶级上升到了明确的贵族地位。在工业的前进运动中，厂主以惊人的速度使自己的资本成倍增长，商人也得到了自己的一份，而这次革命所创造的资本就成为英国贵族用来反对法国革命的工具。

恩格斯：《英国状况》（1844 年 1 月初—2 月初），摘自《马克思恩格斯文集》第 1 卷，人民出版社 2009 年 12 月第 1 版，第 107 页。

人们最初怎样脱离动物界（就狭义而言），他们就怎样进入历史：他们还是半动物,是野蛮的,在自然力量面前还无能为力,还不认识他们自己的力量;所以他们像动物一样贫困,而且生产能力也未必比动物强。那是普遍存在着生活状况的某种平等,对于家长,也存在着社会地位的某种平等,至少没有社会阶级,这种状况在后来的文明民族的自然形成的农业公社中还继续存在着。在每个这样的公社中,一开始就存在着一定的共同利益,维护这种利益的工作,虽然是在全体的监督之下,却不能不由个别成员来担当:如解决争端;制止个别人越权;监督用水,特别是在炎热的地方;最后,在非常原始的状态下执行宗教职能。这样的职位,在任何时候的原始公社中,例如在最古的德意志的马尔克公社中可以看到,甚至在今天的印度还可以看到。不言而喻,这些职位被赋予了某种全权,这是国家权力的萌芽。生产力逐渐提高;较稠密的人口使各个公社之间在一些场合产生共同利益,在另一些场合又产生相互抵触的利益,而这些公社集合为更大的整体又引起新的分工,建立保护共同利益和防止相互抵触的利益的机构。这些机构,作为整个集体的共同利益的代表,在对每一个公社的关系上已经处于特别的、在一定情况下甚至是对立的地位,它们很快就变得更加独立了,这种情况的出现,部分地是由于职位的世袭(这种世袭在一切事情都是自发地进行的世界里差不多是自然而然地形成的),部分地是由于同别的集团的冲突的增多,使得这种机构越来越必不可少了。在这里我们没有必要来深入研究:社会职能对社会的这种独立化怎样逐渐上升为对社会的统治;起先的公仆在情况有利时怎样逐步变为主人;这种主人怎样分别成为东方的暴君或总督,希腊的部落首领,凯尔特人的族长等等;在这种转变中,这种主人在什么样的程度上终究也使用了暴力;最后,各个统治人物怎样结合成一个统治阶级。在这里,问题仅仅在于确定这样的事实:政治统治到处都是以执行某种社会职能为基础,而且政治统治只有在它执行了它的这种社会职能时才能持续下去。不管在波斯和印度兴起和衰落的专制政府有多少,每一个专制政府都十分清楚地知道它们首先是河谷灌溉的总管,在那里,没有灌溉就不可能有农业。只有文明的英国人才在印度忽视了这一点;他们听任灌溉渠道和水闸毁坏,现在,由于周期性地发生饥荒,他们才终于发现,他们忽视了唯一能使他们在印度的统治至少同他们前人的统治一样具有某种合理性的那种行动。

恩格斯:《反杜林论》(1876年9月—1878年6月),摘自《马克思恩格斯文集》第 9 卷，人民出版社 2009 年 12 月第 1 版；第 186—187 页。

（六）社会生产方式决定人口规律

马克思在这里把人和动植物加以对比，是根据前者生活在各种不同的、历史地更替的、由社会生产制度因而由分配制度决定的社会机体中。人类的增殖条件直接决定于各种不同的社会机体的结构，因此应当分别研究每个社会机体的人口规律，不应当不管历史上有各种不同的社会结构形式而去"抽象地"研究人口规律。

> 列宁：《民粹主义的经济内容及其在司徒卢威先生的书中受到的批评》（1894 年底—1895 年初），摘自《列宁全集》第 1 卷，人民出版社 1984 年 10 月第 2 版，第 414 页。

现代社会完全建筑在地主资本家阶级极少数人对工人阶级广大群众的剥削上面。这种社会是奴隶占有者的社会，因为一切为资本做工的"自由"工人"有权"支配的仅仅是生产利润的奴隶赖以活命、从而使资本主义奴役制得以存在和延续的那一点生活资料。

> 列宁：《社会主义和宗教》（1905 年 12 月 3 日［16 日］），摘自《列宁专题文集》之《论辩证唯物主义和历史唯物主义》卷，人民出版社 2009 年 12 月第 1 版，第 219 页。

当然，人口的增长对社会的发展有影响，它促进或者延缓社会的发展，但是它不可能是社会发展的主要力量，它对社会发展的影响不可能是**决定的**影响，因为人口的增长本身并不能说明为什么某种社会制度恰恰被一定的新制度所代替，而不是被其他某种制度所代替……

如果人口的增长是社会发展的决定力量，那么较高的人口密度就必定会产生出相应的较高类型的社会制度。可是，事实上没有这样的情形。中国的人口密度比美国高 3 倍，但是从社会发展来看，美国高于中国，因为在中国仍然是半封建制度占统治地位，而美国早已达到资本主义发展的最高阶段。比利时的人口密度比美国高 18 倍，比苏联高 25 倍，但是从社会发展来看，美国高于比利时，同苏联相比，比利时更是落后整整一个历史时代，因为在比利时占统治地位的是资本主义制度，而苏联已经消灭了资本主义，在国内确立了社会主义制度。

由此应该得出结构：人口的增长不是而且不可能是**决定**社会制度性质、

决定社会面貌的社会发展的主要力量。

斯大林：《论辩证唯物主义和历史唯物主义》（1938 年 9 月），摘自《斯大林文集》（1934—1952），人民出版社 1985 年 12 月第 1 版，第 217—218 页。

五 劳动与劳动力

（一）劳动和劳动力概述

各种使用价值或商品体的总和，表现了同种多样的、按照属、种、科、亚种、变种分类的有用劳动的总和，即表现了社会分工。这种分工是商品生产存在的条件，虽然不能反过来说商品生产是社会分工存在的条件。在古印度公社中就有社会分工，但产品并不成为商品。或者拿一个较近的例子来说，每个工厂内都有系统的分工，但是这种分工不是由工人交换他们个人的产品引起的。只有独立的互不依赖的私人劳动的产品，才作为商品互相对立。

可见，每个商品的使用价值都包含着一定的有目的的生产活动，或有用劳动。各种使用价值如果不包含不同质的有用劳动，就不能作为商品互相对立。在产品普遍采取商品形式的社会里，也就是在商品生产者的社会里，作为独立生产者的私事而各自独立进行的各种有用劳动的这种质的区别，发展成一个多支的体系，发展成社会分工。

……

如果把生产活动的特定性质撇开，从而把劳动的有用性质撇开，劳动就只剩下一点：它是人类劳动力的耗费。尽管缝和织是不同质的生产活动，但二者都是人的脑、肌肉、神经、手等等的生产耗费，从这个意义上说，二者都是人类劳动。这只是耗费人类劳动力的两种不同的形式。当然，人类劳动力本身必须已经有或多或少的发展，才能以这种或那种形式耗费。但是，商品价值体现的是人类劳动本身，是一般人类劳动的耗费。……简单平均劳动本身虽然在不同的国家和不同的文化时代具有不同的性质，但在一定的社会里是一定的。比较复杂的劳动只是自乘的或不如说多倍的简单劳动，因此，少量的复杂劳动等于多量的简单劳动。经验证明，这种简化是经常进行的。一个商品可能是最复杂的劳动的产品，但是它的价值使它与简单劳动的产品相等，因而本身只表示一定量的简单劳动。各种劳动化为当做它们的计量单位的简单劳动的不同比例，是生产者背后由社会过程决定的，因而在他们看来，似乎是由习惯确定的。

马克思：《资本论》第 1 卷（1894 年 11 月），摘自《马克思恩格斯文集》第 5 卷，人民出版社 2009 年 12 月第 1 版，第 54—58 页。

一个商品所以获得一般的价值表现，只是因为其他一切商品同时也用同一个等价物表现自己的价值，而每一种新出现的商品都要这样做。这就表明，因为商品的价值对象性只是这些物的"社会存在"，所以这种对象性也就只能通过它们全面的社会关系来表现，因而它们的价值形式必须是社会公认的形式。

……

商品世界的一般的相对价值形式，使被排挤出商品世界的等价物商品即麻布，获得了一般等价物的性质。麻布自身的自然形式是这个世界的共同的价值形态，因此，麻布能够与其他一切商品直接交换。它的物体形式是当做一切人类劳动的可以看得见的化身，一般的社会的蛹化。同时，织，这种生产麻布的私人劳动，也就处于一般社会形式，处于与其他一切劳动等同的形式。构成一般价值形式的无数等式，使实现在麻布中的劳动，依次等于包含在其他商品中的每一种劳动，从而使织成为一般人类劳动的一般表现形式。这样，对象化在商品价值中的劳动，不仅消极地表现为被抽去了实在劳动的一切具体形式和有用属性的劳动。它自身的积极的性质也清楚地表现出来了。这就是把一切实在劳动化为它们共有的人类劳动的性质，化为人类劳动力的耗费。

把劳动产品表现为只是无差别人类劳动的凝结物的一般价值形式，通过自身的结构表明，它是商品世界的社会表现。因此，它清楚地告诉我们，在这个世界中，劳动的一般的人类的性质形成劳动的独特的社会的性质。

马克思：《资本论》第 1 卷（1894 年 11 月），摘自《马克思恩格斯文集》第 5 卷，人民出版社 2009 年 12 月第 1 版，第 83—84 页。

劳动首先是人和自然之间的过程，是人以自身的活动来中介、调整和控制人和自然之间的物质变换的过程。人自身作为一种自然力与自然物质相对立。为了在对自身生活有用的形式上占有自然物质，人就使他身上的自然力——臂和腿、头和手运动起来。当他通过这种运动作用于他身外的自然并改变自然时，也就同时改变他自身的自然。他使自身的自然中蕴藏着的潜力发挥出来，并且使这种力的活动受到他自己控制。在这里，我们不谈最初的动物式的本能的劳动形式。现在，工人是作为他自己的劳动力的卖者出现在商品市场上。

……

在劳动过程中，人的活动借助劳动资料使劳动对象发生预定的变化。过程消失在产品中。它的产品是使用价值，是经过形式变化而适合人的需要的自然物质。劳动与劳动对象结合在一起。劳动对象化了，而对象被加工了。在劳动者方面曾以动的形式表现出来的东西，现在在产品方面作为静的属性，以存在的形式表现出来。劳动者纺纱，产品就是纺成品。

如果整个过程从其结果的角度，从产品的角度加以考察，那么劳动资料和劳动对象二者表现为生产资料，劳动本身则表现为生产劳动。

当一个使用价值作为产品退出劳动过程的时候，另一些使用价值，以前的劳动过程的产品，则作为生产资料进入劳动过程。同一个使用价值，既是这种劳动的产品，又是那种劳动的生产资料。所以，产品不仅是劳动过程的结果，同时还是劳动过程的条件。

……

劳动过程，就我们在上面把它描述为它的简单的、抽象的要素来说，是制造使用价值的有目的的活动，是为了人类的需要而对自然物的占有，是人和自然之间的物质变换的一般条件，是人类生活的永恒的自然条件，因此，它不以人类生活的任何形式为转移，倒不如说，它为人类生活的一切社会形式所共有。因此，我们不必来叙述一个劳动者与其他劳动者的关系。一边是人及其劳动，另一边是自然及其物质，这就够了。根据小麦的味道，我们尝不出它是谁种的，同样，根据劳动过程，我们看不出它是在什么条件下进行的：是在奴隶监工的残酷的鞭子下，还是在资本家的严酷的目光下；是在辛辛纳图斯耕种自己的几亩土地的情况下，还是在野蛮人用石头击杀野兽的情况下。

……

劳动过程，就它是资本家消费劳动力的过程来说，显示出两个特殊现象。

工人在资本家的监督下劳动，他的劳动属于资本家。资本家进行监视，使劳动正常进行，使生产资料用得合乎目的，即原料不浪费，劳动工具受到爱惜，也就是使劳动工具的损坏只限于在劳动中它被使用时损耗的必要程度。

其次，产品是资本家的所有物，而不是直接生产者工人的所有物。资本家例如支付劳动力一天的价值。于是，在这一天内，劳动力就像出租一天的任何其他商品（例如一匹马）一样，归资本家使用。商品由它的买者使用；劳动力的占有者提供他的劳动，实际上只是提供他已卖出的使用价值。从他进入资本家的工场时起，他的劳动力的使用价值，即劳动力的使用，劳动，就属于资本家了。资本家购买了劳动力，就把劳动本身当做活的酵母，并入同样属于他的各种形成产品的死的要素。从资本家的观点看来，劳动过程只是消费他所购买的劳动力商品，而他只有把生产资料加到劳动力上才能消费劳动力。劳动过程是资本家购买的各种物之间的过程，是归他所有的各种物之间的过程。因此，这个过程的产品归他所有，正像他的酒窖内处于发酵过程的产品归他所有一样。

马克思：《资本论》第 1 卷（1894 年 11 月），摘自《马克思恩格斯文集》第 5 卷，人民出版社 2009 年 12 月第 1 版，第 207—217 页。

如果我们现在把价值形成过程和价值增殖过程比较一下，就会知道，价值增殖过程不外是超过一定点而延长了的价值形成过程。如果价值形成过程只持续到这样一点，即资本所支付的劳动力价值恰好为新的等价物所补偿，那就是单纯的价值形成过程。如果价值形成过程超过这一点而持续下去，那就成为价值增殖过程。

其次，如果我们把价值形成过程和劳动过程比较一下，就会知道，劳动过程的实质在于生产使用价值的有用劳动。在这里，运动是从质的方面来考察，从它的特殊的方式和方法，从目的和内容方面来考察。在价值形成过程中，同一劳动过程只是表现出它的量的方面。所涉及的只是劳动操作所需要的时间，或者说，只是劳动力被有用地消耗的时间长度。在这里，进入劳动过程的商品，已经不再作为在劳动力有目的地发挥作用时执行一定职能的物质因素了。它们只是作为一定量的对象化劳动来计算。无论是包含在生产资料中的劳动，或者是由劳动力加进去的劳动，都只按时间尺度计算。它等于若干小时、若干日等等。

但是，劳动只是在生产使用价值所耗费时间是社会必要时间的限度内才被计算。这里包含下列各点。劳动力应该在正常的条件下发挥作用。……不过，劳动的物质因素是否具有正常性质并不取决于工人，而是取决于资本家。再一个条件，就是劳动力本身的正常性质。劳动力在它被使用的专业中，必须具有在该专业占统治地位的平均的熟练程度、技巧和速度。而我们的资本家在劳动市场上也买到了正常质量的劳动力。这种劳动力必须以通常的平均的紧张程度，以社会上通常的强度来耗费。……最后，他不允许不合理地消费原料和劳动资料，——为此我们这位先生有他自己的刑法，——因为浪费了的材料或劳动资料是多耗费的对象化劳动量，不被计算，不加入形成价值的产品中。

……

作为劳动过程和价值形成过程的统一，生产过程是商品生产过程；作为劳动过程和价值增殖过程的统一，生产过程是资本主义生产过程，是商品生产的资本主义形式。

马克思：《资本论》第 1 卷（1894 年 11 月），摘自《马克思恩格斯文集》第 5 卷，人民出版社 2009 年 12 月第 1 版，第 227—230 页。

把价值的纯粹象征性的表现——价值符号撇开，价值只是存在于某种使用价值中，存在于某种物中。（人本身单纯作为劳动力的存在来看，也是自然对象，是物，不过是活的有意识的物，而劳动本身则是这种力在物上的表现。）因此，如果使用价值丧失，价值也就丧失。生产资料在丧失自己的使用价值的同时并不丧失价值，因为它们通过劳动过程丧失自己原来的使用价值形态，实际上只是为了在产品上获得另一种使用价值形态。虽然价值存在于某种使用价值中是很重要的，但是商品的形态变化表明，它存在于哪一种使用价值中是没有关系的。由此可见，在劳动过程中，只有生产资料丧失它的独立的使用价值同时也丧失它的交换价值，价值才从生产资料转移到产品上。生产资料转给产品的价值只是它作为生产资料而丧失的价值。但是在这方面，劳动过程的各种物质因素的情况是不同的。

马克思：《资本论》第 1 卷（1894 年 11 月），摘自《马克思恩格斯文集》第 5 卷，人民出版社 2009 年 12 月第 1 版，第 235—236 页。

在生产过程中，资本发展成为劳动，即对发挥作用的劳动力或工人本身的指挥权。人格化的资本即资本家，监督工人有规则地并以应有的强度工作。

其次，资本发展成为一种强制关系，迫使工人阶级超出自身生活需要的狭隘范围而从事更多的劳动。作为他人辛勤劳动的制造者，作为剩余劳动的榨取者和劳动力的剥削者，资本家在精力、贪婪和效率方面，远远超过了以往一切以直接强制劳动为基础的生产制度。

……

如果我们从劳动过程的观点来考察生产过程，那么工人并不是把生产资料当做资本，而只是把它当做自己有目的的生产活动的手段和材料。……可是，只要我们从价值增殖过程的观点来考察生产过程，情形就不同了。生产资料立即转化为吮吸他人劳动的手段。不再是工人使用生产资料，而是生产资料使用工人了。不是工人把生产资料当做自己生产活动的物质要素来消费，而是生产资料把工人当做自己的生活过程的酵母来消费，并且资本的生活过程只是资本作为自行增殖的价值的运动。

马克思：《资本论》第 1 卷（1894 年 11 月），摘自《马克思恩格斯文集》第 5 卷，人民出版社 2009 年 12 月第 1 版，第 359—360 页。

实际上，在商品市场上同货币占有者直接对立的不是劳动，而是工人。工人出卖的是他的劳动力。当工人的劳动实际上开始了的时候，它就不再属于工人了，因而也就不再能被工人出卖了。劳动是价值的实体和内在的尺度，但是它本身没有价值。

马克思：《资本论》第 1 卷（1894 年 11 月），摘自《马克思恩格斯文集》第 5 卷，人民出版社 2009 年 12 月第 1 版，第 615 页。

资本和劳动的交换，在人们的感觉上，最初完全同其他一切商品的买卖一样。买者付出一定数额的货币，卖者付出与货币不同的物品。在这里，法的意识至多只认识物质的区别，这种区别表现在法律上对等的各个公式中："我给，为了你给；我给，为了你做；我做，为了你给，我做，为了你做。"

其次，因为交换价值和使用价值本身是不可通约的量，所以"劳动的价值"、"劳动的价格"这种用语，似乎并不比"棉花的价值"、"棉花的价格"这种用语更不合理。况且，工人是在提供自己的劳动以后被支付报酬的。而货币在其充当支付手段的职能上，是在事后才实现所提供的物品的价值或价格的，在这里就是实现所提供的劳动的价值或价格。最后，工人提供给资本家的"使用价值"，实际上不是他的劳动力，而是劳动力的职能，即一定的有用劳动，裁缝劳动，鞋匠劳动，纺纱劳动等等。至于这种劳动本身另一方面又是形成价值的一般要素，具有一种使它同一切其他商品相区别的属性，这一点却是普通意识所不能领会的。

马克思:《资本论》第 1 卷（1894 年 11 月），摘自《马克思恩格斯文集》第 5 卷，人民出版社 2009 年 12 月第 1 版，第 619—620 页。

因此，随着劳动的生产资料的效能、规模和价值的增长，从而随着由劳动生产力的发展而造成的积累的增长，劳动在不断更新的形式中把不断膨胀的资本的价值保存下来并使之永久化。劳动的这种自然能力表现为合并劳动的资本所固有的自我保存的能力，正像劳动的社会生产力表现为资本的属性，资本家对剩余劳动的不断占有表现为资本的不断自行增殖一样。劳动的一切力量都显示为资本的力量，正像商品价值的一切形式都显示为货币的形式一样。

马克思:《资本论》第 1 卷（1894 年 11 月），摘自《马克思恩格斯文集》第 5 卷，人民出版社 2009 年 12 月第 1 版，第 700—701 页。

作为与产业资本的特殊职能相适应的不同的特殊形式或存在方式，货币资本只能完成货币的职能，商品资本只能完成商品的职能，二者的区别只是货币和商品的区别。同样，生产资本形式的产业资本，也和任何别一种形成产品的劳动过程一样，只能由这样的要素构成：一方面是物的劳动条件（生产资料），另一方面是生产地（有目的地）发挥作用的劳动力。产业资本在生产领域只能存在于和一般生产过程，从而也和非资本主义的生产过程相适应的构成中，同样，它在流通领域也只能存在于两种和流通领域相适应的形式，即商品形式和货币形式中。但是，由于劳动力是他人的劳动力，资本家要从劳动力所有者那里购买劳动力，就像要从其他商品所有者那里购买生产资料完全一样，所以各种生产要素的总和从一开始就表现为生产资本，因而生产过程本身也表现为产业资本的生产职能，同样，货币和商品也表现为同一产业资本的流通形式，因而，它们的职能也表现为产业资本的流通职能，这些职能或者是生产资本的职能的先导，或者是从生产资本的职能产生。在这里，货币职能和商品职能所以同时又是货币资本的职能和商品资本的职能，只是由于它们作为产业资本在循环过程不同阶段上所要完成的职能的形式是互相联系的。因此，企图从货币和商品的资本性质得出表明货币所以是货币，商品所以是商品的特征的那些特有属性和职能，是错误的；反过来，企图从生产资本采取的生产资料这一存在方式得出生产资本的属性，同样是错误的。

马克思:《资本论》第 2 卷（1894 年 11 月），摘自《马克思恩格斯文集》

第 6 卷，人民出版社 2009 年 12 月第 1 版，第 94—95 页。

但是固定资本的维持，还要求有直接的劳动支出。机器必须经常擦洗。这里说的是一种追加劳动，没有这种追加劳动，机器就会变得不能使用……在这种劳动中，机器不是生产的当事人，而是原料。投在这种劳动上的资本，虽然不进入作为产品来源的真正的劳动过程，但是属于流动资本。这种劳动在生产中必须不断地耗费，因而它的价值也必须不断地由产品价值来补偿。投在这种劳动上的资本，属于流动资本中要弥补一般非生产费用的部分，这个部分要按年平均计算，分摊到价值产品中去。我们说过，在真正的工业中，这种擦洗劳动，是工人利用休息时间无偿地完成的，正因为这样，也往往是在生产过程中进行的，这就成了大多数事故的根源。这种劳动不计算在产品的价格中。从这个意义上说，消费者是无代价地得到了它。另一方面，资本家也由此节省了机器的维持费用。这种费用是由工人用自己的身体来支付的，这是资本自我维持的秘密之一。事实上，这些秘密造成工人对于机器的法律要求权，甚至从资产阶级的法律观点看，也使工人成为机器的共有者。但是，在有些生产部门，机器必须离开生产过程才能擦洗，因此，擦洗不能附带地进行，例如机车就是这样。在这些生产部门，这种维持劳动列入经常费用，因而成为流动资本的要素。一台机车至多行驶三天就要回车库进行擦洗；锅炉必须冷却后再进行擦洗，以免损坏。

马克思：《资本论》第 2 卷（1894 年 11 月），摘自《马克思恩格斯文集》第 6 卷，人民出版社 2009 年 12 月第 1 版，第 193—194 页。

劳动时间始终是生产时间，即资本束缚在生产领域的时间。但是反过来，资本处于生产过程中的全部时间，并不因此也必然都是劳动时间。

这里要说的不是劳动力本身的自然界限所制约的那种劳动过程的中断，虽然我们说过，固定资本即厂房、机器等等在劳动过程休止时闲置不用这一情况，已经足以成为超出自然界限来延长劳动过程和实行日夜班劳动的动机之一。这里要说的是与劳动过程长短无关，而受产品的性质和产品制造本身的性质制约的那种中断。在这个中断期间，劳动对象受时间长短不一的自然过程的支配，要经历物理的、化学的、生理的变化；在这个期间，劳动过程全部停止或者局部停止。

马克思：《资本论》第 2 卷（1894 年 11 月），摘自《马克思恩格斯文集》

第 6 卷，人民出版社 2009 年 12 月第 1 版，第 266 页。

在每一次既定的标准最低限额和不断扩大的标准最高限额之间，有许多中间阶段，形成一个允许有极不相同的投资程度的中位。因此，在这个中位界限以内，也会发生缩小的现象，缩小的界限就是每一次的标准最低限额本身。——在生产遇到障碍，市场商品充斥，原料涨价等情况下，可以在固定资本的既定基础的场合通过限制劳动时间的办法，比如说只劳动半天，来限制流动资本的正常支出；同样，在繁荣时期，又可以在固定资本的既定基础的场合，一方面通过延长劳动时间，一方面通过提高劳动强度，使流动资本异常扩大。对事先已经预计到这些波动的企业来说，可以一方面采用上面的方法，一方面同时使用更多的工人，并且和动用后备固定资本例如铁路的后备机车等等结合起来。

马克思：《资本论》第 2 卷（1894 年 11 月），摘自《马克思恩格斯文集》第 6 卷，人民出版社 2009 年 12 月第 1 版，第 286 页。

生产规模的扩大可以小部分地进行，如使用一部分剩余价值来从事改良，这种改良或者只是提高所使用劳动的生产力，或者同时使对劳动的剥削得以加强。或者，在工作日不受法律限制的地方，只要追加支出流动资本（在生产材料和工资上面），就足以扩大生产规模，而不需要增加固定资本；这样，固定资本每天使用的时间只是延长了，而它的周转期间则相应地缩短了。或者，在市场行情好的时候，有了资本化的剩余价值，就可以在原料上进行投机，干各种靠原预付资本所干不了的事情，等等。

马克思：《资本论》第 2 卷（1894 年 11 月），摘自《马克思恩格斯文集》第 6 卷，人民出版社 2009 年 12 月第 1 版，第 355—356 页。

如果我们设想一个社会不是资本主义社会，而是共产主义社会，那么首先，货币资本会完全消失，因而，货币资本所引起的交易上的伪装也会消失。问题就简单地归结为：社会必须预先计算好，能把多少劳动、生产资料和生活资料用在这样一些产业部门而不致受任何损害，这些部门，如铁路建设，在一年或一年以上的较长时间内不提供任何生产资料和生活资料，不提供任何有用效果，但会从全年总生产中取走劳动、生产资料和生活资料。

马克思：《资本论》第 2 卷（1894 年 11 月），摘自《马克思恩格斯文集》第 6 卷，人民出版社 2009 年 12 月第 1 版，第 349 页。

在社会的生产中，和在资本主义的生产中一样，在劳动期间较短的生产部门，工人将照旧只在较短时间内取走产品而不提供产品；在劳动期间长的生产部门，则在提供产品之前，在较长时间内不断取走产品。因此，这种情况是由各该劳动过程的物质条件造成的，而不是由这个过程的社会形式造成的。在社会的生产中，货币资本不再存在了。社会把劳动力和生产资料分配给不同的生产部门。生产者也许会得到纸的凭证，以此从社会的消费品储备中，取走一个与他们的劳动时间相当的量。这些凭证不是货币。它们是不流通的。

马克思：《资本论》第 2 卷（1894 年 11 月），摘自《马克思恩格斯文集》第 6 卷，人民出版社 2009 年 12 月第 1 版，第 397 页。

在再生产过程中，执行职能的资本家代表他人所有的资本，同雇佣工人相对立，而货币资本家则由执行职能的资本家来代表，参与对劳动的剥削。由于在再生产过程中的资本职能同在再生产过程外的资本的单纯所有权的对立，人们忘记了：能动资本家只有作为生产资料的代表同工人相对立，才能执行职能，才能使工人为他的利益而劳动，或者说，使生产资料执行资本的职能。

马克思：《资本论》第 3 卷（1894 年 11 月），摘自《马克思恩格斯文集》第 7 卷，人民出版社 2009 年 12 月第 1 版，第 427 页。

凡是直接生产过程具有社会结合过程的形态，而不是表现为独立生产者的孤立劳动的地方，都必然会产生监督和指挥的劳动。不过它具有二重性。

一方面，凡是有许多个人进行协作的劳动，过程的联系和统一都必然要表现在一个指挥的意志上，表现在各种与局部劳动无关而与工场全部活动有关的职能上，就像一个乐队要有一个指挥一样。这是一种生产劳动，是每一种结合的生产方式中必须进行的劳动。

另一方面——完全撇开商业部门不说——，凡是建立在作为直接生产者的劳动者和生产资料所有者之间的对立上的生产方式中，都必然会产生这种监督劳动。这种对立越严重，这种监督劳动所起的作用也就越大。因此，它在奴隶制度下所起的作用达到了最大限度。但它在资本主义生产方式下也是不可缺少的，因为在这里，生产过程同时就是资本家消费劳动力的过程。这完全同在专制国家中一样，在那里，政府的监督劳动和全面干涉包括两方面：既包括由一切社会的性质产生的各种公共事务的执行，又包括由政府同人民大众相对立而产生的各种特有的职能。

马克思：《资本论》第3卷（1894年11月），摘自《马克思恩格斯文集》
第7卷，人民出版社2009年12月第1版，第431—432页。

现在，雇佣工人也和奴隶一样，必须有一个主人叫他去劳动，并且统治他。既然这种统治和奴役的关系成为前提，那么，雇佣工人被迫生产他自己的工资，并且在这个工资之外再生产监督工资，作为对统治和监督他而花费的劳动的补偿，"并为他的主人提供正当的报酬，来报答他的主人为统治他，为使他成为一个对自己和对社会有用的人而花费的劳动和才能"，就是理所当然了。

监督和指挥的劳动，就它由对立的性质，由资本对劳动的统治产生而言，因而就它为包括资本主义生产方式在内的一切以阶级对立为基础的生产方式所共有而言，这种劳动在资本主义制度下，也是直接地和不可分离地同由一切结合的社会劳动交给单个人作为特殊劳动去完成的生产职能，结合在一切的。……

尤尔先生早已指出，"我们的工业制度的灵魂"不是产业资本家，而是产业经理。……

资本主义生产本身已经使那种完全同资本所有权分离的指挥劳动比比皆是。因此，这种指挥劳动就无须资本家亲自进行了。一个乐队指挥完全不必就是乐队的乐器的所有者；如何处理其他演奏者的"工资"问题，也不是他这个乐队指挥职能范围以内的事情。合作工厂提供了一个实例，证明资本家作为生产上的执行职能的人员已经成为多余的了，就像资本家自己发展到最成熟时，认为大地主是多余的一样。只要资本家的劳动不是由单纯作为资本主义生产过程的那种生产过程引起，因而这种劳动并不随着资本的消失而自行消失；只要这种劳动不只限于剥削他人劳动这个职能；从而，只要这种劳动是由作为社会劳动的劳动的形式引起，由许多人为达到共同结果而形成的结合和协作引起，它就同资本完全无关，就像这个形式本身一旦把资本主义的外壳炸毁，就同资本完全无关一样。说这种劳动作为资本家的劳动，作为资本家的职能是必要的，这无非意味着，庸俗经济学家不能设想各种在资本主义生产方式内部发展起来的形式竟能够离开并且摆脱它们的对立的、资本主义的性质。相对于货币资本家来说，产业资本家是劳动者，不过是作为资本家的劳动者，即作为对他人劳动的剥削者的劳动者。他为这种劳动所要求和所取得的工资，恰好等于他所占有的他人劳动的量，而且就他为进行剥削而亲自花费必要的精力来说，上述的工资直接取决于对这种劳动的剥削程度，而不是取决于他为进行这种剥削所付出的、并且在适当的报酬下可以让一个经理去承担的那种努力的程度。每一次危机以后，我们都可以在英国工厂区看到许多以前的工厂主，他们现在作为经理，为了低微的工资，替那些往往就是他自己的债权人的新工厂主，去管理他们自己从前所有的工厂。

马克思：《资本论》第 3 卷（1894 年 11 月），摘自《马克思恩格斯文集》第 7 卷，人民出版社 2009 年 12 月第 1 版，第 433—435 页。

资本，土地，劳动！但资本不是物，而是一定的、社会的、属于一定历史社会形态的生产关系，后者体现在一个物上，并赋予这个物以独特的社会性质。资本不是物质的和生产出来的生产资料的总和。资本是已经转化为资本的生产资料，这种生产资料本身不是资本，就像金或银本身不是货币一样。社会某一部分人所垄断的生产资料，同活劳动力相对立而独立化的这种劳动力的产品和活动条件，通过这种对立在资本上人格化了。不仅工人的已经转化为独立权力的产品，作为其生产者的统治者和购买者的产品，而且这种劳动的社会力量及未来的……（这里字迹不清）形式，也作为生产者的产品的属性而与生产者相对立。……

　　……

最后，作为其中的第三个同盟者的，只是一个幽灵——劳动，这只不过是一个抽象，就它本身来说，是根本不存在的；或者，如果我们就……（这里字迹不清）来说，只是指人借以实现人和自然之间的物质变换的人类一般的生产活动，它不仅已经脱掉一切社会形式和性质规定，而且甚至在它的单纯的自然存在上，不以社会为转移，超越一切社会之上，并且作为生命的表现和证实，是尚属非社会的人和已经有某种社会规定的人所共同具有的。

马克思：《资本论》第 3 卷（1894 年 11 月），摘自《马克思恩格斯文集》第 7 卷，人民出版社 2009 年 12 月第 1 版，第 922—923 页。

资本——而资本家只是人格化的资本，他在生产过程中只是作为资本的承担者执行职能——会在与它相适应的社会生产过程中，从直接生产者即工人身上榨取一定量的剩余劳动，这种剩余劳动是资本未付等价物而得到的，并且按它的本质来说，总是强制劳动，尽管它看起来非常像是自由协商议定的结果。这种剩余劳动体现为剩余价值，而这个剩余价值存在于剩余产品中。剩余劳动一般作为超过一定的需要量的劳动，应当始终存在。只不过它在资本主义制度下，像在奴隶制度等等下一样，具有对抗的形式，并且是以社会上的一部分人完全游手好闲作为补充。为了对偶然事故提供保险，为了保证再生产过程的必要的、同需要的发展和人口的增长相适应的累进的扩大（从资本主义观点来说叫做积累），一定量的剩余劳动是必要的。资本的文明面之一是，它榨取这种剩余劳动的方式和条件，同以前的奴隶制、农奴制等形式相比，都更有利于生产力的发展，有利于社会关系的发展，有利于更高级的新形态的各种要素的创造。因此，资本一方面会导致这样一个阶段，在这个阶段上，社会上的一部分人靠牺牲另一部分人来强制和垄断社会发展（包括这种发展的物质方面和精神方面的利益）的现象将会消灭；另一方面，这个阶段又会为这样一些关系创造出物质手段和萌芽，这些关系在一个更高级的社会形式中，使这种剩余劳动能够同物质劳动一般所占用的时间的更大的节制结合在一起。因为，依照劳动生产力发展的不同情况，剩余劳动可以在一个小的总工作日中成为大的，也可以在一个大的总工作日中成为相对小的。……不过，在一定时间内，从而在一定的剩余劳动时间内，究竟能生产多少使用价值，取决于劳动生产率。也就是说，社会的现实财富和社会再生产过程不断扩大的可能性，并不是取决于剩余劳动时间的长短，而是取决于剩余劳动的生产率和进行这种剩余劳动的生产条件的优劣程度。

马克思：《资本论》第3卷（1894年11月），摘自《马克思恩格斯文集》第7卷，人民出版社2009年12月第1版，第927—928页。

可见，商品中代表工人在一天或一年内所追加的总劳动的总价值部分，即年产品中由这个劳动所创造的总价值，分为工资价值、利润和地租。因为，这个总劳动分为必要劳动和无酬的剩余劳动，工人通过必要劳动创造出作为报酬支付给自己的产品价值部分即工资，通过无酬的剩余劳动创造出代表剩余价值的产品价值部分，而这一部分后来又分为利润和地租。除了这个劳动之外，工人再没有完成什么劳动；除了这个采取工资、利润、地租形式的产品总价值之外，工人再没有创造什么价值。年产品中体现工人在一年内新追加的劳动的价值，等于工资（或可变资本的价值）加上剩余价值，这个剩余价值又分为利润和地租的形式。

马克思：《资本论》第 3 卷（1894 年 11 月），摘自《马克思恩格斯文集》第 7 卷，人民出版社 2009 年 12 月第 1 版，第 945 页。

在再生产的正常状态下，只有一部分新追加的劳动用在不变资本的生产上，因而用在不变资本的补偿上；这就是用来补偿生产消费资料即收入的物质要素时用掉的不变资本的那个部分。这种情况会由于这个不变部分不需要第 II 部类花费任何追加劳动而得到平衡。但是，这个不变资本（从整个再生产过程来看，就是说其中已经包含了第 I 部类和第 II 部类之间的这种平衡）并不是新追加劳动的产品，尽管这个产品没有这个不变资本就不可能生产出来——这个不变资本在再生产过程中，从物质方面来看，总是处在各种会使它遭到损失的意外和危险中。……因此，利润的一部分，即剩余价值的一部分，从而只体现新追加劳动的剩余产品（从价值方面来看）的一部分，必须充当保险基金。在这里，这个保险基金是不是由保险公司作为一种单独的业务来管理，这丝毫也不会改变问题的实质。这种基金是收入中既不作为收入来消费也不必用作积累基金的唯一部分。它是否事实上用做积累基金，或者只是用来补偿再生产上的损失，取决于偶然的情况。这也是在剩余价值和剩余产品、从而剩余劳动中，除了用来积累，即用来扩大再生产过程的部分以外，甚至在资本主义生产方式消灭之后，也必须继续存在的唯一部分。当然，这要有一个前提，就是通常由直接生产者消费的部分，不再限于它目前的最低水平。除了为那些由于年龄关系还不能参加生产或者已不能参加生产的人而从事的剩余劳动以外，一切为养活不劳动的人而从事的劳动都会消失。如果我们想一想社会开始时的情况，那么，当时还不存在生产出来的生产资料，因此，也不存在其自身价值会进入产品中去并在再生产按原有规模进行时必须由产品以实物形式和按照其价值决定的量来补偿的不变资本。但是在那里，自然界已经直接提供了生活资料，起初不需要人们去生产它们。因此，自然界也就使那些只有很少需要必须满足的野蛮人，除了为占有自然界已有的生活资料所花费的劳动以外，有时间把另一些自然产物变成弓箭、石刀、独木舟之类的生产资料，而不是去利用还不存在的生产资料进行新的生产。野蛮人的这个过程，单从物质方面来看，完全相当于剩余劳动再转化为新资本的过程。

在积累过程中，剩余劳动的这种产品转化为资本的现象还会不断发生；而一切新资本都来自利润、地租或收入的其他形式，即来自剩余劳动这一事实，会使人产生一种错误的观念，好像商品的全部价值都来自收入。相反，更仔细地分析一下就可以看到，由利润到资本的再转化倒是表明了如下事实：不断地以收入形式表现出来的追加劳动，并非用来保持或再生产旧的资本价值，而是用来创造新的多余的资本，只要这一劳动不是作为收入被消费掉。

马克思：《资本论》第 3 卷（1894 年 11 月），摘自《马克思恩格斯文集》第 7 卷，人民出版社 2009 年 12 月第 1 版，第 959—961 页。

尽管劳动作为雇佣劳动的形式对整个过程的面貌和生产本身的特殊方式有决定的作用，雇佣劳动却并不决定价值。在价值的决定上所涉及的，只是社会一般劳动时间，只是社会一般可以支配的劳动量，而不同的产品在这个劳动量中所吸收的相对量，又在一定程度上决定着这些产品的各自的社会比重。当然，社会劳动时间在商品价值上作为决定要素起作用的一定形式，从下述意义上说是同劳动作为雇佣劳动的形式，以及生产资料作为资本这一相应形式联系在一起的，就是说，只有在这个基础上，商品生产才成为生产的一般形式。

马克思：《资本论》第 3 卷（1894 年 11 月），摘自《马克思恩格斯文集》第 7 卷，人民出版社 2009 年 12 月第 1 版，第 998 页。

可见，所谓的分配关系，是同生产过程的历史地规定的特殊社会形式，以及人们在他们的人类生活的再生产过程中相互所处的关系相适应的，并且是由这些形式和关系产生的。这些分配关系的历史性质就是生产关系的历史性质，分配关系不过表现生产关系的一个方面。资本主义的分配不同于各种有其他生产方式产生的分配形式，而每一种分配形式，都会随着它由以产生并且与之相适应的一定的生产形式的消失而消失。

只把分配关系看做历史的东西而不把生产关系看做历史的东西的见解，一方面，只是资产阶级经济学刚开始进行还带有局限性的批判时的见解。另一方面，这种见解建立在一种混同上面，这就是，把社会的生产过程，同反常的孤立的人在没有任何社会帮助的情况下也必须完成的简单劳动过程相混同。就劳动过程只是人和自然之间的单纯过程来说，劳动过程的简单要素是这个过程的一切社会发展形式所共有的。但劳动过程的每个一定的历史形式，都会进一步发展这个过程的物质基础和社会形式。这个一定的历史形式达到一定的成熟阶段就会被抛弃，并让位给较高级的形式。分配关系，从而与之相适应的生产关系的一定的历史形式，同生产力，即生产能力及其要素的发展这两个方面之间的矛盾和对立一旦有了广度和深度，就表明这样的危机时刻已经到来。这时，在生产的物质发展和它的社会形式之间就发生冲突。

马克思：《资本论》第 3 卷（1894 年 11 月），摘自《马克思恩格斯文集》第 7 卷，人民出版社 2009 年 12 月第 1 版，第 999—1000 页。

另一些差别，例如工资水平的差别，大部分是以第一册开头就提到的简单劳动和复杂劳动的差别为基础的。这些差别虽然会使不同生产部门的工人的命运很不一样，但决不会影响这些不同部门的劳动剥削程度。例如，如果金匠的劳动报酬高于短工的劳动报酬，那么，金匠的剩余劳动所创造的剩余价值，也会按相同的比例大于短工的剩余劳动所创造的剩余价值。即使工资和工作日，从而剩余价值率在不同生产部门之间甚至在同一生产部门的不同投资之间的平均化，会因各种地区性障碍而受到阻挠，可是随着资本主义生产的进步，随着一切经济关系服从于这种生产方式，这种平均化会日益形成。

马克思：《资本论》第 3 卷（1894 年 11 月），摘自《马克思恩格斯文集》第 7 卷，人民出版社 2009 年 12 月第 1 版，第 159—160 页。

一般剩余劳动的自然基础，即剩余劳动必不可少的自然条件是：只须花费整个工作日的一部分劳动时间，自然就以土地的植物性产品或动物性产品的形式或以渔业产品等形式，提供出必要的生活资料。农业劳动（这里包括单纯采集、狩猎、捕鱼、畜牧等劳动）的这种自然生产率，是一切剩余劳动的基础；而一切劳动首先并且最初是以占有和生产食物为目的的。（动物同时还提供兽皮，供人在冷天保暖；此外，还有供人居住的洞穴等等。）

剩余产品和地租的这种混同，在达夫先生那里，有不同的表现。最初，农业劳动和工业劳动不是分离的；后者同前者是连接在一起的。农业部落、家庭公社或家庭的剩余劳动和剩余产品，既包括农业劳动，也包括工业劳动。二者是同时并进的。狩猎、捕鱼、耕种，没有相应的工具是不行的。织和纺等等当初是农业中的副业。

　　我们在前面曾指出，一个工人的劳动分为必要劳动和剩余劳动，工人阶级的全部劳动同样可以这样划分：为工人阶级生产全部生活资料（包括为此所需的生产资料）的那部分，完成整个社会的必要劳动；工人阶级所有其余部分所完成的劳动，可以看做剩余劳动。但是，必要劳动决不是只包括农业劳动，而且也包括生产其他一切必然进入工人平均消费的产品的劳动。并且，从社会的观点来看，一些人只从事必要劳动，是因为另一些人只从事剩余劳动，反之亦然。这只是他们之间的分工。农业工人和工业工人之间的分工一般来说也是这样。和一方面的劳动的纯工业性质相适应的，是另一方面的劳动的纯农业性质。这种纯农业劳动，决不是自然发生的，相反，它本身是社会发展的产物，并且是很现代的、决不是到处都已达到的产物，它是和一个完全特定的生产阶段相适应的。正像一部分农业劳动会对象化在只用做奢侈品，或只形成工业原料，但决不会用做食物，更不会用做大众食物的产品中一样，另一方面，一部分工业劳动也会对象化在用做农业工人和非农业工人的必要消费资料的产品中。从社会的观点来看，把这种工业劳动看做剩余劳动，是错误的。工业劳动的一部分和农业劳动的必要部分一样也是必要劳动。它只是以前和农业劳动自然结合在一起的一部分工业劳动的独立形式，是现在已经和工业劳动分离的纯农业劳动的必要的相互的补充物。（从纯粹物质方面看，例如，500 个机器织布工人以高得多的程度生产剩余布匹，也就是说，生产比他们自己衣着所需的多得多的布匹。）

　　　　　马克思：《资本论》第 3 卷（1894 年 11 月），摘自《马克思恩格斯文集》
　　　　第 7 卷，人民出版社 2009 年 12 月第 1 版，第 713—714 页。

　　商品的价值，取决于加入商品的总劳动时间，即过去劳动的时间和活劳动的时间。劳动生产率的提高正是在于：活劳动的份额减少，过去劳动的份额增加，但结果是商品中包含的劳动总量减少；因而，所减少的活劳动大于所增加的过去劳动。体现在商品价值中的过去劳动——不变资本部分——一部分由固定不变资本的损耗构成，一部分由全部加入商品的流动不变资本——原料和辅助材料——构成。来自原料和辅助材料的价值部分，必然随着劳动生产率的［提高］而减少，因为就这些材料来说，这种生产率正好表现在：它们的价值已经下降。另一方面，劳动生产力提高的特征正好是：不变资本的固定部分大大增加，因而其中由于损耗而转移到商品中的价值部分也大大增加。一种新的生产方法要证明自己实际上提高了生产率，就必须使固定资本由于损耗而转移到单个商品中的追加价值部分小于因活劳动的减少而节约的价值部分，总之，它必须减少商品的价值。即使像个别情况下所发生的那样，除了固定资本的追加损耗部分以外，还有一个由于原料或辅助材料的增加或更贵而追加的价值部分加入商品价值的形成中去，它也不言而喻地减少商品的价值。由于活劳动的减少而减少的价值部分必须抵消一切增加的价值部分而有余。

因此，加入商品的劳动总量的这种减少，好像是劳动生产力提高的主要标志，无论在什么社会条件下进行生产都一样。在生产者按照预定计划调节生产的社会中，甚至在简单的商品生产中，劳动生产率也无条件地要按照这个标准来衡量。

马克思：《资本论》第 3 卷（1894 年 11 月），摘自《马克思恩格斯文集》第 7 卷，人民出版社 2009 年 12 月第 1 版，第 290 页。

当然，如果我们把工资归结为它的一般基础，也就是说，归结为工人本人劳动产品中加入工人个人消费的部分；如果我们把这个部分从资本主义的限制下解放出来，把它扩大到一方面为社会现有的生产力（也就是工人自己的劳动作为现实的社会劳动所具有的社会生产力）所许可，另一方面为个性的充分发展所必要的消费的范围；如果我们再把剩余劳动和剩余产品缩小到社会现有生产条件下一方面为了形成保险基金和准备金，另一方面为了按照社会需要所决定的程度不断扩大再生产所要求的限度；最后，如果我们把有劳动能力的人必须总是为社会中还不能劳动或已经不能劳动的成员而进行的劳动的量，包括 1. 必要劳动和 2. 剩余劳动中去，也就是说，如果我们把工资和剩余价值，必要劳动和剩余劳动的独特的资本主义性质去掉，——那么，剩下的就不再是这几种形式，而只是它们的为一切社会生产方式所共有的基础。

马克思：《资本论》第 3 卷（1894 年 11 月），摘自《马克思恩格斯文集》第 7 卷，人民出版社 2009 年 12 月第 1 版，第 991—992 页。

产业的向前发展所造成的不变资本的这种节约，具有这样的特征：在这里，一个产业部门利润率的提高，要归功于另一个产业部门劳动生产力的发展。在这里，资本家得到的好处，又是社会劳动的产物，虽然并不是他自己直接剥削的工人的产物。生产力的这种发展，最终总是归结为发挥作用的劳动的社会性质，归结为社会内部的分工，归结为脑力劳动特别是自然科学的发展。在这里，资本家利用的，是整个社会分工制度的优点。在这里，劳动生产力在其他部门即为资本家提供生产资料的部门的发展，相对地降低资本家所使用的不变资本的价值，从而提高利润率。

马克思：《资本论》第 3 卷（1894 年 11 月），摘自《马克思恩格斯文集》第 7 卷，人民出版社 2009 年 12 月第 1 版，第 96 页。

固定资本使用上的这种节省，如上所述，是劳动条件大规模使用的结果，一句话，是劳动条件成为直接社会的、社会化的劳动的条件，或成为生产过程内直接协作的条件的结果。一方面，这是力学和化学上的各种发明得以应用而又不会使商品价格变得昂贵的唯一条件，并且这总是不可缺少的条件。另一方面，从共同的生产消费中产生的节约，也只有在大规模生产中才有可能。但是最后，只有结合工人的经验才能发现并且指出，在什么地方节约和怎样节约，怎样用最简便的方法来应用各种已有的发现，在理论的应用即把它用于生产过程的时候，需要克服哪些实际障碍，等等。

附带指出，应当把一般劳动和共同劳动区别开来。二者都在生产过程中起着自己的作用，并互相转化，但二者也有区别。一般劳动是一切科学劳动，一切发现，一切发明。它部分地以今人的协作为条件，部分地又以对前人劳动的利用为条件。共同劳动以个人之间的直接协作为前提。

马克思：《资本论》第 3 卷（1894 年 11 月），摘自《马克思恩格斯文集》第 7 卷，人民出版社 2009 年 12 月第 1 版，第 118—119 页。

就劳动过程是纯粹个人的劳动过程来说，同一劳动者是把后来彼此分离开来的一切职能结合在一起的。当他为了自己的生活目的对自然物实行个人占有时，他是自己支配自己的。后来他成为被支配者。单个人如果不在自己的头脑的支配下使自己的肌肉活动起来，就不能对自然发生作用。正如在自然机体中头和手组成一体一样，劳动过程把脑力劳动和体力劳动结合在一起了。后来它们分离开来，直到处于敌对的对立状态。产品从个体生产者的直接产品转化为社会产品，转化为总体工人即结合劳动人员的共同产品。总体工人的各个成员较直接地或者较间接地作用于劳动对象。因此，随着劳动过程的协作性质本身的发展，生产劳动和它的承担者即生产工人的概念也就必然扩大。为了从事生产劳动，现在不一定要亲自动手；只要成为总体工人的一个器官，完成他所属的某一种智能就够了。上面从物质生产性质本身中得出的关于生产劳动的最初的定义，对于作为整体来看的总体工人始终是正确的。但是，对于总体工人的每一单个成员来说，它就不再适用了。

马克思：《资本论》第 1 卷（1894 年 11 月），摘自《马克思恩格斯文集》
第 5 卷，人民出版社 2009 年 12 月第 1 版，第 581—582 页。

然而，不是亲权的滥用造成了资本对未成熟劳动力的直接或间接的剥削，相反，正是资本主义的剥削方式通过消灭与亲权相适应的经济基础，造成了亲权的滥用。不论旧家庭制度在资本主义制度内部的解体表现得多么可怕和可厌，但是由于大工业使妇女、男女少年和儿童在家庭范围以外，在社会地组织起来的生产过程中起着决定性的作用，它也就为家庭和两性关系的更高级的形式创造了新的经济基础。当然，把基督教日耳曼家庭形式看成绝对的东西，就像把古罗马家庭形式、古希腊家庭形式和东方家庭形式看成绝对的东西一样，都是荒谬的。这些形式依次构成一个历史的发展序列。同样很明白，由各种年龄的男女个人组成的结合劳动人员这一事实，尽管在其自发的、野蛮的、资本主义的形式中，也就是在工人为生产过程而存在，不是生产过程为工人而存在的那种形式中，是造成毁灭和奴役的祸根，但在适当的条件下，必然会反过来转变成人道的发展的源泉。

马克思：《资本论》第 1 卷（1894 年 11 月），摘自《马克思恩格斯文集》
第 5 卷，人民出版社 2009 年 12 月第 1 版，第 563 页。

最后，大工业领域内生产力的极度提高，以及随之而来的所有其他生产部门对劳动力的剥削在内涵和外延两方面的加强，使工人阶级中越来越大的部分有可能被用于非生产劳动，特别是使旧式家庭奴隶在"仆役阶级"（如仆人、使女、侍从等等）的名称下越来越大规模地被再生产出来。根据 1861 年的人口调查，英格兰和威尔士的总人口为 20066224 人，其中男子 9770259 人，妇女 10289965 人。从中减掉不宜劳动的老幼，所有"非生产的"妇女、少年和儿童，再减掉官吏、牧师、法律界人员、军人等"意识形态的"阶层以及所有专门以地租、利息等形式消费别人劳动的人，最后再减掉需要救济的贫民、流浪者、罪犯等，大致还剩下 800 万不同年龄的男女，其中包括所有以某种方式在生产、商业和金融等部门执行职能的资本家。

马克思：《资本论》第 1 卷（1894 年 11 月），摘自《马克思恩格斯文集》

第 5 卷，人民出版社 2009 年 12 月第 1 版，第 513 页。

最后，分工立即给我们提供了第一个例证，说明只要人们还处在自然形成的社会中，就是说，只要特殊利益和共同利益之间还有分裂，也就是说，只要分工还不是出于自愿，而是自然形成的，那么人本身的活动对人来说就成为一种异己的、同他对立的力量，这种力量压迫着人，而不是人驾驭着这种力量。原来，当分工一出现之后，任何人都有自己一定的特殊的活动范围，这个范围是强加于他的，他不能超出这个范围：他是一个猎人、渔夫或牧人，或者是一个批判的批判者，只要他不想失去生活资料，他就始终应该是这样的人。而在共产主义社会里，任何人都没有特殊的活动范围，而是都可以在任何部门内发展，社会调节着整个生产，因而使我有可能随自己的兴趣今天干这事，明天干那事，上午打猎，下午捕鱼，傍晚从事畜牧，晚饭后从事批判，这样就不会使我老是一个猎人、渔夫、牧人或批判者。社会活动的这种固定化，我们本身的产物聚合为一种统治我们、不受我们控制、使我们的愿望不能实现并使我们的打算落空的物质力量，这是迄今为止历史发展中的主要因素之一。受分工制约的不同个人的共同活动产生了一种社会力量，即成倍增长的生产力。因为共同生活本身不是自愿地而是自然形成的，所以这种社会力量在这些个人看来就不是他们自身的联合力量，而是某种异己的、在他们之外的强制力量。关于这种力量的起源和发展趋向，他们一点也不了解；因而他们不再能驾驭这种力量，相反，这种力量现在却经历着一系列独特的、不仅不依赖于人们的意志和行为反而支配着人们的意志和行为的发展阶段。

马克思和恩格斯：《德意志意识形态》（1845 年秋—1846 年 5 月），摘自《马克思恩格斯文集》第 1 卷，人民出版社 2009 年 12 月第 1 版，第 537—538 页。

一定历史时代和一定地区内的人们生活于其下的社会制度，受着两种生产的制约：一方面受劳动的发展阶段的制约，另一方面受家庭发展阶段的制约。劳动越不发展，劳动产品的数量，从而社会的财富越受限制，社会制度就越在较大程度上受血族关系的支配。然而，在以血族关系为基础的这种社会结构中，劳动生产率日益发展起来；与此同时，私有制和交换、财产差别、使用他人劳动力的可能性，从而阶级对立的基础等等新的社会成分，也日益发展起来；这些新的社会成分在几个世代中竭力使旧的社会制度适应新的条件，直到两者的不相容性最后导致一个彻底的变革为止。以血族团体为基础的旧社会，由于新形成的各社会阶级的冲突而被炸毁；代之而起的是组成国家的新社会，而国家的基层单位已经不是血族团体，而是地区团体了。在这种社会中，家庭制度完全受所有制的支配，阶级对立和阶级斗争从此自由开展起来，这种阶级对立和阶级斗争成了直到今日的全部成文史的内容。

恩格斯：《〈家庭、私有制和国家的起源〉1884 年第一版序言》（1884 年 3 月底—5 月 26 日），摘自《马克思恩格斯文集》第 4 卷，人民出版社 2009 年 12 月第 1 版，第 16 页。

李嘉图的价值规定，尽管有不祥之兆，但是也有使老实的资产者喜爱和珍视的一面。它以不可抗拒的威力唤起他们的公平感。权利的公平和平等，是 18、19 世纪的资产者打算在封建制的不公平、不平等和特权的废墟上建立他们的社会大厦的基石。劳动决定商品价值，劳动产品按照这个价值尺度在权利平等的商品占有者之间自由交换，这些——正如马克思已经证明的——就是现代资产阶级全部政治的、法律的和哲学的意识形态建立于其上的现实基础。劳动是商品价值的尺度这个认识一经确立，老实的资产者必然会因世界的邪恶而感到自己高尚的情感深受伤害，这个世界虽然名义上承认公平原则，但是事实上看来时时刻刻都在肆无忌惮地抛弃公平原则。特别是小资产者，他们的诚实劳动——即使只是他的帮工和学徒的劳动——在大生产和机器的竞争下天天跌价，特别是小生产者，必然会迫切希望有这样一个社会，在这个社会里产品按其劳动价值来交换最终成为完全的毫无例外的真理，换句话说，他们必然迫切希望有这样一个社会，在这个社会里只有商品生产的一个规律绝对地不折不扣地发生作用，而唯一能够保证这条规律发生作用的那些条件，即商品生产以至资本主义生产的其他规律都排除了。

……

劳动也按照它在经济学家们那里的形式被不加考虑地接受下来。不仅如此，虽然洛贝尔图斯也用两句话提到了劳动强度的差别，但是劳动还是非常笼统地被当做"耗费的东西"，从而也就是衡量价值的东西提出来，而不问这个劳动究竟是不是在正常的社会平均条件下耗费的。生产者为了生产可以一天生产出来的产品，是用了十天，还是只用一天，他们用的工具是最好的，还是最坏的，他们的劳动时间是耗费在生产社会必需的物品和生产社会需要的数量上，还是耗费在根本不需要的物品上，或者耗费在虽有需要但却在数量上多于或少于需求的物品上——对于所有这些却一字不提，只是说：劳动就是劳动，等量劳动的产品必须同等量劳动的产品交换。在其他方面，不管适当不适当，洛贝尔图斯总还随时准备站在全国观点上，从社会瞭望台的高处俯瞰单个生产者之间的关系，在这里他却小心翼翼地避开了这种做法。其所以如此，只因为他从自己那本书的第一行起就笔直地驶向劳动货币的乌托邦，而对劳动的创造价值的特点进行每一项研究，都必然会在他的航道里投下无法通过的礁石。在这里他的本能比他的抽象思维能力强得多——顺便说说，在洛贝尔图斯那里，抽象思维能力只是通过最具体的思想空虚才揭示出来的。

　　　　恩格斯：《马克思和洛贝尔图斯》（1884年10月23日），摘自《马克思恩格斯文集》第4卷，人民出版社2009年12月第1版，第205—207页。

　　差不多20年以前，丹麦的社会党人就已经提出了类似的计划，因为他们的国家实际上只有一座城市，即哥本哈根，所以除这座城市以外，他们就几乎完全要靠在农民中间进行宣传。一个村庄或教区的农民——在丹麦有许多大的个体农户——应当把自己的土地结合为一个大田庄，共同出力耕种，并按入股土地、预付资金和所出劳力的比例分配收入。在丹麦，小土地所有制只起次要作用。可是，如果我们将这一思想运用于小块土地所有制地区，我们就会发现：把各小块土地结合起来并且在全部结合起来的土地上进行大规模经营的话，一部分过去使用的劳动力就会变成多余的；劳动的这种节省也就是大规模经营的主要优点之一。要给这些劳动力找到工作，可以用两种方法：或是从邻近的大田庄中另拨出一些田地给农民合作社支配，或是给这些农民以资金和机会去从事工业性的副业，尽可能并且主要是供自己使用。在这两种情况下，他们的经济地位都会有所改善，并且这同时会保证总的社会领导机构有必要的影响，以便逐渐把农民合作社转变为更高级的形式，使整个合作社及其社员个人的权利和义务跟整个社会其他部门的权利和义务处于平等的地位。至于怎样具体地在每一个特殊场合下实现这一点，那将取决于这一场合的情况，以及我们夺取政权时的情况。可能我们那时将有能力给这些合作社提供更多的便利：由国家银行接收它们的一切抵押债务并将利率大大减低；从社会资金中抽拨贷款来建立大规模生产（贷款并不一定或者不主要是货币，而可以是必需的产品：机器、人造肥料等等）及其他各种便利。

> 恩格斯：《法德农民问题》（1894 年 11 月 15 日—22 日之间），摘自《马克思恩格斯文集》第 4 卷，人民出版社 2009 年 12 月第 1 版，第 525 页。

（二）劳动和生产

没有自然界，没有感性的外部世界，工人什么也不能创造。自然界是工人的劳动得以实现、工人的劳动在其中活动、工人的劳动从中生产出和借以生产出自己的产品的材料。

但是，自然界一方面在这样的意义上给劳动者提供生活资料，即没有劳动加工对象，劳动就不能存在，另一方面，也在更狭隘的意义上提供生活资料，即维持工人本身的肉体生存的手段。

因此，工人越是通过自己的劳动占有外部世界、感性自然界，他就越是在两个方面失去生活资料：第一，感性的外部世界越来越不成为属于他的劳动的对象，不成为他的劳动的生活资料；第二，感性的外部世界越来越不给他提供直接意义的生活资料，即维持工人的肉体生存的手段。

因此，工人在这两方面成为自己的对象的奴隶：首先，他得到劳动的对象，也就是得到工作；其次，他得到生存资料。因此，他首先是作为工人，其次是作为肉体的主体，才能够生存。这种奴隶状态的顶点就是：他只有作为工人才能维持自己作为肉体的主体，并且只有作为肉体的主体才能是工人。

> 马克思：《1844 年经济学哲学手稿》（1844 年 4—8 月），摘自《马克思恩格斯文集》第 1 卷，人民出版社 2009 年 12 月第 1 版，第 158 页。

我们已经知道，资本是按照时间顺序通过生产领域和流通领域两个阶段完成运动的。资本在生产领域停留的时间是它的生产时间，资本在流通领域停留的时间是它的流通时间。所以，资本完成它的循环的全部时间，等于生产时间和流通时间之和。

生产时间当然包含劳动过程期间，但劳动过程期间并不包含全部生产时间。首先我们记得，一部分不变资本存在于机器、建筑物等等劳动资料中。它们会在不断重新反复的同一劳动过程中起作用，直到寿命终结为止。劳动过程的周期性中断，例如在夜间，虽然会使这些劳动资料的职能中断，但劳动资料仍然留在生产场所。劳动资料不仅在执行职能时属于生产场所，在它不执行职能时也是属于生产场所。另一方面，资本家必须储备一定量的原料和辅助材料，以便生产过程在或长或短的时间内，按照预定的规模进行，而不受每日市场供应的偶然情况的影响。原料等等的这种储备，只是逐渐地在生产中消费掉。因此，在它的生产时间和职能时间之间，就产生差别。……

以上所说的那种差别，都是指生产资本停留在生产领域内的时间和它停留在生产过程内的时间之间的差别。但是，生产过程本身也会使劳动过程从而使劳动时间发生中断，在这个间歇期间，劳动对象听任物理过程对它发生作用，而没有人类劳动参加进去。在这种场合，虽然劳动过程从而生产资料作为劳动资料的职能中断了，但生产过程从而生产资料的职能却继续下去。例如，播在地里的谷种，藏在窖中发酵的葡萄酒，许多制造厂（例如制革厂）中听任化学过程发生作用的劳动材料，就是这样。在这里，生产时间比劳动时间长。二者的差，就是生产时间超过劳动时间的部分。……

……

不管生产时间超过劳动时间的原因是什么——或者是各种生产资料只形成潜在的生产资本，就是说还处在现实生产过程的预备阶段；或者是它们本身的职能在生产过程中因生产过程休止而中断；最后，或者是生产过程本身造成劳动过程的中断，——无论在哪一种情况下，生产资料都不起劳动吸收器的作用。它们不吸收劳动，也就不吸收剩余劳动。因此，当生产资本处在超过劳动时间的那一部分生产时间时，即使价值增殖过程的完成和它的这种休止是不可分离的，生产资本还是不会增殖。显然，生产时间和劳动时间越吻合，在一定期间内一定生产资本的生产效率就越高，它的价值增殖就越大。因此，资本主义生产的趋势，是尽可能缩短生产时间超过劳动时间的部分。不过，资本的生产时间虽然可以和它的劳动时间不一致，但前者总是包含后者，而且超过的部分本身就是生产过程的条件。因此，生产时间总是指这样的时间，在这个时间内，资本生产使用价值并自行增殖，因而执行生产资本的职能，尽管它也包含这样的时间，在这个时间内，资本是潜在的，或者也进行生产但并不自行增殖。

马克思：《资本论》第2卷（1894年11月），摘自《马克思恩格斯文集》

第 6 卷，人民出版社 2009 年 12 月第 1 版，第 138—141 页。

因此，总括起来成为社会资本的各个单个资本的循环，也就是说，就社会资本的总体来考察的循环，不仅包括资本的流通，而且也包括一般的商品流通。后者本来只能由两部分构成：1. 资本本身的循环；2. 进入个人消费的商品的循环，也就是工人用工资，资本家用剩余价值（或其中一部分）购买的那些商品的循环。当然，资本的循环也包括剩余价值的流通，因为剩余价值构成商品资本的一部分，而且还包括可变资本向劳动力的转化，工资的支付。但是，这个剩余价值和工资耗费在商品上，并不构成资本流通的环节，虽然至少工资的耗费是这个流通所不可缺少的。

马克思：《资本论》第 2 卷（1894 年 11 月），摘自《马克思恩格斯文集》第 6 卷，人民出版社 2009 年 12 月第 1 版，第 390—391 页。

自动工厂中分工的特点，是劳动在这里已完全丧失专业的性质。但是，当一切专门发展一旦停止，个人对普遍性的要求以及全面发展的趋势就开始显露出来。自动工厂消除着专业和职业的痴呆。

蒲鲁东先生连自动工厂的这唯一革命的一面也不懂，竟倒退一步，建议工人不要只做别针的十二部分中的一个部分，而要顺次做完它的所有十二部分。据说，这样工人就可得到做别针的从头到尾的全部知识。这就是蒲鲁东先生的综合劳动。进一步和退一步也构成一种综合运动，这一点谁也不会表示异议。

总括起来说，蒲鲁东先生没有超出小资产者的理想。为了实现这个理想，他除了让我们回到中世纪帮工或者至多中世纪的手工业师傅那里以外，没有想出更好的办法。他在自己的著作中曾经谈到：人生在世，只要有一部杰作，只要有一次感觉到自己是人也就够了。无论就形式或实质来说，这难道不正是中世纪的手工业行会所要求的一部杰作吗？

马克思：《哲学的贫困》（1847 年上半年），摘自《马克思恩格斯文集》第 1 卷，人民出版社 2009 年 12 月第 1 版，第 630 页。

人们用以生产自己的生活资料的方式，首先取决于他们已有的和需要再生产的生活资料本身的特性。这种生产方式不应当只从它是个人肉体存在的再生产这方面加以考察。更确切地说，它是这些个人的一定的活动方式，是他们表现自己生命的一定方式、他们的一定的生活方式。个人怎样表现自己的生命，他们自己就是怎样。因此，他们是什么样的，这同他们的生产是一致的——既和他们生产什么一致，又和他们怎样生产一致。因而，个人是什么样的，这取决于他们进行生产的物质条件。

　　马克思和恩格斯：《德意志意识形态》（1845 年秋—1846 年 5 月），摘自《马克思恩格斯文集》第 1 卷，人民出版社 2009 年 12 月第 1 版，第 519—520 页。

　　因而，意识一开始就是社会的产物，而且只要人们存在着，它就仍然是这种产物。当然，意识起初只是对直接的可感知的环境的一种意识，是对处于开始意识到自身的个人之外的其他人和其他物的狭隘联系的一种意识。同时，它也是对自然界的一种意识，自然界起初是作为一种完全异己的、有无限威力的和不可制服的力量与人们对立的，人们同自然界的关系完全像动物同自然界的关系一样，人们就像牲畜一样慑服于自然界，因而，这是对自然界的一种纯粹动物式的意识（自然宗教）；但是，另一方面，意识到必须和周围的个人来往，也就是开始意识到人总是生活在社会中的。这个开始，同这一阶段的社会生活本身一样，带有动物的性质，这是纯粹的畜群意识，这里，人和绵羊不同的地方只是在于：他的意识代替了他的本能，或者说他的本能是被意识到了的本能。由于生产效率的提高，需要的增长以及作为二者基础的人口的增多，这种绵羊意识或部落意识获得了进一步的发展和提高。与此同时分工也发展起来。分工起初只是性行为方面的分工，后来是由于天赋（例如体力）、需要、偶然性等等才自发地或"自然地"形成的分工。分工只是从物质劳动和精神劳动分离的时候起才真正成为分工。从这时候起意识才能现实地想象：它是和现存实践的意识不同的某种东西；它不用想象某种现实的东西就能现实地想象某种东西。从这时候起，意识才能摆脱世界而去构造"纯粹的"理论、神学、哲学、道德等等。

　　马克思和恩格斯：《德意志意识形态》（1845 年秋—1846 年 5 月），摘自《马克思恩格斯文集》第 1 卷，人民出版社 2009 年 12 月第 1 版，第 533—534 页。

　　因此，这里显露出两个事实。第一，生产力表现为一种完全不依赖于各个人并与他们分离的东西，表现为与各个人同时存在的特殊世界，其原因是，各个人——他们的力量就是生产力——是分散的和彼此对立的，而另一方面，这些力量只有在这些个人的交往和相互联系中才是真正的力量。

因此，一方面是生产力的总和，生产力好像具有一种物的形式，并且对个人本身来说它们已经不再是个人的力量，而是私有制的力量，因此，生产力只有在个人是私有者的情况下才是个人的力量。在以前任何一个时期，生产力都没有采取过这种对于作为个人的个人的交往无关紧要的形式，因为他们的交往本身还是受限制的。另一方面是同这些生产力相对立的大多数个人，这些生产力是和他们分离的，因此这些个人丧失了一切现实的生活内容，成了抽象的个人，然而正因为这样，他们才有可能作为个人彼此发生联系。

他们同生产力并同他们自身的存在还保持着的唯一联系，即劳动，在他们那里已经失去了任何自主活动的假象，而且只能用摧残生命的方式来维持他们的生命。而在以前各个时期，自主活动和物质生活的生产是分开的，这是因为它们是由不同的人承担的，同时，物质生活的生产由于各个人本身的局限性还被认为是自主活动的从属形式，而现在它们竟互相分离到这般地步，以致物质生活一般都表现为目的，而这种物质生活的生产即劳动（劳动现在是自主活动的唯一可能的形式，然而正如我们看到的，也是自主活动的否定形式）则表现为手段。

马克思和恩格斯：《德意志意识形态》（1845 年秋—1846 年 5 月），摘自《马克思恩格斯文集》第 1 卷，人民出版社 2009 年 12 月第 1 版，第 580 页。

在经济学家看来，商品的生产费用由以下三个要素组成：生产原材料所必需的土地的地租，资本及其利润，生产和加工所需要的劳动的报酬。但人们立即就发现，资本和劳动是同一个东西，因为经济学家自己就承认资本是"积蓄的劳动"。这样，我们这里剩下的就只有两个方面，自然的、客观的方面即土地和人的、主观的方面即劳动。劳动包括资本，并且除资本之外还包括经济学家没有想到的第三要素，我指的是简单劳动这一肉体要素以外的发明和思想这一精神要素。经济学家与发明的精神有什么关系呢？难道没有他参与的一切发明就不会落到他手里吗？有哪一件发明曾经使他花费过什么？因此，他在计算他的生产费用时为什么要为这些发明操心呢？在他看来，财富的条件就是土地、资本、劳动，除此之外，他什么也不需要。科学是与他无关的。尽管科学通过贝托莱、戴维、李比希、瓦特、卡特赖特等人送了许多礼物给他，把他本人和他的生产都提到空前未有的高度，可是这与他有何相干呢？他不懂得重视这些东西，科学的进步超出了他的计算。但是，在一个超越利益的分裂——正如在经济学家那里发生的那样——的合理状态下，精神要素自然会列入生产要素，并且会在经济学家的生产费用项目中找到自己的位置。到那时，我们自然会满意地看到，扶植科学的工作也在物质上得到报偿，会看到，仅仅詹姆斯·瓦特的蒸汽机这样一项科学成果，在它存在的头 50 年中给世界带来的东西就比世界从一开始为扶植科学所付出的代价还要多。

恩格斯：《国民经济学批判大纲》（1843 年 9 月底或 10 月初—1844 年 1 月中），摘自《马克思恩格斯文集》第 1 卷，人民出版社 2009 年 12 月第 1 版，第 67 页。

私有制的最直接的结果是生产分裂为两个对立的方面：自然的方面和人的方面，即土地和人的活动。土地无人施肥就会荒芜，成为不毛之地，而人的活动的首要条件恰恰是土地。其次，我们看到，人的活动又怎样分解为劳动和资本，这两方面怎样彼此敌视。这样，我们已经看到的是这三种要素的彼此斗争，而不是它们的相互支持；现在，我们还看到私有制使这三种要素中的每一种都分裂。一块土地与另一块土地对立，一个资本与另一个资本对立，一个劳动力与另一个劳动力对立。换句话说，因为私有制把每一个人隔离在他自己的粗陋的孤立状态中，又因为每个人和他周围的人有同样的利益，所以土地占有者敌视土地占有者，资本家敌视资本家，工人敌视工人。在相同利益的敌对状态中，正是由于利益的相同，人类目前的不道德已经达到极点，而这个极点就是竞争。

恩格斯：《国民经济学批判大纲》（1843 年 9 月底或 10 月初—1844 年 1 月中），摘自《马克思恩格斯文集》第 1 卷，人民出版社 2009 年 12 月第 1 版，第 72—73 页。

（三）劳动力

可见，看起来好像是资本家用货币购买工人的劳动。工人是为了货币而向资本家出卖自己的劳动。但这只是假象。实际上，他们为了货币而向资本家出卖的东西，是他们的劳动力。资本家以一天、一星期、一个月等等为期购买这个劳动力。他在购买劳动力以后使用这个劳动力，也就是让工人在约定的时间内劳动。资本家用以购买工人劳动力的那个货币量，比如说两马克，也可以买到两磅糖或一定数量的其他某种商品。他用以购买两磅糖的两马克，就是两磅糖的价格。他用以购买 12 小时的劳动力的使用的两马克，就是 12 小时劳动的价格。可见，劳动力是一种商品，是和砂糖一模一样的商品。前者是用钟点来计量的，后者是用重量来计量的。

工人拿自己的商品即劳动力去换得资本家的商品，即换得货币，并且这种交换是按一定的比例进行的。一定量的货币交换一定量的劳动力的使用时间。织布工人的 12 小时劳动交换两马克。但是，难道这两马克不是代表其他一切可以用两马克买到的商品吗？可见，实质上工人是拿他自己的商品即劳动力交换各种各样的其他商品，并且是按一定的比例交换的。资本家付给他两马克，就是为交换他的工作日而付给了他一定量的肉，一定量的衣服，一定量的劈柴，一定量的灯光，等等。可见，这两马克是表现劳动力同其他商品相交换的比例，即表现他的劳动力的交换价值。商品通过货币来估价的交换价值，也就称为商品的价格。所以，工资只是人们通常称之为劳动价格的劳动力价格的特种名称，是只能存在于人的血肉中的这种特殊商品价格的特种名称。

……

可见，劳动力的表现即劳动是工人本身的生命活动，是工人本身的生命的表现。工人正是把这种生命活动出卖给别人，以获得自己所必需的生活资料。可见，工人的生命活动对于他不过是使他能够生存的一种手段而已。他是为生活而工作的。他甚至不认为劳动是自己生活的一部分；相反，对于他来说，劳动就是牺牲自己的生活。劳动是已由他出卖给别人的一种商品。因此，他的活动的产物也就不是他的活动的目的。工人为自己生产的不是他织成的绸缎，不是他从金矿里开采出的黄金，也不是他盖起的高楼大厦。他为自己生产的是工资，而绸缎、黄金、高楼大厦对于他都变成一定数量的生活资料，也许是变成棉布上衣，变成铜币，变成某处地窖的住所了。

马克思：《雇佣劳动与资本》（1847 年 12 月下半月），摘自《马克思恩格斯文集》第 1 卷，人民出版社 2009 年 12 月第 1 版，第 713—716 页。

劳动报酬忽而提高，忽而降低，是依需求和供给的关系为转移的，依购买劳动力的资本家和出卖劳动力的工人之间的竞争情形为转移的。工资的波动一般是和商品价格的波动相适应的。可是，在这种波动的范围内，劳动的价格是由生产费用即为创造劳动力这一商品所需要的劳动时间来决定的。

那么，劳动力的生产费用究竟是什么呢？

这就是为了使工人保持其为工人并把他训练成为工人所需要的费用。

因此，某一种劳动所需要的训练时间越少，工人的生产费用也就越少，他的劳动的价格即他的工资也就越低。在那些几乎不需要任何训练时间，只要有工人的肉体存在就行的产业部门里，为制造工人所需要的生产费用，几乎只归结为维持工人的具有劳动能力的生命所需要的商品。因此，工人的劳动的价格是由必要生活资料的价格决定的。

……

总之，简单劳动力的生产费用就是维持工人生存和延续工人后代的费用。这种维持生存和延续后代的费用的价格就是工资。这样决定的工资就叫做最低工资。这种最低工资额，也和商品价格一般由生产费用决定一样，不是就单个人来说的，而是就整个种属来说的。单个工人、千百万工人的所得不足以维持生存和延续后代，但整个工人阶级的工资在其波动范围内则是和这个最低额相等的。

> 马克思：《雇佣劳动与资本》（1847年12月下半月），摘自《马克思恩格斯文集》第1卷，人民出版社2009年12月第1版，第722—723页。

一些商品即一些交换价值的总和究竟是怎样成为资本的呢？

它成为资本，是由于它作为一种独立的社会力量，即作为一种属于社会一部分的力量，通过交换直接的、活的劳动力而保存并增大自身。除劳动能力以外一无所有的阶级的存在是资本的必要前提。

……

工人拿自己的劳动力换到生活资料，而资本家拿他的生活资料换到劳动，即工人的生产活动，亦即创造力量。工人通过这种创造力量不仅能补偿工人所消费的东西，并且还使积累起来的劳动具有比以前更大的价值。工人从资本家那里得到一部分现有的生活资料。这些生活资料对工人有什么用处呢？用于直接消费。可是，如果我不把靠这些生活资料维持我的生活的这段时间用来生产新的生活资料，即在消费的同时用我的劳动创造新价值来补偿那些因消费而消失了的价值，那么，只要我消费生活资料，这些生活资料对我来说就会永远消失。但是，工人为了交换已经得到的生活

资料，正是把这种贵重的再生产力量让给了资本。因此，工人自己失去了
这种力量。

　　……

　　工资的显著增加是以生产资本的迅速增长为前提的。生产资本的迅速
增长，会引起财富、奢侈、社会需要和社会享受同样迅速的增长。所以，
即使工人得到的享受增加了，但是，与资本家的那些为工人所得不到的大
为增加的享受相比，与一般社会发展水平相比，工人所得到的社会满足的
程度反而降低了。我们的需要和享受是由社会产生的；因此，我们在衡量
需要和享受时是以社会为尺度，而不是以满足它们的物品为尺度的。因为
我们的需要和享受具有社会性质，所以它们具有相对的性质。

　　　　马克思：《雇佣劳动与资本》（1847 年 12 月下半月），摘自《马克思恩格斯
　　　　文集》第 1 卷，人民出版社 2009 年 12 月第 1 版，第 726—729 页。

　　究竟什么是决定工资和利润在其相互关系上的降低和增加的一般规
律呢？

　　工资和利润是互成反比的。资本的份额即利润越增加，则劳动的份额
即日工资就越降低；反之亦然。利润增加多少，工资就降低多少；而利润
降低多少，则工资就增加多少。

　　　　马克思：《雇佣劳动与资本》（1847 年 12 月下半月），摘自《马克思恩格
　　　　斯文集》第 1 卷，人民出版社 2009 年 12 月第 1 版，第 732 页。

　　显而易见，当一切商品跌价时（这种跌价是自由贸易的必然结果），
我用一个法郎买的东西要比过去多得多。而工人的法郎同其他任何法郎一
样，具有同等价值。因此，自由贸易对工人会是非常有利的。但美中不足
的是，工人在以自己的法郎交换别的商品以前，已经先以自己的劳动同资
本进行了交换。要是当他进行这种交换的时候，仍然能以同量的劳动换得
上述数量的法郎而其他一切商品又在跌价的话，那么他在这种交易中始终
都会是有利的。困难并不在于证明当一切商品跌价的时候，用同样的钱可
以买到更多的商品。

　　　　马克思：《关于自由贸易问题的演说》（1848 年 1 月 9 日），摘自《马克思
　　　　恩格斯文集》第 1 卷，人民出版社 2009 年 12 月第 1 版，第 751 页。

　　依照概念来说，地租和资本利润是工资受到的扣除。但是，在现实中，
工资是土地和资本让工人得到的一种扣除，是从劳动产品中让给工人、让

给劳动的东西。

在社会的衰落状态中，工人遭受的痛苦最深重。他遭受的压迫特别沉重是由于自己所处的工人地位，但他遭受的一般压迫则是由于社会状况。

而在社会的增长状态中，工人的毁灭和贫困化是他的劳动的产物和他生产的财富的产物。就是说，贫困从现代劳动本身的本质中产生出来。

社会的最富裕状态，这个大致还是可以实现并且至少是国民经济学和市民社会的目的的理想，对工人来说却是持续不变的贫困。

不言而喻，国民经济学把无产者即既无资本又无地租，全靠劳动而且是靠片面的、抽象的劳动为生的人，仅仅当做工人来考察。因此，它可以提出这样一个论点：工人完全像每一匹马一样，只应得到维持劳动所必需的东西。国民经济学不考察不劳动时的工人，不把工人作为人来考察，却把这种考察交给刑事司法、医生、宗教、统计表、政治和乞丐管理人去做。

马克思：《1844年经济学哲学手稿》（1844年4—8月），摘自《马克思恩格斯文集》第1卷，人民出版社2009年12月第1版，第123—124页。

劳动是生产的主要要素，是"财富的源泉"，是人的自由活动，但很少受到经济学家的重视。正如资本已经同劳动分开一样，现在劳动又再度分裂了；劳动的产物以工资的形式与劳动相对立，它与劳动分开，并且通常又由竞争决定，因为，正如我们所看到的，没有一个固定的尺度来确定劳动在生产中所占的比重。只要我们消灭了私有制，这种反常的分离就会消失；劳动就会成为它自己的报酬，而以前被让渡的工资的真正意义，即劳动对于确定物品的生产费用的意义，也就会清清楚楚地显示出来。

恩格斯：《国民经济学批判大纲》（1843年9月底或10月初—1844年1月中），摘自《马克思恩格斯文集》第1卷，人民出版社2009年12月第1版，第72页。

如果马尔萨斯不这样片面地看问题，那么他必然会看到，人口过剩或劳动力过剩是始终与财富过剩、资本过剩和地产过剩联系着的。只有在整个生产力过大的地方，人口才会过多。从马尔萨斯写作时起，任何人口过剩的国家的情况，尤其是英国的情况，都极其明显地证实了这一点。这是马尔萨斯应当从总体上加以考察的事实，而对这些事实的考察必然会得出正确的结论；他没有这样做，而是只选出一个事实，对其他事实不予考虑，因而得出荒谬的结论。他犯的第二个错误是把生活资料和就业手段混为一谈。人口总是威胁着就业手段，有多少人能够就业，就有多少人出生，简言之，劳动力的产生迄今为止由竞争的规律来调节，因而也同样要经受周期性的危机和波动，这是事实，确定这一事实是马尔萨斯的功绩。然而，就业手段并不就是生活资料。就业手段由于机器力和资本的增加而增加，这是仅就其最终结果而言；而生活资料，只要生产力稍有提高，就立刻增加。

> 恩格斯：《国民经济学批判大纲》（1843 年 9 月底或 10 月初—1844 年 1 月中），摘自《马克思恩格斯文集》第 1 卷，人民出版社 2009 年 12 月第 1 版，第 80 页。

所有这些对正义和仁爱的让步，事实上只是一种手段，这种手段可以使资本加速积聚在少数人手中，并且压垮那些没有这种额外收入就活不下去的小竞争者。对于这少数人来说，早年的那种小规模的额外勒索不但已经毫无意义，而且成了大展宏图的严重障碍。这样，至少在主要的工业部门中——因为在次要的工业部门中根本不是这样——资本主义生产发展本身已经足以消除早年使工人命运恶化的那些小的弊端。这样一来，下面这个重大的基本事实就越来越明显了：工人阶级处境悲惨的原因不应当到这些小的弊病中去寻找，而应当到资本主义制度本身中去寻找。工人为取得每天的一定数目的工资而把自己的劳动力卖给资本家。在不多的几小时工作之后，他就把这笔工资的价值再生产出来了。但是，他的劳动合同却规定，工人必须再工作好几个小时，才算完成一个工作日。工人用这个附加的几个小时剩余劳动生产出来的价值，就是剩余价值。这个剩余价值不破费资本家一文钱，但仍然落入资本家的腰包。这就是这样一个制度的基础，这个制度使文明社会越来越分裂，一方面是一小撮路特希尔德们和万德比尔特们，他们是全部生产资料和消费资料的所有者，另一方面是广大的雇佣工人，他们除了自己的劳动力之外一无所有。产生这个结果的，并不是这个或那个次要的弊端而是制度本身，这个事实目前已经在英国资本主义的发展过程中十分鲜明地显示出来。

> 恩格斯：《英国工人阶级状况》（1844 年 9 月—1845 年 3 月），摘自《马克思恩格斯文集》第 1 卷，人民出版社 2009 年 12 月第 1 版，第 368 页。

但是，谈到广大工人群众，他们的穷困和生活无保障的情况现在至少和过去一样严重。伦敦的东头是一个日益扩大的泥塘，在失业时期那里充满了无穷的贫困、绝望和饥饿，在有工作做的时候又到处是肉体和精神的堕落。在其他一切大城市里也是一样，只有享有特权的少数工人是例外；在较小的城市和农业地区情况也是这样。一条规律把劳动力的价值限制在必要的生活资料的价格上，另一条规律把劳动力的平均价格照例降低到这种生活资料的最低限度上。这两条规律像自动机器一样以不可抗拒的力量对工人起着作用，用它们的轮子碾压着工人。

恩格斯：《英国工人阶级状况》（1844 年 9 月—1845 年 3 月），摘自《马
克思恩格斯文集》第 1 卷，人民出版社 2009 年 12 月第 1 版，第 375 页。

劳动和其他任何商品一样，也是一种商品，因此，劳动的价格和其他任何商品的价格一样，也是由同样的规律决定的。正像我们在下面将看到的，在大工业或自由竞争的统治下，情形都一样，商品的价格平均总是和这种商品的生产费用相等的。因此，劳动的价格也是和劳动的生产费用相等的。而劳动的生产费用正好是使工人能够维持他们的劳动能力并使工人阶级不致灭绝所必需的生活资料的数量。工人的劳动所得不会比为了这一目的所必需的更多。因此，劳动的价格或工资将是维持生存所必需的最低额。但是，因为工商业有时萧条有时兴旺，工人所得也就有多有少，正像厂主出卖商品所得有多有少一样。如果把工商业繁荣期和萧条期平均起来，厂主出卖商品所得既不多于他的生产费用，也不少于他的生产费用，同样，工人平均所得也是既不会多于这个最低数额，也不会少于这个最低数额。大工业越是在所有劳动部门占统治地位，工资的这一经济规律体现得就越充分。

恩格斯：《英国工人阶级状况》（1844 年 9 月—1845 年 3 月），摘自《马
克思恩格斯文集》第 1 卷，人民出版社 2009 年 12 月第 1 版，第 678 页。

古典政治经济学从工业实践方面因袭了工厂主的流行的看法，仿佛工厂主所购买和偿付的是自己的工人的劳动。这一看法对于工厂主进行营业、记账和计算价格来说，是完全够用了。可是，把这个看法天真地搬到政治经济学中去，就在那里造成了不可思议的谬误和混乱。

恩格斯：《〈雇佣劳动与资本〉恩格斯写的 1891 年单行本导言》（1891 年
4 月 30 日），摘自《马克思恩格斯文集》第 1 卷，人民出版社 2009 年 12
月第 1 版，第 702 页。

经济学家所看做"劳动"生产费用的，并不是劳动的生产费用。而是

活的工人本身的生产费用。而这个工人出卖给资本家的，也不是他的劳动。马克思说："当工人的劳动实际上开始了的时候，它就不再属于工人了，因而也就不再能被工人出卖了。"因此，他最多只能出卖他自己的未来的劳动，也就是说，他只能承担在一定时间内完成一定工作的义务。但是，这样他就不是出卖劳动（这劳动还有待去完成），而是为了获得一定的报酬让资本家在一定的时间内（在计日工资下）或为完成一定的工作（在计件工资下）支配自己的劳动力：他出租或出卖自己的劳动力。可是，这个劳动力是同工人本身长在一起而不可分割的。所以它的生产费用是和工人本身的生产费用一致的；那些被经济学家称为劳动生产费用的，恰恰就是工人的生产费用，因而也就是劳动力的生产费用。这样一来，我们就能从劳动力的生产费用进而谈到劳动力的价值，并确定为生产一定质量的劳动力所需要的社会必要劳动量，——马克思在论劳动力买卖的那一节里也就是这样做的（《资本论》第一卷第四章第 3 节）。

> 恩格斯：《〈雇佣劳动与资本〉恩格斯写的 1891 年单行本导言》（1891 年 4 月 30 日），摘自《马克思恩格斯文集》第 1 卷，人民出版社 2009 年 12 月第 1 版，第 706—707 页。

（四）雇佣劳动

的确，私有财产在自己的国民经济运动中自己使自己走向瓦解，但是私有财产只有通过不以它为转移的、不自觉的、同它的意志相违背的、为事物的本性所决定的发展，只有当私有财产造成作为无产阶级的无产阶级，造成意识到自己在精神上和肉体上贫困的那种贫困，造成意识到自己的非人化从而自己消灭自己的那种非人化时，才能做到这一点。无产阶级执行着雇佣劳动由于为别人生产财富、为自己生产贫困而给自己做出判决，同样，它也执行着私有财产由于产生无产阶级而给自己做出的判决。无产阶级在获得胜利时，无论如何决不会因此成为社会的绝对方面，因为它只有消灭自己本身和自己的对立面才能获得胜利。到那时，无产阶级本身以及制约着它的对立面——私有财产都会消失。

> 马克思：《1844 年经济学哲学手稿》（1844 年 4—8 月），摘自《马克思恩格斯文集》第 1 卷，人民出版社 2009 年 12 月第 1 版，第 261 页。

蒲鲁东最先提醒人们注意，付给单个工人的工资的总和，即使在每一单个人的劳动都完全得到了报酬的情况下，也还是不足以偿付物化在大家的产品中的集体力量；因此，工人不是作为集体劳动力的一部分被雇用的。埃德加先生把这个思想牵强附会成了工人无非是单个的被雇用的人。这样，批判的批判就利用蒲鲁东的总的思想去反对同一个蒲鲁东对同一个思想所作的进一步的具体发挥。它用批判的方式夺过了这个思想，并在下面这段话中道出了批判的社会主义的秘密：

"当今工人的思维只顾及自己，也就是说，他只是为他个人而索取报酬。正是工人自己不考虑他在同其他力量合作中所产生的那种巨大的、不可估量的力量。"

> 马克思：《1844 年经济学哲学手稿》（1844 年 4—8 月），摘自《马克思恩格斯文集》第 1 卷，人民出版社 2009 年 12 月第 1 版，第 272—273 页。

假如问工人们："你们的工资是多少？"那么一个工人回答说："我做一天工从我的雇主那里得到一马克"；另一个工人回答说："我得到两马克"，等等。由于他们隶属的劳动部门不同，他们每一个人因做了一定的工作（比如，织成一尺麻布或排好一个印张的字）而从各自的雇主那里得到的货币数量也不同。尽管他们得到的货币数量不同，但是有一点是一致的：工资是资本家为一定的劳动时间或一定的劳动付出而偿付的一笔货币。

> 马克思：《雇佣劳动与资本》（1847 年 12 月下半月），摘自《马克思恩格斯文集》第 1 卷，人民出版社 2009 年 12 月第 1 版，第 712—713 页。

劳动力并不向来就是商品。劳动并不向来就是雇佣劳动，即自由劳动。奴隶就不是把他自己的劳动出卖给奴隶主，正如耕牛不是向农民出卖自己的劳务一样。奴隶连同自己的劳动力一次而永远地卖给奴隶的所有者了。奴隶是商品，可以从一个所有者手里转到另一个所有者手里。奴隶本身是商品，但劳动力却不是他的商品。农奴只出卖自己的一部分劳动力。不是他从土地所有者方面领得报酬；相反，是土地所有者从他那里收取贡赋。农奴是土地的附属品，替土地所有者生产果实。相反，自由工人自己出卖自己，并且是零碎地出卖。他日复一日地把自己生命中的 8 小时、10 小时、12 小时、15 小时拍卖给出钱最多的人，拍卖给原料、劳动工具和生活资料的所有者，即拍卖给资本家。工人既不属于某个所有者，也不属于土地，但是他每日生命的 8 小时、10 小时、12 小时、15 小时却属于这些时间的购买者。工人只要愿意，就可以离开雇用他的资本家，而资本家也可以随意辞退工人，只要资本家不能再从工人身上获得利益或者获得预期的利益，他就可以辞退工人。但是，工人是以出卖劳动力为其收入的唯一来源的，如果他不愿饿死，就不能离开整个购买者阶级即资本家阶级。工人不是属于某一个资本家，而是属于整个资本家阶级；至于工人给自己寻找一个雇主，即在这个资本家阶级中间寻找一个买者，那是工人自己的事情了。

马克思：《雇佣劳动与资本》（1847 年 12 月下半月），摘自《马克思恩格斯文集》第 1 卷，人民出版社 2009 年 12 月第 1 版，第 716—717 页。

资本只有同劳动力交换，只有引起雇佣劳动力的产生，才能增加。雇佣工人的劳动力只有在它增加资本，使奴役它的那种权力加强时，才能和资本交换。因此，资本的增加就是无产阶级即工人阶级的增加。

所以，资产者及其经济学家们断言，资本家和工人的利益是一致的。千真万确呵！如果资本家不雇用工人，工人就会灭亡。如果资本不剥削劳动力，资本就会灭亡，而要剥削劳动力，资本就得购买劳动力。投入生产的资本即生产资本增加越快，从而产业越繁荣，资产阶级越发财，生意越兴隆，资本家需要的工人也就越多，工人出卖自己的价格也就越高。

原来，生产资本的尽快增加竟是工人能勉强过活的必要条件。

但是，生产资本的增加又是什么意思呢？就是积累起来的劳动对活劳动的权力的增加，就是资产阶级对工人阶级的统治力量的增加。雇佣劳动生产着对它起支配作用的他人财富，也就是说生产着同它敌对的权力——资本，而它从这种敌对权力那里取得就业手段，即取得生活资料，是以雇佣劳动又会变成的一部分，又会变成再一次把资本投入加速增长运动的杠杆为条件的。

断言资本的利益和工人的利益是一致的，事实上不过是说资本和雇佣劳动是同一种关系的两个方面罢了。一个方面制约着另一个方面，就如同高利贷者和挥霍者相互制约一样。

只要雇佣工人乃然是雇佣工人，他的命运就取决于资本。这就是一再被人称道的工人和资本家利益的共同性。

马克思：《雇佣劳动与资本》（1847 年 12 月下半月），摘自《马克思恩格斯文集》第 1 卷，人民出版社 2009 年 12 月第 1 版，第 727—728 页。

资本的迅速增加就等于利润的迅速增加。而利润的迅速增加只有在劳动的价格同样迅速下降、相对工资同样迅速下降的条件下才是可能的。即使实际工资同名义工资即劳动的货币价值同时增加，只要实际工资不是和利润以同一比例增加，相对工资还是可能下降。比如说，在经济兴旺的时期，工资提高5%，而利润却提高30%，那么比较工资即相对工资不是增加，而是减少了。

所以，一方面工人的收入随着资本的迅速增加也有所增加，可是另一方面横在资本家和工人之间的社会鸿沟也同时扩大，而资本支配劳动的权力，劳动对资本的依赖程度也随着增大。

所谓资本迅速增加对工人有好处的论点，实际上不过是说：工人把他人的财富迅速增加得越迅速，工人得到的残羹剩饭就越多，能够获得工作和生活下去的工人就越多，依附资本的奴隶人数就增加得越多。

这样我们就看出：

即使最有利于工人阶级的情势，即资本的尽快增加改善了工人的物质生活，也不能消灭工人的利益和资产者的利益即资本家的利益之间的对立状态。利润和工资仍然是互成反比的。

假如资本增加得迅速，工资是可能提高的；可是资本的利润增加得更迅速无比。工人的物质生活改善了，然而这是以他们的社会地位的降低为代价换来的。横在他们和资本家之间的社会鸿沟扩大了。

马克思：《雇佣劳动与资本》（1847年12月下半月），摘自《马克思恩格斯文集》第1卷，人民出版社2009年12月第1版，第734—735页。

如果说资本增长得迅速，那么工人之间的竞争就增长得更迅速无比，就是说，资本增长得迅速，工人阶级的就业手段即生活资料就相对地缩减得越厉害；尽管如此，资本的迅速增长对雇佣劳动却是最有利的条件。

马克思：《雇佣劳动与资本》（1847年12月下半月），摘自《马克思恩格斯文集》第1卷，人民出版社2009年12月第1版，第742—743页。

随着经济学家设定的前提即自由贸易得到实现，变为事实，劳动商品的这一规律即最低工资的规律也就得到了证实。因此，二者必居其一：或者全部否定以自由贸易这一前提作基础的政治经济学，或者承认在自由贸易的情况下工人势必要受到经济规律严酷无情的打击。

让我们来作个总结：在当今社会条件下，到底什么是自由贸易呢？这就是资本的自由。排除一些仍然阻碍着资本自由发展的民族障碍，只不过是让资本能充分地自由活动罢了。不管商品相互交换的条件如何有利，只要雇佣劳动和资本的关系继续存在，就永远会有剥削阶级和被剥削阶级存在。那些自由贸易的信徒认为，只要更有效地运用资本，就可以消除工业资本家和雇佣劳动者之间的对立，他们这种妄想，真是令人难以理解。恰恰相反，这只能使这两个阶级的对立更为显著。

> 马克思：《关于自由贸易问题的演说》（1848 年 1 月 9 日），摘自《马克思恩格斯文集》第 1 卷，人民出版社 2009 年 12 月第 1 版，第 756—757 页。

同样，工资是在另一个项目中被考察的雇佣劳动力：在雇佣劳动的场合劳动作为生产要素所具有的规定性，在工资的场合表现为分配的规定。如果劳动不是规定为雇佣劳动，那么，劳动参与产品分配的方式，也就不表现为工资，如在奴隶制度下就是这样。最后，地租——我们直接来看地产参与产品分配的最发达的分配形式——的前提，是作为生产要素的大地产（其实是大农业），而不是土地一般，就像工资的前提不是劳动一般一样。所以，分配关系和分配方式只是表现为生产要素的背面。个人以雇佣劳动的形式参与生产，就以工资形式参与产品、生产成果的分配。分配的结构完全决定于生产的结构。分配本身是生产的产物，不仅就对象说是如此，而且就形式说也是如此。就对象说，能分配的只是生产的成果，就形式说，参与生产的一定方式决定分配的特殊形式，决定参与分配的形式。把土地放在生产上来谈，把地租放在分配上来谈，等等，这完全是幻觉。

> 马克思：《1857—1858 年经济学手稿摘选（导言）》（1857 年 8 月下旬），摘自《马克思恩格斯文集》第 8 卷，人民出版社 2009 年 12 月第 1 版，第 19 页。

但是，这些简单范畴在比较具体的范畴以前是否也是有一种独立的历史存在或自然存在呢？要看情况而定。例如，黑格尔论法哲学，是从占有开始，把占有看做主体的最简单的法的关系，这是对的。但是，在家庭或主奴关系这些具体得多的关系之前，占有并不存在。相反，如果说存在着还只是占有，而没有所有权的家庭和部落整体，这倒是对的。所以，同所有权相比，这种比较简单的范畴，表现为比较简单的家庭团体或部落团体的关系。它在比较高级的社会中表现为一个发达的组织的比较简单的关系。但是那个以占有为关系的比较具体的基础总是前提。可以设想有一个孤独的野人占有东西。但是在这种情况下，占有并不是法的关系。说占有在历史上发展为家庭，是错误的。占有倒总是以这个"比较具体的法的范畴"为前提的。但是，不管怎样总可以说，简单范畴是这样一些关系的表现，在这些关系中，较不发展的具体可以已经实现，而那些通过较具体的范畴在精神上表现出来的较多方面的联系或关系还没有产生；而比较发展的具体则把这个范畴当做一种从属关系保存下来。在资本存在之前，银行存在之前，雇佣劳动等等存在之前，货币能够存在，而且在历史上存在过。因此，从这一方面看来，可以说，比较简单的范畴可以表现一个比较不发展的整体的处于支配地位的关系或者一个比较发展的整体的从属关系，这些关系在整体向着以一个比较具体的范畴表现出来的方面发展之前，在历史上已经存在。在这个限度内，从最简单上升到复杂这个抽象思维的进程符合现实的历史过程。

> 马克思：《1857—1858年经济学手稿摘选（导言）》（1857年8月下旬），摘自《马克思恩格斯文集》第8卷，人民出版社2009年12月第1版，第26页。

显然，应当以这样来分篇：（1）一般的抽象的规定，因此它们或多或少属于一切社会形式，不过是在上面所阐述的意义上。（2）形成资产阶级社会内部结构并且成为基本阶级的依据的范畴。资本、雇佣劳动、土地所有制。它们的相互关系。城市和乡村。三大社会阶级。它们之间的交换。流通。信用事业（私人的）。（3）资产阶级社会在国家形式上的概括。就它本身来考察。"非生产"阶级。税。国债。公用信用。人口。殖民地。向国外移民。（4）生产的国际关系。国际分工。国际交换。输入和输出。汇率。（5）世界市场和危机。

> 马克思：《1857—1858年经济学手稿摘选（导言）》（1857年8月下旬），摘自《马克思恩格斯文集》第8卷，人民出版社2009年12月第1版，第32—33页。

产品成为商品；商品成为交换价值；商品的交换价值是商品内在的货币属性；商品的这个货币属性作为货币同商品相脱离，取得了一个同一切特殊商品及其自然存在形式相分离的一般社会存在；产品对作为交换价值的自身的关系，成为产品对同它并存的货币关系，或者说，成为一切产品对在它们全体之外存在的货币的关系。正像产品的实际交换产生产品的交换价值一样，产品的交换价值产生货币。

马克思：《〈政治经济学批判（1857—1858 年手稿）〉摘选》（1857 年底—1858 年 5 月），摘自《马克思恩格斯文集》第 8 卷，人民出版社 2009 年 12 月第 1 版，第 44 页。

因此，资本和劳动的关系在这里就像货币和商品的关系一样；如果说一方是财富的一般形式，那么，另一方就只是以直接消费为目的的实体。但是，资本作为孜孜不倦地追求财富的一般形式的欲望，驱使劳动超过自己自然需要的界限，来为发展丰富的个性创造出物质要素，这种个性无论在生产上和消费上都是全面的，因而个性的劳动也不再表现为劳动，而表现为活动本身的充分发展，而在这种发展状况下，直接形式的自然必然性消失了；这是因为一种历史地形成的需要代替了自然的需要。由此可见，资本是生产的，也就是说，是发展社会生产力的重要的关系。只有当资本本身成了这种生产力本身发展的限制时，资本才不再是这样的关系。

马克思：《〈政治经济学批判（1857—1858 年手稿）〉摘选》（1857 年底—1858 年 5 月），摘自《马克思恩格斯文集》第 8 卷，人民出版社 2009 年 12 月第 1 版，第 69—70 页。

认识到产品是劳动能力自己的产品，并断定劳动同自己的实现条件的分离是不公平的、强制的，这是了不起的觉悟，这种觉悟是以资本为基础的生产方式的产物，而且也正是为这种生产方式送葬的丧钟，就像当奴隶觉悟到他不能作第三者的财产，觉悟到他是一个人的时候，奴隶制度就只能人为地苟延残喘，而不能继续作为生产的基础一样。

马克思：《〈政治经济学批判（1857—1858 年手稿）〉摘选》（1857 年底—1858 年 5 月），摘自《马克思恩格斯文集》第 8 卷，人民出版社 2009 年 12 月第 1 版，第 112 页。

对象化劳动同活劳动相交换，一方面还不构成资本，另一方面也还不构成雇佣劳动。整个所谓的服务阶级，从擦皮鞋的到国王，都属于这个范畴，不论在东方公社，还是在由自由土地所有者组成的西方公社，凡是这些组织由于人口增长、战俘释放、各种偶然性造成个人贫穷和丧失独立劳动的客观条件，以及由于分工等原因，而分解为一些单个要素的地方，我们到处都可零散地见到自由的短工，他们也属于上述范畴。

马克思：《〈政治经济学批判（1857—1858 年手稿）〉摘选》（1857 年底—1858 年 5 月），摘自《马克思恩格斯文集》第 8 卷，人民出版社 2009 年 12 月第 1 版，第 114 页。

在货币同劳动或服务相交换以便用于直接消费的情况下，所发生的总是现实的交换。双方交换一定的劳动量，这只具有形式上的意义，使双方能够互相衡量劳动的特殊效用形式。这只涉及交换的形式，而不构成其内容。在资本同劳动相交换的情况下，价值不是两种使用价值相交换的尺度，而是交换的内容本身。

......

为了把资本同雇佣劳动的关系表述为所有权的关系或规律，我们只需要把双方在价值增殖过程中的行为表述为占有的过程。例如，剩余劳动变为资本的剩余价值，这一点意味着：工人并不占有他自己劳动的产品，这个产品对他来说表现为他人的财产，反过来说，他人的劳动表现为资本的财产。资产阶级所有权的这第二条规律是第一条规律转变来的，并通过继承权等等长期存在下去，不受单个资本家的易逝性的影响；它同第一条规律一样被承认为规律。第一条是劳动和所有权的同一性；第二条是劳动表现为被否定的所有权，或者说，所有权表现为对他人劳动的异己性的否定。

马克思：《〈政治经济学批判（1857—1858年手稿）〉摘选》（1857年底—1858年5月），摘自《马克思恩格斯文集》第8卷，人民出版社2009年12月第1版，第119—120页。

蒲鲁东先生称之为财产——他所理解的财产正是指土地财产——的非经济起源的那种东西，就是个人对劳动的客观条件的，首先是对劳动的自然客观条件的资产阶级以前的关系，因为，正像劳动的主体是自然的个人，是自然存在一样，他的劳动的第一个客观条件表现为自然、土地、表现为他的无机体；他本身不但是有机体，而且还是这种作为主体的无机自然。这种条件不是他的产物，而是预先存在的；作为他身外的自然存在，是他的前提。

马克思：《〈政治经济学批判（1857—1858年手稿）〉摘选》（1857年底—1858年5月），摘自《马克思恩格斯文集》第8卷，人民出版社2009年12月第1版，第138页。

如果不把资本和雇佣劳动的关系看做已经成为决定性的、支配整个生产的关系，[因为在这种情况下，作为雇佣劳动的条件而预先存在的资本，就是雇佣劳动自身的产物，并作为雇佣劳动的条件被雇佣劳动本身当作前提，它作为雇佣劳动本身的前提是由雇佣劳动本身创造出来的。]而是看做正在历史地形成的关系，也就是说，如果是考察货币向资本的最初转化，考察一方面只是在可能性上存在的资本与另一方面只是在可能性上存在的自由工人之间的交换过程，那么，自然会得出为经济学家们所津津乐道的简单结论：作为资本而出现的一方，必定拥有原料、劳动工具以及使工人在生产期间直到生产完成以前能够维持生活的生活资料。

> 马克思：《〈政治经济学批判（1857—1858 年手稿）〉摘选》（1857 年底—
> 1858 年 5 月），摘自《马克思恩格斯文集》第 8 卷，人民出版社 2009 年
> 12 月第 1 版，第 156 页。

货币转化为资本的方式，在历史上往往非常明显地表现成这样：例如商人让许多以前以农村副业的形式从事纺织的织工和纺工为他劳动，把他们的副业变成他们的本业。这样，商人就掌握了他们，并把他们变成了受他支配的雇佣工人。后来他们又必须离开家乡，联合在一个作坊里——这是第二步。很明显，在这个简单的过程中，商人既没有为织工和纺工预备原料，也没有为他们预备工具、生活资料。商人所做的一切，只是逐渐把他们限制在这样一种劳动之内，这种劳动使他们依赖于出售，依赖于买者，依赖于商人，最终他们就只是为他而生产，并通过他而生产。最初，商人只是通过购买他们的产品来购买他们的劳动；一旦他们只限于生产这种交换价值，从而必须直接生产交换价值，必须把自己的劳动全部用来换取货币，才有可能继续生存，这时他们便落入商人的支配之下，最后就连他们好像是把产品出卖给商人的那种假象也消失了。商人购买他们的劳动，并且先是剥夺他们对产品的所有权，很快又剥夺对劳动工具的所有权，或者是为了减低商人自己的生产费用而把劳动工具留给他们作为徒有其名的财产。

在原始的历史形式中，资本起初零散地或在个别地方出现，与旧的生产方式并存，但逐渐地到处破坏旧的生产方式。属于这种原始的历史形式的，一方面，是本来意义上的手工工场（还不是工厂）。手工工场产生在为出口、为国外市场而大批生产的地方，也就是说以大宗海陆贸易为基础，产生在贸易中心地，例如，意大利的城市、君士坦丁堡、弗兰德和荷兰的城市、西班牙的某些城市如巴塞罗纳等等。工场手工业最初并没有侵入所谓城市工商业，而是侵入农村副业，如纺和织，即最少需要行会技巧、技艺训练的那种劳动。除那些大的贸易中心地以外——在这些地方，工场手

工业的基础是国外市场，因而可以说生产自然而然以交换价值为目标，也就是说，是直接与航海有关的手工工场、造船业本身等等——，除这些大的贸易中心地以外，工场手工业起先不是建立在城市中，而是建立在乡村中，建立在没有行会等等的农村中。农村副业包含着工场手工业的广阔基础，而城市工商业为了能够按照工厂方式经营，则要求生产的高度发展。包含着这种基础的，还有这样一些生产部门，如玻璃厂、金属加工厂、锯木厂等等，它们一开始就都要求劳动更加集中、更多地利用自然力、大量生产以及劳动资料等等的集中。造纸厂等等也是一样。

> 马克思：《〈政治经济学批判（1857—1858 年手稿）〉摘选》（1857 年底—1858 年 5 月），摘自《马克思恩格斯文集》第 8 卷，人民出版社 2009 年 12 月第 1 版，第 164—165 页。

亚当·斯密的观点是，劳动决不改变自己的价值，所谓不改变，是指一定量的劳动对工人来说始终是一定量的劳动，也就是说，在亚·斯密看来，始终是同样数量的牺牲。不管我一个劳动小时得到的报酬是多还是少——这取决于一个劳动小时的生产率和其他种种情况——，我已劳动了一小时。不管这一个劳动小时的结果有什么变化，我必须为我的劳动结果，为我的工资付出的东西，始终是同样的一个劳动小时。

……

物质生产的劳动只有在下列情况下才能获得这种性质：（1）劳动具有社会性；（2）这种劳动具有科学性，同时又是一般的劳动，这种劳动不是作为用一定方式刻板训练出来的自然力的人的紧张活动，而是作为一个主体的人的紧张活动，这个主体不是以单纯自然的，自然形成的形式出现在生产过程中，而是作为支配一切自然力的活动出现在生产过程中。

> 马克思：《〈政治经济学批判（1857—1858 年手稿）〉摘选》（1857 年底—1858 年 5 月），摘自《马克思恩格斯文集》第 8 卷，人民出版社 2009 年 12 月第 1 版，第 173—174 页。

活劳动同对象化劳动的交换，即社会劳动确立为资本和雇佣劳动这二者对立的形式，是价值关系和以价值为基础的生产的最后发展。这种发展的前提现在是而且始终是：直接劳动的时间的量，作为财富生产决定因素的已耗费的劳动量。但是，随着大工业的发展，现实财富的创造较少地取决于劳动时间和已耗费的劳动量。但是，随着大工业的发展，现实财富的创造较少地取决于劳动时间和已耗费的劳动量，较多地取决于在劳动时间内所运用的作用物的力量，而这种作用物自身——它们的巨大效率——又和生产它们所花费的直接劳动时间不成比例，而是取决于科学的一般水平和技术进步，或者说取决于这种科学在生产上的应用。（这种科学，特别是自然科学以及和它有关的其他一切科学的发展，本身又和物质生产的发展相适应。）例如，农业将不过成为一种物质变换的科学的应用，这种物质变换能加以最有利的调节以造福于整个社会体。

马克思：《〈政治经济学批判（1857—1858年手稿）〉摘选》（1857年底—1858年5月），摘自《马克思恩格斯文集》第8卷，人民出版社2009年12月第1版，第195—196页。

随着劳动生产力的发展，劳动的物的条件即对象化劳动，同活劳动相比必然增长——这其实是一个同义反复的命题，因为，劳动生产力的增长无非是使用较少的直接劳动就能创造较多的产品，从而社会财富越来越表现为劳动本身创造的劳动条件——，这一事实，从资本的观点看来，不是社会活动的一个要素（物化劳动）成为另一个要素（主体的、活的劳动）的越来越庞大的躯体，而是（这对雇佣劳动是重要的）劳动的客观条件对活劳动具有越来越巨大的独立性（这种独立性就通过这些客观条件的规模而表现出来），而社会财富的越来越巨大的部分作为异己和统治的权力同劳动相对立，关键不在于对象化，而在于异化，外化，外在化，在于不归工人所有，而归人格化的生产条件即资本所有，归巨大的对象［化］的权力所有，这种对象［化］的权力把社会劳动本身当做自身的一个要素而置于同自己相对立的地位。

马克思：《〈政治经济学批判（1857—1858年手稿）〉摘选》（1857年底—1858年5月），摘自《马克思恩格斯文集》第8卷，人民出版社2009年12月第1版，第207页。

在这里［在工场手工业的条件下］，基本的形式始终是，生产一定商品所需要的工人人数相对地减少了，因为劳动量减少了，或者说，同一工人人数所生产的东西更多了（从而在扩大生产时对劳动的需求也相对减少了），但同时，为了造成生产力的这种相对提高，必须使用更多的工人。在这里，可以觉察得到的和看得见的形式，是必要劳动时间的相对减少，而不是所使用劳动的绝对减少，因为，在这里，基础始终是活的工人和同时雇用的工人人数。这尤其是因为工场手工业正是在需要、进入交换的商品量和对外贸易（实际上是相对的世界市场）突然大幅度地增加的时候出现的。因此，我们看到，工场手工业只是同手工业生产进行斗争，而决不是同雇佣劳动本身进行斗争，后者最初只是随着这种生产方式的发展才被广泛采用（在城市中）。

> 马克思：《〈政治经济学批判（1861—1863 年手稿）〉摘选》（1861 年 8 月—1863 年 7 月），摘自《马克思恩格斯文集》第 8 卷，人民出版社 2009 年 12 月第 1 版，第 350 页。

因此，只要分工没有使劳动能力完全片面化，自由工人对于自身劳动能力和自己劳动活动的预示着较好工资的任何改变，在原则上都是可以接受的，都是有准备的（正像经常流入城市的农村过剩人口所表现出来的情况那样）。如果说成年工人在某种程度上不能适应这种改变，那么他认为新的一代总是能适应这种变化的，新的正在成长的一代工人往往是可以参加到新的劳动部门或特别繁荣的劳动部门中去并得到使用的。在雇佣劳动不受旧行会制度等残余的束缚而得到最自由发展的北美，这种变动性，对劳动的特定内容和从一个部门转移到另一个部门所持的完全无所谓的态度，也表现得特别明显。因此，一切美国著作家也都把这种变动性与奴隶劳动的单调的、传统的性质的对立，强调为北方自由雇佣劳动不同于南方奴隶劳动的最大特征，因为奴隶劳动不是按照生产的需要而发生变化的，恰恰相反，它要求生产适应于一经形成即因袭不变的劳动方式（见凯尔恩斯）。劳动的新方式的不断形成，这种经常的变化——与此相应的是使用价值的多样化，因而也是交换价值的现实发展——，从而整个社会中不断发展的分工，只有在资本主义生产方式下才是可能的。这种分工开始于这样一种自由的手工业方式的行会企业，在这种企业里，分工不会因任何特定经营部门本身的固定化而受限制。

> 马克思：《〈政治经济学批判（1861—1863 年手稿）〉摘选》（1861 年 8 月—1863 年 7 月），摘自《马克思恩格斯文集》第 8 卷，人民出版社 2009 年 12 月第 1 版，第 378—379 页。

作为劳动的物的条件的东西即生产资料，和作为维持工人本人生活的物的条件的东西即生活资料，只有同雇佣劳动相对立才成为资本。资本不是物，正像货币不是物一样。在资本中也像在货币中一样，人们的一定的社会生产关系表现为物对人的关系，或者说，一定的社会关系表现为物的天然的社会属性。当个人作为自由人彼此对立的时候，没有雇佣劳动就没有剩余价值生产，没有剩余价值生产也就没有资本主义生产，从而也没有资本，没有资本家！资本和雇佣劳动（我们这样称呼出卖自己本身劳动能力的工人的劳动）只表现为同一关系的两个因素。如果货币不同被工人本身当做商品出卖的劳动能力相交换，它就不能成为资本。另一方面，只有当劳动本身的物的条件作为自私的力量、作为他人的财产、作为自为存在和坚持独立的价值，简言之，作为资本，同劳动相对立的时候，劳动才能表现为雇佣劳动。因此，如果说从资本的物质方面来看，或从资本借以存在的使用价值方面来看，这种物的条件就必然作为异己的独立力量，作为价值——对象化劳动——同劳动相对立，这种对象化的劳动把活劳动看做是保存和增大自己本身的单纯手段。因此，雇佣劳动或薪金劳动对资本主义生产来说是劳动的一种必要的社会形式，正像资本即自乘的价值是劳动的物的条件为了使劳动成为雇佣劳动所必须采取的必要的社会形式一样。因此，雇佣劳动是资本形成的必要条件，始终是资本主义生产的经常的必要前提。因此，第一个过程，即货币同劳动能力的交换，或劳动能力的出卖，虽然本身并不加入直接生产的过程，但是它加入整个关系的生产。

　　马克思：《〈资本论（1863—1865 年）手稿〉摘选》（1863 年 8 月—1865 年底），摘自《马克思恩格斯文集》第 8 卷，人民出版社 2009 年 12 月第 1 版，第 485—486 页。

　　从工人方面看：他的劳动力，只有在通过出卖而和生产资料相结合的时候，才可能从事生产活动。因此，在出卖之前，劳动力是和生产资料，和它的活动的物的条件相分离的。在这种分离状态中，它既不能直接用来为它的所有者生产使用价值，也不能用来生产商品，使它的所有者能够依靠这种商品的出售而维持生活。但是，劳动力一经出卖而和生产资料结合，它就同生产资料一样，成了它的买者的生产资本的一个组成部分。

　　马克思：《资本论》第 2 卷（1894 年 11 月），摘自《马克思恩格斯文集》第 6 卷，人民出版社 2009 年 12 月第 1 版，第 37—38 页。

　　俄国的地主，由于所谓农民解放，现在用雇佣工人代替从事强制劳动的农奴来经营农业，他们抱怨两件事。第一，抱怨货币资本不足。例如，他们说，在出售农产品以前，必须对雇佣工人支付较大数量的金额，而这时缺少的正是现今这个首要的条件。要按照资本主义的方式进行生产，必须经常备有专供支付工资用的货币形式的资本。……

但是，更典型的是第二种怨言，这就是：即使有了货币，还是不能随时买到足够的可供支配的劳动力，因为俄国的农业劳动者由于农村公社实行土地公有，还没有完全和他们的生产资料相分离，从而还不是完全的"自由雇佣工人"。但是，后者的社会规模的存在，却是 G—W 即货币转化为商品能够表现为货币资本转化为生产资本的必不可少的条件。

因此，不言而喻，只有在已经发展的资本主义生产的基础上，货币资本循环的公式，G—W…P…—，才是资本循环的当然形式，因为它是以雇佣工人阶级的社会规模的存在作为前提的。我们已经知道，资本主义生产不仅生产商品和剩余价值，它还再生产并且以越来越大的规模再生产雇佣工人阶级，把绝大多数直接生产者变为雇佣工人。因此，既然实现 G—W…P…—这一过程的首要前提是雇佣工人阶级的经常存在，所以，这个公式已经包含生产资本形式的资本，从而也包含生产资本的循环的形式。

马克思：《资本论》第 2 卷（1894 年 11 月），摘自《马克思恩格斯文集》第 6 卷，人民出版社 2009 年 12 月第 1 版，第 40—41 页。

G—A。雇佣工人只能靠出卖劳动力来过活。劳动力的维持，即工人自身的维持，要求每天进行消费。因此，必须每隔一个较短的时期付给他一次报酬，使他能够反复进行为维持自身所需的各种购买，反复进行 A—G—W 或 W—G—W 行为。因此，资本家必须不断作为货币资本家，他的资本必须不断作为货币资本，和雇佣工人相对立。另一方面，要使广大的直接生产者，广大的雇佣工人能完成 A—G—W 行为，必须不断有必要的生活资料以可买形式即商品形式和他们相对立。因此，这种情况要求产品作为商品的流通已经有了高度的发展，从而商品生产也已经有了广泛的规模。一旦依靠雇佣劳动进行的生产普遍化，商品生产就必然成为生产的普遍形式。商品生产普遍化了，它又使社会的分工不断增进，就是说，一个资本家作为商品生产的产品越来越专门化，互相补充的各个生产过程越来越分裂为独立的生产过程。因此，G—A 发展到什么程度，G—也发展到什么程度；就是说，生产资料的生产会按相同的规模，和那种用它们作生产资料的商品的生产相分离，于是生产资料会作为商品，和每一个不生产生产资料但为自己的特定的生产过程而购买生产资料的商品生产者自己相对立。

生产资料来自那些完全和他的生产部门分离的独立经营的生产部门，作为商品进入他的生产部门，因而是必须购买的。商品生产的物的条件，会以越来越大的规模作为其他商品生产者的产品，作为商品，和他相对立。资本家也必须以相同的规模作为货币资本家出现，或者说，他的资本必须执行货币资本职能的规模将会扩大。

马克思：《资本论》第 2 卷（1894 年 11 月），摘自《马克思恩格斯文集》
第 6 卷，人民出版社 2009 年 12 月第 1 版，第 42—43 页。

　　资本作为自行增殖的价值，不仅包含着阶级关系，包含着建立在劳动作为雇佣劳动而存在的基础上的一定的社会性质。它是一种运动，是一个经过各个不同阶段的循环过程，这个过程本身又包含循环过程的三种不同的形式。因此，它只能理解为运动，而不能理解为静止物。那些把价值的独立化看做是单纯抽象的人忘记了，产业资本的运动就是这种抽象的实现。在这里，价值经过不同的形式，不同的运动，在其中它保存自己，同时使自己增殖，增大。因为我们在这里研究的首先是单纯的运动形式，所以对资本价值在它的循环过程中可能发生的革命就不去考虑了；但是很明显，尽管发生各种价值革命，资本主义生产只有在资本价值增殖时，也就是在它作为独立化的价值进行它的循环过程时，因而只有在价值革命按某种方式得到克服和抵消时，才能够存在和继续存在。资本的运动所以会表现为产业资本家个人的行动，是因为他作为商品和劳动的买者，作为商品的卖者和作为生产的资本家执行职能，因而通过他的活动来促成这种循环。如果社会资本的价值发生价值革命，他个人的资本就可能受到这一个革命的损害而归于灭亡，因为它已经不能适应这个价值运动的条件。价值革命越是尖锐，越是频繁，独立化的价值的那种自动的、以天然的自然过程的威力来发生作用的运动，就越是和资本家个人的先见和打算背道而驰，正常的生产过程就越是屈服于不正常的投机，单个资本的存在就越是要冒巨大的危险。因此，这些周期性的价值革命证实了它们似乎应该否定的东西，即证实了价值作为资本所经历的、通过自身的运动而保持和加强的独立化。

马克思：《资本论》第 2 卷（1894 年 11 月），摘自《马克思恩格斯文集》
第 6 卷，人民出版社 2009 年 12 月第 1 版，第 121—122 页。

　　实际上，资本主义生产是作为生产的普遍形式的商品生产，但是，它之所以如此，在它的发展中之所以越来越如此，只是因为在这里，劳动本身表现为商品,因为工人出卖劳动,即他的劳动力的职能,并且如我们所假定的,是按照由它的再生产费用决定的它的价值出卖的。劳动越变为雇佣劳动,生产者就越变为产业资本家;因而,资本主义生产(从而商品生产)只有在直接的农业生产者也是雇佣工人的时候,才充分地表现出来。在资本家和雇佣工人的关系上,货币关系,买者和卖者的关系,成了生产本身所固有的关系。但是,这种关系的基础是生产的社会性质,而不是交易方式的社会性质;相反,后者是由前者产生的。然而,不是把生产方式的性质看做和生产方式相适应的交易方式的基础,而是反过来,这是和资产阶级眼界相符合的,在资产阶级眼界内,满脑袋都是生意经。

马克思:《资本论》第 2 卷(1894 年 11 月),摘自《马克思恩格斯文集》第 6 卷,人民出版社 2009 年 12 月第 1 版,第 133 页。

只是作为生产过程的条件而准备好的那部分潜在生产资本,如纺纱厂的棉花、煤炭等等,既不起产品形成要素的作用,也不起价值形成要素的作用。它是闲置的资本,虽然它的闲置是使生产过程连续不断进行的一个条件。为保存生产储备(潜在资本)而必需的建筑物、装置等等,是生产过程的条件,从而也是预付生产资本的组成部分。它们的职能,是在预备阶段保存生产的各个组成部分。如果在这个阶段上劳动过程是必要的,它就使原料等等变贵,但它是生产劳动,并且形成剩余价值,因为这种劳动同一切其他的雇佣劳动一样,有一部分是没有报酬的。在整个生产过程的正常中断期间,即生产资本不执行职能的间歇期间,既不生产价值,也不生产剩余价值。由此就产生了使工人在夜间也劳动的欲望。(第一册第八章第 4 节)——劳动对象在生产过程本身中必须经历的劳动时间的间歇,既不形成价值,也不形成剩余价值;但它促进产品的完成,成为产品生涯的一部分,是产品必须经过的一个过程。装置等等的价值,与它们执行职能的全部时间成比例地转移到产品中去;产品是由劳动本身安置在这个阶段中的,这些装置的使用是生产的条件,正如一部分棉花变成棉屑,不加入产品,但仍把自己的价值转移到产品中去,是生产的条件一样。另一部分潜在资本,如建筑物、机器等等,即那些只是由于生产过程有规则的休止才中断自身职能的劳动资料——由生产的缩减、危机等等引起的不规则的中断,是纯粹的损失——,只加进价值,不加入产品的形成;这部分资本加到产品中的全部价值,由它的平均寿命决定;它在执行职能时和不执行职能的时间里，都会因丧失使用价值而丧失价值。

最后，即使劳动过程中断，但继续留在生产过程中的不变资本部分的价值，会在生产过程的结果中再现。各种生产资料在这里被劳动本身安置在某些条件下，让它们自己经过一定的自然过程，其结果是产生某种有用的效果或改变它们的使用价值的形式。当劳动把它们作为生产资料实际有目的地消费时，总是把它们的价值转移到产品中去。在这里，不论劳动必须借助劳动资料不断作用于劳动对象，以产生这种效果，还是劳动只需给个推动力，把生产资料安置在一定条件下，使生产资料由于自然过程的作用，无须再加劳动，自己发生预想的变化，情况都是如此。

　　　　马克思：《资本论》第 2 卷（1894 年 11 月），摘自《马克思恩格斯文集》
　　　　第 6 卷，人民出版社 2009 年 12 月第 1 版，第 139—140 页。

为了简便起见（因为我们以后才考察作为资本家的商人和商人资本），我们假定，这种买卖的当事人是出卖自己劳动的人。他在 W—G 和 G—W 活动上，耗费自己的劳动力和劳动时间。因此，他以此为生，就像别人靠纺纱或制药丸为生一样。他执行一种必要的职能，因为再生产过程本身包含非生产职能。他和别人一样劳动，不过他的劳动的内容既不创造价值，也不创造产品。他本身属于生产上的非生产费用。他的作用，不是使一种非生产职能转化为生产职能，或使非生产劳动转化为生产劳动。如果这种转化能够通过职能的这种转移来完成，那真是奇迹了。他的作用宁可说是使社会的劳动力和劳动时间只有更少一部分被束缚在这种非生产职能上。不仅如此。我们不妨假定，他只是一个雇佣工人，他的报酬尽可比较优厚。不管他的报酬怎样，他作为一个雇佣工人，总有一部分时间是无偿地劳动的。他也许每天干了 10 小时而得到 8 个劳动小时的价值产品。他从事的两小时剩余劳动，和他的 8 小时必要劳动一样不生产价值，虽然由于这 8 小时必要劳动，社会产品有一部分转移给他了。第一，和以前一样，从社会的观点看，一个劳动力在 10 小时内耗费在这个单纯的流通职能上。它不能用于别的目的，不能用于生产劳动。第二，社会对这两小时的剩余劳动没有支付报酬，虽然这种剩余劳动已经由完成这种劳动的这个人耗费了。社会并没有因此占有任何超额的产品或价值。但是，这个人所代表的流通费用减少了 1/5，由 10 小时减为 8 小时。社会对以他为当事人的这一现实的流通时间的 1/5，没有支付等价物。但是，既然这个当事人是由资本家使用的，资本家会由于未对这两小时支付报酬而减少他的资本的流通费用，而这种费用是对他的收入的扣除。对资本家来说，这是一种积极的收入，因为他的资本在价值增殖上所受的消极限制缩小了。当独立的小商品生产者把他们的一部分时间耗费在买卖上的时候，这种时间或者只是在他们的生产职能的间歇期间耗费的时间，或者是他们的生产时间的损失。

马克思：《资本论》第 2 卷（1894 年 11 月），摘自《马克思恩格斯文集》第 6 卷，人民出版社 2009 年 12 月第 1 版，第 149—150 页。

由价值的单纯形式变换，由观念地考察的流通产生的流通费用，不加入商品价值。就资本家来考察，耗费在这种费用上的资本部分，只是耗费在生产上的资本的一种扣除。我们现在考察的那些流通费用的性质则不同。它们可以产生于这样一些生产过程，这些生产过程只是在流通中继续进行，因此，它们的生产性质完全被流通的形式掩盖起来了。另一方面，从社会的观点看，它们又可以是单纯的费用，是活劳动或对象化劳动的非生产耗费，但是正因为这样，对单个资本家来说，它们可以起创造价值的作用，成为他的商品出售价格的一种加价。这种情况已经来源于以下事实：这些费用在不同的生产领域是不同的，在同一生产领域，对不同的单个资本来说，有时也是不同的。这些费用追加到商品价格中时，会按照各个资本家分担这些费用的比例进行分配。但是，一切追加价值的劳动也会追加剩余价值，并且在资本主义基础上总会追加剩余价值，因为劳动形成的价值取决于劳动本身的量，劳动形成的剩余价值则取决于资本家付给劳动的报酬额。因此，使商品变贵而不追加商品使用价值的费用，对社会来说，属于生产上的非生产费用，对单个资本家来说，则可以成为发财致富的源泉。另一方面，既然这些费用加到商品价格中去的这种加价，只是均衡地分配这些费用，所以这些费用的非生产性质不会因此而消失。例如，保险公司把单个资本家的损失在资本家阶级中间分配。尽管如此，就社会总资本考察，这样平均化的损失仍然是损失。

马克思：《资本论》第 2 卷（1894 年 11 月），摘自《马克思恩格斯文集》第 6 卷，人民出版社 2009 年 12 月第 1 版，第 154—155 页。

随着资本主义生产的发展，生产的规模在越来越小的程度上取决于对产品的直接需求，而在越来越大的程度上取决于单个资本家支配的资本量，取决于他的资本的价值增殖欲以及他的生产过程连续进行和不断扩大的必要性。因此，每一个特殊生产部门中作为商品出现在市场上或寻找销路的产品量，必然增大。在较短或较长时期固定在商品资本形式上的资本量也增大。因此，商品储备也增大。

最后，社会上绝大部分人变为雇佣工人，他们靠挣一文吃一文过活，他们的工资按周领取，逐日花掉，因此，他们必须找到作为储备的生活资料。不管这种储备的单个要素的流动性有多大，其中一部分总要不断地停留下来，以便储备可以始终处于流动状态。

所有这些因素，都来源于生产的形式和它所包含的、产品在流通过程中所必须经历的形式转化。

不管产品储备的社会形式如何，保管这种储备，总是需要费用；需要有贮存产品的建筑物、容器等等；还要根据产品的性质，耗费或多或少的生产资料和劳动，以便防止各种有害的影响。储备越是社会地集中，这些费用相对地就越少。这些支出，总是构成对象化形式或活的形式的社会劳动的一部分——因而，在资本主义形式上，这些支出就是资本的支出——，它们不进入产品形成本身，因此是产品一种扣除。它们作为社会财富的非生产费用是必要的。它们是社会产品的保存费用，不管社会产品只是由于生产的社会形式即商品形式及其必要的形式转化才成为商品储备的要素，也不管我们把商品储备只是看做一切社会所共有的产品储备的一种特殊形式；它们是社会产品的保存费用，即使产品储备不具有商品储备形式这种属于流通过程的产品储备形式。

马克思：《资本论》第 2 卷（1894 年 11 月），摘自《马克思恩格斯文集》第 6 卷，人民出版社 2009 年 12 月第 1 版，第 162 页。

如果认为生活资料本身在一切情况下都具有成为投在工资上的资本的属性，那么，"维持劳动"，"to support labour"［李嘉图，第 25 页］也就成为这种"流动"资本的性质了。于是，就以为生活资料要不是"资本"，它就不能维持劳动力。其实，生活资料的资本性质，恰恰使生活资料具有这样一种属性；通过别人的劳动来维持资本。

如果生活资料本身是流动资本——在流动资本转化为工资以后——，那就会进一步得出结论：工资的数量取决于工人的人数和一定量流动资本的比例。这是一个人们爱用的经济学定律。事实上，工人从市场上取得的生活资料量和资本家占有的供自己消费的生活资料量，取决于剩余价值和劳动价格的比例。

马克思:《资本论》第 2 卷(1894 年 11 月),摘自《马克思恩格斯文集》第 6 卷,人民出版社 2009 年 12 月第 1 版,第 252 页。

资本主义生产方式——它的基础是雇佣劳动,工人的报酬是用货币支付的,并且实物报酬一般已转化为货币报酬——只有在国内现有的货币量能充分满足流通和由流通决定的货币贮藏(准备金等)的需要的地方,才能够得到较大规模的、比较深入和充分的发展。这是历史的前提,虽然我们不能把这一点理解为,必须先有充足的贮藏货币,然后才开始有资本主义生产。应当说,资本主义生产是和它的条件同时发展的,其中条件之一就是贵金属有足够供给。因此,16 世纪以来贵金属供给的增加,在资本主义生产的发展史上是一个重要的因素。但是,如果问题涉及在资本主义生产方式的基础上必须进一步供给货币材料,那么,一方面以产品形式存在的剩余价值投入流通时,没有该产品转化为货币所需要的货币,另一方面以金形式存在的剩余价值投入流通时,无须事先由产品转化为货币。

马克思:《资本论》第 2 卷(1894 年 11 月),摘自《马克思恩格斯文集》第 6 卷,人民出版社 2009 年 12 月第 1 版,第 380 页。

商品价值的第二个部分,是雇佣工人卖给资本家的劳动力的价值。它和生产资料的价值一样,是决定了的,是和劳动力所要进入的生产过程无关的;在劳动力进入生产过程之前,它在流通行为中,即在劳动力的买卖中已经固定下来。雇佣工人通过执行他的职能——他的劳动力的耗费——生产出一个与资本家为使用他的劳动力应支付给他的价值相等的商品价值。工人以商品形式把这个价值交给资本家,资本家则以货币形式把它支付给工人。这部分商品价值,对资本家来说,只是他应预付在工资上的可变资本的等价物,这一点丝毫不会改变如下的事实:这部分价值是生产过程中新创造的商品价值,它和剩余价值一样,都是由劳动力的以往的耗费构成的。同样,这个事实也不受下述情况的影响:资本家以工资形式付给工人的劳动力的价值,对工人来说,采取收入的形式;由此不仅劳动力不断地再生产出来,而且雇佣工人阶级本身,从而整个资本主义生产的基础,也不断地再生产出来。

马克思:《资本论》第 2 卷(1894 年 11 月),摘自《马克思恩格斯文集》第 6 卷,人民出版社 2009 年 12 月第 1 版,第 429—430 页。

　　第 I 部类投在工资上的货币，即以货币形式预付的可变资本并不是在货币形式上直接地返回的，而是间接地、通过迂回的道路返回的。相反，在第 II 部类，500 镑工资却直接从工人那里回到资本家手中，就像在同一些人彼此交替地作为商品的买者和卖者不断对立，反复进行买和卖时货币总是直接返回一样。第 II 部类的资本家以货币支付劳动力的报酬；他由此就把劳动力并入他的资本，并且只是通过这种流通行为，即对资本家来说仅仅是货币资本转化为生产资本的流通行为，才作为产业资本家而和作为他的雇佣工人的工人相对立。但是，起先作为自己劳动力的卖者、出售者出现的工人，后来会作为买者，作为货币所有者，而和作为商品的卖者的资本家相对立；因此，投在工资上的货币，也流回到资本家手中。只要这些商品的出售不包含欺诈等等，而是商品和货币进行等价交换，那么，这就不会是资本家借以发财致富的过程。资本家并不是支付给工人两次：先用货币，后用商品；一旦工人把货币换成资本家的商品，资本家的货币就回到自己手中。

　　然而，转化为可变资本的货币资本，即预付在工资上的货币，在货币流通本身中，起着主要的作用，这是因为工人阶级不得不挣一文吃一文，不能给产业资本家提供任何长期的信贷，这样，各个产业部门的资本周转期间尽管有差别，可变资本却要在某一短期内，例如一周，即在比较迅速地反复的期限内，同时在社会的无数不同地点，以货币形式预付（这个期限越短，通过这个渠道一次投入流通的货币总额相对地说也就越小）。在每个进行资本主义生产的国家，这样预付的货币资本在总流通中都占有一个在比例上有决定意义的部分，这尤其因为，同一些货币在流回起点之前要流过各种渠道，作为无数其他的营业的流通手段来执行职能。

　　　　马克思：《资本论》第 2 卷（1894 年 11 月），摘自《马克思恩格斯文集》
　　　　第 6 卷，人民出版社 2009 年 12 月第 1 版，第 460—461 页。

　　在发达的资本主义生产的前提下，从而在雇佣劳动制度占统治地位的前提下，货币资本显然起着主要的作用，因为它是可变资本借以预付的形式。雇佣劳动制度越发展，一切产品就越要转化为商品，因此，除了几个重要的例外，产品全部都必须经过转化为货币这样一个产品运动的阶段。流通货币量必须足以使商品转化为货币；并且，这个货币量的大部分是以工资形式提供的，是以这样一种货币形式提供的，这种货币作为可变资本的货币形式由产业资本家为支付劳动力报酬来预付，而在工人手中多半只是作为流通手段（购买手段）执行职能。这和自然经济完全相反，自然经济在任何一种依附农制（包括农奴制）的基础上，都占优势，在带有或多或少原始性的公社（不管是否掺杂着依附农制关系或奴隶制关系）的基础上，更是占优势。

在奴隶制度下，用于购买劳动力的货币资本，起着固定资本的货币形式的作用，它只是随着奴隶一生的能动期间的消逝，逐渐得到补偿。所以，在雅典人那里，奴隶主通过在产业上使用他的奴隶而直接取得的利益，或者通过把奴隶租给别人在产业上使用（例如开矿）而间接取得的利益，只是被看做预付货币资本的利息（和折旧费），这同资本主义生产中产业资本家把一部分剩余价值和固定资本的损耗看做他的固定资本的利息和补偿完全一样。对出租固定资本（房屋、机器等等）的资本家来说，通常也是这样。单纯的家庭奴隶，不管是从事必要的劳役，还是仅仅用于显示排场，这里我们都不予以考察，他们相当于现在的仆役阶级。但是奴隶制度，只要它在农业、制造业、航运业等等方面是生产劳动的统治形式（就像在希腊各发达国家和罗马那样），也保存着自然经济的要素。奴隶市场本身是靠战争、海上掠夺等等才不断得到劳动力这一商品的，而这种掠夺又不是以流通过程作为中介，而是要通过直接的肉体强制，对他人的劳动力实行实物占有。甚至在美国，在实行雇佣劳动制的北部各州和实行奴隶劳动制的南部各州之间的中间地带已经变成替南部各州豢养奴隶的地带，因而在那里投入奴隶市场的奴隶本身成为年再生产的要素以后，时间一长就感到这不能满足需要，还要把非洲的奴隶贸易尽可能长期地维持下来，以便充实市场。

马克思：《资本论》第 2 卷（1894 年 11 月），摘自《马克思恩格斯文集》第 6 卷，人民出版社 2009 年 12 月第 1 版，第 537—538 页。

但同时，剩余价值的这种占有，或价值生产分为预付价值的再生产和不补偿任何等价物的新价值（剩余价值）的生产，丝毫也不影响价值实体本身和价值生产的性质。价值实体不外是而且始终不外是已经耗费的劳动力——劳动，即和这种劳动的特殊的有用性质无关的劳动——，而价值生产不外就是这种耗费的过程。例如，一个农奴在六天当中耗费了劳动力，他劳动六天。这种耗费的事实本身，不会因为他例如其中三天是在自己的田里为自己干活，另外三天是在地主的田里为地主干活，而发生变化。他为自己干的自愿劳动，和为地主干的强制劳动，同样都是劳动；如果我们对他这六天的劳动从它所创造的价值或从它所创造的有用产品来考察，那我们就看不出他这六天的劳动有什么差别。差别只涉及一点：在六天劳动时间内，农奴的劳动力在一半时间内的耗费和在另一半时间内的耗费是在不同的条件下进行的。雇佣工人的必要劳动和剩余劳动的情形也是这样。

马克思：《资本论》第 2 卷（1894 年 11 月），摘自《马克思恩格斯文集》第 6 卷，人民出版社 2009 年 12 月第 1 版，第 428 页。

在这以前，无产阶级和资产阶级之间的对抗仍然是阶级反对阶级的斗争，这个斗争的最高表现就是全面革命。可见，建筑在阶级对立上面的社会最终将导致剧烈的矛盾、人们的肉搏，这用得着奇怪吗？

不能说社会运动排斥政治运动。从来没有哪一个政治运动不同时又是社会运动的。

只有在没有阶级和阶级对抗的情况下，社会进化将不再是政治革命。而在这以前，在每一次社会全盘改造的前夜，社会科学的结论总是：

"不是战斗，就是死亡；不是血战，就是毁灭。问题的提法必然如此。"（乔治·桑）

马克思：《哲学的贫困》（1847 年上半年），摘自《马克思恩格斯文集》第 1 卷，人民出版社 2009 年 12 月第 1 版，第 655—656 页。

资产阶级的生产关系是社会生产过程的最后一个对抗形式，这里所说的对抗，不是指个人的对抗，而是指从个人的社会生活条件中生长出来的对抗；但是，在资产阶级社会的胎胞里发展的生产力，同时又创造着解决这种对抗的物质条件。因此，人类社会的史前时期就以这种社会形态而告终。

马克思：《〈政治经济学批判〉序言》（1859 年 1 月），摘自《马克思恩格斯文集》第 2 卷，人民出版社 2009 年 12 月第 1 版，第 592 页。

这种剥削是通过资本主义生产本身的内在规律的作用，即通过资本的集中进行的。一个资本家打倒许多资本家。随着这种集中或少数资本家对多数资本家的剥夺，规模不断扩大的劳动过程的协作形式日益发展，科学日益被自觉地应用于技术方面，土地日益被有计划地利用，劳动资料日益转化为只能共同使用的劳动资料，一切生产资料因作为结合的、社会的劳动的生产资料使用而日益节省，各国人民日益被卷入世界市场网，从而资本主义制度日益具有国际的性质。随着那些掠夺和垄断这一转化过程的全部利益的资本巨头不断减少，贫困、压迫、奴役、退化和剥削的程度不断加深，而日益壮大的、由资本主义生产过程本身的机制所训练、联合和组织起来的工人阶级的反抗也不断增长。资本的垄断成了与这种垄断一起并在这种垄断之下繁盛起来的生产方式的桎梏。生产资料的集中和劳动的社会化，达到了同它们的资本主义外壳不能相容的地步。这个外壳就要炸毁了。资本主义私有制的丧钟就要响了。剥夺者就要被剥夺了。

马克思：《资本论》第 1 卷（1894 年 11 月），摘自《马克思恩格斯文集》第 5 卷，人民出版社 2009 年 12 月第 1 版，第 873—874 页。

劳动的现实化竟如此表现为非现实化，以致工人非现实化到饿死的地步。对象化竟如此表现为对象的丧失，以致工人被剥夺了最必要的对象——不仅是生活的必要对象，而且是劳动的必要对象。甚至连劳动本身也成为工人只有通过最大的努力和极不规则的间歇才能加以占有的对象。对对象的占有竟如此表现为异化，以致工人生产的对象越多，他能够占有的对象就越少，而且越受自己的产品即资本的统治。

这一切后果包含在这样一个规定中：工人对自己的劳动的产品的关系就是对一个异己的对象的关系。因为根据这个前提，很明显，工人在劳动中耗费的力量越多，他亲手创造出来反对自身的、异己的对象世界的力量就越强大，他自身、他的内部世界就越贫乏，归他所有的东西就越少。宗教方面的情况也是如此。人奉献给上帝的越多，他留给自身的就越少。工人把自己的生命投入对象；但现在这个生命不再属于他而属于对象了。因此，这种活动越多，工人就越丧失对象。凡是成为他的劳动的产品的东西，就不再是他自身的东西。因此，这个产品越多，他自身的东西就越少。工人在他的产品中的外化，不仅意味着他的劳动成为对象，成为外部的存在，而且意味着他的劳动作为一种与他相异的东西不依赖于他而在他之外存在，并成为同他对立的独立力量；意味着他给予对象的生命是作为敌对的和相异的东西同他相对立。

马克思：《1844 年经济学哲学手稿》（1844 年 4—8 月），摘自《马克思恩格斯文集》第 1 卷，人民出版社 2009 年 12 月第 1 版，第 157 页。

在我们看来，所谓"经济规律"并不是永恒的自然规律，而是既会产生又会消失的历史性的规律……任何一个规律只要是表现纯粹资产阶级关系的，都不是先于现代资产阶级社会而存在的；那些或多或少地对过去的全部历史起过作用的规律则仅仅表现了以阶级统治和阶级剥削为基础的一切社会状态所共有的关系。

恩格斯：《恩格斯致弗里德里希·阿尔伯特·朗格》（1865 年 3 月 29 日），摘自《马克思恩格斯文集》第 10 卷，人民出版社 2009 年 12 月第 1 版，第 225 页。

（五）劳动是价值的源泉

分工提高劳动的生产力，增加社会的财富，促使社会精美完善，同时却使工人陷入贫困直到变为机器。劳动促进资本的积累，从而也促进社会富裕程度的提高，同时却使工人越来越依附于资本家，引起工人间更剧烈的竞争，使工人卷入生产过剩的追猎活动；跟随生产过剩而来的是同样急剧的生产衰落。

马克思：《1844 年经济学哲学手稿》（1844 年 4—8 月），摘自《马克思恩格斯文集》第 1 卷，人民出版社 2009 年 12 月第 1 版，第 123 页。

我们说过："工资不是工人在他所生产的商品中占有的一份。工资是原有商品中由资本家用以购买一定量的生产性劳动的那一部分。"但是，资本家必须从出卖由工人创造的产品的价格中再补偿这笔工资。资本家必须这样做：他在补偿这笔工资时，照例要剩下一笔超出他所支出的生产费用的余额即利润。工人所生产的商品的销售价格，对资本家来说可分为三个部分：第一，补偿他所预付的原料价格和他所预付的工具、机器及其他劳动资料的损耗；第二，补偿资本家所预付的工资；第三，这些费用以外的余额，即资本家的利润。第一部分只是补偿原已存在的价值；很清楚，补偿工资的那一部分和构成资本家利润的余额完全是从工人劳动所创造出来的并追加到原料上去的新价值中得来的。而在这个意义上说，为了把工资和利润加以比较，我们可以把两者都看成是工人的产品中的份额。

马克思：《雇佣劳动与资本》（1847 年 12 月下半月），摘自《马克思恩格斯文集》第 1 卷，人民出版社 2009 年 12 月第 1 版，第 731 页。

既然商品的交换价值不过是这些东西的社会职能，与它们的自然属性毫不相关，那么我们首先要问，所有商品共同的社会实体是什么呢？这就是劳动。要生产一个商品，必须在这个商品上投入或耗费一定量的劳动。我说的不仅是劳动，而且是社会劳动。一个人生产一个物品要是为自己直接使用，供自己消费，他创造的就是产品而不是商品。作为一个自给自足的生产者，他与社会没有关系。但是，一个人要生产一个商品，就不仅要生产能满足某种社会需要的物品，而且他的劳动本身也应该是社会所耗费的劳动总额的一部分。他的劳动应该从属于社会内部的分工。没有别的分工，这种劳动就算不了什么，它所以必需，是为了补充别的分工。

我们如果把商品看做是价值，我们是只把它们看做体现了的、凝固了的或所谓结晶了的社会劳动。从这个观点来看，它们所以能够互相区别，只是由于它们代表着较多或较少的劳动量，例如，生产一条丝手巾也许比生产一块砖要耗费更多的劳动量。但是怎样测量劳动量呢？用劳动所经历的时间，也就是说，用小时、日等等来测量。当然，采用这种测量法，就必须把各种劳动化为平均劳动或简单劳动，作为它们的单位。

所以我们便得出结论：商品具有价值，因为它是社会劳动的结晶。商品的价值的大小或它的相对价值，取决于它所含的社会实体量的大小，也就是说，取决于生产它所必需的相对劳动量。所以各个商品的相对价值，是由耗费于、体现于、凝固于该商品中的相应的劳动数量或劳动量决定的。在同样劳动时间内生产出来的各种商品的各相对应的数量，是相等的。或者说：一个商品对另一个商品的价值的关系，相当于一个商品中凝固的劳动量对另一个商品中凝固的劳动量的关系。

马克思：《工资、价格和利润》（1865 年 5 月 20 日—6 月 24 日之间），摘自《马克思恩格斯文集》第 3 卷，人民出版社 2009 年 12 月第 1 版，第 47—48 页。

也许有人认为，既然商品的价值是由生产它所耗费的劳动量决定的，那么一个人越懒或越笨，他生产的商品就越有价值，因为完成这个商品所需要的劳动时间越多。然而，这样推论将是一个可悲的错误。你们记得我曾经用过"社会劳动"这个用语，"社会"这个词有许多含意。我们说，一个商品的价值是由耗费于或结晶于这个商品中的劳动量决定的，就是指，在一定的社会状态中，在一定的社会平均生产条件下，在所用劳动的一定的社会平均强度和平均熟练程度下，生产这个商品所必需的劳动量。在英国，当动力织机和手工织机开始竞争时，只需要从前的一半劳动时间就能把一定量的纱转化为一码布或呢子，可怜的手工织工，从前每天劳动 9 小时或 10 小时，这时每天要劳动 17—18 个小时了。但是，他 20 个小时的劳动产品这时只代表 10 个小时的社会劳动，或代表 10 个小时内把一定量的纱转化成布时的社会必要劳动。因此，他用 20 个小时生产的产品，并不比他从前用 10 个小时生产的产品有更多的价值。

如果说，体现在商品中的社会必要劳动量决定商品的交换价值，那么，生产一个商品所需要的劳动量增加了，这个商品的价值就必定增加，同样，生产它所需要的劳动量减少了，它的价值就必定减少。

> 马克思：《工资、价格和利润》（1865 年 5 月 20 日—6 月 24 日之间），摘自《马克思恩格斯文集》第 3 卷，人民出版社 2009 年 12 月第 1 版，第 49—50 页。

资本家和工人所能分配的仅仅是这个有限的价值，即按工人的全部劳动来测量的价值，所以一方分得的越多，他方分得的就越少，反之亦然。一个一定的数，其中一部分在增加时，另一部分相反地总要减少。工资有了变动，利润就要朝相反的方向变动。工资下降了，利润就要上涨；工资上涨了，利润就要下降。按照前面的假设，如果工人得 3 先令，即等于他所创造的价值的一半，换句话说，如果他的整个工作日一半是有偿劳动，一半是无偿劳动，利润率就是 100%，因为资本家所得的也是 3 先令。假如工人只得到 2 先令，或者，在一整天中只有 1/3 的时间为自己工作，资本家得到的就是 4 先令，利润率就是 200%。如果工人得到 4 先令，资本家只得 2 先令，利润率就降至 50%。但是，这一切变动都不会影响商品的价值。所以，工资的普遍提高只会引起一般利润率的降低，而不会影响商品的价值。

但是，商品的价值——这种价值最终一定要调节商品的市场价格——虽然完全由商品中所凝结的劳动总量来决定，并不取决于这种劳动量分为有偿劳动和无偿劳动，但是决不能说，例如在 12 小时内所生产的个别商品或成批商品的价值会永远不变。在一定的劳动时间内或由一定的劳动量所生产的商品的数或量，取决于所用的劳动的生产力，而不取决于劳动的延伸或长度。例如，在一个 12 小时的工作日内，纺纱劳动在一定的生产力水平下能生产 12 磅棉纱，在较低的生产力水平下只能生产 2 磅棉纱。如果在前一场合，12 小时的平均劳动体现为 6 先令的价值，12 磅棉纱就要值 6 先令，而在后一场合，2 磅棉纱也要值 6 先令。所以，在前一场合，1 磅棉纱只值 6 便士，在后一场合，1 磅棉纱竟要值 3 先令。这种价格上的差异，就是所用劳动的生产力有差异的结果。生产力较高时，1 小时劳动体现为 1 磅棉纱；生产力较低时，6 小时劳动才能体现为 1 磅棉纱。在前一个场合，1 磅棉纱的价格只等于 6 便士，尽管工资较高而利润率较低，在后一场合，它的价格却等于 3 先令，尽管工资较低而利润率较高。这是必然的，因为 1 磅棉纱的价格是由耗费于这磅棉纱的全部劳动量决定的，而不是由这个劳动量分为有偿劳动和无偿劳动的比例决定的。所以，我前面所说的高价劳动可能生产低廉的商品，而低价劳动可能生产昂贵的商品这一事实，也就不再像是什么奇谈怪论了。这只是说明了一般的规律，即商品的价值是由消耗于商品的劳动量决定的，所消耗的劳动量完全取决于所用劳动的生产力，因而也随劳动生产率的每一变化而变化。

> 马克思：《工资、价格和利润》（1865 年 5 月 20 日—6 月 24 日之间），摘自《马克思恩格斯文集》第 3 卷，人民出版社 2009 年 12 月第 1 版，第 65—66 页。

劳动不是一切财富的源泉。自然界同劳动一样也是使用价值（而物质财富就是由使用价值构成的！）的源泉，劳动本身不过是一种自然力即人的劳动力的表现。上面那句话在一切儿童识字课本里都可以找到，并且在劳动具备相应的对象和资料的前提下是正确的。可是，一个社会主义的纲领不应当容许这种资产阶级的说法回避那些唯一使这种说法具有意义的条件。只有一个人一开始就以所有者的身份来对待自然界这个一切劳动资料和劳动对象的第一源泉，把自然界当做属于他的东西来处置，他的劳动才成为使用价值的源泉，因而也成为财富的源泉。资产者有很充分的理由硬给劳动加上一种超自然的创造力，因为正是由于劳动的自然制约性产生出如下的情况：一个除自己的劳动力以外没有任何其他财产的人，在任何社会的和文化的状态中，都不得不为另一些已经成了劳动的物质条件的所有者的人做奴隶。他只有得到他们的允许才能劳动，因而只有得到他们的允许才能生存。

> 马克思：《哥达纲领批判》（1875 年 4 月底—5 月 7 日），摘自《马克思恩格斯文集》第 3 卷，人民出版社 2009 年 12 月第 1 版，第 428 页。

李嘉图从商品价值由实现在商品中的劳动量决定，引申出由劳动加到原料中去的价值量在工人和资本家之间进行分配，也就是它分割为工资和利润（这里指剩余价值）。他论证了：无论这两部分的比例怎样变动，商品的价值总是不变，这个规律，他认为只有个别例外。

马克思：《资本论》第 2 卷（1894 年 11 月），摘自《马克思恩格斯文集》第 6 卷，人民出版社 2009 年 12 月第 1 版，第 16 页。

于是，马克思研究了劳动形成价值的特性，第一次确定了什么样的劳动形成价值，为什么形成价值以及怎样形成价值，并确定了价值不外就是这种劳动的凝固，而这一点是洛贝尔图斯始终没有理解的。马克思进而研究商品和货币的关系，并且论证了商品和商品交换怎样和为什么由于商品内在的价值属性必然要造成商品和货币的对立。他的建立在这个基础上的货币理论是第一个详尽无遗的货币理论，今天已为大家所默认了。他研究了货币向资本的转化，并证明这种转化是以劳动力的买卖为基础的。他以劳动力这一创造价值的属性代替了劳动，因而一下子就解决了使李嘉图学派破产的一个难题，也就是解决了资本和劳动的相互交换与李嘉图的劳动决定价值这一规律无法相容这个难题。

马克思：《资本论》第 2 卷（1894 年 11 月），摘自《马克思恩格斯文集》第 6 卷，人民出版社 2009 年 12 月第 1 版，第 21—22 页。

G—A 一般被看做是资本主义生产方式的特征。但是，绝不是由于上述的原因，即由于劳动力的购买是这样一种购买契约，按照这个契约，提供的劳动量，一定要大于补偿劳动力价格即工资所必需的量，也就是，一定要提供剩余劳动，——这是预付价值资本化或者说剩余价值生产的根本条件。相反，是由于它的形式，由于劳动是以工资的形式用货币购买的，而这一点被认为是货币经济的标志。

在这里，被当做特征的，也不是形式的不合理。相反，这种不合理正好被忽视了。这种不合理在于：作为价值形成要素的劳动本身不能具有价值，从而，一定量劳动也不能具有在它的价格上，在它和一定量货币的等价上表现出来的价值。但是我们知道，工资只是一个伪装的形式。在这个形式上，比方说，劳动力的一日的价格，表现为这个劳动力在一日中付出的劳动的价格，以致这个劳动力在 6 小时劳动内生产的价值，表现为这个劳动力 12 小时的工作或劳动的价值。

马克思：《资本论》第 2 卷（1894 年 11 月），摘自《马克思恩格斯文集》

第 6 卷，人民出版社 2009 年 12 月第 1 版，第 36—37 页。

投在运输业上的生产资本，会部分地由于运输工具的价值转移，部分地由于运输劳动的价值追加，把价值追加到所运输的产品中去。……

在每一个生产过程中，劳动对象的位置变化，以及这种变化所必需的劳动资料和劳动力——例如，棉花由梳棉车间运到纺纱车间，煤炭由井下运到地面——，都起着重要作用。完成的产品作为完成的商品从一个独立的生产场所转移到相隔很远的另一个生产场所，只是在较大的规模上表示同样的现象。在产品从一个生产场所运到另一个生产场所以后，接着还有完成的产品从生产领域运到消费领域。产品只有完成这个运动，才是现成的消费品。

马克思：《资本论》第 2 卷（1894 年 11 月），摘自《马克思恩格斯文集》第 6 卷，人民出版社 2009 年 12 月第 1 版，第 168 页。

生产资本其余的要素，一部分是由存在于辅助材料和原料上的不变资本要素构成，一部分是由投在劳动力上的可变资本构成。……这些不同的组成部分，作为产品形成要素和价值形成要素，是完全不同的。由辅助材料和原料构成的那部分不变资本的价值——和由劳动资料构成的那部分不变资本的价值完全一样——，是作为仅仅转移的价值，再现在产品的价值中，而劳动力则通过劳动过程，把它的价值的等价物追加到产品中去，或者说，实际上把它的价值再生产出来。其次，一部分辅助材料，如充做燃料的煤炭、用于照明的煤气等等，在劳动过程中消费掉，但不会在物质上加入产品，而另一部分辅助材料以物体加入产品，并成为产品实体的材料。不过，这一切差异，对流通来说，从而对周转的方式来说，是没有关系的。只要辅助材料和原料在形成产品时全部消费掉，它们就把自己的全部价值转移到产品中去。因此，这个价值也全部通过产品而流通，转化为货币，并由货币再转化为商品的生产要素。它的周转不像固定资本的周转那样被中断，而是不断地通过它的各种形式的全部循环，因此，生产资本的这些要素不断地在实物形式上更新。

至于生产资本中投在劳动力上的可变组成部分，那么，劳动力是按一定时间购买的。一旦资本家购买了劳动力并把它并入生产过程，它就构成他的资本的一个组成部分，即资本的可变组成部分。它每天在一定的时间内发生作用，在这个时间内，它不仅把它一天的全部价值，而且还把一个超额剩余价值，追加到产品中去；在这里，我们暂且把这个超额剩余价值撇开不说。在劳动力比如说按一周购买并且发生作用之后，这种购买必须按习惯的期限不断更新。劳动力在执行职能时把它的价值的等价物追加到产品中去，这个等价物随着产品的流通转化为货币。要使连续生产的循环不致中断，这个等价物就必须不断地由货币再转化为劳动力，或者说，不断地经过它的各种形式的完整的循环，就是说，必须不断地周转。

因此，预付在劳动力上的那部分生产资本的价值，全部转移到产品中去（我们在这里总是撇开剩余价值不说），同产品一起经过流通领域的两个形态变化，并通过这种不断的更新，不断并入生产过程。所以，在另一场合，即就价值的形成来说，不管劳动力和不变资本中形成非固定资本的组成部分多么不同，它的价值的这种周转方式却和这些部分相同，而与固定资本相反。生产资本的这两个组成部分——投在劳动力上的价值部分和投在形成非固定资本的生产资料上的价值部分——由于它们在周转上的这种共同性，便作为流动资本与固定资本相对立。

> 马克思：《资本论》第 2 卷（1894 年 11 月），摘自《马克思恩格斯文集》第 6 卷，人民出版社 2009 年 12 月第 1 版，第 183—185 页。

固定资本需要有各种特别的维持费用。固定资本的维持，部分地是依靠劳动过程本身；固定资本不在劳动过程内执行职能，就会损坏。……因此，英国的法律把那种不按国内习惯耕种租地的行为明确地当做破坏行为来看待。……这种在劳动过程中通过使用而得到的保存，是活劳动的无偿的自然恩惠。而且劳动的保存力是二重的。一方面，它保存劳动材料的价值，是通过把这一个价值转移到产品中去；另一方面，它保存劳动资料的价值，是通过保存劳动资料的使用价值，通过劳动资料在生产过程中发挥作用，即使它并不把劳动资料的价值转移到产品中去。

> 马克思：《资本论》第 2 卷（1894 年 11 月），摘自《马克思恩格斯文集》第 6 卷，人民出版社 2009 年 12 月第 1 版，第 193 页。

劳动力也是这样。生产资本的一部分必须不断固定在劳动力上，不论在什么地方，同样一些劳动力，和同一些机器一样，在较长的时间内是由同一个资本家使用的。在这里，劳动力和机器的区别，并不是在于机器一次全部买下（在分期付款时，情形也不是这样），工人不是一次买下，而是在于工人耗费的劳动全部加入产品价值，机器的价值却只是一部分一部分地加入产品价值。

> 马克思：《资本论》第 2 卷（1894 年 11 月），摘自《马克思恩格斯文集》
> 第 6 卷，人民出版社 2009 年 12 月第 1 版，第 219 页。

重农学派把预付在工资上的资本部分正确地列入和"原预付"相对立的"年预付"。但另一方面，在他们那里，不是劳动力本身，而是付给农业工人的生活资料（用斯密的话来说，就是"工人的给养"）表现为租地农场主使用的生产资本的组成部分。这一点恰好和他们独特的理论有联系。在他们看来，由劳动加到产品中去的那部分价值（正像原料、劳动工具等不变资本的物质组成部分加到产品中去的那部分价值完全一样），只是等于付给工人的为维持他们作为劳动力的职能所必须消费的生活资料的价值。他们的理论本身使他们不可能发现不变资本和可变资本的区别。如果劳动（除了再生产它本身的价格外）生产剩余价值，那么，它在工业中也像在农业中一样，生产剩余价值。但是，按照他们的体系，劳动只在一个生产部门即农业中生产剩余价值，所以，剩余价值就不是由劳动产生，而是由自然在这个部门的特殊作用（协助）产生。仅仅由于这个原因，在他们看来，农业劳动和其他种类的劳动不同，是生产劳动。

> 马克思：《资本论》第 2 卷（1894 年 11 月），摘自《马克思恩格斯文集》
> 第 6 卷，人民出版社 2009 年 12 月第 1 版，第 236—237 页。

投在工资上的资本的现实物质，是劳动本身，是发挥作用的、创造价值的劳动力，是活的劳动。资本家用死的、对象化的劳动来和它交换，把它并入他的资本，只有这样，他手中的价值才转化为一个自行增殖的价值。但是，资本家并不出卖这种自行增殖的力。这种力，和他的劳动资料一样，始终只是他的生产资本的组成部分。在生产过程中，劳动资料当做生产资本的组成部分，不是作为固定资本和劳动力相对立，同样，劳动材料和辅助材料也不是作为流动资本和劳动力相一致；从劳动过程的观点看，这二者都是作为物的因素和作为人的因素的劳动力相对立。从价值增殖过程的观点看，二者都是作为不变资本和劳动力即可变资本相对立。或者，如果这里指的是那种影响流通过程的物质差别，那么，这种差别只在于，从价值（它不外是已经对象化的劳动）的性质和从发挥作用的劳动力（它不外是正在对象化的劳动）的性质中得出的情况是：劳动力在它执行职能期间不断创造价值和剩余价值；在劳动力方面表现为运动，表现为创造价值的东西，在劳动力的产品方面，在静止的形式上，表现为已经创造的价值。在劳动力发生作用之后，资本就不再是一方面由劳动力和另一方面由生产资料构成。投在劳动力上的资本价值，现在是加到产品中的价值（＋剩余价值）。为了使过程反复进行，产品必须出售，由此得到的货币要不断地重新购买劳动力，并把它并入生产资本。于是，这就使投在劳动力上的那部分资本，和投在劳动材料等等上的那部分资本一样，取得了同仍然固定在劳动资料上的资本相对立的流动资本的性质。

马克思：《资本论》第 2 卷（1894 年 11 月），摘自《马克思恩格斯文集》
第 6 卷，人民出版社 2009 年 12 月第 1 版，第 247—248 页。

我们从前面已经知道，亚·斯密自己后来也抛弃了他自己的理论，但并没有意识到自己的矛盾。而这些矛盾的来源，恰好要到他的科学的起点上去寻找。转化为劳动的资本所生产的价值，大于这个资本本身的价值。这是怎样产生的呢？亚·斯密说，这是因为工人在生产过程中把一个价值加到他们所加工的物品中去，这个价值除了为他们自己的购买价格形成一个等价物之外，还形成一个不归他们而归他们的雇主所得的剩余价值（利润和地租）。但是，这也就是他们所完成并且能够完成的一切。一天的产业劳动是如此，整个资本家阶级在一年当中推动的劳动也是如此。因此，年社会价值产品的总量，只能分解为 $v + m$，分解为一个等价物和一个追加价值，前者工人用来补偿作为他们自己的购买价格而耗费的资本价值，后者工人必须作为这个资本价值的超额部分提供给他们的雇主。但商品的这两个价值要素同时又形成参与再生产的不同阶级的收入源泉：前者形成工资，即工人的收入；后者形成剩余价值，其中一部分被产业资本家以利润形式保留在自己手里，另一部分则被作为地租让出，成为土地所有者的收入。

马克思：《资本论》第 2 卷（1894 年 11 月），摘自《马克思恩格斯文集》
第 6 卷，人民出版社 2009 年 12 月第 1 版，第 415—416 页。

亚·斯密的第一个错误，是把年产品价值和年价值产品等同起来。后者只是过去一年劳动的产品；前者除此以外，还包含在生产年产品时消费掉的、然而是前一年生产的、一部分甚至是前几年生产的一切价值要素——生产资料，他们的价值只是再现而已，就它们的价值来说，它们既不是过去一年间耗费的劳动生产的，也不是它再生产的。亚·斯密把这两种不同的东西混淆起来，从而巧妙地赶走了年产品中的不变价值部分。这种混淆本身建立在他的基本观点的另一个错误上：他没有区分劳动本身的二重性，这就是，劳动作为劳动力的耗费创造价值，而作为具体的有用的劳动创造使用物品（使用价值）。每年生产的商品的总额，即全部年产品，是过去一年发生作用的有用劳动的产品；这一切商品所以存在，只是因为社会地使用的劳动已经在各种有用劳动的一个枝权繁多的系统中耗费。只是因为如此，在生产它们时消费的生产资料的价值，才得以保留在它们的总价值中，而以新的实物形式再现出来。因此，全部年产品是当年耗费的有用劳动的结果，但年产品价值只有一部分是当年创造出来的；这一部分就是年价值产品，它体现了一年之内所推动的劳动的总和。

马克思：《资本论》第 2 卷（1894 年 11 月），摘自《马克思恩格斯文集》第 6 卷，人民出版社 2009 年 12 月第 1 版，第 418 页。

……如果只考察价值量，扩大再生产的物质基础是在简单再生产内部生产出来的。简单说来，这种物质基础就是直接用在第Ⅰ部类生产资料的生产上的、用在第Ⅰ部类潜在的追加资本的创造上的第Ⅰ部类工人阶级的剩余劳动。因此，A、（Ⅰ）方面潜在的追加货币资本的形成——通过相继出售他们的在没有任何资本主义货币支出的情况下形成的剩余产品——，在这里也就只是追加地生产出来的第Ⅰ部类的生产资料的货币形式。

马克思：《资本论》第 2 卷（1894 年 11 月），摘自《马克思恩格斯文集》第 6 卷，人民出版社 2009 年 12 月第 1 版，第 559 页。

另一方面，工资，即收入的第三个独特形式，总是等于资本的可变组成部分，即不是用于劳动资料，而是用来购买活劳动力，用来支付工人的报酬的组成部分。……这是工人的总工作日中用来再生产可变资本价值，从而再生产劳动价格的那部分工作日的对象化，是工人用来再生产他自己的劳动力的价值或他的劳动的价格的那部分商品价值。工人的总工作日分为两部分。一部分是工人为了再生产他自己的生活资料的价值所必须完成的劳动量；这是他的总劳动中的有酬部分，是他的劳动中为维持他自己和再生产他自己所必要的部分。工作日中整个其余的部分，是工人在他的工资价值中实现的劳动以外完成的全部剩余劳动量，这是剩余劳动，是无酬劳动，表现为他的全部商品生产中的剩余价值（因而表现为剩余商品量）；这个剩余价值又分为几个名称不同的部分，分为利润（企业主收入加上利息）和地租。

马克思：《资本论》第 3 卷（1894 年 11 月），摘自《马克思恩格斯文集》第 7 卷，人民出版社 2009 年 12 月第 1 版，第 944—945 页。

工资是各个范畴的这种界限的基础。一方面，工资由自然规律调节；工资的最低限度是由工人维持和再生产自己的劳动力在身体上所必需的生活资料的最低限度规定的，也就是由一定量的商品规定的。这些商品的价值是由它们的再生产所需要的劳动时间决定的，从而是由新追加到生产资料上的那部分劳动决定的，或者是由工作日中工人为生产和再生产这种必要生活资料的价值的等价物所需要的部分决定的。比如工人每天平均的生活资料的价值 = 6 小时的平均劳动，工人就必须每天平均为自己劳动 6 小时。他的劳动力的实际价值会偏离身体上的这个最低限度；气候和社会发展水平不同，劳动力的实际价值也就不同；它不仅取决于身体需要，而且也取决于成为第二天性的历史地发展起来的社会需要。但在每个国家，在一定的时期，这个起调节作用的平均工资都是一个已定的量。因此，其他一切收入的价值就有了一个界限。这个价值总是等于总工作日（在这里，它和平均工作日相一致，因为它包括社会总资本所推动的劳动总量）借以得到体现的价值减去总工作日中体现工资的部分。因此，这个价值的界限是由无酬劳动所借以表现的价值的界限决定的，也就是由这个无酬劳动的量决定的。如果工人用来再生产自己的工资价值的工作日部分的最后界限，是他的工资的身体上的最低限度，那么，工作日的另一部分——代表他的剩余劳动的部分，即表示剩余价值的价值部分——的界限，就是工作日的身体上的最高限度，即工人在维持和再生产自己的劳动力的情况下每天一般可以提供的劳动时间的总量。因为在当前的探讨中，说的是每年新追加的总劳动借以体现的价值的分配，所以在这里，可以把工作日看成是一个不变量，并且假定它是一个不变量，而不管它会以怎样程度上下偏离它的身体上的最高限度。因此，形成剩余价值并分解为利润和地租的价值部分的绝对界限是已定的，是由工作日的有酬部分以外的无酬部分决定的，因而是由总产品中体现这个剩余劳动的价值部分决定的。如果我们像我已经做过的那样，把这些在界限上已定的并且按全部预付资本计算的剩余价值叫做利润，那么，这个利润按绝对量来说，就等于剩余价值，因而它的界限也和剩余价值的界限一样，都是按照规律来决定的。

马克思：《资本论》第 3 卷（1894 年 11 月），摘自《马克思恩格斯文集》

第 7 卷，人民出版社 2009 年 12 月第 1 版，第 973—974 页。

……工资对剩余价值量和剩余价值率的影响，同工作日长度和劳动强度对它们的影响是相反的；工资的增加会减少剩余价值，而工作日的延长和劳动强度的提高则会增加剩余价值。

例如，假定有一个 100 的资本，使用 20 个工人，在他们每天劳动 10 小时，每周总工资为 20 的情况下，生产一个 20 的剩余价值。这样，我们就得到：

$80c + 20v + 20m$；$m' = 100\%$，$p' = 20\%$。

假定工作日延长到 15 小时，但工资不增加。这样，20 个工人的总价值产品，就由 40 增加到 60（$10 : 15 = 40 : 60$）；因为支付的工资 v 保持不变，所以剩余价值就由 20 增加到 40。这样，我们就得到：

$80c + 20v + 40m$；$m' = 200\%$，$p' = 40\%$。

另一方面，如果每天劳动仍旧是 10 小时，而工资由 20 下降到 12，那么总价值产品仍旧是 40，但分配情况不同了；v 减少到 12，余下的 28 就是 m。这样，我们就得到：

$80c + 12v + 28m$；$m' = 233\frac{1}{3}\%$，$p' = \frac{28}{92} = 30\frac{10}{23}\%$。

由此可见，工作日的延长（或劳动强度的相应提高）和工资的降低，都会增加剩余价值量，从而会提高剩余价值率；相反，在其他条件不变的情况下，工资的增加则会降低剩余价值率。所以，如果 v 因工资的增加而增加，这并不表示劳动量增加了，而只是表示劳动量的报酬更高了；在这个场合，就不会提高，而会降低。

在这里就可以看出，工作日、劳动强度和工资的变化，一定会使 v 和 m 以及它们的比率同时发生变化，从而也会使，即 m 和 c + v（总资本）的比率同时发生变化。同样很清楚，m 和 v 的比率的变化，也就意味着上述三个劳动条件中至少有一个条件已经发生变化。

在这里正好可以看出可变资本同总资本的运动及其增殖之间的特殊的有机联系，以及可变资本同不变资本的区别。就价值形成而言，不变资本所以重要，只是在于它具有的价值。在这里，对价值形成来说，1500 镑不变资本究竟是代表 1500 吨铁（假定每吨 1 镑）还是代表 500 吨铁（每吨 3 镑），是完全没有关系的。不变资本的价值究竟代表多少实际材料，对价值形成和利润率来说，是完全没有关系的。不变资本价值的增减和这个资本所代表的物质使用价值的量不管成什么比率，利润率同不变资本价值总是按相反的方向变动。

可变资本的情况就完全不是这样。在这里重要的，首先不是在于可变资本具有的价值，不是在于对象化在可变资本中的劳动，而是在于这个价值只是可变资本所推动的但没有在可变资本中体现的总劳动的指数。这个总劳动和在可变资本本身中体现的劳动即有酬劳动的差额，或者说，总劳动中形成剩余价值的部分，在可变资本本身包含的劳动越小的时候，就越大。假定一个 10 小时的工作日等于 10 先令 = 10 马克。如果必要劳动即补偿工资或可变资本的劳动 = 5 小时 = 5 先令，那么，剩余劳动就 = 5 小时，剩余价值就 = 5 先令。如果必要劳动 = 4 小时 = 4 先令，那么，剩余劳动就 = 6 小时，剩余价值就 = 6 先令。

因此，只要可变资本价值的大小不再是它所推动的劳动量的指数，或者不如说，这个指数的尺度本身已经发生变化，那么，剩余价值率就会随之按相反的方向和相反的比例发生变化。

马克思：《资本论》第 3 卷（1894 年 11 月），摘自《马克思恩格斯文集》第 7 卷，人民出版社 2009 年 12 月第 1 版，第 60—62 页。

第三，工作日长度不等。如果 20 个工人在劳动强度相同的情况下，在 I 式每天劳动 9 小时，在 II 式每天劳动 12 小时，在 III 式每天劳动 18 小时，那么，它们的总产品之比 30∶40∶60，就等于 9∶12∶18，而且，因为工资在每个场合都 = 20，所以剩余价值又分别是 10，20 和 40。

可见，工资的提高或降低会以相反的方向，劳动强度的提高或降低和工作日的延长或缩短会以相同的方向，影响剩余价值率，从而在不变时，影响利润率。

马克思：《资本论》第 3 卷（1894 年 11 月），摘自《马克思恩格斯文集》第 7 卷，人民出版社 2009 年 12 月第 1 版，第 76—77 页。

在可变资本不变，也就是说，按相同的名义工资使用的工人人数不变的条件下，绝对剩余价值的增加，或剩余劳动从而工作日的延长，——不管额外时间有没有报酬都一样，——会相对地降低不变资本同总资本、同可变资本相比的价值，并由此提高利润率（这里也是把剩余价值量的增加和剩余价值率的可能的提高撇开不说）。不变资本的固定部分即工厂建筑物、机器等等的规模，不管用来工作 16 小时，还是 12 小时，都会仍旧不变。工作日的延长并不要求在不变资本的这个最花钱的部分上有新的支出。此外，固定资本的价值，由此会在一个较短的周转期间系列中再生产出来，因而，这种资本为获得一定利润所必须预付的时间缩短了。因此，甚至在额外时间支付报酬，而且在一定限度内甚至比正常劳动时间支付较高报酬的情况下，工作日的延长都会提高利润。因此，现代工业制度下不断增长的增加固定资本的必要性，也就成了唯利是图的资本家延长工作日的一个主要动力。

> 马克思：《资本论》第 3 卷（1894 年 11 月），摘自《马克思恩格斯文集》
> 第 7 卷，人民出版社 2009 年 12 月第 1 版，第 91 页。

资本的源流，或者说资本的积累，将比例于资本已有的量而不是比例于利润率的高度而滚滚向前（撇开资本由于生产力的提高而发生的贬值），如果工作日很长，即使劳动的生产效率不高，高的利润率也是可能的，只要它以高的剩余价值率为基础；高的利润率之所以可能，是因为劳动的生产效率虽然不高，但是工人的需要很小，平均工资因此也很低。与工资低相适应的将是工人的精力缺乏。因此，尽管利润率高，资本的积累还是很慢。人口停滞，生产产品所耗费的劳动时间很多，虽然支付给工人的工资很少。

> 马克思：《资本论》第 3 卷（1894 年 11 月），摘自《马克思恩格斯文集》
> 第 7 卷，人民出版社 2009 年 12 月第 1 版，第 274 页。

事实上，自由王国只是在必要性和外在目的规定要做的劳动终止的地方才开始；因而按照事物的本性来说，它存在于真正物质生产领域的彼岸。像野蛮人为了满足自己的需要，为了维持和再生产自己的生命，必须与自然搏斗一样，文明人也必须这样做；而且在一切社会形式中，在一切可能的生产方式中，他都必须这样做。这个自然必然性的王国会随着人的发展而扩大，因为需要会扩大；但是，满足这种需要的生产力同时也会扩大。这个领域内的自由只能是：社会化的人，联合起来的生产者，将合理地调节他们和自然之间的物质变换，把它置于他们的共同控制之下，而不让它作为一种盲目的力量来统治自己；靠消耗最小的力量，在最无愧于和最适合于他们的人类本性的条件下来进行这种物质变换。但是，这个领域始终是一个必然王国。在这个必然王国的彼岸，作为目的本身的人类能力的发挥，真正的自由王国，就开始了。但是，这个自由王国只有建立在必然王国的基础上，才能繁荣起来。工作日的缩短是根本条件。

马克思：《资本论》第 3 卷（1894 年 11 月），摘自《马克思恩格斯文集》第 7 卷，人民出版社 2009 年 12 月第 1 版，第 928—929 页。

每一单个资本家，同每一个特殊生产部门的所有资本家总体一样，参与总资本对全体工人阶级的剥削，并参与决定这个剥削程度，这不只是出于一般的阶级同情，而且也是出于直接的经济利益，因为在其他一切条件（包括全部预付不变资本的价值）已定的前提下，平均利润率取决于总资本对总劳动的剥削程度。

平均利润率和每 100 资本所生产的平均剩余价值相一致；就剩余价值来说，以上所述本来是不言而喻的。就平均利润来说，不过要把预付资本价值作为利润率的一个决定因素加进来。事实上，一个资本家或一定生产部门的资本，在对他直接雇用的工人的剥削上特别关心的只是：或者通过例外的过度劳动，或者通过把工资降低到平均工资以下的办法，或者通过所使用的劳动的例外生产率，可以获得一种额外利润，即超出平均利润的利润。撇开这一点不说，一个在本生产部门内完全不使用可变资本，因而完全不使用工人的资本家（事实上这是一个极端的假定），会像一个只使用可变资本，因而把全部资本都投到工资上面的资本家（又是一个极端的假定）一样地关心资本对工人阶级的剥削，并且会像后者一样地从无酬的剩余劳动获取他的利润。但劳动的剥削程度，在工作日已定时，取决于劳动的平均强度，而在劳动强度已定时，则取决于工作日的长度。剩余价值率的高低，因而，在可变资本的总额已定时，剩余价值量，从而利润量，取决于劳动的剥削程度。一个部门的资本，与总资本不同，对本部门直接雇用的工人的剥削会表现出特别的关心，而单个资本家，与整个本部门不同，则对他个人使用的工人的剥削会表现出特别的关心。

马克思：《资本论》第 3 卷（1894 年 11 月），摘自《马克思恩格斯文集》第 7 卷，人民出版社 2009 年 12 月第 1 版，第 219—220 页。

在资本主义生产发展阶段不同、因而资本有机构成也不同的各个国家中，剩余价值率（剩余价值是决定利润率的一个因素）在正常工作日较短的国家可以高于正常工作日较长的国家。第一，如果英国的 10 小时工作日由于劳动强度较高，而和奥地利的 14 小时工作日相等，那么，在工作日分割相同的情况下，英国 5 小时剩余劳动，在世界市场上可以比奥地利 7 小时剩余劳动代表更高的价值。第二，同奥地利相比，英国的工作日可以有较大的部分形成剩余劳动。

一个同样的或甚至一个不断提高的剩余价值率表现为不断下降的利润率这个规律，换一个说法就是：某个一定量的社会平均资本（例如资本100）表现为劳动资料的部分越来越大，表现为活劳动的部分越来越小。这样，因为追加在生产资料上的活劳动的总量，同这种生产资料的价值相比，减少了，所以，无酬劳动和体现无酬劳动的价值部分，同预付总资本的价值相比，也减少了。或者说，所投总资本中转化为活劳动的部分越来越小，因而这个总资本所吸收的剩余劳动，同它自己的量相比，也越来越小，虽然所使用的劳动的无酬部分和有酬部分的比率可以同时增大。可变资本的相对减少和不变资本的相对增加（尽管这两个部分都已经绝对增加），如上所说，只是劳动生产率提高的另一种表现。

> 马克思：《资本论》第 3 卷（1894 年 11 月），摘自《马克思恩格斯文集》
> 第 7 卷，人民出版社 2009 年 12 月第 1 版，第 240 页。

资本主义生产和积累的发展过程，要求劳动过程的规模及其范围日益扩大，要求每一个企业的预付资本相应地日益增加。因此，日益增长的资本积聚（与此同时，资本家人数也会增加，只是增加的程度较小），既是资本主义生产和积累的物质条件之一，又是二者本身产生的结果之一。与此同时进行并互相影响的，是或多或少直接从事生产的人日益被剥夺。因此，对单个资本家来说，不言而喻的是：他们支配的劳动军越来越大（尽管对他们来说，可变资本同不变资本相比已经减少）；他们占有的剩余价值量，从而利润量，会随着利润率的下降并且不顾这种下降而同时增长起来。那些使大批劳动军集中在各单个资本家支配下的原因，又正好使所使用的固定资本和原料、辅助材料的量同所使用的活劳动量相比以越来越大的比例增加起来。

> 马克思：《资本论》第 3 卷（1894 年 11 月），摘自《马克思恩格斯文集》
> 第 7 卷，人民出版社 2009 年 12 月第 1 版，第 244 页。

劳动的剥削程度，剩余劳动和剩余价值的占有，特别会由于工作日的延长和劳动的强化而提高。……使劳动强化的因素很多，其中包括不变资本同可变资本相比的相对增加，因而也包括利润率的下降，例如在一个工人必须看管更多机器的时候，情况就是这样。在这里——也像生产相对剩余价值时使用的大多数方法一样——，引起剩余价值率提高的同一些原因，都包含着按所使用的总资本的一定量来考察的剩余价值量的减少。但是，还有使劳动强化的另一些因素，例如提高机器速度，这些因素固然会在同一时间内消费更多的原料，而就固定资本来说，固然会加速机器的磨损，但是丝毫不会影响机器价值和使机器运转的劳动的价格的比率。而特别是延长工作日这一现代工业的发明，会增加所占有的剩余劳动的量，但是不会使所使用的劳动力和它所推动的不变资本的比率发生实质上的变化，实际上反而会使不变资本相对减少。此外，我们已经指出——这是利润率趋向下降的真正秘密——，生产相对剩余价值的办法总的说来可以归结为：一方面，使一定量劳动尽可能多地转化为剩余价值，另一方面，同预付资本相比，又尽可能少地使用劳动；所以，使人们可以提高劳动剥削程度的同一些原因，都使人们不能用同一总资本去剥削和以前一样多的劳动。这是两个相反的趋势，它们使剩余价值率提高，同时又使一定量资本所生产的剩余价值量减少，从而使利润率下降。这里也要提到大规模使用妇女劳动和儿童劳动，因为即使付给他们全家的工资总额增加了（这绝不是普通的情况），他们全家为资本提供的剩余劳动数量必然比以前更大了。——在所使用的资本的量不变时仅仅通过方法的改善来促进相对剩余价值生产的一切办法，都有这样的作用，例如在农业中就是这样。虽然在这里，所使用的不变资本同被我们看做所使用的劳动力的指数的可变资本相比并没有增加，但是产品量同所使用的劳动力相比却增加了。如果劳动（不管它的产品是进入工人消费，还是成为不变资本的要素）的生产力从交通方面的各种障碍下，从各种任意的或随着时间的推移会起干扰作用的限制下，总之，从各种束缚下解放出来，不致由此直接影响可变资本和不变资本的比率，那么，也会产生同样的结果。

马克思：《资本论》第 3 卷（1894 年 11 月），摘自《马克思恩格斯文集》
第 7 卷，人民出版社 2009 年 12 月第 1 版，第 258—260 页。

于是古典经济学就发现了，商品的价值是由商品所包含的，为生产该商品所必需的劳动来决定的。古典经济学满足于这样的解释。我们也可以暂且到此为止。不过为了避免误会起见，我认为需要提醒一下，这种解释在今天已经完全不够了。马克思曾经第一个彻底研究了劳动所具有的创造价值的特性，并且发现，并非任何仿佛是或者甚至真正是生产某一商品所必需的劳动，都会在任何条件下给这一商品追加一个与所消耗的劳动量相当的价值量。因此，如果我们现在还是简单地采用李嘉图这样的经济学家们的说法，指出商品的价值是由生产该商品所必需的劳动决定的，那么我们在这里总是以马克思所提出的那些附带条件为当然前提的。这里指出这一点就够了。其余的可以在马克思 1859 年发表的《政治经济学批判》一书和《资本论》第一卷里找到。

> 恩格斯：《〈雇佣劳动与资本〉恩格斯写的 1891 年单行本导言》（1891 年
> 4 月 30 日），摘自《马克思恩格斯文集》第 1 卷，人民出版社 2009 年 12
> 月第 1 版，第 703 页。

马克思的第二个重要发现，就是彻底弄清了资本和劳动的关系，换句话说，就是揭示了在现代社会内，在现存资本主义生产方式下，资本家对工人的剥削是怎样进行的。自从政治经济学提出了劳动是一切财富和一切价值的源泉这个原理以后，就不可避免地产生了一个问题：雇佣工人拿到的不是他的劳动所生产的价值总额，而必须把其中的一部分交给资本家，这一情况怎么能和上面的原理相容呢？不论是资产阶级经济学家或是社会主义者都力图对这个问题作出有科学根据的答复，但都徒劳无功，直到最后才由马克思作出了解答。他的解答如下：现代资本主义生产方式是以两个社会阶级的存在为前提的，一方面是资本家，他们占有生产资料和生活资料；另一方面是无产者，他们被排除于这种占有之外而仅有一种商品即自己的劳动力可以出卖，因此他们不得不出卖这种劳动力以占有生活资料。但是一个商品的价值是由体现在该商品的生产中，从而也体现在它的再生产中的社会必要劳动量决定的；所以，一个平常人一天、一月或一年的劳动力的价值，是由体现在维持这一天，一月或一年的劳动力所必需的生活资料量中的劳动量来决定的。假定一个工人一天的生活资料需要 6 小时的劳动来生产，或者也可以说，它们所包含的劳动量相当于 6 小时的劳动量；在这种场合，一天的劳动力的价值就表现为同样体现 6 小时劳动的货币量。再假定说，雇用这个工人的资本家付给他这个数目，即付给他劳动力的全部价值。这样，如果工人每天给这个资本家做 6 小时的工，那他就完全抵偿了资本家的支出，即以 6 小时的劳动抵偿了 6 小时的劳动。在这种场合，这个资本家当然是什么也没有得到；因此，他对事情有完全不同的想法。

他说，我购买这个工人的劳动力不是 6 个小时，而是一整天。因此他就根据情况让工人劳动 8 小时、10 小时、12 小时、14 小时或者更多的时间，所以第 7 小时，第 8 小时和以后各小时的产品就是无酬劳动的产品，首先落到资本家的腰包里。这样，给这个资本家做事的工人，不仅再生产着他那由资本家付酬的劳动力的价值，而且除此之外还生产剩余价值，这个剩余价值首先被这个资本家所占有，然后按一定的经济规律在整个资本家阶级中进行分配，构成地租、利润、资本积累的基础，总之，即非劳动阶级所消费或积累的一切财富的基础。这样也就证明了，现代资本家，也像奴隶主或剥削徭役劳动的封建主一样，是靠占有他人无酬劳动发财致富的，而所有这些剥削形式彼此不同的地方只在于占有这种无酬劳动的方式有所不同罢了。这样一来，有产阶级胡说现代社会制度盛行公道、正义、权利平等、义务平等和利益普遍和谐这一类虚伪的空话，就失去了最后的立足之地，而现代资产阶级社会就像以前各种社会一样真相大白：它也是人数不多并且仍在不断缩减的少数人剥削绝大多数人的庞大机构。

恩格斯：《卡尔·马克思》（1877 年 6 月中），摘自《马克思恩格斯文集》第 3 卷，人民出版社 2009 年 12 月第 1 版，第 460—461 页。

除此之外，从李嘉图的价值理论中还可以得出别的结论，而且已经得出了别的结论。商品的价值是由生产商品所需要的劳动决定的。但实际上，在这个可恶的世界上，商品时而高于其价值时而低于其价值被出售，并且这不只是竞争引起的波动所产生的结果。利润率也具有一种对所有资本家保持同一水平的平均化趋势，正如商品价格具有通过供求关系把自己还原为劳动价值的趋势一样。但是，利润率是按照投入一个工业企业的总资本来计算的。在两个不同的生产部门中，年产品可以体现同样的劳动量，因而代表同等价值，两部门的工资又同样高，但是一个生产部门的预付资本却可能是并且常常是另一个生产部门的两倍或三倍，这样，李嘉图的价值规律在这里就同利润率平均化的规律产生了矛盾，这一点李嘉图本人已经发现。如果两个生产部门的产品都按它们的价值出售，利润率就不可能是平均的；如果利润率平均了，两个生产部门的产品就不可能按它们的价值出售。所以我们在这里遇到两个经济规律的矛盾，两个经济规律的二律背反；这个矛盾的实际解决，照李嘉图的说法（第 1 章第 4 节和第 5 节），占上风的照例是利润率而不是价值。

恩格斯：《马克思和洛贝尔图斯》（1884 年 10 月 23 日），摘自《马克思恩格斯文集》第 4 卷，人民出版社 2009 年 12 月第 1 版，第 204 页。

向乌托邦的过渡，一挥手之间就完成了。为保证商品按劳动价值进行交换成为毫无例外的常规而采取的"措施"，没有引起任何困难。这一派的其他空想家，从格雷到蒲鲁东，都煞费苦心地揣摩过用什么社会机构来实现这个目标。他们至少还试图通过经济途径，通过进行交换的商品占有者本身的活动，来解决经济问题。洛贝尔图斯解决问题的办法却简单多了。他作为一个地道的普鲁士人，求助于国家：国家政权的一道命令就能实现这个改革。

恩格斯：《马克思和洛贝尔图斯》（1884 年 10 月 23 日），摘自《马克思恩格斯文集》第 4 卷，人民出版社 2009 年 12 月第 1 版，第 207 页。

现在可以理解了，为什么洛贝尔图斯径直用"劳动"来决定商品价值，顶多只承认劳动有不同的强度。如果他研究过劳动通过什么来创造价值和怎样创造价值，从而决定价值和计量价值，他就会得出社会必要劳动——不论从个别产品对同类其他产品的关系上来说，还是从它对社会总需求的关系上来说都是必要的劳动。这就会使他面临一个问题：单个商品生产者的生产是怎样来适应社会的总需求的；而同时他的整个乌托邦也就搞不成了。这一次，他的确是宁可"抽象"，亦即把问题的实质"抽象"掉。

恩格斯：《马克思和洛贝尔图斯》（1884 年 10 月 23 日），摘自《马克思恩格斯文集》第 4 卷，人民出版社 2009 年 12 月第 1 版，第 211 页。

（六）劳动和教育

在私人生产者的社会里，培养熟练的劳动者的费用是由私人或其家庭负担的，所以熟练的劳动力的较高的价格也首先归私人所有；熟练的奴隶卖得贵些，熟练的雇佣工人得到较高的工资。在按社会主义原则组织起来的社会里，这种费用是由社会来负担的，所以复合劳动的成果，即所创造的比较大的价值也归社会所有。工人本身没有任何额外的要求。

恩格斯：《反杜林论》（1876 年 9 月—1878 年 6 月），摘自《马克思恩格斯文集》第 9 卷，人民出版社 2009 年 12 月第 1 版，第 209—210 页。

生产资料由社会占有，不仅会消除生产的现存的人为障碍，而且还会消除生产力和产品的有形的浪费和破坏，这种浪费和破坏在目前是生产的无法摆脱的伴侣，并且在危机时期达到顶点。此外，这种占有还由于消除了现在的统治阶级及其政治代表的穷奢极欲的挥霍而为全社会节省出大量的生产资料和产品。通过社会化生产，不仅可能保证一切社会成员有富足的和一天比一天充裕的物质生活，而且还可能保证他们的体力和智力获得充分的自由的发展和运用，这种可能性现在第一次出现了，但它确实是出现了。

> 恩格斯：《反杜林论》（1876 年 9 月—1878 年 6 月），摘自《马克思恩格斯文集》第 9 卷，人民出版社 2009 年 12 月第 1 版，第 299 页。

可见，未来的国民学校只不过是稍微"完美"一些的普鲁士中等学校，在那种学校里，希腊文和拉丁文被更为纯粹些和实用些的数学，特别是被现实哲学的诸要素所代替，而德语教学又倒退到已故的贝克尔时代，就是说差不多退到四五年级的程度。事实上，"完全不能想象"，为什么杜林先生的那些在他所涉及的一切领域中现在都已被我们证实是十足小学生的"知识"，或者确切地说，这些"知识"经过事先彻底"清洗"以后留下来的东西，不能全部"最终地转入基本知识的行列"，因为杜林先生的知识实际上从来没有脱离过这一行列。杜林先生自然也会略有所闻，在社会主义社会中，劳动将和教育相结合，从而既使多方面的技术训练也使科学教育的实践基础得到保障；因此，这一点也被他照例用于共同社会。但是，正像我们所看到的，旧的分工在杜林的未来的生产中基本上原封不动地保存下来，所以学校中的这种技术教育就脱离了以后的任何实际运用，失去了对生产本身的任何意义；它只有一个教学上的用途：可以代替体育。关于体育，我们这位根底深厚的变革家是什么也不愿意知道的。

> 恩格斯：《反杜林论》（1876 年 9 月—1878 年 6 月），摘自《马克思恩格斯文集》第 9 卷，人民出版社 2009 年 12 月第 1 版，第 339 页。

这种空泛的无内容的清淡，同《资本论》第 508—515 页上所说的一比，真是可怜到了极点，在那里马克思发挥了这样的见解："正如我们在罗伯特·欧文那里可以详细看到的那样，从工厂制度中萌发出了未来教育的幼芽，未来教育对所有已满一定年龄的儿童来说，就是生产劳动同智育和体育相结合，它不仅是提高社会生产的一种方法，而且是造就全面发展的人的唯一方法。"

我们不再谈未来大学的问题了，在这种大学里，现实哲学将构成一切知识的核心，并且除医学院外，法学院也十分兴旺；我们也不再谈"专科技术学校"了，关于这种学校我们仅仅知道，它们只开"两三门课程"。我们假定，年轻的未来公民在读完了学校全部课程以后终于能"依靠自身"，以致能够去物色妻子。

> 恩格斯：《反杜林论》（1876 年 9 月—1878 年 6 月），摘自《马克思恩格斯文集》第 9 卷，人民出版社 2009 年 12 月第 1 版，第 339—340 页。

罗伯特·欧文接受了唯物主义启蒙学者的学说：人的性格是先天组织和人在自己的一生中，特别是在发育时期所处的环境这两个方面的产物。社会地位和欧文相同的大多数人都认为，工业革命只是便于浑水摸鱼和大发横财的一片混乱。欧文则认为，工业革命是运用他的心爱的理论并把混乱化为秩序的好机会。当他在曼彻斯特领导一个有 500 多工人的工厂的时候，就试行了这个理论，并且获得了成效。从 1800 年到 1829 年间，他按照同样的精神以股东兼经理的身份管理了苏格兰的新拉纳克大棉纺厂，只是在行动上更加自由，而且获得了使他名闻全欧的成效。新拉纳克的人口逐渐增加到 2500 人，这些人的成分原来是极其复杂的，而且多半是极其堕落的分子，可是欧文把这个地方变成了一个完善的模范移民区，在这里，酗酒、警察、刑事法官、诉讼、贫困救济和慈善事业都绝迹了。而他之所以能做到这点，只是由于他使人生活在比较合乎人的尊严的环境中，特别是让成长中的一代受到精心的教育。他发明了并且第一次在这里创办了幼儿园。孩子们满一周岁以后就进幼儿园；他们在那里生活得非常愉快，父母几乎领不回去。

> 恩格斯：《反杜林论》（1876 年 9 月—1878 年 6 月），摘自《马克思恩格斯文集》第 9 卷，人民出版社 2009 年 12 月第 1 版，第 277—278 页。

六 城市和乡村

（一） 城市和乡村的分离

蒲鲁东先生竟如此不懂得分工问题，甚至没有提到例如在德国从 9 世纪到 12 世纪发生的城市和乡村的分离。这样，在蒲鲁东先生看来，这种分离必然成为永恒的规律，因为他既不知道这种分离的来源，也不知道这种分离的发展。他在他的整本书中都这样论述，仿佛这个一定生产方式的产物一直会存在到世界末日似的。蒲鲁东先生就分工问题所说的一切，最多不过是亚当·斯密和其他成百上千的人在他以前说过的东西的归纳，并且是个很表面、很不完备的归纳。

马克思：《马克思致帕维尔·瓦西里耶维奇·安年科夫》（1846 年 12 月 28 日），摘自《马克思恩格斯文集》第 10 卷，人民出版社 2009 年 12 月第 1 版，第 45 页。

到目前为止的一切生产的基本形式是分工，一方面是社会内部的分工，另一方面是每一单个生产机构内部的分工。杜林的"共同社会"是怎样看待分工的呢？

第一次社会大分工是城市和乡村的分离。

恩格斯：《反杜林论》（1876 年 9 月—1878 年 6 月），摘自《马克思恩格斯文集》第 9 卷，人民出版社 2009 年 12 月第 1 版，第 306 页。

在生产自发地发展起来的一切社会中（今天的社会也属于这样的社会），不是生产者支配生产资料，而是生产资料支配生产者。在这样的社会中，每一种新的生产杠杆都必然地转变为生产资料奴役生产者的新手段。这首先是大工业建立以前的最强有力的生产杠杆——分工的特点。第一次大分工，即城市和乡村的分离，立即使农村居民陷于数千年的愚昧状况，使城市居民受到各自的专门手艺的奴役。它破坏了农村居民的精神发展的基础和城市居民的肉体发展的基础。如果说农民占有土地，城市居民占有手艺，那么，土地也同样占有农民，手艺也同样占有手工业者。由于劳动被分割，人也被分割了。为了训练某种单一的活动，其他一切肉体的和精神的能力都成了牺牲品。人的这种畸形发展和分工齐头并进，分工在工场手工业中达到了最高的发展。

> 恩格斯：《反杜林论》（1876 年 9 月—1878 年 6 月），摘自《马克思恩格斯文集》第 9 卷，人民出版社 2009 年 12 月第 1 版，第 308 页。

现代大城市的扩展，使城内某些地区特别是市中心的地皮价值人为地、往往是大幅度地提高起来。原先建筑在这些地皮上的房屋，不但没有这样提高价值，反而降低了价值，因为这种房屋同改变了的环境已经不相称；它们被拆除，改建成别的房屋。

> 恩格斯：《论住宅问题》（1872 年 5 月—1873 年 1 月），摘自《马克思恩格斯文集》第 3 卷，人民出版社 2009 年 12 月第 1 版，第 252 页。

要造成现代革命阶级无产阶级，绝对必须割断那根把昔日的劳动者束缚在土地上的脐带。……正是现代大工业把被束缚在土地上的劳动者变成了一个完全没有财产、摆脱一切历来的枷锁而被置于法律保护之外的无产者，正是在这个经济革命造成的条件下，才可能推翻剥削劳动阶级的最后一种形式，即资本主义生产。

> 恩格斯：《论住宅问题》（1872 年 5 月—1873 年 1 月），摘自《马克思恩格斯文集》第 3 卷，人民出版社 2009 年 12 月第 1 版，第 256—257 页。

那么怎么解决住宅问题呢？在现代社会里，这个问题同其他一切社会问题的解决办法是完全一样的，这就是靠经济上供求的逐渐均衡来加以解决。这样解决了之后，问题又会不断产生，所以也就等于没有解决。社会革命将怎样解决这个问题呢？这不仅要以当时的情况为转移，而且也同一些意义深远的问题有关，其中最重要的问题之一就是消灭城乡对立。既然我们不必为构建未来社会臆造种种空想方案，探讨这个问题也就是完全多余的了。但有一点是肯定的，现在各大城市中有足够的住宅，只要合理使用，就可以立即解决现实的"住房短缺"问题。当然，要实现这一点，就必须剥夺现在的房主，或者让没有房子住或现在住得很挤的工人搬进这些房主的房子中去住。只要无产阶级取得了政权，这种具有公共福利形式的措施就会像现代国家剥夺其他东西和征用民宅那样容易实现了。

> 恩格斯：《论住宅问题》（1872 年 5 月—1873 年 1 月），摘自《马克思恩格斯文集》第 3 卷，人民出版社 2009 年 12 月第 1 版，第 264 页。

资本主义生产方式使我们的工人每夜都被圈在里边的这些传染病发源地、极恶劣的洞穴和地窟，并不是在被消灭，而只是在……被迁移！同一个经济必然性在一个地方产生了这些东西，在另一个地方也会再产生它们。

当资本主义生产方式还存在的时候，企图单独解决住宅问题或其他任何同工人命运有关的社会问题都是愚蠢的。解决办法在于消灭资本主义生产方式，由工人阶级自己占有全部生活资料和劳动资料。

> 恩格斯：《论住宅问题》（1872年5月—1873年1月），摘自《马克思恩格斯文集》第3卷，人民出版社2009年12月第1版，第307页。

（二）　资本主义制度下的城市和乡村

可是分配并不仅仅是生产和交换的消极的产物；它反过来也影响生产和交换。每一种新的生产方式或交换形式，在一开始的时候都不仅受到旧的形式以及与之相适应的政治设施的阻碍，而且也受到旧的分配方式的阻碍。新的生产方式和交换形式必须经过长期的斗争才能取得和自己相适应的分配。但是，某种生产方式和交换方式越是活跃，越是具有成长和发展的能力，分配也就越快地达到超过它的母体的阶段，达到同当时的生产方式和交换方式发生冲突的阶段。前面已经说过的古代自然形成的公社，在同外界的交往使它们内部产生财产上的差别从而发生解体以前，可以存在几千年，例如在印度人和斯拉夫人那里直到现在还是这样。现代资本主义生产则相反，它存在还不到300年，而且只是从大工业出现以来，即100年以来，才占据统治地位，而在这个短短的时期内它已经造成了分配上的对立——一方面，资本积聚于少数人手中，另一方面，一无所有的群众集中在大城市——，因此它必然要走向灭亡。

> 恩格斯：《反杜林论》（1876年9月—1878年6月），摘自《马克思恩格斯文集》第9卷，人民出版社2009年12月第1版，第155页。

当革命的风暴横扫整个法国的时候，英国正在进行一场比较平静，但是并不因此就显得缺乏力量的变革。蒸汽和新的工具机把工场手工业变成了现代的大工业，从而使资产阶级社会的整个基础发生了革命。工场手工业时代的迟缓的发展进程转变成了生产中的真正的狂飙时期。社会越来越迅速地分化为大资本家和一无所有的无产者，现在处于他们二者之间的，已经不是以前的稳定的中间等级，而是不稳定的手工业者和小商人群众，他们过着动荡不定的生活，是人口中最流动的部分。新的生产方式还处在上升时期的最初阶段；它还是正常的、在当时条件下唯一可能的生产方式。但是就在那时，它已经产生了明显的社会弊病：无家可归的人挤在大城市的贫民窟里；一切传统的血缘关系、宗法从属关系、家庭关系都解体了；劳动时间，特别是女工和童工的劳动时间延长到可怕的程度；突然被抛到全新的环境中的劳动阶级大批地堕落了。

> 恩格斯：《反杜林论》（1876 年 9 月—1878 年 6 月），摘自《马克思恩格斯文集》第 9 卷，人民出版社 2009 年 12 月第 1 版，第 277 页。

大工业使我们学会，为了技术上的目的，把几乎到处都可以造成的分子运动转变为物体运动，这样大工业在很大程度上使工业生产摆脱了地方的局限性。水力是受地方局限的，蒸汽力却是自由的。如果说水力必然存在于乡村，那么蒸汽力却决不是必然存在于城市。只有蒸汽力的资本主义应用才使它主要集中于城市，并把工厂乡村转变为工厂城市。但是这样一来，蒸汽力的资本主义应用就同时破坏了自己的运行条件。蒸汽机的第一需要和大工业中差不多一切生产部门的主要需要，就是比较干净的水。但是工厂城市把所有的水都变成臭气熏天的污水。因此，虽然向城市集中是资本主义生产的基本条件，但是每个工业资本家又总是力图离开资本主义生产所必然造成的大城市，而迁移到农村地区去经营。关于这一过程，可以在兰开夏郡和约克郡的纺织工业地区详细加以研究；在那些地方，资本主义大工业不断地从城市迁往农村，因而不断地造成新的大城市。在金属加工工业地区也有类似的情形，在那里，一部分另外的原因造成同样的结果。

要消灭这种新的恶性循环，要消灭这个不断重新产生的现代工业的矛盾，又只有消灭现代工业的资本主义性质才有可能。只有按照一个统一的大的计划协调地配置自己的生产力的社会，才能使工业在全国分布得最适合于它自身的发展和其他生产要素的保持或发展。

> 恩格斯：《反杜林论》（1876 年 9 月—1878 年 6 月），摘自《马克思恩格斯文集》第 9 卷，人民出版社 2009 年 12 月第 1 版，第 312—313 页。

（三）城乡的对立及其消灭

空想主义者已经充分地了解到分工所造成的结果，了解一方面是工人的畸形发展，另一方面是劳动活动本身的畸形发展，这种劳动活动局限于单调地机械地终身重复同一动作。欧文和傅立叶都要求消灭城市和乡村之间的对立，作为消灭整个旧的分工的第一个基本条件。他们两人都主张人口应该分成 1600—3000 人的许多集团，分布于全国：每个集团居住在他们那个地区中央的一个巨大的宫殿中，共同管理家务。虽然傅立叶在有些地方也提到城市，但是这些城市本身又只是由四个到五个这种相互毗连的宫殿组成的。根据这两个空想主义者的意见，每个社会成员都既从事农业，又从事工业；在傅立叶看来，手艺和工场手工业在工业中起着主要的作用，而在欧文看来，大工业已经起着主要的作用，而且认为在家务劳动中也应该应用蒸汽力和机器。但是，无论是在农业还是在工业中，他们两人都要求每个人尽可能多地调换工种，并且要求相应地训练青年从事尽可能全面的技术活动。在他们两人看来，人应当通过全面的实践活动获得全面的发展；劳动应当重新获得它由于分工而丧失的那种吸引力，这首先是通过经常调换工种和相应地使从事每一种劳动的"活动时间"（用傅立叶的话说）不过长的办法来实现。他们两人都远远地超出了杜林先生所承袭的剥削阶级的思维方式。这种思维方式认为，城市和乡村的对立按事物的本性来说是不可避免的；它拘泥于这样的狭隘观念，即似乎一定数量的"人"无论如何必然注定要从事某一种物品的生产；它要使根据生活方式而区分的人的"经济变种"永世长存，这些人据说对从事恰恰是这一种事物而不是别种事物感到乐趣，就是说，他们落到了竟然乐于自身被奴役和片面发展的地步。即使同"白痴"傅立叶的最狂妄的幻想所包含的基本思想相比较，即使同"粗陋、无力而贫乏"的欧文的最贫乏的观念相比较，还完全被分工奴役着的杜林先生也是一个妄自尊大的侏儒。

当社会成为全部生产资料的主人，可以在社会范围内有计划地利用这些生产资料的时候，社会就消灭了迄今为止的人自己的生产资料对人的奴役。不言而喻，要不是每一个人都得到解放，社会也不能得到解放。因此，旧的生产方式必须彻底变革，特别是旧的分工必须消灭。代替它们的应该是这样的生产组织：在这样的组织中，一方面，任何个人都不能把自己在生产劳动这个人类生存的必要条件中所应承担的部分推给别人；另一方面，生产劳动给每一个人提供全面发展和表现自己的全部能力即体能和智能的机会，这样，生产劳动就不再是奴役人的手段，而成了解放人的手段，因此，生产劳动就从一种负担变成一种快乐。

恩格斯：《反杜林论》（1876 年 9 月—1878 年 6 月），摘自《马克思恩格斯文集》第 9 卷，人民出版社 2009 年 12 月第 1 版，第 309—311 页。

德普勒的最新发现在于，能够把高压电流在能量损失较小的情况下，通过普通电报线输送到迄今连做梦也想不到的远处，并在那一端加以利用——这件事还只是处于萌芽状态——，这一发现使工业彻底摆脱几乎所有的地方条件的限制，并且使极遥远的水力的利用成为可能，如果说在最初它只是对城市有利，那么到最后它必将成为消除城乡对立的最强有力的杠杆。而且非常明显的是，生产力将因此得到大发展，以至于越来越不再需要资产阶级的管理了。

恩格斯：《恩格斯致爱德华·伯恩斯坦》（1883 年 2 月 27 日—3 月 1 日），摘自《马克思恩格斯文集》第 10 卷，人民出版社 2009 年 12 月第 1 版，第 499—500 页。

七　人口与资本主义发展

（一）　流动人口

现在我们来考察一个来自农村而大部分在工业中就业的居民阶层。他们是资本的轻步兵，资本按自己的需要把他们时而调到这里，时而调到那里。当不行军的时候，他们就"露营"。这种流动的劳动被用在各种建筑工程和排水工程、制砖、烧石灰、修铁路等方面。这是一支流动的传染病纵队，它把天花、伤寒、霍乱、猩红热等疾病带到它扎营的附近地区。在像铁路建设等需要大量投资的企业中，企业主本人通常为自己的军队提供一些木棚之类的住所。这种临时性的村落没有任何卫生设备，不受地方当局监督，对承包人先生非常有利可图，他把工人既当做产业士兵又当做房客进行着双重剥削。木棚里各有一个、两个或三个洞穴，住户即掘土工人等等按照洞穴数每周分别付房租两先令、三先令或四先令。

　　……

煤矿以及其他矿山的工人是属于不列颠无产阶级中报酬最优厚的一类工人。他们花了怎样的代价才挣得自己的工资，这一点在前面已经说过了。在这里我再略微谈谈他们的居住情况。矿山开采者，不管他是矿山的所有主还是承租人，通常要为自己的工人建造一定数量的小屋。工人"无偿地"得到小屋和燃料用煤，也就是说，这些小屋和煤构成工资中用实物支付的部分。靠这种办法安置不了的人，每年可以领到四镑作为补偿。矿区很快就吸引来大批的居民，他们是原来的矿工以及聚集在他们周围的手工业者和小店主等等。这里也像其他一切人口稠密的地方一样，地租很高。因此，采矿业主力图在井口附近的狭小的建筑地段上，盖起尽可能多的正好能塞下他的工人和工人家属的必要数量的小屋。一旦附近又开凿新矿井或者重新开采旧矿井，拥挤的程度就要增加。在建造小屋方面，唯一起作用的着眼点就是：凡是绝非必需的现金开支，资本家一概实行"禁欲"。

　　……

在同"社会舆论"或甚至同卫生警察发生冲突时，资本总是恬不知耻地对工人不得不在其中劳动和居住的、既危险又使人受辱的条件进行"辩护"，说这是为了更有利地剥削工人所必需的。当资本拒绝在工厂的危险机器上安装防护设备，拒绝在矿山中安装通风设备和采取安全措施，对此一概实行禁欲时，就是这样说的。现在，在矿工的住宅方面，它也是这样说的。

　　马克思：《资本论》第 1 卷（1894 年 11 月），摘自《马克思恩格斯文集》第 5 卷，人民出版社 2009 年 12 月第 1 版，第 765—768 页。

（二）工业人口

　　一般说来，经验向资本家表明：过剩人口，即同当前资本增殖的需要相比较的过剩人口，是经常存在的，虽然这些人发育不良、寿命短促、更替迅速、可以说尚未成熟就被摘掉。另一方面，经验向有头脑的观察者表明：虽然从历史的观点看，资本主义生产几乎是昨天才诞生的，但是它已经多么迅速多么深刻地摧残了人民的生命根源；工业人口的衰退只是由于不断从农村吸收自然生长的生命要素，才得以缓慢下来；甚至农业工人，尽管他们可以吸到新鲜空气，尽管在他们中间自然选择的规律（按照这个规律，只有最强壮的人才能生存）起着无限的作用，也已经开始衰退了。

　　马克思：《资本论》第 1 卷（1894 年 11 月），摘自《马克思恩格斯文集》第 5 卷，人民出版社 2009 年 12 月第 1 版，第 310—311 页。

　　一般说来，工厂法影响所及的工人居民的体格都大大增强了。医生的所有证词在这一点上都是一致的，我根据自己在各个不同时期的亲身观察，也确信这一点。尽管如此，并且即使撇开初生婴儿的惊人的死亡率不说，格林豪医生的正式报告还是表明，同"具有正常健康状况的农业区"相比，工厂区的健康状况是不良的。我引用他 1861 年报告中的下列统计表作为证明：

在工业中做工的成年男子的百分比	每 10 万个男子中死于肺病的人数	地区名称	每 10 万个妇女中死于肺病的人数	在工业中做工的成年妇女的百分比	妇女职业类别
14.9	598	威根	644	18.0	棉业
42.6	707	布莱克本	734	34.9	同上
37.3	547	哈利法克斯	564	20.4	毛业
41.9	611	布拉德福德	603	30.0	同上

续表

在工业中做工的成年男子的百分比	每 10 万个男子中死于肺病的人数	地区名称	每 10 万个妇女中死于肺病的人数	在工业中做工的成年妇女的百分比	妇女职业类别
31.0	691	迈克尔斯菲尔德	804	26.0	丝业
14.9	588	利克	705	17.2	同上
36.6	721	特伦特河畔斯托克	665	19.3	瓦器业
30.4	726	伍尔斯坦顿	727	13.9	同上
—	305	8 个健康的农业区	340	—	

马克思：《资本论》第 1 卷（1894 年 11 月），摘自《马克思恩格斯文集》第 5 卷，人民出版社 2009 年 12 月第 1 版，第 339 页。

我们可以把社会总资本每天所使用的劳动看成一个唯一的工作日。例如，如果工人人数为 100 万，一个工人的平均工作日为 10 小时，那么社会工作日就是 1000 万小时。在这个工作日的长度已定时，不管它的界限是由生理条件还是由社会条件决定，只有工人人数即工人人口增加，剩余价值量才能增加。在这里，人口的增加形成社会总资本生产剩余价值的数学界限。反之，在人口数量已定时，这种界限就由工作日的可能的延长来决定。

马克思：《资本论》第 1 卷（1894 年 11 月），摘自《马克思恩格斯文集》第 5 卷，人民出版社 2009 年 12 月第 1 版，第 356 页。

但是古代埃及能兴建这些宏伟建筑，与其说是由于埃及人口众多，还不如说是由于有很大一部分人口可供支配。单个工人的必要劳动时间越少，他能提供的剩余劳动就越多；同样，工人人口中为生产必要生活资料所需要的部分越小，可以用于其他事情的部分就越大。

马克思：《资本论》第 1 卷（1894 年 11 月），摘自《马克思恩格斯文集》第 5 卷，人民出版社 2009 年 12 月第 1 版，第 587 页。

在这种情况下，很显然，无酬劳动的减少绝不会妨碍资本统治的扩大。另一种情况是，积累由于劳动价格的提高而削弱，因为利润的刺激变得迟钝了。积累减少了。但是随着积累的减少，使积累减少的原因，即资本和可供剥削的劳动力之间的不平衡，也就消失了。所以，资本主义生产过程的机制会自行排除它暂时造成的障碍。劳动价格重新降到适合资本增殖需要的水平，而不管这个水平现在是低于、高于还是等于工资提高前的正常水平。可见，在第一种情况下，并不是劳动力或工人人口绝对增加或相对增加的减缓引起资本的过剩，相反地，是资本的增长引起可供剥削的劳动力的不足。在第二种情况下，并不是劳动力或工人人口绝对增加或相对增加的加速引起资本的不足，相反地，是资本的减少使可供剥削的劳动力过剩，或者不如说使劳动力价格过高。正是资本积累的这些绝对运动反映为可供剥削的劳动力数量的相对运动，因而看起来好像是由后者自身的运动引起的。用数学上的术语来说：积累量是自变量，工资量是因变量，而不是相反。同样，在工业周期的危机阶段，商品价格的普遍降低表现为货币相对价值的提高，而在繁荣阶段，商品价格的普遍提高表现为货币相对价值的降低。所谓通货学派就从这里得出结论说，物价高时，流通的货币太多；物价低时，流通的货币太少。他们的无知和对事实的完全误解，有这样一些经济学家现在可以与之媲美，这些经济学家把积累的上述现象说成是：在一种情况下是雇佣工人太少，在另一种情况下是雇佣工人太多。

马克思：《资本论》第 1 卷（1894 年 11 月），摘自《马克思恩格斯文集》第 5 卷，人民出版社 2009 年 12 月第 1 版，第 715—716 页。

诚然，随着总资本的增长，总资本的可变组成部分即并入总资本的劳动力也会增加，但是增加的比例越来越小。积累作为生产在一定技术基础上的单纯扩大而发生作用的那种间歇时间缩短了。为了吸收一定数目的追加工人，甚至为了在旧资本不断发生形态变化的情况下继续雇用已经在职的工人，就不仅要求总资本以不断递增的速度加快积累。而且，这种不断增长的积累和集中本身，又成为使资本构成发生新的变化的一个源泉，也就是成为使资本的可变组成部分和不变组成部分相比再次迅速减少的一个源泉。总资本的可变组成部分的相对减少随着总资本的增长而加快，而且比总资本本身的增长还要快这一事实，在另一方面却相反地表现为，好像工人人口的绝对增长总是比可变资本即工人人口的就业手段增长得快。事实是，资本主义积累不断地并且同它的能力和规模成比例地生产出相对的，即超过资本增殖的平均需要的，因而是过剩的或追加的工人人口。

马克思：《资本论》第 1 卷（1894 年 11 月），摘自《马克思恩格斯文集》第 5 卷，人民出版社 2009 年 12 月第 1 版，第 726 页。

就社会总资本来考察，时而它的积累运动引起周期的变化，时而这个运动的各个因素同时分布在各个不同的生产部门。在某些部门，由于单纯的积聚，资本的构成发生变化而资本的绝对量没有增长；在有些部门，资本的绝对增长同它的可变组成部分或它所吸收的劳动力的绝对减少结合在一起；在另一些部门，资本时而在一定的技术基础上持续增长，并按照它增长的比例吸引追加的劳动力，时而发生有机的变化，资本的可变组成部分缩小；在一切部门中，资本可变部分的增长，从而就业工人人数的增长，总是同过剩人口的激烈波动，同过剩人口的暂时产生结合在一起，而不管这种产生采取排斥就业工人这个较明显的形式，还是采取使追加的工人人口难于被吸入它的通常水道这个不太明显但作用相同的形式。随着已经执行职能的社会资本量的增长及其增长程度的提高，随着生产规模和所使用的工人人数的扩大，随着他们劳动的生产力的发展，随着财富的一切源流的更加广阔和更加充足，资本对工人的更大的吸引力和更大的排斥力互相结合的规模也不断扩大，资本有机构成和资本技术形式的变化速度也不断加快，那些时而同时地时而交替地被卷入这些变化的生产部门的范围也不断增大。因此，工人人口本身在生产出资本积累的同时，也以日益扩大的规模生产出使他们自身成为相对过剩人口的手段。这就是资本主义生产方式所特有的人口规律，事实上，每一种特殊的、历史的生产方式都有其特殊的、历史地发生作用的人口规律。抽象的人口规律只存在于历史上还没有受过人干涉的动植物界。

马克思：《资本论》第 1 卷（1894 年 11 月），摘自《马克思恩格斯文集》第 5 卷，人民出版社 2009 年 12 月第 1 版，第 726—728 页。

过剩的工人人口是积累或资本主义基础上的财富发展的必然产物，但是这种过剩人口反过来又成为资本主义积累的杠杆，甚至成为资本主义生产方式存在的一个条件。过剩的工人人口形成一支可供支配的产业后备军，它绝对地从属于资本，就好像它是由资本出钱养大的一样。过剩的工人人口不受人口实际增长的限制，为不断变化的资本增殖需要创造出随时可供剥削的人身材料。随着积累和伴随积累而来的劳动生产力的发展，资本的突然膨胀力也增长了，这不仅是因为执行职能的资本的弹性和绝对财富——资本不过是其中一个有弹性的部分——增长了，也不仅是因为信用每当遇到特殊刺激会在转眼之间把这种财富的非常大的部分作为追加资本交给生产支配。这还因为生产过程本身的技术条件，机器、运输工具等等，有可能以最大的规模最迅速地把剩余产品转化为追加的生产资料。随着积

累的增进而膨胀起来的并且可以转化为追加资本的大量社会财富，疯狂地
涌入那些市场突然扩大的旧生产部门，或涌入那些由旧生产部门的发展而
引起需要的新兴生产部门，如铁路等等。在所有这些场合，都必须有大批
的人可以突然地被投到决定性的地方去，而又不致影响其他部门的生产规
模。这些人就由过剩人口来提供。现代工业特有的生活过程，由中常活跃、
生产高度繁忙、危机和停滞这几个时期构成的、穿插着较小波动的十年一
次的周期形式，就是建立在产业后备军或过剩人口的不断形成、或多或少
地被吸收、然后再形成这样的基础之上的。而工业周期的阶段变换又使过
剩人口得到新的补充，并且成为过剩人口再生产的最有力的因素之一。

马克思：《资本论》第 1 卷（1894 年 11 月），摘自《马克思恩格斯文集》
第 5 卷，人民出版社 2009 年 12 月第 1 版，第 728—729 页。

不管那时资本积累的增进同现代相比是多么缓慢，它还是碰到了可供
剥削的工人人口的自然限制，这些限制只有通过以后将要谈到的暴力手段
才能清除。生产规模突然的跳跃式的膨胀是它突然收缩的前提；而后者又
引起前者，但那时没有可供支配的人身材料，没有不取决于人口绝对增长
的工人的增加，前者是不可能的。工人的这种增加，是通过使一部分工人
不断地被"游离"出来的简单过程，通过使就业工人人数比扩大的生产相
对减少的方法造成的。因此，现代工业的整个运动形式来源于一部分工人
人口不断地转化为失业的或半失业的人手。政治经济学的肤浅性也表现在，
它把信用的膨胀和收缩，把工业周期各个时期更替的这种单纯的症状，看
做是造成这种更替的原因。正如天体一经投入一定的运动就会不断地重复
这种运动一样，社会生产一经进入交替发生膨胀和收缩的运动，也会不断
地重复这种运动。而结果又会成为原因，于是不断地再生产出自身条件的
整个过程的阶段变换就采取周期性的形式。这种周期性一经固定下来，那
么，就连政治经济学也会把相对的，即超过资本增殖的平均需要的过剩人
口的生产，看做是现代工业的生活条件。

马克思：《资本论》第 1 卷（1894 年 11 月），摘自《马克思恩格斯文集》
第 5 卷，人民出版社 2009 年 12 月第 1 版，第 729—730 页。

甚至马尔萨斯也承认过剩人口对于现代工业来说是必要的，虽然他按
照自己的褊狭之见，把它解释成工人人口的绝对过剩，而不是工人人口的
相对过剩。他说：

"在一个主要依靠工商业的国家里，如果在工人阶级中间盛行慎重地对待结婚的习惯，那对国家是有害的…… 按人口的性质来说，即使遇到特殊需求，不经过 16 年或 18 年的时间，也不可能向市场供应追加工人。然而，收入通过节约转化为资本却可以快得多；一个国家的劳动基金比人口增长得快的情况，是经常有的。"

政治经济学这样把工人的相对过剩人口的不断生产宣布为资本主义积累的必要条件之后，就恰如其分地以一个老处女的姿态，通过她的"最理想的人"即资本家的嘴，对那些因自己创造了追加资本而被抛向街头的"过剩人口"说了如下的话：

"我们工厂主增大你们必须借以生存的资本，为你们做了我们所能做的事情；而你们必须去做其余的事情，去使你们的人数同生产资料相适应。"

对资本主义生产来说，人口自然增长所提供的可供支配的劳动力数量是绝对不够的。为了能够自由地活动，它需要有一支不以这种自然限制为转移的产业后备军。

以上我们假定，就业工人人数的增减正好同可变资本的增减相一致。

然而，可变资本在它所指挥的工人人数不变或甚至减少的情况下也会增长。如果单个工人提供更多的劳动，因而他的工资增加，——即使劳动价格不变，或者甚至下降，但只要下降得比劳动量的增加慢，——情况就是如此。在这种场合，可变资本的增长是劳动增加的指数，而不是就业工人增加的指数。每一个资本家的绝对利益在于，从较少的工人身上而不是用同样低廉或甚至更为低廉的花费从较多的工人身上榨取一定量的劳动。在后一种情况下，不变资本的支出会随着所推动的劳动量成比例地增长，在前一种情况下，不变资本的增长则要慢得多。生产规模越大，这种动机就越具有决定意义。它的力量随资本积累一同增长。

马克思：《资本论》第 1 卷（1894 年 11 月），摘自《马克思恩格斯文集》第 5 卷，人民出版社 2009 年 12 月第 1 版，第 730—732 页。

所以，在积累的过程中，一方面，较大的可变资本无须招收更多的工人就可以推动更多的劳动；另一方面，同样数量的可变资本用同样数量的劳动力就可以推动更多的劳动；最后，通过排挤较高级的劳动力可以推动更多较低级的劳动力。

因此，相对过剩人口的生产或工人的游离，比生产过程随着积累的增进而加速的技术变革，比与此相适应的资本可变部分比不变部分的相对减少，更为迅速。如果说生产资料在扩大规模和作用的同时，在越来越小的程度上成为工人的就业手段，那么，这种情况本身又会由于下述事实而有所变化：劳动生产力越是增长，资本造成的劳动供给比资本对工人的需求越是增加得快。工人阶级中就业部分的过度劳动，扩大了它的后备军的队伍，而后者通过竞争加在就业工人身上的增大的压力，又反过来迫使就业工人不得不从事过度劳动和听从资本的摆布。工人阶级的一部分从事过度劳动迫使它的另一部分无事可做，反过来，它的一部分无事可做迫使它的另一部分从事过度劳动，这成了各个资本家致富的手段，同时又按照与社会积累的增进相适应的规模加速了产业后备军的生产。这个因素在相对过剩人口的形成上是多么重要，可以拿英国的例子来证明。英国"节约"劳动的技术手段是十分强大的。但是，如果明天把劳动普遍限制在合理的程度，并且在工人阶级的各个阶层中再按年龄和性别进行适当安排，那么要依照现有的规模继续进行国民生产，目前的工人人口是绝对不够的。目前"非生产"工人的大多数都不得不转化为"生产"工人。

　　　　　马克思：《资本论》第 1 卷（1894 年 11 月），摘自《马克思恩格斯文集》第 5 卷，人民出版社 2009 年 12 月第 1 版，第 732—734 页。

　　社会的财富即执行职能的资本越大，它的增长的规模和能力越大，从而无产阶级的绝对数量和他们的劳动生产力越大，产业后备军也就越大。可供支配的劳动力同资本的膨胀力一样，是由同一些原因发展起来的。因此，产业后备军的相对量和财富的力量一同增长。但是同现役劳动军相比，这种后备军越大，常备的过剩人口也就越多，他们的贫困同他们所受的劳动折磨成反比。最后，工人阶级中贫苦阶层和产业后备军越大，官方认为需要救济的贫民也就越多。这就是资本主义积累的绝对的、一般的规律。像其他一切规律一样，这个规律的实现也会由于各种各样的情况而有所变化，不过对这些情况的分析不属于这里的范围。

　　　　　马克思：《资本论》第 1 卷（1894 年 11 月），摘自《马克思恩格斯文集》第 5 卷，人民出版社 2009 年 12 月第 1 版，第 742 页。

　　当经济学的智者们向工人说教，要工人使自己的人数去适应资本增殖的需要时，他们的愚蠢是很清楚的。资本主义生产和积累的机制在不断地使这个人数适应资本增殖的需要。这种适应的开头是创造出相对过剩人口或产业后备军，结尾是现役劳动军中不断增大的各阶层的贫困和需要救济的赤贫的死荷重。

由于社会劳动生产率的增进，花费越来越少的人力可以推动越来越多的生产资料，这个规律在不是工人使用劳动资料，而是劳动资料使用工人的资本主义的基础上表现为：劳动生产力越高，工人对他们就业手段的压力就越大，因而他们的生存条件，即为增加他人财富或为资本自行增殖而出卖自己的力气，也就越没有保障。因此，生产资料和劳动生产率比生产人口增长得快这一事实，在资本主义下却相反地表现为：工人人口总是比资本的增殖需要增长得快。

我们在第四篇分析相对剩余价值的生产时已经知道，在资本主义制度内部，一切提高社会劳动生产力的方法都是靠牺牲工人个人来实现的；一切发展生产的手段都转变为统治和剥削生产者的手段，都使工人畸形发展，成为局部的人，把工人贬低为机器的附属品，使工人受劳动的折磨，从而使劳动失去内容，并且随着科学作为独立的力量被并入劳动过程而使劳动过程的智力与工人相异化；这些手段使工人的劳动条件变得恶劣，使工人在劳动过程中屈服于最卑鄙的可恶的专制，把工人的生活时间转化为劳动时间，并且把工人的妻子儿女都抛到资本的札格纳特车轮下。但是，一切生产剩余价值的方法同时就是积累的方法，而积累的每一次扩大又反过来成为发展这些方法的手段。由此可见，不管工人的报酬高低如何，工人的状况必然随着资本的积累而恶化。最后，使相对过剩人口或产业后备军同积累的规模和能力始终保持平衡的规律把工人钉在资本上，比赫斐斯塔司的楔子把普罗米修斯钉在岩石上钉得还要牢。这一规律制约着同资本积累相适应的贫困积累。因此，在一极是财富的积累，同时在另一极，即在把自己的产品作为资本来生产的阶级方面，是贫困、劳动折磨、受奴役、无知、粗野和道德堕落的积累。

> 马克思：《资本论》第 1 卷（1894 年 11 月），摘自《马克思恩格斯文集》第 5 卷，人民出版社 2009 年 12 月第 1 版，第 742—744 页。

（三）城市人口

资本主义生产使它汇集在各大中心的城市人口越来越占优势，这样一来，它一方面聚集着社会的历史动力，另一方面又破坏着人和土地之间的物质交换，也就是使人以衣食形式消费掉的土地的组成部分不能回归土地，从而破坏土地持久肥力的永恒的自然条件。这样，它同时就破坏城市工人的身体健康和农村工人的精神生活。但是资本主义生产通过破坏这种物质变换的纯粹自发形成的状况，同时强制地把这种物质变换作为调节社会生产的规律，并在一种同人的充分发展相适应的形式上系统地建立起来。在农业中，像在工场手工业中一样，生产过程的资本主义转化同时表现为生产者的殉难史，劳动资料同时表现为奴役工人的手段、剥削工人的手段和使工人贫穷的手段，劳动过程的社会结合同时表现为对工人个人的活力、自由和独立的有组织的压制。农业工人在广大土地上的分散，同时破坏了他们的反抗力量，而城市工人的集中却增强了他们的反抗力量。在现代农业中，像在城市工业中一样，劳动生产力的提高和劳动量的增大是以劳动力本身的破坏和衰退为代价的。此外，资本主义农业的任何进步，都不仅是掠夺劳动者的技巧的进步，而且是掠夺土地的技巧的进步，在一定时期内提高土地肥力的任何进步，同时也是破坏土地肥力持久源泉的进步。一个国家，例如北美合众国，越是以大工业作为自己发展的基础，这个破坏过程就越迅速。因此，资本主义生产发展了社会生产过程的技术和结合，只是由于它同时破坏了一切财富的源泉——土地和工人。

马克思：《资本论》第 1 卷（1894 年 11 月），摘自《马克思恩格斯文集》第 5 卷，人民出版社 2009 年 12 月第 1 版，第 579—580 页。

最勤劳的工人阶层的饥饿痛苦和富人建立在资本主义积累基础上的粗野的或高雅的奢侈浪费之间的内在联系，只有当人们认识了经济规律时才能揭露出来。居住状况却不是这样。在这方面，任何一个公正的观察者都能看到，生产资料越是大量集中，工人就相应地越要聚集在同一空间，因此，资本主义的积累越迅速，工人的居住状况就越悲惨。

马克思：《资本论》第 1 卷（1894 年 11 月），摘自《马克思恩格斯文集》第 5 卷，人民出版社 2009 年 12 月第 1 版，第 757 页。

一个工业城市或商业城市的资本积累得越快，可供剥削的人身材料的流入也就越快，为工人安排的临时住所也就越坏。因此，产量不断增加的煤铁矿区的中心泰恩河畔纽卡斯尔，是一座仅次于伦敦而居第二位的住宅地狱。那里住小单间房屋的不下 34000 人。在纽卡斯尔和盖茨黑德，不久前大量的房屋由于绝对有害公益，根据警察的命令拆毁了。可是新房子盖得很慢，而营业却发展得很快。因此，1865 年，城市比过去任何时候都更加拥挤不堪。

马克思：《资本论》第 1 卷（1894 年 11 月），摘自《马克思恩格斯文集》
第 5 卷，人民出版社 2009 年 12 月第 1 版，第 762 页。

人口不断地流往城市，农村人口由于租地集中、耕地转化为牧场、采用机器等原因而不断地"变得过剩"，农村人口因小屋拆除而不断地被驱逐，这些现象是同时发生的。一个地区的人口越稀少，那里的"相对过剩人口"就越多，他们对就业手段的压力就越大，农村人口多于住房的绝对过剩也就越大，从而农村中地方性的人口过剩以及最容易传染疾病的人口拥挤现象也就越严重。人群密集在分散的小村庄和小市镇的现象，同人们被强行从地面上赶走是相适应的。尽管农业工人的人数不断减少，他们的产品的数量不断增加，但他们还是不断地"变得过剩"，这是使他们成为需要救济的贫民的摇篮。他们可能成为需要救济的贫民，是他们被驱逐的一个原因，也是居住条件恶劣的主要根源，而居住条件恶劣又摧毁了他们最后的反抗能力，使他们完全变成地主和租地农场主的奴隶，以致获得最低的工资对他们来说已成了天经地义。另一方面，农村中尽管经常出现"相对过剩人口"，但同时也感到人手不足。这种现象不仅局部地发生在人口过快地流往城市、矿山、铁路工地等处的地区，而且在收获季节以及在春夏两季，当英国的精耕细作的、集约化的农业需要额外劳力的许多时候，到处都可以看到。农业工人按耕作的平均需要来说总是过多，而按特殊的或者临时的需要来说又总是过少。因此，在官方的文件中可以看到同一地区同时发出的自相矛盾的抱怨，既抱怨劳力不足，又抱怨劳力过剩。临时性的或局部的劳力不足并不会引起工资的提高，只会迫使妇女和儿童也参加田间劳动，使工人的年龄不断下降。一旦妇女和儿童被大规模地使用，这又会反过来成为一种新的手段，造成农业中男工过剩，并使他们的工资下降。这种恶性循环的美好结果之一是所谓的帮伙制度，这种制度在英格兰东部地区正在兴盛起来。

马克思：《资本论》第 1 卷（1894 年 11 月），摘自《马克思恩格斯文集》
第 5 卷，人民出版社 2009 年 12 月第 1 版，第 796—798 页。

（四）农村人口

在工场手工业时期，手工业生产虽然已经解体了，但仍旧是基础。中世纪遗留下来的城市工人相对来说是不多的，不能满足新的殖民地市场的需要；同时，真正的工场手工业为那些由于封建制度的解体而被赶出土地的农村居民开辟了新的生产领域。

> 马克思：《资本论》第 1 卷（1894 年 11 月），摘自《马克思恩格斯文集》
> 第 5 卷，人民出版社 2009 年 12 月第 1 版，第 494 页。

如果说机器在农业中的使用大多避免了机器使工厂工人遭到的那种身体上的损害，那么机器在农业中的使用在造成工人"过剩"方面却发生了更为强烈的作用，而且没有遇到什么抵抗，这一点我们在以后将会详细谈到。例如，在剑桥郡和萨福克郡，最近 20 年来耕地面积大大扩大了，而在这一时期农村人口不但相对地减少了，而且绝对地减少了。在北美合众国，农业机器目前只是潜在地代替了工人，也就是说，它使生产者有可能耕种更大的面积，但是并没有在实际上驱逐在业工人。1861 年，英格兰和威尔士参加农业机器制造的人数总计有 1034 人，而在蒸汽机和工作机上干活的农业工人总共只有 1205 人。

> 马克思：《资本论》第 1 卷（1894 年 11 月），摘自《马克思恩格斯文集》
> 第 5 卷，人民出版社 2009 年 12 月第 1 版，第 578 页。

（五）人口增长在资本主义发展中的作用

这样一来，随着人口的增加和土地的不断被分割，生产工具即土地则相应地昂贵，土地肥力则相应地下降，农业则相应地衰落，农民的债务则相应地增加。而且，本来是结果的东西，反而成了原因。每一代人都给下一代人留下更多的债务，每一代新人都在更不利更困难的条件下开始生活，抵押贷款又产生新的抵押贷款，所以当农民不能再以他那一小块土地作抵押而借新债时，即不能再让土地担负新的抵押权时，他就直接落入高利贷者的手中，而高利贷的利息也就越来越大了。

> 马克思：《1848 年至 1850 年的法兰西阶级斗争》（1849 年底—1850 年 3
> 月底和 1850 年 10 月—11 月 1 日），摘自《马克思恩格斯文集》第 2 卷，
> 人民出版社 2009 年 12 月第 1 版，第 159 页。

一定量同时使用的工人，是工场手工业内部分工的物质前提，同样，人口数量和人口密度是社会内部分工的物质前提，在这里，人口密度代替了工人在同一个工场内的密集。但是人口密度是一种相对的东西。人口较

少但交通工具发达的国家，比人口较多但交通工具不发达的国家有更加密集的人口……

　　马克思：《资本论》第 1 卷（1894 年 11 月），摘自《马克思恩格斯文集》第 5 卷，人民出版社 2009 年 12 月第 1 版，第 408 页。

　　物质劳动和精神劳动的最大的一次分工，就是城市和乡村的分离。城乡之间的对立是随着野蛮向文明的过渡、部落制度向国家的过渡、地域局限性向民族的过渡而开始的，它贯穿着文明的全部历史直到现在（反谷物法同盟）。——随着城市的出现，必然要有行政机关、警察、赋税等等，一句话，必然要有公共机构，从而也就必然要有一般政治。在这里，居民第一次划分为两大阶级，这种划分直接以分工和生产工具为基础。城市已经表明了人口、生产工具、资本、享受和需求的集中这个事实；而在乡村则是完全相反的情况：隔绝和分散。城乡之间的对立只有在私有制的范围内才能存在。城乡之间的对立是个人屈从于分工、屈从于他被迫从事的某种活动的最鲜明的反映，这种屈从把一部分人变为受局限的城市动物，把另一部分人变为受局限的乡村动物，并且每天都重新产生二者利益之间的对立。在这里，劳动仍然是最主要的，是凌驾于个人之上的力量；只要这种力量还存在，私有制也就必然会存在下去。消灭城乡之间的对立，是共同体的首要条件之一，这个条件又取决于许多物质前提，而且任何人一看就知道，这个条件单靠意志是不能实现的（这些条件还须详加探讨）。城市和乡村的分离还可以看做是资本和地产的分离，看做是资本不依赖于地产而存在和发展的开始，也就是仅仅以劳动和交换为基础的所有制的开始。

　　马克思和恩格斯：《德意志意识形态》（1845 年秋—1846 年 5 月），摘自《马克思恩格斯文集》第 1 卷，人民出版社 2009 年 12 月第 1 版，第 556—557 页。

　　不同城市之间的分工的直接结果就是工场手工业的产生，即超出行会制度范围的生产部门的产生。工场手工业的初期繁荣——先是在意大利，然后是在佛兰德——的历史前提，是同外国各民族的交往。在其他国家，例如在英国和法国，工场手工业最初只限于国内市场。除上述前提外，工场手工业还以人口特别是乡村人口的不断集中和资本的不断积聚为前提。资本开始积聚到个人手里，一部分违反行会法规积聚到行会中，一部分积聚到商人手里。

那种一开始就以机器，尽管还是以具有最粗陋形式的机器为前提的劳动，很快就显出它是最有发展能力的。过去农民为了得到自己必需的衣着而在乡村中附带从事的织布业，是由于交往的扩大才获得了动力并得到进一步发展的第一种劳动。织布业是最早的工场手工业，而且一直是最主要的工场手工业。随着人口增长而增长的对衣料的需求，由于流通加速而开始的自然形成的资本的积累和运用，以及由此引起的并由于交往逐渐扩大而日益增长的对奢侈品的需求，——所有这一切都推动了织布业在数量上和质量上的发展，使它脱离了旧有的生产形式。除了为自身需要而一直在继续从事纺织的农民外，在城市里产生了一个新的织工阶级，他们所生产的布匹被用来供应整个国内市场，通常还供应国外市场。

马克思和恩格斯：《德意志意识形态》（1845 年秋—1846 年 5 月），摘自《马克思恩格斯文集》第 1 卷，人民出版社 2009 年 12 月第 1 版，第 560—561 页。

在我们所谈到的这个时代里，各国在彼此交往中建立起来的关系具有两种不同的形式。起初，由于流通的金银数量很少，这些金属是禁止出口的；另一方面，工业，即由于必须给不断增长的城市人口提供就业机会而不可或缺的、大部分是从国外引进的工业，没有特权不行，当然，这种特权不仅可以用来对付国内的竞争，而且主要是用来对付国外的竞争。通过这些最初的禁令，地方的行会特权便扩展到全国。关税产生于封建主对其领地上的过往客商所征收的捐税，即客商交的免遭抢劫的买路钱。后来各城市也征收这种捐税，在现代国家出现之后，这种捐税便是国库进款的最方便的手段。

马克思和恩格斯：《德意志意识形态》（1845 年秋—1846 年 5 月），摘自《马克思恩格斯文集》第 1 卷，人民出版社 2009 年 12 月第 1 版，第 563 页。

全部人类历史的第一个前提无疑是有生命的个人的存在。因此，第一个需要确认的事实就是这些个人的肉体组织以及由此产生的个人对其他自然的关系。当然，我们在这里既不能深入研究人们自身的生理特性，也不能深入研究人们所处的各种自然条件——地质条件、山岳水文地理条件、气候条件以及其他条件。任何历史记载都应当从这些自然基础以及它们在历史进程中由于人们的活动而发生的变更出发。

马克思和恩格斯：《德意志意识形态》（1845 年秋—1846 年 5 月），《马克思恩格斯文集》第 1 卷，人民出版社 2009 年 12 月第 1 版，第 519 页。

简单说来，这就是最近六十年的英国工业史，这是人类编年史中的一部无与伦比的历史。六十年至八十年以前，英国和其他任何国家一样，城市很小，只有很少而且简单的工业，人口稀疏而且多半是农业人口。现在它和其他任何国家都不一样了：有居民达 250 万人的首都，有巨大的工厂城市，有向全世界供给产品而且几乎全都是用极复杂的机器生产的工业，有勤劳智慧的稠密的人口，这些人口有三分之二从事工业，他们是由完全不同的阶级组成的，可以说，组成了一个和过去完全不同的、具有不同的习惯和不同的需要的民族。工业革命对英国的意义，就像政治革命对法国，哲学革命对德国一样。1760 年的英国和 1844 年的英国之间的差别，至少像旧制度下的法国和七月革命的法国之间的差别一样大。但是，这种工业变革的最重要的产物是英国无产阶级。

我们在上面已经看到，机器的使用如何促使无产阶级诞生。工业的迅速发展产生了对人手的需要；工资提高了，因此，工人成群结队地从农业地区涌入城市。人口急剧增长，而且增加的几乎全是无产者阶级。此外，爱尔兰只是从 18 世纪初才进入了安定状态，这里的人口过去在骚乱中被英国人残酷地屠杀了十分之一以上，现在也迅速增长起来，特别是从工业繁荣开始吸引许多爱尔兰人到英格兰去的那个时候起。这样就产生了不列颠帝国的大工商业城市，这些城市中至少有四分之三的人口属于工人阶级，而小资产阶级只是一些小商人和人数很少很少的手工业者。新的工业能够获得重要意义，只是因为它把工具变成了机器，把作坊变成了工厂，从而把中间阶级中的劳动者变成了工人无产者，把以前的大商人变成了厂主；它排挤了小的中间阶级，并把居民的一切差别化为工人和资本家的对立。在狭义的工业范围之外，在手工业方面，甚至在商业方面，也发生了同样的情形。大资本家和没有任何希望上升到更高的阶级地位的工人代替了以前的师傅和帮工；手工业变成了工厂生产，严格地实行了分工，小的师傅由于没有可能和大企业竞争，被挤到了无产者阶级中去。同时，由于迄今为止的手工业生产被废除，由于小资产阶级被消灭，工人已没有任何可能成为资产者。以前，他们总还有希望作为有固定住所的师傅自己开一个作坊，也许日后还可以雇几个帮工；可是现在，当师傅本人也被厂主排挤的时候，当独立经营一个企业必须有大量资本的时候，工人阶级才第一次真正成为居民中的一个固定的阶级，而在过去，它往往只是通向资产阶级的过渡。现在，谁要是生为工人，那他除了一辈子当无产者，就再没有别的前途了。所以，只是现在无产阶级才能组织自己的独立运动。

这样就形成了庞大的工人群体，他们现在布满了整个不列颠帝国，他们的社会状况日益引起文明世界的注意。

恩格斯：《英国工人阶级状况》（1844年9月—1845年3月），摘自《马克思恩格斯文集》第1卷，人民出版社2009年12月第1版，第402—403页。

上面已经指出，工业如何把财产集中到少数人手里。工业需要大量的资本，它用这些资本来建立庞大的企业，从而使从事手工业的小资产阶级破产，它用这些资本来使自然力为自己服务，以便把个体手工业工人从市场上排挤出去。分工，水力特别是蒸汽力的利用，机器装置的应用，这就是从上世纪中叶起工业用来摇撼世界基础的三个伟大的杠杆。小工业创造了中间阶级，大工业创造了工人阶级，并把中间阶级的少数选民拥上宝座，但是，这只是为了有朝一日更有把握地推翻他们。目前，无可争辩的和容易解释的事实是，"美好的旧时代"的人数众多的小中间阶级已经被工业摧毁，从他们当中一方面分化出富有的资本家，另一方面又分化出贫穷的工人。

但是工业集中化的趋势并没有就此停止。人口也像资本一样集中起来；这很自然，因为在工业中，人——工人，仅仅被看做一笔资本，他把自己交给厂主使用，厂主以工资的名义付给他利息。大工业企业需求许多工人在一个建筑物里共同劳动；他们必须住得集中，甚至一个中等规模的工厂附近也会形成一个村镇。他们有种种需求，为了满足这些需求，还需要其他人，于是手工业者、裁缝、鞋匠、面包师、泥瓦匠、木匠都搬到这里来了。村镇的居民，特别是年轻一代，逐渐习惯于工厂劳动，逐渐熟悉这种劳动；当第一个工厂很自然地已经不能保证所有的人就业时，工资就下降，结果就是新的厂主搬到这里来。于是村镇变成小城市，小城市变成大城市。城市越大，定居到这里就越有利，因为这里有铁路、运河和公路；挑选熟练工人的机会越来越多；由于附近的建筑业主和机器制造厂主之间的竞争，在这种地方开办新企业就比偏远地区花费要少，因为在偏远地区，建筑材料和机器以及建筑工人和工厂工人都必须先从别处运来；这里有顾客云集的市场和交易所，这里同提供原料的市场和销售成品的市场有直接的联系。这样一来，大工厂城市的数量就以惊人的速度增长起来。不过，农村同城市相比也有优势，那里的工资通常比较低。于是农村和工厂城市不停地竞争，今天优势在城市方面，明天农村的工资又降低到在农村开办新工厂可以获利更多的程度。但是，在这种情况下，工业集中的趋势依然保持强劲的势头，而在农村建立的每一个新工厂都包含工厂城市的萌芽。如果工业的这种疯狂的活动还能这样持续100年，那么英国的每一个工业区都会变成一个巨大的工厂城市，曼彻斯特和利物浦就会在沃灵顿或牛顿一带相互毗连。人口的这种集中也完全以同样的方式发生在商业中，因此，像利物浦、布里斯托尔、赫尔和伦敦这样几个大港几乎垄断了不列颠帝国的整个海上贸易。

因为这些大城市的工业和商业发展得最充分，所以这种发展对无产阶级造成的后果在这里也表现得最明显。在这里，财产的集中达到极点；在这里，美好的旧时代的习俗和关系最彻底地被摧毁；在这里，人们已经走得这样远，以致连美好的老英国这个名称也变得无法想象了，因为老英国甚至在祖父母的回忆和故事中也听不到了。在这里，只有一个富有的阶级和一个贫穷的阶级，因为小资产阶级一天天地消失着。小资产阶级，这个过去最稳定的阶级，现在成了最不稳定的阶级；他们是旧时代的少数残余和一些渴望发财的人，十足的实业投机家和投机商，其中或许有一个人可以致富，但同时会有99个人破产，而这99个人中一多半只是靠破产生存。

恩格斯：《英国工人阶级状况》（1844年9月—1845年3月），摘自《马克思恩格斯文集》第1卷，人民出版社2009年12月第1版，第406—407页。

如果一个人伤害了另一个人的身体，而且这种伤害引起了被害人的死亡，我们就把这叫做杀人；如果加害者事先知道这种伤害会致人以死命，那么我们就把他的行为叫做谋杀。但是，如果社会把成百的无产者置于这样一种境地，使他们不可避免地遭到过早的、非自然的死亡，遭到如同被刀剑或枪弹所杀害一样的横死，如果社会剥夺了成千上万人的必要的生活条件，把他们置于不能生存的境地，如果社会利用法律的铁腕强迫他们处在这种条件之下，直到不可避免的结局——死亡来临为止，如果社会知道，而且十分清楚地知道，这成千上万的人一定会成为这些条件的牺牲品，而社会还让这些条件存在下去，那么，这也是一种谋杀，和个人所进行的谋杀是一样的，只不过是一种隐蔽的、阴险的谋杀，这种谋杀没有人能够防御，表面上看起来不像是谋杀，因为谁也看不到谋杀者，因为谋杀者是所有的人，同时又谁也不是，因为被杀的人似乎是自然死亡的，因为这与其说是犯罪，不如说是渎职。但这仍然是谋杀。我现在就来证明：英国社会每日每时都在犯这种英国工人报刊合情合理地称为社会谋杀的罪行；英国社会把工人置于这样一种境地，使他们不能保持健康，不能活得长久；英国社会就是这样不停地一点一点地葬送了这些工人的生命，过早地把他们送进坟墓。我还必须证明：社会知道这种状况对工人的健康和生命是多么有害，却一点也不设法来改善这种状况。社会知道它所建立的制度会引起怎样的后果，因而它的行为不单纯是杀人，而且是谋杀，当我得以引用官方文献、议会报告和政府报告来确定杀人的事实时，这一点就得到了证明。

　　恩格斯：《英国工人阶级状况》（1844 年 9 月—1845 年 3 月），摘自《马克思恩格斯文集》第 1 卷，人民出版社 2009 年 12 月第 1 版，第 408—409 页。

　　如果说这一切原因已经在工人阶级中引起了大量的颓废堕落现象，那么，另外还有一个原因使这种颓废堕落现象更加严重，达到无以复加的程度，这就是人口的集中。英国资产阶级作家们正在因大城市的伤风败俗的影响而大声疾呼，——这些高唱反调的耶利米为之哀歌的不是城市的破坏，而是城市的繁荣。艾利生郡长几乎把一切都归咎于这个原因，《大城市的时代》一书的作者沃恩博士更是如此。这是完全可以理解的。其他各种对工人的身体和精神起破坏作用的原因，都和有产阶级的利益有直接的联系。假若这些作家说，贫穷、生活无保障、过度劳动和强制劳动是主要的原因，那么所有的人，包括他们自己在内，就得对自己回答说：既然这样，我们就给穷人们财产吧，我们就保障他们的生活吧，我们就颁布禁止过度劳动的法律吧。但是资产阶级是不能同意这样做的。然而大城市完全是自然发展起来的，人们完全是自愿迁居到那里去的；同时现在也还没有立刻得出结论说，创造大城市的只是工业和靠工业发财的资产阶级；于是统治阶级很容易就把一切灾难都归咎于这个看起来似乎不可排除的原因。实际上，大城市只能使那些至少已处于萌芽状态的灾难迅速而全面地发展起来。艾利生至少还保有相当的人性，他还承认这种灾难；他并不是一个完全成熟的工业资产者和自由党人，而只是一个半成熟的资产者和托利党人，所以真正的资产者完全看不见的东西他有时还能看得清楚。

恩格斯：《英国工人阶级状况》（1844 年 9 月—1845 年 3 月），摘自《马克思恩格斯文集》第 1 卷，人民出版社 2009 年 12 月第 1 版，第 433— 434 页。

资产阶级使农村屈服于城市的统治。它创立了巨大的城市，使城市人口比农村人口大大增加起来，因而使很大一部分居民脱离了农村生活的愚昧状态。正像它使农村从属于城市一样，它使未开化和半开化的国家从属于文明的国家，使农民的民族从属于资产阶级的民族，使东方从属于西方。

资产阶级日甚一日地消灭生产资料，财产和人口的分散状态。它使人口密集起来，使生产资料集中起来，使财产聚集在少数人的手里。由此必然产生的结果就是政治的集中。各自独立的、几乎只有同盟的关系的、各有不同利益、不同法律、不同政府、不同关税的各个地区，现在已经结合为一个拥有统一的政府、统一的法律、统一的民族阶级利益和统一的关税的统一的民族。

资产阶级在它的不到一百年的阶级统治中所创造的生产力，比过去一切世代创造的全部生产力还要多，还要大。自然力的征服，机器的采用，化学在工业和农业中的应用，轮船的行驶，铁路的通行，电报的使用，整个整个大陆的开垦，河川的通航，仿佛用法术从地下呼唤出的大量人口——过去哪一个世纪料想到在社会劳动里蕴藏有这样的生产力呢？

马克思和恩格斯：《共产党宣言》（1847 年 12 月—1848 年 1 月底），摘自《马克思恩格斯文集》第 2 卷，人民出版社 2009 年 12 月第 1 版，第 36 页。

然而，德国国民生产的高涨仍然赶不上其他国家生产高涨的步伐。农业远远落后于英国和尼德兰，工业远远落后于意大利、佛兰德和英国，而在海外贸易中，英国人，尤其是荷兰人已经开始排挤德国人。人口依然很稀少。在德国境内，文明的景象仅仅散见于几个工商业中心及其周围地区；就是这几个中心，利益也极不一致，几乎没有什么地方可以找到共同点。南部的贸易联系和销售市场同北部毫不相同；东部和西部几乎没有任何往来。没有一个城市像英国的伦敦那样发展成为全国工商业的中心。国内的全部交通几乎只限于沿海和内河航路，以及由奥格斯堡和纽伦堡经过科隆到尼德兰、经过爱尔福特到北方的几条通商大道。一些较小的城市远离内河和通商大道，被排斥在频繁的贸易往来之外，没有受到任何外来影响，继续在中世纪末期的生活条件下艰难度日，很少需要外来商品，也很少输出商品。在农村居民中，只有贵族才同外界保持较为广泛的接触，才会产生新的需求；农民群众从来不曾逾越最邻近的地方关系，他们的视野也从来没有超出与此相应的地方范围。

　　　　　　恩格斯：《德国农民战争》（1850 年夏秋），摘自《马克思恩格斯文集》
　　　　第 2 卷，人民出版社 2009 年 12 月第 1 版，第 222 页。

　　增长的生产力是拿破仑作战方法的前提；新的生产力同样是作战方法上每一步新的完善的前提。如今在欧洲战争中，铁路和电报一定会给有才干的将军或陆军部长一个采取全新的战法的机会。生产力的逐渐提高，以及随之而来的人口的逐渐增多，同样也提供了征集数量更为众多的兵员的可能性。如果法国的人口不是 2500 万而是 3600 万的话，那么总人口的 5% 就不是 125 万人，而是 180 万人。在这两种情况下，文明国家的实力与野蛮国家的相比，都相应地增强了。只有文明国家才有庞大的铁路网，那里的人口增长迅速，比如与俄国相比要快一倍。所以说，所有这一切计算都证明：西欧对俄国的长期臣服是完全不可能的，而且越来越不可能。

　　但是，随着阶级的消灭而产生的新的作战方法，其力量并不在于随着人口的增多，一个国家可动员的 5% 将成为一个越来越大的数字；而只能在于可服兵役的人数已不是全部人口的 5% 或 7%，而是 12%—16%，就是说，占成年男性人口（由 18 岁到 30 岁甚至到 40 岁的一切健康的男子）的一半到三分之二。但是，如果说俄国若不在其国内一切社会的和政治的组织上，首先是在生产上进行彻底的革命，就不能把它可动员的力量由 2%—3% 提高到 5%，那么德国和法国若不在生产上进行革命，并使生产增加一倍以上，也同样不能把它们可以动员的力量由 5% 增加到 12%。只有通过机器等的使用使人均劳动生产率比现在增加一倍，才能使从生产中解脱出来的人数增加一倍，而这也只能维持一个较短的时期，因为从来没有一个国家能够长期维持这个 5% 的比例。

　　　　　　恩格斯：《1852 年神圣同盟对法战争的条件与前景》（1851 年 4 月），摘
　　　　自《马克思恩格斯文集》第 2 卷，人民出版社 2009 年 12 月第 1 版，第

333—334 页。

结果，随着这些地区人口的增加和城市的兴起，一切工业品的生产便落在德意志人移民的手里，这些商品与农产品的交换完全被犹太人所垄断，而这些犹太人，如果说他们属于什么民族的话，那么在这些国家里，他们当然与其说属于斯拉夫人，不如说属于德意志人。整个东欧的情形都是如此，虽然程度略轻。在彼得堡、佩斯、雅西，甚至在君士坦丁堡，直到今天，手工业者、小商人、小厂主都还是德意志人，而放债人、酒店老板和小贩（在这些人口稀少的国家，这种人是非常重要的）则大多数是犹太人，他们的母语是一种讹误百出的德语。在边境各斯拉夫人地区，德意志人的重要性随着城市和工商业的发达而增加，而当事实表明几乎一切精神文明都必须从德国输入时，他们的重要性就更大了。继德意志商人和手工业者之后，德意志牧师、教员和学者也到斯拉夫人的土地上安家立业。最后，侵略军的铁蹄或审慎周密的外交手段，不仅跟随在由于社会发展而发生的缓慢的但是肯定无疑的非民族化过程的后面，而且常常走在它的前面。因此，自从第一次瓜分波兰以后，由于把官地卖给或赐给德意志殖民者，由于奖励德意志资本家在这些混居地区建立工业企业等等，以及由于经常对该地波兰居民采取极端横暴的手段，西普鲁士和波森的大部分就日耳曼化了。

恩格斯：《德国的革命和反革命》（1851 年 8 月 17 日—1852 年 9 月 23 日），摘自《马克思恩格斯文集》第 2 卷，人民出版社 2009 年 12 月第 1 版，第 397 页。

按照这个观点，德意志人在罗马时代他们所占据的土地上的居住区，以及后来他们从罗马人那里夺取的土地上的居住区，不是由村组成，而是由大家庭公社组成的，这种大家庭公社包括好几代人，耕种着相应的地带，并和邻居一起，作为共同的马尔克来使用四周的荒地。在这种情况下，塔西佗著作中谈到更换耕地的那个地方，实际上就应当从农学意义上去理解：公社每年耕种另一个地带，而将上年的耕地休耕，或令其全然抛荒。由于人口稀少，荒地总是很多的，因此，任何争夺地产的纠纷，就没有必要了。只是经过数世纪之后，当家庭成员的人数过多，以致在当时的生产条件下共同经营已经成为不可能的时候，这种家庭公社才解体；以前公有的耕地和草地，就按人所共知的方式，在此后正在形成的单个农户之间实行分配，这种分配起初是暂时的，后来便成为永久的，至于森林、牧场和水域则依然是公共的。

> 恩格斯：《家庭、私有制和国家的起源》（1884年3月底—5月底），摘自《马克思恩格斯文集》第4卷，人民出版社2009年12月第1版，第160页。

据塔西佗说，德意志人是人口众多的民族。我们从凯撒的著作中可以得出一个关于各德意志民族人数的大致概念；他认为住在莱茵河左岸的乌济佩特人和邓克泰人的人口，包括妇女和儿童在内，共为18万人。因而，每个民族大约有10万人，这已经大大超过例如易洛魁人在其全盛时代的总数，那时易洛魁人不到2万人，但已成为自大湖至俄亥俄河和波托马克河整个地区的可怕力量。如果我们根据现有材料，把莱茵河附近定居的大家知道得比较确切的民族试着划分一下，那么每一个这样的民族在地图上所占的面积平均约等于普鲁士的一个行政区，即约为1万平方公里，或182平方德里。但是，罗马人的大日耳曼尼亚 [Germania Magna]，直到维斯瓦河为止，占有依整数计共50万平方公里的面积。如果一个民族的平均人口为10万人，那么整个大日耳曼尼亚的人口总数，应达500万；对于野蛮时代的民族集团来说，这是一个很大的数目，而就今日的情况来说——1平方公里10人，或1平方德里550人——这是极其微小的数目。但是这并不包括生活在那个时候的全部德意志人。我们知道，沿喀尔巴阡山脉直至多瑙河口，都居住着哥特系统的德意志民族——巴斯塔尔人、佩夫金人等等——，它们的人数非常之多，因而，普林尼认为他们是德意志人的第五个大系统，而这些在公元前180年已经替马其顿王柏修斯做过雇佣兵的德意志人，还在奥古斯都在位的初年就已突进到阿德里安堡附近了。假定他们的人数只有100万人，那么到公元初，德意志人的大概数目，就至少有600万了。

> 恩格斯：《家庭、私有制和国家的起源》（1884年3月底—5月底），摘自《马克思恩格斯文集》第4卷，人民出版社2009年12月第1版，第165—166页。

德意志人确实重新使欧洲有了生气，因此，日耳曼时期的国家解体过程才不是以诺曼—萨拉泰人的征服而告终，而是以采邑制度和保护关系（依附制度）进一步发展为封建制度而告终，而人口也有了这样巨大的增长，以致能够完好无恙地经受了不到200年后的十字军征讨的大流血。

　　然而，德意志人究竟是用了什么神秘的魔法，给垂死的欧洲注入了新的生命力呢？是不是像我们的沙文主义的历史编纂学所虚构的那样，德意志种族天生有一种特别的魔力呢？决不是。德意志人，尤其在当时，是一个天资高的雅利安族系，并且正处在生机勃勃的发展中。但是使欧洲返老还童的，并不是他们的特殊的民族特点，而只是他们的野蛮状态，他们的氏族制度而已。

　　　　恩格斯：《家庭、私有制和国家的起源》（1884年3月底—5月底），摘自
　　　　《马克思恩格斯文集》第4卷，人民出版社2009年12月第1版，第174—
　　　　175页。

　　氏族在蒙昧时代中级阶段发生，在高级阶段继续发展起来，就我们现有的资料来判断，到了野蛮时代低级阶段，它便达到了全盛时代。所以现在我们就从这一阶段开始。

　　这一阶段应当以美洲红种人为例；在这一阶段上，我们发现氏族制度已经完全形成。一个部落分为几个氏族，通常是分为两个；随着人口的增加，这些最初的氏族每一个又分裂为几个女儿氏族，对这些女儿氏族来说，母亲氏族便是胞族；部落本身分裂成几个部落，在其中的每一个部落中，我们多半又可以遇到那些老氏族；部落联盟至少是在个别情况下把亲属部落联合在一起。这种简单的组织，是同它所由产生的社会状态完全适应的。它无非是这种社会状态所特有的、自然长成的结构；它能够处理在这样组织起来的社会内部一切可能发生的冲突。

　　　　恩格斯：《家庭、私有制和国家的起源》（1884年3月底—5月底），摘自
　　　　《马克思恩格斯文集》第4卷，人民出版社2009年12月第1版，第
　　　　177页。

　　人口是极其稀少的；只有在部落的居住地才比较稠密，在这种居住地的周围，首先是一片广大的狩猎地带，其次是把这个部落同其他部落隔离开来的中立的防护森林。分工是纯粹自然产生的；它只存在于两性之间。男子作战、打猎、捕鱼，获取食物的原料，并制作为此所必需的工具。妇女管家，制备衣食——做饭、纺织、缝纫。男女分别是自己活动领域的主人；男子是森林中的主人，妇女是家里的主人。男女分别是自己所制造的和所使用的工具的所有者：男子是武器、渔猎用具的所有者，妇女是家内

用具的所有者。家户经济是共产制的，包括几个、往往是许多个家庭。凡是共同制作和使用的东西，都是共同财产：如房屋、园圃、小船。所以，在这里，而且也只有在这里，才真正存在着文明社会的法学家和经济学家所捏造的"自己劳动所得的财产"——现代资本主义所有制还依恃着的最后一个虚伪的法律借口。

> 恩格斯：《家庭、私有制和国家的起源》（1884 年 3 月底—5 月底），摘自《马克思恩格斯文集》第 4 卷，人民出版社 2009 年 12 月第 1 版，第 178 页。

人们在自己生活的社会生产中发生一定的、必然的、不以他们的意志为转移的关系，即同他们的物质生产力的一定发展阶段相适合的生产关系。这些生产关系的总和构成社会的经济结构，即有法律的和政治的上层建筑竖立其上并有一定的社会意识形式与之相适应的现实基础。物质生活的生产方式制约着整个社会生活、政治生活和精神生活的过程。不是人们的意识决定人们的存在，相反，是人们的社会存在决定人们的意识。社会的物质生产力发展到一定阶段，便同它们一直在其中运动的现存生产关系或财产关系（这只是生产关系的法律用语）发生矛盾。于是这些关系便由生产力的发展形式变成生产力的桎梏。那时社会革命的时代就到来了。随着经济基础的变更，全部庞大的上层建筑也或慢或快地发生变革。

> 马克思：《〈政治经济学批判〉序言》（1859 年 1 月），摘自《马克思恩格斯文集》第 2 卷，人民出版社 2009 年 12 月第 1 版，第 591—592 页。

正像达尔文发现有机界的发展规律一样，马克思发现了人类历史的发展规律，即历来为繁芜丛杂的意识形态所掩盖着的一个简单事实：人们首先必须吃、喝、住、穿，然后才能从事政治、科学、艺术、宗教等等；所以，直接的物质的生活资料的生产，从而一个民族或一个时代的一定的经济发展阶段，便构成基础，人们的国家设施、法的观点、艺术以至宗教观念，就是从这个基础上发展起来的，因而，也必须由这个基础来解释，而不是像过去那样做得相反。

> 恩格斯：《在马克思墓前的讲话》（1883 年 3 月 18 日前后），摘自《马克思恩格斯文集》第 3 卷，人民出版社 2009 年 12 月第 1 版，第 601 页。

（六）侵略和掠夺是殖民地半殖民地国家人口落后与贫困的根源

把世界范围的剥削美其名曰普遍的友爱，这种观念只有资产阶级才想得出来。自由竞争在一个国家内部所引起的一切破坏现象，都会在世界市场上以更大的规模再现出来。我们不需要花费更多的时间去批驳自由贸易的信徒在这个问题上散布的诡辩，这些诡辩的价值同我们的三位获奖者霍普、莫尔斯和格雷格先生的论证完全一样。

例如，有人对我们说，自由贸易会引起国际分工，这种分工将规定与每个国家优越的自然条件相适宜的生产。

先生们，你们也许认为生产咖啡和砂糖是西印度的自然禀赋吧。

200 年以前，跟贸易毫无关系的自然界在那里连一棵咖啡树、一株甘蔗也没有生长出来。

也许不出 50 年，那里连一点咖啡、一点砂糖也找不到了，因为东印度正以其更廉价的生产得心应手地跟西印度虚假的自然禀赋竞争。而这个自然禀赋异常富庶的西印度，对英国人说来，正如有史以来就有手工织布天赋的达卡地区的织工一样，已是同样沉重的负担。

马克思：《关于自由贸易问题的演说》（1848 年 1 月 9 日），摘自《马克思
恩格斯文集》第 1 卷，人民出版社 2009 年 12 月第 1 版，第 757—758 页。

资产阶级，由于一切生产工具的迅速改进，由于交通的极其便利，把一切民族甚至最野蛮的民族都卷到文明中来了。它的商品的低廉价格，是它用来摧毁一切万里长城、征服野蛮人最顽强的仇外心理的重炮。它迫使一切民族——如果它们不想灭亡的话——采用资产阶级的生产方式；它迫使它们在自己那里推行所谓的文明，即变成资产者。一句话，它按照自己的面貌为自己创造出一个世界。

马克思和恩格斯：《共产党宣言》（1847 年 12 月—1848 年 1 月底），摘自
《马克思恩格斯文集》第 2 卷，人民出版社 2009 年 12 月第 1 版，第 35—
36 页。

但是，不列颠人给印度斯坦带来的灾难，与印度斯坦过去所遭受的一切灾难比较起来，毫无疑问在本质上属于另一种，在程度上要深重得多。我在这里所指的还不是不列颠东印度公司在亚洲式专制的基础上建立起来的欧洲式专制，这两种专制结合起来要比萨尔赛达庙里任何狰狞的神像都更为可怕。这并不是不列颠殖民统治独有的特征，它只不过是对荷兰殖民统治的模仿，而且模仿得惟妙惟肖，所以为了说明不列颠东印度公司的所作所为，只要把英国的爪哇总督斯坦福·拉弗尔斯爵士谈到旧日的荷兰东印度公司时说过的一段话一字不改地引过来就够了：

"荷兰东印度公司一心只想赚钱，它对它的臣民还不如过去的西印度种植场主对那些在他们的种植场干活的奴隶那样关心，因为这些种植场主买人的时候是付了钱的，而荷兰东印度公司却没有花过钱，它开动全部现有的专制机器压榨它的臣民，迫使他们献出最后一点东西，付出最后一点劳力，从而加重了恣意妄为的半野蛮政府所造成的祸害，因为它把政客的全部实际技巧和商人的全部独占一切的利己心肠全都结合在一起。"

内战、外侮、革命、征服、饥荒——尽管所有这一切接连不断地对印度斯坦造成的影响显得异常复杂、剧烈和具有破坏性，它们却只不过触动它的表面。英国则摧毁了印度社会的整个结构，而且至今还没有任何重新改建的迹象。印度人失掉了他们的旧世界而没有获得一个新世界，这就使他们现在所遭受的灾难具有一种特殊的悲惨色彩，使不列颠统治下的印度斯坦同它的一切古老传统，同它过去的全部历史断绝了联系。

> 马克思：《不列颠在印度的统治》（1853年6月7日—10日之间），摘自《马克思恩格斯文集》第2卷，人民出版社2009年12月第1版，第678—679页。

总之，一旦与大工业相适应的一般生产条件形成起来，这种生产方式就获得一种弹性，一种突然地跳跃式地扩展的能力，只有原料和销售市场才是它的限制。一方面，机器直接引起原料的增加，例如轧棉机使棉花生产增加。另一方面，机器产品的便宜和交通运输业的变革是夺取国外市场的武器。机器生产摧毁国外市场的手工业产品，迫使这些市场变成它的原料产地。例如东印度就被迫为大不列颠生产棉花、羊毛、大麻、黄麻、靛蓝等。大工业国工人的不断"过剩"，大大促进了国外移民和外国的殖民地化，而这些外国变成宗主国的原料产地，例如澳大利亚就变成羊毛产地。一种与机器生产中心相适应的新的国际分工产生了，它使地球的一部分转变为主要从事农业的生产地区，以服务于另一部分主要从事工业的生产地区。

> 马克思：《资本论》第1卷（1894年11月），摘自《马克思恩格斯文集》第5卷，人民出版社2009年12月第1版，第519—520页。

美洲金银产地的发现，土著居民的被剿灭、被奴役和被埋葬于矿井，对东印度开始进行的征服和掠夺，非洲变成商业性地猎获黑人的场所——

这一切标志着资本主义生产时代的曙光。这些田园诗式的过程是原始积累的主要因素。接踵而来的是欧洲各国以地球为战场而进行的商业战争。这场战争以尼德兰脱离西班牙开始，在英国的反雅各宾战争中具有巨大的规模，并且在对中国的鸦片战争中继续进行下去，等等。

原始积累的不同因素，多少是按时间顺序特别分配在西班牙、葡萄牙、荷兰、法国和英国。在英国，这些因素在 17 世纪末系统地综合为殖民制度、国债制度、现代税收制度和保护关税制度。这些方法一部分是以最残酷的暴力为基础，例如殖民制度就是这样。但所有这些方法都利用国家权力，也就是利用集中的、有组织的社会暴力……

　　　　马克思：《资本论》第 1 卷（1894 年 11 月），摘自《马克思恩格斯文集》
　　　　第 5 卷，人民出版社 2009 年 12 月第 1 版，第 860—861 页。

关于基督教殖民制度，有一位把基督教当做专业来研究的人，威·豪伊特曾这样说过：

"所谓的基督教人种在世界各地对他们所能奴役的一切民族所采取的野蛮和残酷的暴行，是世界历史上任何时期，任何野蛮愚昧和残暴无耻的人种都无法比拟的。"

荷兰——它是 17 世纪标准的资本主义国家——经营殖民地的历史，"展示出一幅背信弃义、贿赂、残杀和卑鄙行为的绝妙图画"。最有代表性的是，荷兰人为了使爪哇岛得到奴隶而在西里伯斯岛实行盗人制度。为此目的训练了一批盗人的贼。盗贼、译员、贩卖人就是这种交易的主要代理人，土著王子是主要的贩卖人。盗来的青年在长大成人可以装上奴隶船以前，被关在西里伯斯岛的秘密监狱中。一份官方报告说：

"例如，望加锡这个城市到处都是秘密监狱，一座比一座恐怖，里面挤满了不幸的人，贪欲和暴政的牺牲者，他们戴着镣铐，被强行和家人分离。"

荷兰人为了霸占马六甲，曾向葡萄牙的总督行贿。1641 年总督允许他们进城。他们为了支付 21875 镑贿款而进行"节欲"，立即到总督住宅把他杀了。他们走到哪里，那里就变得一片荒芜，人烟稀少。爪哇的巴纽旺宜省在 1750 年有 8 万多居民，而到 1811 年只有 8000 人了。这就是温和的商业！

　　　　马克思：《资本论》第 1 卷（1894 年 11 月），摘自《马克思恩格斯文集》

第 5 卷，人民出版社 2009 年 12 月第 1 版，第 861—862 页。

大家知道，英国东印度公司除了在东印度拥有政治统治权外，还拥有茶叶贸易、同中国的贸易和对欧洲往来的货运的垄断权。而印度的沿海航运和各岛屿之间的航运以及印度内地的贸易，却为公司的高级职员所垄断。对盐、鸦片、槟榔和其他商品的垄断权成了财富的取之不尽的矿藏。这些职员自定价格，任意勒索不幸的印度人。总督参与这种私人买卖。他的宠信们是在使他们这些比炼金术士聪明的人们能从无中生出金来的条件下接受契约的。巨额财产像雨后春笋般地增长起来，原始积累在不预付一个先令的情况下进行。……根据一个呈报议会的报表，从 1757 年到 1766 年，东印度公司和它的职员让印度人赠送了 600 万镑！在 1769 年到 1770 年间，英国人用囤积全部大米，不出骇人听闻的高价就拒不出售的办法制造了一次饥荒。

在像西印度那样专营出口贸易的种植殖民地，以及在像墨西哥和东印度那样任人宰割的资源丰富人口稠密的国家里，土著居民所受的待遇当然是最可怕的。但是，即使在真正的殖民地，原始积累的基督教性质也是无可否认的。那些谨严的新教大师，新英格兰的清教徒，1703 年在他们的立法会议上决定，每剥一张印第安人的头盖皮和每俘获一个红种人都给赏金 40 镑；1722 年，每张头盖皮的赏金提高到 100 镑；1744 年马萨诸塞湾的一个部落被宣布为叛匪以后，规定了这样的赏格：每剥一个 12 岁以上男子的头盖皮得新币 100 镑，每俘获一个男子得 105 镑，每俘获一个妇女或儿童得 55 镑，每剥一个妇女或儿童的头盖皮得 50 镑！数十年后，殖民制度对这些虔诚的清教徒前辈移民的叛逆的子孙进行了报复。在英国人的唆使和收买下，他们被人用短战斧砍死了。英国议会曾宣布，用警犬捕杀和剥头盖皮是"上帝和自然赋予它的手段"。

殖民制度大大地促进了贸易和航运的发展。"垄断公司"（路德语）是资本积聚的强有力的手段。殖民地为迅速产生的工场手工业保证了销售市场以及由市场垄断所引起的成倍积累。在欧洲以外直接靠掠夺、奴役和杀人越货而夺得的财宝，源源流入宗主国，在这里转化为资本。第一个充分发展了殖民制度的荷兰，在 1648 年就已达到了它的商业繁荣的顶点。

马克思：《资本论》第 1 卷（1894 年 11 月），摘自《马克思恩格斯文集》第 5 卷，人民出版社 2009 年 12 月第 1 版，第 862—864 页。

随着资本主义生产在工场手工业时期的发展，欧洲的舆论丢掉了最后一点羞耻心和良心。各国恬不知耻地夸耀一切当做资本积累手段的卑鄙行径。例如，读一读老实人亚·安德森的天真的商业编年史。这本编年史把下面的事实当做英国国策的胜利而倍加赞扬：英国在乌得勒支和谈时通过阿西恩托条约，从西班牙人手里夺走了经营非洲和西班牙美洲之间贩卖黑人的特权，而在此以前，英国只经营非洲和英属西印度之间的这种买卖。英国获得了到 1743 年为止每年供给西班牙美洲 4800 个黑人的权利。这同时又为不列颠的走私提供了公开的掩护。利物浦是靠奴隶贸易发展起来的。奴隶贸易是它进行原始积累的方法。直到目前为止，利物浦"上流人士"仍然是赞扬奴隶贸易的平达；奴隶贸易——参看前面所引 1795 年出版的艾金医生的著作——"使商业冒险精神达到了狂热，产生了出色的海员，带来了巨额的金钱"。利物浦用于奴隶贸易的船只，1730 年 15 艘，1751 年53 艘，1760 年 74 艘，1770 年 96 艘，1792 年 132 艘。

当棉纺织工业在英国采用儿童奴隶制的时候，它同时在美国促使过去多少带有家长制性质的奴隶经济转化为一种商业性的剥削制度。总之，欧洲的隐蔽的雇佣工人奴隶制，需要以新大陆的赤裸裸的奴隶制作为基础。

要使资本主义生产方式的"永恒的自然规律"充分表现出来，要完成劳动者同劳动条件的分离过程，要在一极使社会的生产资料和生活资料转化为资本，在另一极使人民群众转化为雇佣工人，转化为自由的"劳动贫民"这一现代历史的杰作，就需要经受这种苦难。如果按照奥日埃的说法，货币"来到世间，在一边脸上带着天生的血斑"，那么，资本来到世间，从头到脚，每个毛孔都滴着血和肮脏的东西。

马克思：《资本论》第 1 卷（1894 年 11 月），摘自《马克思恩格斯文集》第 5 卷，人民出版社 2009 年 12 月第 1 版，第 869—871 页。

另一方面，至于投在殖民地等处的资本，它们能提供较高的利润率，是因为在那里，由于发展程度较低，利润率一般较高，由于使用奴隶和苦力等等，劳动的剥削程度也较高。

马克思：《资本论》第 3 卷（1894 年 11 月），摘自《马克思恩格斯文集》第 7 卷，人民出版社 2009 年 12 月第 1 版，第 265 页。

在美国的对外政策上，也同在对内政策上一样，奴隶主的利益成为指路的星辰。布坎南事实上是靠了发布奥斯坦德宣言才弄到总统一职的，这个宣言宣布，用购买办法或用武力夺取古巴，是国家政策的伟大任务。在他执政时期，墨西哥北部已经被美国土地投机分子所瓜分，这些人都迫不及待地一等发出信号便袭击契瓦沃、科阿韦拉和索诺拉。海上走私者对中美各国不断进行的海盗式的远征，同样是由华盛顿白宫指挥的。

> 马克思：《北美内战》（1861 年 10 月 20 日），摘自《马克思恩格斯全集》
> 第 15 卷，人民出版社 1963 年 12 月第 1 版，第 351 页。

（七）资本主义人口构成的变化

资本主义国家的居民分为三个阶级：（1）雇佣工人，（2）土地占有者，（3）资本家。有些地方可能还不存在这种明确的划分，在研究制度时，对这些地方特点只能不予理会。

> 列宁：《对欧洲和俄国的土地问题的马克思主义观点》（1903 年 2 月），摘
> 自《列宁专题文集》之《论资本主义》卷，人民出版社 2009 年 12 月第 1
> 版，第 54 页。

农业人口在绝对地减少，农业生产却在日益进步。在 19 世纪，这种进步是同商业性农业的发展密切相联的。它表明了当代资本主义制度的一个基本特点，即农业中的竞争、农业市场和居民的分化已经形成。这种进步有力地推动了农业的发展，但是每一个进步都引起矛盾，这些矛盾使人们无法利用新的、科学的农业的全部生产力。资本主义建立了大生产，产生了竞争，随之而来的是土地的生产力受到掠夺。人口集中于城市，使土地无人耕种，并且造成了不正常的新陈代谢。土地的耕作没有得到改善，或者说没有得到应有的改善。

> 列宁：《对欧洲和俄国的土地问题的马克思主义观点》（1903 年 2 月），摘
> 自《列宁专题文集》之《论资本主义》卷，人民出版社 2009 年 12 月第 1
> 版，第 56—57 页。

近来，这类论断的谬误已经在大众面前暴露无遗了。生活费用在不断飞涨。即使在工人进行了最顽强而且非常成功的罢工斗争的情况下，工人工资的增加还是比劳动力必要费用的增加慢得多。与此同时，资本家的财富却在飞速地增长着。

……

食品、衣服、燃料和住房的费用都涨了。工人的贫困化是绝对的，就是说，他们确实愈来愈穷，不得不生活得更坏，吃得更差，更吃不饱，更

多的人栖身在地窖里和阁楼上。

但是，工人的相对贫困化，即他们在社会收入中所得份额的减少更为明显。工人在财富迅速增长的资本主义社会中的比重愈来愈小，因为百万富翁的财富增加得愈来愈快了。

……

资本主义社会的财富以难于置信的速度增长着，与此同时工人群众却日益贫困化。

> 列宁：《资本主义社会的贫困化》（1912 年 11 月 30 日［12 月 13 日］），摘自《列宁专题文集》之《论资本主义》卷，人民出版社 2009 年 12 月第 1 版，第 77—78 页。

当我们谈到工厂工业在城市中心与乡村中心的发展速度的比较这个问题时，我们看到乡村中心在这方面无疑是领先的。……这样，工厂工业大概具有下列的趋势：在城市以外扩展特别迅速；建立新的工厂中心并比城市中心更快地把它们向前推进；深入似乎与资本主义大企业世界隔绝的穷乡僻壤。这个十分重要的情况向我们表明：第一，大机器工业是以怎样的速度改造着社会经济关系，过去要几百年才能形成的东西，现在不过 10 年光景就实现了。……社会分工得到了巨大的推动。居民的流动代替了昔日的定居与闭塞状态而成为经济生活的必要条件。第二，工厂向乡村的迁移表明，资本主义克服了农民村社的等级闭塞状态为它设置的障碍，甚至从这种闭塞状态里面取得了利益。

> 列宁：《俄国资本主义的发展》（1895 年底—1899 年 1 月），摘自《列宁全集》第 3 卷，人民出版社 1984 年 10 月第 2 版，第 479—481 页。

资本主义所造成的劳动社会化，表现在下列过程中：……第五，资本主义不断减少从事农业的人口的比例（在农业中最落后的社会经济关系形式始终占着统治地位），增加大工业中心数目。

> 列宁：《俄国资本主义的发展》（1895 年底—1899 年 1 月），摘自《列宁全集》第 3 卷，人民出版社 1984 年 10 月第 2 版，第 550—551 页。

总之，没有工商业人口的增加，农业人口的减少，资本主义是不能设想的，并且谁都知道，这种现象在一切资本主义国家中表现得极为明显。未必用得着证明，这种情况对国内市场问题的意义很大，因为它既与工业的演进，也与农业的演进有着密切的联系；工业中心的形成、其数目的增加、以及它们对人口的吸引，不能不对整个农村结构产生极深远的影响，不能不引起商业性的和资本主义的农业的发展。尤其值得注意的是这样一个事实：民粹派经济学的代表无论在他们纯理论性的论断中，或者在关于俄国资本主义的论断中，完全忽视了这一规律（关于这一规律在俄国表现的特点，我们将在下面第 8 章详细论述）。在瓦·沃·先生和尼·一逊先生关于资本主义国内市场的理论中，漏掉了一件实实在在的小事：人口离开农业到工业中去，以及这一事实对农业的影响。

> 列宁：《俄国资本主义的发展》（1895 年底—1899 年 1 月），摘自《列宁专题文集》之《论资本主义》卷，人民出版社 2009 年 12 月第 1 版，第 9—10 页。

……这就是说，要广泛地发展商业性农业，就必须大大增加非农业人口。这个过程的表现形式各种各样，在进口粮食或出口粮食的国家都可以看到。工业人口的迅速增长又造成工业国家的粮食不足，也就是说，在技术条件不变的情况下，不从别国进口粮食就无法维持。在全部土地私有的情况下，对粮食的需求不断提高，其结果就形成了垄断价格。

> 列宁：《对欧洲和俄国的土地问题的马克思主义观点》（1903 年 2 月），摘自《列宁专题文集》之《论资本主义》卷，人民出版社 2009 年 12 月第 1 版，第 53 页。

……在人口总数增加（城市发展）的情况下，不输入粮食，农业人口的减少也完全可以想象（提高农业劳动生产率，就有可能使比较少的工人生产象从前一样多或者更多的产品）。在农业人口减少和农产品减少（或不按比例增加）的情况下，人口总数增加也是可以想象的，"可以想象"是因为资本主义使人民吃得更差了。

> 列宁：《农业中的资本主义》（1899 年 4 月 4 日 ［16 日］ 和 5 月 9 日 ［21 日］ 之间），摘自《列宁全集》第 4 卷，人民出版社 1984 年 10 月第 2 版，第 128 页。

俄国工厂工人的资料完全证实了《资本论》的理论：正是大机器工业对工业人口的生活条件进行了完全的和彻底的变革，使他们同农业以及与之相联系的几百年宗法式生活传统彻底分离。但是，大机器工业在破坏宗法关系与小资产阶级关系时，另一方面却创造了使农业中的雇佣工人与工业中的雇佣工人相接近的条件：第一，大机器工业把最初在非农业中心所形成的工商业生活方式带到乡村中去；第二，大机器工业造成了人口的流动性以及雇用农业工人与手工业工人的巨大市场；第三，大机器工业把机器应用于农业时，把具有最高生活水平的有技术的工业工人带到乡村。

列宁：《俄国资本主义的发展》（1895 年底—1899 年 1 月），摘自《列宁全集》第 3 卷，人民出版社 1984 年 10 月第 2 版，第 497 页。

但是，把工厂村镇和工商业村镇同城市加在一起，也还远没有把俄国全部工业人口包括无遗。流动自由的缺乏，农民村社的等级闭塞状态，完全说明了俄国为什么有这样一个显著的特征，即在俄国，不小的一部分农村人口应当列入工业人口之内，这一部分农村人口靠在工业中心做工而取得生活资料，每年要在这些工业中心度过一部分时光。我们说的是所谓外出做非农业的零工。从官方的观点看来，这些"手工业者"是仅仅赚取"辅助工资"的种地的农民，大多数民粹派经济学的代表人物都老老实实地接受了这个观点。了解上述一切情况以后，这个观点的站不住脚，就不需要再详细地证明了。不管对于这个现象有怎样不同的看法，然而毫无疑问，这个现象反映了人口离开农业而转向工商业。

列宁：《俄国资本主义的发展》（1895 年底—1899 年 1 月），摘自《列宁全集》第 3 卷，人民出版社 1984 年 10 月第 2 版，第 522—523 页。

总之，居民离开农业，在俄国表现在城市的发展（这一点部分地被国内移民掩盖了）以及城市近郊、工厂村镇与工商业村镇的发展上，并且也表现在外出做非农业零工的现象上。所有这些在改革后时代已经和正在向纵深和宽广两方面迅速发展的过程，是资本主义发展的必要组成部分，同旧的生活方式比起来，具有很大的进步意义。

列宁：《俄国资本主义的发展》（1895 年底—1899 年 1 月），摘自《列宁全集》第 3 卷，人民出版社 1984 年 10 月第 2 版，第 534 页。

但是，农民雇用工人这一事实是上述地区农民资产阶级经营成就的最突出的标志。当地的地主感到，他们的竞争者在不断增多……但是，少数富裕农民的这一切成就给大批贫苦农民造成沉重的负担。……大多数农民从当地农业成就中得到的只是损失。商业性农业的进步使下等农户的境况日益恶化，把他们完全推出农民的行列。

列宁：《俄国资本主义的发展》（1895 年底—1899 年 1 月），摘自《列宁全集》第 3 卷，人民出版社 1984 年 10 月第 2 版，第 247—249 页。

……资本主义破坏了地方的闭塞性和狭隘性，打破了农民中世纪的狭小划分，而代之以全国性的大规模划分，即把农民划分为在整个资本主义经济体系中占据不同地位的一些阶级。如果说，过去的生产条件本身决定了农民群众固定在他们所居住的地方，那么商业性农业和资本主义农业的不同形式和不同地区的形成，就不能不造成大量居民在全国各地的迁移；而没有居民的流动（上面已经指出），居民的自觉性和主动性的发展是不可能的。

> 列宁：《俄国资本主义的发展》（1895 年底—1899 年 1 月），摘自《列宁全集》第 3 卷，人民出版社 1984 年 10 月第 2 版，第 282—283 页。

关于俄国大机器工业同资本主义国内市场的关系问题，上述资料得出了如下的结论：俄国工厂工业的迅速发展，建立着巨大的并且日益扩大的生产资料（建筑材料、燃料、金属等等）市场，特别迅速地增加着从事制造生产消费品而非个人消费品的那一部分人口。但是个人消费品的市场由于大机器工业的增长也迅速扩大了，因为大机器工业把愈来愈多的人口从农业吸引到工商业方面来。……

> 列宁：《俄国资本主义的发展》（1895 年底—1899 年 1 月），摘自《列宁全集》第 3 卷，人民出版社 1984 年 10 月第 2 版，第 506 页。

……各资本主义国家的农业中，总的说来 V（可变资本——编者）在减少，C（不变资本——编者）在增加。德国、法国和英国的农村人口和农村工人都日渐减少，可是农业中使用的机器却在增加。……

> 列宁：《农业中的资本主义》（1899 年 4 月 4 日［16 日］和 5 月 9 日［21日］之间），摘自《列宁全集》第 4 卷，人民出版社 1984 年 10 月第 2 版，第 86—89 页。

……资本主义使农村日益荒凉，使人口集中于城市，绝大多数农村人口因而丧失了大量的天然肥料，但是与此同时，极为少数的市郊农民却依靠他们位置的优越而获得特殊的利益，依靠多数人的贫困而发财致富。……

> 列宁：《土地问题和"马克思的批评家"》（1901 年 6—9 月和 1907 年秋），摘自《列宁全集》第 5 卷，人民出版社 1986 年 10 月第 2 版，第 140页。

八 资本主义的人口过剩

（一）相对人口过剩是资本主义生产方式特有的人口规律

机器的资本主义应用，一方面创造了无限度地延长工作日的新的强大动机，并且使劳动方式本身和社会劳动体的性质发生这样的变革，以致打破对这种趋势的抵抗，另一方面，部分地由于使资本过去无法染指的那些工人阶层受资本的支配，部分地由于使那些被机器排挤的工人游离出来，制造了过剩的劳动人口，这些人不得不听命于资本强加给他们的规律。

马克思：《资本论》第 1 卷（1894 年 11 月），摘自《马克思恩格斯文集》第 5 卷，人民出版社 2009 年 12 月第 1 版，第 469 页。

劳动资料一作为机器出现，就立刻成了工人本身的竞争者。资本借助机器进行的自行增殖，同生存条件被机器破坏的工人的人数成正比。资本主义生产的整个体系，是建立在工人把自己的劳动力当做商品出卖的基础上的。分工使这种劳动力片面化，使它只具有操纵局部工具的特定技能。一旦工具由机器来操纵，劳动力的交换价值就随同它的使用价值一起消失。工人就像停止流通的纸币一样卖不出去。工人阶级的一部分就这样被机器转化为过剩的人口，也就是不再为资本的自行增殖所直接需要的人口，这些人一部分在旧的手工业和工场手工业生产反对机器生产的力量悬殊的斗争中毁灭，另一部分则涌向所有比较容易进去的工业部门，充斥劳动市场，从而使劳动力的价格降低到它的价值以下。有人说，需要救济的工人会得到巨大的安慰：一方面，他们的痛苦只是"短暂的"（"atemporary inconvenience"［"短暂的不便"］）；另一方面，机器只是逐渐地占据整整一个生产领域，因此它的破坏作用的范围和强度会缩减。一种安慰抵消另一种安慰。在机器逐渐地占领某一生产领域的地方，它给同它竞争的工人阶层造成慢性的贫困。在过渡迅速进行的地方，机器的影响则是广泛的和急性的。世界历史上再没有比英国手工织布工人缓慢的毁灭过程更为可怕的景象了，这个过程拖延了几十年之久，直到 1838 年才结束。在这些织布工人中，许多人饿死了，许多人长期地每天靠 2 便士维持一家人的生活。与此相反，英国的棉纺织机在东印度的影响却是急性的。1834—1835 年东印度总督确认：

"这种灾难在商业史上几乎是绝无仅有的。织布工人的尸骨把印度的平原漂白了。"

诚然，就这些织工短暂一生的结束来说，机器带给他们的只是"短暂的不便"。然而，由于机器不断占领新的生产领域，机器的"短暂的"影响也就成为长期的了。可见，资本主义生产方式使劳动条件和劳动产品具有的与工人相独立和相异化的形态，随着机器的发展而发展成为完全的对立。

马克思：《资本论》第 1 卷（1894 年 11 月），摘自《马克思恩格斯文集》第 5 卷，人民出版社 2009 年 12 月第 1 版，第 495—497 页。

工厂制度的巨大的跳跃式的扩展能力和它对世界市场的依赖，必然造成热病似的生产，并随之造成市场商品充斥，而当市场收缩时，就出现瘫痪状态。工业的生命按照中常活跃、繁荣、生产过剩、危机、停滞这几个时期的顺序而不断地转换。由于工业循环的这种周期变换，机器生产使工人在就业上并从而在生活状况上遭遇的没有保障和不稳定性，成为正常的现象。除了繁荣时期以外，资本家之间总是进行十分激烈的斗争，以争夺各自在市场上的份额。这个份额同产品的便宜程度成正比。除了由此造成的资本家竞相采用代替劳动力的改良机器和新的生产方法以外，每次都出现这样的时刻：为了追求商品便宜，强制地把工资压低到劳动力价值以下。

可见，工厂工人人数的增加以投入工厂的总资本在比例上更迅速得多的增加为条件。但是，这个过程只是在工业循环的退潮期和涨潮期内实现。它还经常被技术进步所打断，这种进步有时潜在地代替工人，有时实际地排挤工人。机器生产中这种质的变化，不断地把工人逐出工厂，或者把新的补充人员的队伍拒之门外，而工厂的单纯的量的扩大在把被逐出的工人吸收进来的同时，还把新的人员吸收进来。工人就这样不断被排斥又被吸引，被赶来赶去，而且被招募来的人的性别、年龄和熟练程度也不断变化。

马克思：《资本论》第 1 卷（1894 年 11 月），摘自《马克思恩格斯文集》第 5 卷，人民出版社 2009 年 12 月第 1 版，第 522—523 页。

如果说机器在农业中的使用大多避免了机器使工厂工人遭到的那种身体上的损害，那么机器在农业中的使用在造成工人"过剩"方面却发生了更为强烈的作用，而且没有遇到什么抵抗，这一点我们在以后将会详细谈到。例如，在剑桥郡和萨福克郡，最近 20 年来耕地面积大大扩大了，而在这一时期农村人口不但相对地减少了，而且绝对地减少了。

马克思：《资本论》第 1 卷（1894 年 11 月），摘自《马克思恩格斯文集》第 5 卷，人民出版社 2009 年 12 月第 1 版，第 578 页。

资本积累最初只是表现为资本的量的扩大，但是以上我们看到，它是通过资本构成不断发生质的变化，通过减少资本的可变组成部分来不断增加资本的不变组成部分而实现的。

特殊的资本主义的生产方式，与之相适应的劳动生产力的发展以及由此引起的资本有机构成的变化，不只是同积累的增进或社会财富的增长保持一致的步伐。它们的进展要快得多，因为简单的积累即总资本的绝对扩大，伴随有总资本的各个分子的集中，追加资本的技术变革，也伴随有原资本的技术变革。因此，随着积累的进程，资本的不变部分和可变部分的比例会发生变化；假定原来是 1∶1，后来会变成 2∶1、3∶1、4∶1、5∶1、7∶1 等等，因而随着资本的增长，资本总价值转变为劳动力的部分不是 1/2，而是递减为 1/3、1/4、1/5、1/6、1/8 等等，转变为生产资料的部分则递增为 2/3、3/4、4/5、5/6、7/8 等等。因为对劳动的需求，不是由总资本的大小决定的，而是由总资本可变组成部分的大小决定的，所以它随着总资本的增长而递减，而不像以前假定的那样，随着总资本的增长而按比例增加。对劳动的需求，同总资本量相比相对地减少，并且随着总资本量的增长以递增的速度减少。诚然，随着总资本的增长，总资本的可变组成部分即并入总资本的劳动力也会增加，但是增加的比例越来越小。积累作为生产在一定技术基础上的单纯扩大而发生作用的那种间歇时间缩短了。为了吸收一定数目的追加工人，甚至为了在旧资本不断发生形态变化的情况下继续雇用已经在职的工人，就不仅要求总资本以不断递增的速度加快积累。而且，这种不断增长的积累和集中本身，又成为使资本构成发生新的变化的一个源泉，也就是成为使资本的可变组成部分和不变组成部分相比再次迅速减少的一个源泉。总资本的可变组成部分的相对减少随着总资本的增长而加快，而且比总资本本身的增长还要快这一事实，在另一方面却相反地表现为，好像工人人口的绝对增长总是比可变资本即工人人口的就业手段增长得快。事实是，资本主义积累不断地并且同它的能力和规模成比例地生产出相对的，即超过资本增殖的平均需要的，因而是过剩的或追加的工人人口。

就社会总资本来考察,时而它的积累运动引起周期的变化,时而这个运动的各个因素同时分布在各个不同的生产部门。在某些部门,由于单纯的积聚,资本的构成发生变化而资本的绝对量没有增长;在有些部门,资本的绝对增长同它的可变组成部分或它所吸收的劳动力的绝对减少结合在一起;在另一些部门,资本时而在一定的技术基础上持续增长,并按照它增长的比例吸引追加的劳动力,时而发生有机的变化,资本的可变组成部分缩小;在一切部门中,资本可变部分的增长,从而就业工人人数的增长,总是同过剩人口的激烈波动,同过剩人口的暂时产生结合在一起,而不管这种产生采取排斥就业工人这个较明显的形式,还是采取使追加的工人人口难于被吸入它的通常水道这个不大明显但作用相同的形式。随着已经执行职能的社会资本量的增长及其增长程度的提高,随着生产规模和所使用的工人人数的扩大,随着他们劳动的生产力的发展,随着财富的一切源流的更加广阔和更加充足,资本对工人的更大的吸引力和更大的排斥力互相结合的规模不断扩大,资本有机构成和资本技术形式的变化速度也不断加快,那些时而同时地时而交替地被卷入这些变化的生产部门的范围也不断增大。因此,工人人口本身在生产出资本积累的同时,也以日益扩大的规模生产出使他们自身成为相对过剩人口的手段。这就是资本主义生产方式所特有的人口规律,事实上,每一种特殊的、历史的生产方式都有其特殊的、历史地发生作用的人口规律。抽象的人口规律只存在于历史上还没有受过人干涉的动植物界。

马克思:《资本论》第1卷(1894年11月),摘自《马克思恩格斯文集》第5卷,人民出版社2009年12月第1版,第725—728页。

过剩的工人人口是积累或资本主义基础上的财富发展的必然产物,但是这种过剩人口反过来又成为资本主义积累的杠杆,甚至成为资本主义生产方式存在的一个条件。过剩的工人人口形成一支可供支配的产业后备军,它绝对地从属于资本,就好像它是由资本出钱养大的一样。过剩的工人人口不受人口实际增长的限制,为不断变化的资本增殖需要创造出随时可供剥削的人身材料。随着积累和伴随积累而来的劳动生产力的发展,资本的突然膨胀力也增长了,这不仅是因为执行职能的资本的弹性和绝对财富——资本不过是其中一个有弹性的部分——增长了,也不仅是因为信用每当遇到特殊刺激会在转眼之间把这种财富的非常大的部分作为追加资本交给生产支配。这还因为生产过程本身的技术条件，机器、运输工具等等，有可能以最大的规模最迅速地把剩余产品转化为追加的生产资料。随着积累的增进而膨胀起来的并且可以转化为追加资本的大量社会财富，疯狂地涌入那些市场突然扩大的旧生产部门，或涌入那些由旧生产部门的发展而引起需要的新兴生产部门，如铁路等等。在所有这些场合，都必须有大批的人可以突然地被投到决定性的地方去，而又不致影响其他部门的生产规模。这些人就由过剩人口来提供。现代工业特有的生活过程，由中常活跃、生产高度繁忙、危机和停滞这几个时期构成的、穿插着较小波动的十年一次的周期形式，就是建立在产业后备军或过剩人口的不断形成、或多或少地被吸收、然后再形成这样的基础之上的。而工业周期的阶段变换又使过剩人口得到新的补充，并且成为过剩人口再生产的最有力的因素之一。

现代工业这种独特的生活过程，我们在人类过去的任何时代都是看不到的，即使在资本主义生产的幼年时期也不可能出现。那时资本构成的变化还极其缓慢。因此，对劳动的需求的增长，总的说来是同资本的积累相适应的。不管那时资本积累的增进同现代相比是多么缓慢，它还是碰到了可供剥削的工人人口的自然限制，这些限制只有通过以后将要谈到的暴力手段才能清除。生产规模突然的跳跃式的膨胀是它突然收缩的前提；而后者又引起前者，但是没有可供支配的人身材料，没有不取决于人口绝对增长的工人的增加，前者是不可能的。工人的这种增加，是通过使一部分工人不断地被"游离"出来的简单过程，通过使就业工人人数比扩大的生产相对减少的方法造成的。因此，现代工业的整个运动形式来源于一部分工人人口不断地转化为失业的或半失业的人手。政治经济学的肤浅性也表现在，它把信用的膨胀和收缩，把工业周期各个时期更替的这种单纯的征状，看做是造成这种更替的原因。正如天体一经投入一定的运动就会不断地重复这种运动一样，社会生产一经进入交替发生膨胀和收缩的运动，也会不断地重复这种运动。而结果又会成为原因，于是不断地再生产出自身条件的整个过程的阶段变换就采取周期性的形式。这种周期性一经固定下来，那么，就连政治经济学也会把相对的，即超过资本增殖的平均需要的过剩人口的生产，看做是现代工业的生活条件。

马克思：《资本论》第 1 卷（1894 年 11 月），摘自《马克思恩格斯文集》

第 5 卷，人民出版社 2009 年 12 月第 1 版，第 728—730 页。

我们已经知道，资本主义生产方式和劳动生产力的发展——既是积累的原因，又是积累的结果——使资本家能够通过从外延方面或内涵方面加强对单个劳动力的剥削，在支出同样多的可变资本的情况下推动更多的劳动。其次，我们还知道，资本家越来越用不大熟练的工人排挤较熟练的工人，用未成熟的劳动力排挤成熟的劳动力，用女劳动力排挤男劳动力，用少年或儿童劳动力排挤成年劳动力，这样，他就用同样多的资本价值买到更多的劳动力。

所以，在积累的进程中，一方面，较大的可变资本无须招收更多的工人就可以推动更多的劳动；另一方面，同样数量的可变资本用同样数量的劳动力就可以推动更多的劳动；最后，通过排挤较高级的劳动力可以推动更多较低级的劳动力。

因此，相对过剩人口的生产或工人的游离，比生产过程随着积累的增进而加速的技术变革，比与此相适应的资本可变部分比不变部分的相对减少，更为迅速。如果说生产资料在扩大规模和作用的同时，在越来越小的程度上成为工人的就业手段，那么，这种情况本身又会由于下述事实而有所变化：劳动生产力越是增长，资本造成的劳动供给比资本对工人的需求越是增加得快。工人阶级中就业部分的过度劳动，扩大了它的后备军的队伍，而后者通过竞争加在就业工人身上的增大的压力，又反过来迫使就业工人不得不从事过度劳动和听从资本的摆布。工人阶级的一部分从事过度劳动迫使它的另一部分无事可做，反过来，它的一部分无事可做迫使它的另一部分从事过度劳动，这成了各个资本家致富的手段，同时又按照与社会积累的增进相适应的规模加速了产业后备军的生产。这个因素在相对过剩人口的形成上是多么重要，可以拿英国的例子来证明。英国"节约"劳动的技术手段是十分强大的。但是，如果明天把劳动普遍限制在合理的程度，并且在工人阶级的各个阶层中再按年龄和性别进行适当安排，那么，要依照现有的规模继续进行国民生产，目前的工人人口是绝对不够的。目前"非生产"工人的大多数都不得不转化为"生产"工人。

马克思：《资本论》第 1 卷（1894 年 11 月），摘自《马克思恩格斯文集》第 5 卷，人民出版社 2009 年 12 月第 1 版，第 732—734 页。

在手工织工渐渐饿死的那些年代，英国的棉织品的生产和出口都大大增加了。同时（1838—1841年）食品价格上涨了。而这些织工既没有一件完整的、可以蔽体的衣服，也没有足以维持生命的食物。人为地不断制造出来的、只有在热病似的繁荣时期才能被吸收的过剩人口，是现代工业的必要生产条件之一。没有什么东西能阻止这样一些现象同时发生：一部分货币资本闲置不用；生活资料由于相对生产过剩而跌价；被机器排挤的工人正在饿得要死。

马克思：《政治经济学批判（1861—1863年手稿）第三部分〈剩余价值理论（续）〉》（1862年春—1862年底），摘自《马克思恩格斯全集》第34卷，人民出版社2008年7月第2版，第633页。

劳动的社会生产力的同一发展，在资本主义生产方式的发展中，一方面表现为利润率不断下降的趋势，另一方面表现为所占有的剩余价值或利润的绝对量的不断增加；结果，总的说来，与可变资本和利润的相对减少相适应的，是二者的绝对增加。我们讲过，这种双重的作用，只是在总资本的增加比利润率的下降更快的时候才能表现出来。要在构成更高或不变资本以更大程度相对增加的情况下使用一个绝对增加了的可变资本，总资本不仅要和更高的构成成比例地增加，而且要增加得更快。由此可见，资本主义生产方式越是发展，要使用同量劳动力，就需要越来越大的资本量；如果要使用更多的劳动力，那就更是如此。因此，在资本主义的基础上，劳动生产力的提高必然会产生永久性的表面上的工人人口过剩。

马克思：《资本论》第3卷（1894年11月），摘自《马克思恩格斯文集》第7卷，人民出版社2009年12月第1版，第248页。

尽管投在工资上的可变资本相对减少，工人的绝对人数仍然会增加，这并不会发生在一切生产部门，也不会均等地发生在一切生产部门。在农业中，活劳动要素的减少可以是绝对的。

此外，雇佣工人的人数尽管相对减少，但仍然会绝对增加，这只是资本主义生产方式的需要。对资本主义生产方式来说，只要不再需要每天使用劳动力12—15小时，劳动力就已经过剩了。生产力的发展，如果会使工人的绝对人数减少，就是说，如果实际上能使整个国家能在较少的时间内完成自己的全部生产，它就会引起革命，因为它会断绝大多数人口的活路。在这里，资本主义生产的特有限制又出现了，资本主义生产决不是发展生产力和生产财富的绝对形式，它反而会在一定点上和这种发展发生冲突。

这种冲突部分地出现在周期性危机中，这种危机是由于工人人口中时而这个部分时而那个部分在他们原来的就业方式上成为过剩所引起的。资本主义生产的限制，是工人的剩余时间。

> 马克思：《资本论》第3卷（1894年11月），摘自《马克思恩格斯文集》第7卷，人民出版社2009年12月第1版，第293页。

租地农场主叫嚷要求降低地租。在个别情况下，他们达到了目的。但是总的说来，他们的这个要求并没有成功。他们只好求助于降低生产费用，如大量采用蒸汽发动机和新机器，这些机器，一方面代替了马，把马从经营上排挤出去，另一方面也把农业短工游离出来，造成了一个人为的过剩人口，并由此引起工资的再度下降。这10年来，尽管和总人口的增长相比，农业人口普遍地相对减少了，并且尽管某些纯农业区的农业人口绝对减少了，但上述情况还是发生了。

> 马克思：《资本论》第3卷（1894年11月），摘自《马克思恩格斯文集》第7卷，人民出版社2009年12月第1版，第708—709页。

一方面是机器的改进，这种改进由于竞争而变成每个厂主必须执行的强制性命令，而且也意味着工人不断遭到解雇：产生了产业后备军。另一方面是生产的无限扩张，这也成了每个厂主必须遵守的竞争的强制规律。这两方面造成了生产力的空前发展、供过于求、生产过剩、市场盈溢、十年一次的危机、恶性循环：这里是生产资料和产品过剩，那里是没有工作和没有生活资料的工人过剩；但是，生产和社会福利的这两个杠杆不能结合起来，因为资本主义的生产形式不允许生产力发挥作用，不允许产品进行流通，除非生产力和产品先转变为资本，而阻碍这种转变的正是生产力和产品的过剩。这种矛盾发展到荒谬的程度：生产方式起来反对交换形式。资产阶级已经暴露出它没有能力继续管理自己的社会生产力。

> 恩格斯：《社会主义从空想到科学的发展》（1880年1月—3月上半月），摘自《马克思恩格斯文集》第3卷，人民出版社2009年12月第1版，第565—566页。

一部分资本在以难以置信的速度周转，而另一部分资本却闲置在钱柜里。一部分工人每天工作14小时或16小时，而另一部分工人却无所事事，无活可干，活活饿死。或者，这种分立现象并不同时发生：今天生意很好，需求很大，这时，大家都工作，资本以惊人的速度周转着，农业欣欣向荣，工人干得累倒了；而明天停滞到来，农业不值得费力去经营，大片土地荒芜，资本在正在流动的时候凝滞，工人无事可做，整个国家都因财富过剩、人口过剩而备尝痛苦。

> 恩格斯：《国民经济学批判大纲》（1843年9月底或10月初—1844年1月中），摘自《马克思恩格斯文集》第1卷，人民出版社2009年12月第1版，第78页。

在资本和土地反对劳动的斗争中，前两个要素比劳动还有一个特殊的优越条件，那就是科学的帮助，因为在目前情况下连科学也是用来反对劳动的。例如，几乎一切机械发明，尤其是哈格里沃斯、克朗普顿和阿克莱的棉纺机，都是由于缺乏劳动力而引起的。对劳动的渴求导致发明的出现，发明大大地增加了劳动力，因而降低了对人的劳动的需求。

> 恩格斯：《国民经济学批判大纲》（1843年9月底或10月初—1844年1月中），摘自《马克思恩格斯文集》第1卷，人民出版社2009年12月第1版，第85页。

由此可见，英国工业在任何时候，除短促的最繁荣的时期外，都一定要有失业的工人后备军，以便在最活跃的几个月内有可能生产市场上所需要的大批商品。这种后备军的扩大或缩小，要看市场能使他们中间的小部分还是大部分得到工作而定。虽然在市场最活跃的时候，农业区、爱尔兰以及受普遍繁荣的影响较少的工业部门暂时也能供给工厂一定数量的工人，但是这些工人的数目到底是很少的，而且他们也同样属于后备军之列，唯一的区别只在于：正是迅速的繁荣才暴露了他们是属于这个后备军的。在这些工人转到较活跃的工业部门里面去的时候，他们原来工作的地方没有他们也行。为了稍微补一下空子，就延长工作时间，雇用妇女和少年，而当危机到来，这些工人被解雇了又回来的时候，他们发现自己的位置已经被人占据了，他们自己，至少是他们中的大部分，就成了"多余的人"。这个后备军就构成英国的"过剩人口"，它在危机时期人数激增，而在繁荣和危机之间的时期人数也相当多。

> 恩格斯：《英国工人阶级状况》（1844年9月—1845年3月），摘自《马克思恩格斯全集》第2卷，人民出版社1957年12月第1版，第369页。

资本积累加速机器对工人的排挤，在一极造成富有，在另一极造成贫困，因而产生所谓"劳动后备军"，即工人的"相对过剩"或"资本主义的人口过剩"。这种过剩具有多种多样的形式，并使资本有异常迅速地扩大生产的可能性……必须把资本主义基础上的资本积累同所谓原始积累区别开来。原始积累是强迫劳动者同生产资料分离，把农民从土地上赶走，侵占公有地，实行殖民制度、国债制度、保护关税制度等等。"原始积累"在一极造成"自由的"无产者，在另一极造成货币所有者即资本家。

列宁：《卡尔·马克思》（1914年11月），摘自《列宁专题文集》之《论马克思主义》卷，人民出版社2009年12月第1版，第22页。

……城市人口（一般地说是工业人口）增加而对比之下农村人口减少，这不仅是目前的现象，而且正是反映了资本主义规律的普遍现象。从理论上对这个规律的论证，正如我在另一个地方已经指出的，第一、在于社会分工的发展使愈来愈多的工业部门脱离了原来的农业，第二、经营一定土地所需的可变资本总的说来是减少了。……我们在前面已经指出，在个别情况下和个别时期，可以看到耕种一定面积的土地所需要的可变资本在增长，但是这并不影响普遍规律的正确性。农业人口的相对减少并不是在任何情况下都转化为绝对减少，绝对减少的程度也取决于资本主义殖民地的扩大……工业从农业中夺取最有力、最强壮、最有知识的工人，这是一个普遍的现象，不仅工业国如此，农业国也是如此，不仅西欧如此，美国和俄国也是如此。资本主义所造成的城市的文明和乡村的野蛮之间的矛盾，必然产生这种结果。

列宁：《农业中的资本主义》（1899年4月4日［16日］和5月9日［21日］之间），摘自《列宁全集》第4卷，人民出版社1984年10月第2版，第127—128页。

大工业愈发展，对工人需求的波动就愈大，而波动的情况如何，则要看整个国民生产或其每个部门是处于危机时期还是繁荣时期而定。这种波动是资本主义生产的规律，如果没有随时都能给任何工业部门或任何企业提供劳动力的过剩人口（也就是超过了资本主义对工人的平均需求的人口），资本主义生产就不可能存在。分析表明，在一切工业部门中，只要资本主义一渗入，过剩人口就会形成（农业中的情形和工业中的情形完全一样），过剩人口有各种各样的形式。主要的形式有三种：（1）流动的过剩人口。属于这一类的是工业中的失业工人。随着工业的发展，他们的人数必然增加。（2）潜在的过剩人口。属于这一类的是随着资本主义的发展而丧失了自己的产业并找不到非农业工作的农业人口。这种人口随时都能给任何企业提供劳动力。（3）停滞的过剩人口。他们的就业"极不规则"，生活状况低于一般水平。属于这一类的主要是在家里替厂主和商店干活的城乡居民。所有这些阶层的总和就构成了相对过剩人口或者后备军。后一术语清楚地表明，这里是指哪一种人口。这里是指工人，他们是资本主义尽量扩大企业所必需的，但是他们永远不能经常得到工作。

列宁：《评经济浪漫主义》（1896年8月—1897年3月），摘自《列宁全集》第2卷，人民出版社1984年10月第2版，第148—149页。

雇佣工人阶级的形成过程就是农民分裂为下述两个阶层的过程，即（1）把农业当成工业的农场主；（2）雇佣工人。这个过程通常叫做农民的分化。特别在俄国，这个过程表现得很突出。早在封建制度时代，这个过程就为经济学家觉察到了。

形成的特点。

这个过程进行得不平衡。在雇佣工人阶级形成的同时，既有宗法制度存在，又有新的资本主义制度在形成。雇佣工人阶级同土地有着这样那样的联系，因此这个过程的形式也就多种多样。

列宁：《对欧洲和俄国的土地问题的马克思主义观点》（1903年2月），摘自《列宁专题文集》之《论资本主义》卷，人民出版社2009年12月第1版，第53页。

大工厂正在俄国日益迅速地发展起来，使小手工业者和农民相继破产，把他们变成一无所有的工人，把越来越多的人赶进城市、工厂和工业村镇。

资本主义的这种增长意味着一小撮厂主、商人和土地占有者的财富和奢侈程度大大增加，工人的贫困和受压迫的程度更加迅速地增加。大工厂在生产上的革新和采用机器既促进了社会劳动生产率的提高，也加强了资本家对工人的统治，增加了失业人口，从而使工人处于任人宰割的境地。

但是，大工厂在极度加强资本对劳动的压迫时，造成了一个特殊的工人阶级，这个阶级有可能同资本进行斗争，因为它的生活条件本身破坏了它同私有经济的一切联系，并且通过共同劳动把工人联合起来，把他们从一个工厂投进另一个工厂，从而把工人群众团结在一起。工人开始同资本家作斗争，于是在他们中间就出现了联合起来的强烈愿望。工人的零星发动发展成了俄国工人阶级的斗争。

工人阶级同资本家阶级的这一斗争，是反对一切靠他人劳动为生的阶级和反对一切剥削的斗争。……

> 列宁：《社会民主党纲领草案及其说明》（1895 年和 1896 年），摘自《列
> 宁专题文集》之《论无产阶级政党》卷，人民出版社 2009 年 12 月第 1
> 版，第 1—2 页。

　　另一个重要得多的生产改进就是资本家采用了机器。机器的使用把劳动效率提高了许多倍；但是资本家把所有这些好处用来对付工人：他们利用机器需要的体力劳动较少这种情况，安排妇女和儿童来看管机器，付给他们更少的工资。他们利用机器需要工人极少这种情况，把大批工人赶出工厂，并利用这种失业现象来进一步奴役工人，延长工作日，剥夺工人夜里休息的时间，把工人变成了机器的单纯附属品。机器所造成的和不断扩大的失业现象现在使工人处于完全无以自卫的境地。工人的技术失去了价值，他们很容易被那些很快就习惯了机器、甘愿为更少工资做工的普通小工所代替。一切想要捍卫自己免受资本更大压力的企图都使工人遭到解雇。单个工人在资本面前完全无能为力的，因为机器会置他于死地。

> 列宁：《社会民主党纲领草案及其说明》（1895 年和 1896 年），摘自《列
> 宁专题文集》之《论无产阶级政党》卷，人民出版社 2009 年 12 月第 1
> 版，第 7—8 页。

（二）人口过剩作为资本主义生产的必要条件

　　因此，现代工业的技术基础是革命的，而所有以往的生产方式的技术基础本质上是保守的。现代工业通过机器、化学过程和其他方法，使工人的职能和劳动过程的社会结合不断地随着生产的技术基础发生变革。这样，它也同样不断使社会内部的分工发生革命，不断地把大量资本和大批工人从一个生产部门投到另一个生产部门。因此，大工业的本性决定了劳动的变换、职能的更动和工人的全面流动性。另一方面，大工业在它的资本主义形式上再生产出旧的分工及其固定化的专业。我们已经看到，这个绝对的矛盾怎样破坏着工人生活的一切安宁、稳定和保障，使工人面临这样的威胁：在劳动资料被夺走的同时，生活资料也不断被夺走，在他的局部职能变成过剩的同时，他本身也变成过剩的东西；这个矛盾怎样通过工人阶级的不断牺牲、劳动力的无限度的浪费和社会无政府状态造成的灾难而放纵地表现出来。这是消极的方面。但是，如果说劳动的变换现在只是作

为不可克服的自然规律并且带着自然规律在任何地方遇到障碍时都有的那种盲目破坏作用而为自己开辟道路，那么，大工业又通过它的灾难本身使下面这一点成为生死攸关的问题：承认劳动的变换，从而承认工人尽可能多方面的发展是社会生产的普遍规律，并且使各种关系适应于这个规律的正常实现。大工业还使下面这一点成为生死攸关的问题：用适应于不断变动的劳动需求而可以随意支配的人，来代替那些适应于资本的不断变动的剥削需要而处于后备状态的、可供支配的、大量的贫穷工人人口；用那种把不同社会职能当做互相交替的活动方式的全面发展的个人，来代替只是承担一种社会局部职能的局部个人。综合技术学校和农业学校是这种变革过程在大工业基础上自然发展起来的一个要素；职业学校是另一个要素，在这种学校里，工人的子女受到一些有关工艺学和各种生产工具的实际操作的教育。如果说工厂立法作为从资本那里争取来的最初的微小让步，只是把初等教育同工厂劳动结合起来，那么毫无疑问，工人阶级在不可避免地夺取政权之后，将使理论的和实践的工艺教育在工人学校中占据应有的位置。同样毫无疑问，生产的资本主义形式和与之相适应的工人的经济关系，是同这种变革酵母及其目的——消灭旧分工——直接矛盾的。但是，一种历史生产形式的矛盾的发展，是这种形式瓦解和新形式形成的唯一的历史道路。

　　　　马克思：《资本论》第 1 卷（1894 年 11 月），摘自《马克思恩格斯文集》
　　　　第 5 卷，人民出版社 2009 年 12 月第 1 版，第 560—562 页。

　　这同样会影响到劳动力市场，以致把大量潜在的相对过剩人口，甚至已经就业的工人，吸引到新的产业部门中去。一般说来，像铁路建设那样大规模的企业，会从劳动力市场上取走一定数量的劳动力，这种劳动力的来源仅仅是某些只使用壮工的部门（如农业等等）。甚至在新企业已经成为稳定的生产部门以后，从而，在它所需要的流动的工人阶级已经形成以后，这种现象还会发生。例如，在铁路建设的规模突然比平均规模大时，情况就是这样。工人后备军——这种后备军的压力使工资保持较低的水平——有一部分被吸收了。现在工资普遍上涨，甚至劳动市场上就业情况一直不错的部分也是这样。这个现象会持续一段时间，直到不可避免的崩溃再把工人后备军游离出来，再把工资压低到最低限度，甚至压低到这个限度以下。

马克思：《资本论》第 2 卷（1894 年 11 月），摘自《马克思恩格斯文集》第 6 卷，人民出版社 2009 年 12 月第 1 版，第 350 页。

每一次危机都会暂时减少奢侈品的消费。危机使（Ⅱb）v 到货币资本的再转化延缓和停滞，使这种再转化只能部分地进行，从而有一部分生产奢侈品的工人被解雇；另一方面，必要消费资料的出售也会因此停滞和减少。这里完全撇开不说那些同时被解雇的非生产工人，他们由于为资本家服务而得到资本家奢侈支出的一部分（这些工人本身相应地也是奢侈品），特别是这些工人在必要生活资料等等的消费方面也占了很大一部分。在繁荣时期，特别是在欺诈盛行期间，情况正好相反。在这个时期，货币的表现在商品中的相对价值已由于其他原因（并不是由于现实的价值革命）而降低，所以，商品的价格不以商品本身的价值为转移而提高。不仅是必要生活资料的消费增加了；工人阶级（他们的全部后备军现在都积极参加进来）也暂时参加了他们通常买不起的各种奢侈品的消费，此外，他们还会参加这类必要消费品的消费，其中绝大部分通常只对资本家阶级来说才是"必要"消费资料；而这些又会引起价格的提高。

认为危机是由于缺少有支付能力的消费或缺少有支付能力的消费者引起的，这纯粹是同义反复。除了需要救济的贫民的消费或"盗贼"的消费以外，资本主义制度只知道进行支付的消费。商品卖不出去，无非是找不到有支付能力的买者，也就是找不到消费者（因为购买商品归根结底是为了生产消费或个人消费）。但是，如果有人想使这个同义反复具有更深刻的论据的假象，说什么工人阶级从他们自己的产品中得到的那一部分太小了，只要他们从中得到较大的部分，即提高他们的工资，弊端就可以消除，那么，我们只须指出，危机每一次都恰好有这样一个时期做准备，在这个时期，工资会普遍提高，工人阶级实际上也会从供消费用的那部分年产品中得到较大的一份。按照这些具有健全而"简单"（！）的人类常识的骑士们的观点，这个时期反而把危机消除了。因此，看起来，资本主义生产包含着各种和善意或恶意无关的条件，这些条件只不过让工人阶级暂时享受一下相对的繁荣，而这种繁荣往往只是危机风暴的预兆。

马克思：《资本论》第 2 卷（1894 年 11 月），摘自《马克思恩格斯文集》第 6 卷，人民出版社 2009 年 12 月第 1 版，第 456—457 页。

在第一册，我们已经详细地论述过，在资本主义生产的基础上，劳动力总是准备好的；在必要时，不用增加所雇用工人的人数，即不用增加劳动力的量，就可以推动更多的劳动。因此，这里暂时没有必要进一步加以论述，而只要假定，新形成的货币资本中可以转化为可变资本的部分，在应该转化时总会找到劳动力。我们在第一册还论述过，一定的资本，没有积累，还是能够在一定界限之内扩大它的生产规模。但是，这里要讲的是特定意义上的资本积累，因此，生产的扩大以剩余价值转化为追加资本作为条件，也就是以扩大作为生产基础的资本为条件。

金生产者能够把他的一部分金剩余价值，作为潜在的资本来积累；只要达到必要的数量，他就能够把它直接转化为新的可变资本，而不必为此先出售他的剩余产品；同样地，他能够直接把它转化为不变资本的要素。但是在后一种场合，他就必须找到他的不变资本的这些物质要素；或者像以上说明的那样，假定每个生产者都是为存货而生产，然后把他的成品送往市场，或者假定每个生产者都是为订货而生产。在这两个场合，都是以生产的实际扩大为前提的，也就是以剩余产品为前提的；在前一个场合，剩余产品是实际存在的，在后一个场合，剩余产品是潜在地存在的，是能够供应的。

马克思：《资本论》第 2 卷（1894 年 11 月），摘自《马克思恩格斯文集》第 6 卷，人民出版社 2009 年 12 月第 1 版，第 564 页。

……党纲上也描述了旧的生活条件的这些变化，谈到大工厂使小手工业者和农民日趋破产并把他们变成雇佣工人。小生产到处被大生产所代替。在这种大生产中，大批工人已经成了为挣工资而给资本家做工的普通雇工；资本家则拥有大量资本，他们建立起巨大的工厂，收购大批原料，并把联合起来的工人所进行的这种大规模生产的全部利润装进自己腰包。生产变成了资本主义的生产，它残酷无情地压榨所有的小业主，破坏了他们的乡村定居生活，迫使他们到全国各地去做普通的小工，把自己的劳动出卖给资本。越来越多的人完全脱离了乡村，脱离了农业，聚集到城市，聚集到工厂和工业村镇，形成了一个没有任何私有财产的特殊阶级，即专靠出卖自己劳动力来维持生活的雇佣工人——无产者阶级。

列宁：《社会民主党纲领草案及其说明》（1895 年和 1896 年），摘自《列宁专题文集》之《论无产阶级政党》卷，人民出版社 2009 年 12 月第 1 版，第 6 页。

本书根据对种种统计资料进行的经济学上的研究和批判性的审查，分析了俄国社会经济制度，因而也分析了俄国阶级结构。这个分析，现在已为一切阶级在革命进程中的公开政治行动所证实。无产阶级的领导作用完全显露出来了。无产阶级在历史运动中的力量比它在人口总数中所占的比例大得多这一点也显露出来了。本书论证了这两种现象的经济基础。

其次，革命现在日益显露出农民的两重地位和两重作用。一方面，在贫苦农民空前贫困和破产的情况下，存在着徭役经济的大量残余和农奴制的各种残余，这充分说明了农民革命运动的泉源之深，农民群众革命性的根基之深。另一方面，无论在革命进程中，在各种政党的性质中，或者在许多政治思想流派中，都显现出农民群众的有内在矛盾的阶级结构，他们的小资产阶级性，他们内部的业主倾向与无产阶级倾向的对抗性。变穷了的小业主在反革命的资产阶级和革命的无产阶级之间的动摇不定是不可避免的，正如在任何资本主义社会中下述现象是不可避免的一样：为数甚少的小生产者发财致富，"出人头地"，变成资产者，而绝大多数的小生产者不是完全破产变成雇佣工人或赤贫者，就是永远生活在无产阶级状况的边缘。本书论证了农民中这两种倾向的经济基础。

> 列宁：《俄国资本主义的发展》（1895 年底—1899 年 1 月），摘自《列宁专题文集》之《论资本主义》卷，人民出版社 2009 年 12 月第 1 版，第1—2 页。

因为在商品经济以前的时代，加工工业同采掘工业结合在一起，而后者是以农业为主，所以，商品经济的发展就是一个个工业部门同农业分离。商品经济不太发达（或完全不发达）的国家的人口，几乎全是农业人口，然而不应该把这理解为居民只从事农业，因为这只是说，从事农业的居民自己进行农产品的加工，几乎没有交换和分工。因此商品经济的发展也就意味着愈来愈多的人口同农业分离，就是说工业人口增加，农业人口减少。"资本主义生产方式由于它的本性，使农业人口同非农业人口比起来不断减少，因为在工业（狭义的工业）中，不变资本比可变资本的相对增加，是同可变资本的绝对增加结合在一起的，虽然可变资本相对减少了；而在农业中，经营一定土地所需的可变资本则绝对减少；因此，只有在耕种新的土地时，可变资本才会增加，但这又以非农业人口的更大增加为前提。"（《资本论》第 3 卷第 2 部分第 177 页，俄译本第 526 页）

列宁：《俄国资本主义的发展》（1895 年底—1899 年 1 月），摘自《列宁专题文集》之《论资本主义》卷，人民出版社 2009 年 12 月第 1 版，第 9 页。

国内市场的建立（即商品生产和资本主义的发展）的基本过程是社会分工。这一分工就是：各种原料加工（以及这一加工的各种工序）都一个个同农业分离，用自己的产品（现在已经是商品）交换农产品的各个独立的生产部门日渐形成。这样，农业本身也变成工业（即商品生产），其内部也发生同样的专业化过程。

从上述原理直接得出的结论，就是一切正在发展的商品经济特别是资本主义经济的一个规律：工业（即非农业）人口比农业人口增长得快，它使愈来愈多的人口脱离农业而转到加工工业中来。

列宁：《俄国资本主义的发展》（1895 年底—1899 年 1 月），摘自《列宁专题文集》之《论资本主义》卷，人民出版社 2009 年 12 月第 1 版，第 36 页。

……第三，资本主义排挤人身依附形式，它们是以前的经济制度不可缺少的组成部分。俄国资本主义的进步性，在这方面表现得特别显著，因为生产者的人身依附，在我国不仅曾经存在（在某种程度上现在还继续存在）于农业中，并且还存在于加工工业（使用农奴劳动的"工厂"）、采矿工业及渔业中等等。与依附的或被奴役的农民的劳动比起来，自由雇佣工人的劳动在国民经济一切部门中是一种进步的现象。

列宁：《俄国资本主义的发展》（1895 年底—1899 年 1 月），摘自《列宁专题文集》之《论资本主义》卷，人民出版社 2009 年 12 月第 1 版，第 41—42 页。

……大机器工业的发展只能以跳跃方式、以繁荣时期与危机时期的周期性的更替方式进行。小生产者的破产由于工厂的这种跳跃式的增长而大大加剧了。工人时而在兴旺时期大批地被工厂吸收进去，时而又被抛掷出来。失业者和甘愿从事任何工作者广大后备军的形成，成为大机器工业存在与发展的条件……

列宁：《俄国资本主义的发展》（1895 年底—1899 年 1 月），摘自《列宁全集》第 3 卷，人民出版社 1984 年 10 月第 2 版，第 501 页。

……在一些老的资本主义国家里，那里大多数产品为销售而生产，大多数工人既没有土地，也没有劳动工具，只好出卖自己的劳动力，受雇于他人，受雇于那些占有土地、工厂、机器等等的私有者，在这些资本主义国家里，危机是一种老现象，不时反复出现，好像慢性病发作一样。所以，对危机是可以作预言的，当资本主义在俄国特别迅速地发展起来的时候，社会民主党的书刊里就对目前的危机作过预言。1897 年底写成的《俄国社会民主党人的任务》这本小册子里曾说过："我们现在显然正处在资本主义周期（这是一种像四季循环一样不断重复着同样一些现象的过程）的这样一个时期：工业'繁荣'，商业昌盛，工厂全部开工，无数新工厂、新企业、股份公司、铁路建筑等等如雨后春笋般地出现。不是预言家也能预言，不可避免的破产（相当厉害）必定在这种工业'繁荣'以后接踵而来。这种破产将使大批小业主破落，把大批工人抛到失业者的队伍里去……"破产终于到来，来势凶猛，在俄国还是前所未有的。资本主义社会的这种可以预言的按时复发的可怕的慢性病，是由什么决定的呢？

列宁：《危机的教训》（1901 年 8 月），摘自《列宁专题文集》之《论资本主义》卷，人民出版社 2009 年 12 月第 1 版，第 45—46 页。

资本占有者、土地占有者、工厂占有者在一切资本主义国家中始终只占人口的极少数，他们支配着全部国民劳动，就是说，使全体劳动群众受其支配、压迫和剥削；这些劳动群众大多数是无产者，是雇佣工人，他们在生产过程中全靠出卖双手、出卖劳动力来获得生活资料。在农奴制时代分散的和受压迫的农民，在过渡到资本主义的时候，一部分（大多数）变成无产者，一部分（少数）变成富裕农民，后者自己雇用工人，成为农村资产阶级。

列宁：《论国家》（1919 年 7 月 11 日），摘自《列宁专题文集》之《论辩证唯物主义和历史唯物主义》卷，人民出版社 2009 年 12 月第 1 版，第 287 页。

（三）人口过剩的各种存在形式

因此，机器的资本主义应用，一方面创造了无限度地延长工作日的新的强大动机，并且使劳动方式本身和社会劳动体的性质发生这样的变革，以致打破对这种趋势的抵抗，另一方面，部分地由于使资本过去无法染指的那些工人阶层受资本的支配，部分地由于使那些被机器排挤的工人游离出来，制造了过剩的劳动人口，这些人不得不听命于资本强加给他们的规律。由此产生了现代工业史上一种值得注意的现象，即机器消灭了工作日的一切道德界限和自然界限。由此产生了经济学上的悖论，即缩短劳动时间的最有力的手段，竟变为把工人及其家属的全部生活时间转化为受资本支配的增殖资本价值的劳动时间的最可靠的手段。

马克思：《资本论》第 1 卷（1894 年 11 月），摘自《马克思恩格斯文集》第 5 卷，人民出版社 2009 年 12 月第 1 版，第 469 页。

相对过剩人口是形形色色的。每个工人在半失业或全失业的时期，都属于相对过剩人口。工业周期阶段的更替使相对过剩人口具有显著的、周期反复的形式，因此，相对过剩人口时而在危机时期急剧地表现出来，时而在营业呆滞时期缓慢地表现出来。如果撇开这些形式不说，那么，过剩人口经常具有三种形式：流动的形式、潜在的形式和停滞的形式。

在现代工业的中心——工厂、制造厂、冶金厂、矿山等等，工人时而被排斥，时而在更大的规模上再被吸引，因此总的说来，就业人数是增加的，虽然增加的比率同生产规模相比不断缩小。在这里，过剩人口处于流动的形式。

无论在真正的工厂中，还是在一切有机器作为因素加入或者甚至仅仅实行现代分工的大工场中，都需要大量的还没有脱离少年期的男工。少年期一过，便只剩下极少数的人能够被原生产部门继续雇用，而大多数的人通常要被解雇。他们成了流动过剩人口的一个要素，这个要素随着工业规模的扩大而增大。其中一部分人移居国外，其实不过是跟着流动的资本流出去。由此造成的后果之一，是女性人口比男性人口增长得快，英格兰就是一个例子。工人数量的自然增长不能满足资本积累的需要，但同时又超过这种需要，这是资本运动本身的一个矛盾。资本需要的少年工人数量较大，成年工人数量较小。比这个矛盾更引人注目的是另一个矛盾：在成千上万的人手流落街头的同时，有人却抱怨人手不足，因为分工把人手束缚在一定的生产部门了。此外，资本消费劳动力是如此迅速，以致工人到了中年通常就已经多少衰老了。他落入过剩者的队伍，或者从较高的等级被排挤到较低的等级。我们看到，正是大工业中的工人寿命最短。

"曼彻斯特保健医官利医生证实，该市富裕阶级的平均寿命是 38 岁，而工人阶级的平均寿命只有 17 岁。在利物浦，前者是 35 岁，后者是 15 岁。可见，特权阶级的寿命比他们的不那么幸运的同胞的寿命要长一倍以上。"

在这种情况下，这部分无产阶级的绝对增长就需要采取这样一种形式：它的成员迅速耗损，但是它的人数不断增大。这样就需要工人一代一代地迅速更替。（这个规律对人口中的其他阶级是不适用的。）这种社会需要，是通过早婚这一大工业工人生活条件的必然后果，并通过剥削工人子女以奖励工人生育子女的办法来满足的。

资本主义生产一旦占领农业，或者依照它占领农业的程度，对农业工人人口的需求就随着在农业中执行职能的资本的积累而绝对地减少，而且对人口的这种排斥不像在非农业的产业中那样，会由于更大规模的吸引而得到补偿。因此，一部分农村人口经常准备着转入城市无产阶级或制造业无产阶级的队伍，经常等待着有利于这种转化的条件。（这里所说的制造业是指一切非农业的产业。）因此，相对过剩人口的这一源泉是长流不息的。但是，它不断地流向城市是以农村本身有经常潜在的过剩人口为前提的，这种过剩人口的数量只有在排水渠开放得特别大的时候才能看得到。因此，农业工人的工资被压到最低限度，他总是有一只脚陷在需要救济的赤贫的泥潭里。

第三类相对过剩人口，停滞的过剩人口，形成现役劳动军的一部分，但是就业极不规则。因此，它为资本提供了一个贮存着可供支配的劳动力的取之不竭的蓄水池。这种劳动力的生活状况降到了工人阶级的平均正常水平以下，正是这种情况使它成为资本的特殊剥削部门的广泛基础。它的特点是劳动时间最长而工资最低。它的主要形式，我们在家庭劳动一节中已经看到了。它不断地从大工业和农业的过剩者那里得到补充，特别是从那些由于手工业生产被工场手工业生产打垮，或者工场手工业生产被机器生产打垮而没落的工业部门那里得到补充。它的数量随着由积累的规模和能力的增大造成的"过剩"工人的增长而增加。但是，它同时又是工人阶级中一个会自行再生产和繁衍不息的要素，它在工人阶级的增长总额中所占的比重大于其他要素。实际上，不仅出生和死亡的数量，而且家庭人口的绝对量都同工资的水平，即各类工人所支配的生活资料量成反比。资本主义社会的这个规律，在野蛮人中间，或者甚至在文明的移民中间，听起来会是荒谬的。它使人想起各种个体软弱的、经常受到追捕的动物的大量再生产。

最后，相对过剩人口的最底层陷于需要救济的赤贫的境地。撇开流浪者、罪犯和妓女，一句话，撇开真正的流氓无产阶级不说，这个社会阶层由三类人组成。第一类是有劳动能力的人。只要粗略地浏览一下英格兰需要救济的贫民的统计数字，就会发现，他们的人数每当危机发生时就增大，每当营业复苏时就减少。第二类是孤儿和需要救济的贫民的子女。他们是产业后备军的候补者，在高度繁荣时期，如在 1860 年，他们迅速地大量地被卷入现役劳动军的队伍。第三类是衰败的、流落街头的、没有劳动能力的人。属于这一类的，主要是因分工而失去灵活性以致被淘汰的人，还有超过工人正常年龄的人，最后还有随着带有危险性的机器、采矿业、化学工厂等等的发展而人数日益增多的工业牺牲者，如残废人、病人、寡妇等等。需要救济的赤贫形成现役劳动军的残疾院和产业后备军的死荷重。它的生产包含在相对过剩人口的生产中，它的必然性包含在相对过剩人口的必然性中，它和相对过剩人口一起，形成财富的资本主义生产和发展的一个存在条件。它是资本主义生产的一项非生产费用，但是，资本知道怎样把这项费用的大部分从自己的肩上转嫁到工人阶级和中等阶级下层的肩上。

马克思：《资本论》第 1 卷（1894 年 11 月），摘自《马克思恩格斯文集》第 5 卷，人民出版社 2009 年 12 月第 1 版，第 738—742 页。

（四）人口过剩作为机器的资本主义使用的结果

如果只把机器看做使产品便宜的手段，那么使用机器的界限就在于：生产机器所费的劳动要少于使用机器所代替的劳动。可是对资本说来，这个界限表现得更为狭窄。因为资本支付的不是所使用的劳动，而是所使用的劳动力的价值，所以，对资本说来，只有在机器的价值和它所代替的劳动力的价值之间存在差额的情况下，机器才会被使用。因为工作日中必要劳动和剩余劳动的比例，在不同的国家是不同的，而且在同一个国家不同的时期，或者在同一时期不同的生产部门，也是不同的；其次，因为工人的实际工资有时降到他的劳动力价值以下，有时升到他的劳动力价值以上，所以，机器的价格和它所要代替的劳动力的价格之间的差额，可以有很大的变动，即使生产机器所必需的劳动量和机器所代替的劳动总量之间的差额保持不变。但是，对资本家本身来说，只有前一种差额才决定商品的生产费用，并通过竞争的强制规律对他发生影响。因此，现在英国发明的机器只能在北美使用，正像 16 世纪和 17 世纪德国发明的机器只能在荷兰使用，18 世纪法国的某些发明只能在英国使用一样。在一些较老的发达国家，机器本身在某些产业部门的使用，会造成其他部门的劳动过剩（李嘉图用的是 redundancy of labour），以致其他部门的工资降到劳动力价值以下，从而阻碍机器的应用，并且使机器的应用在资本看来是多余的，甚至往往是不可能的，因为资本的利润本来不是靠减少所使用的劳动得来的，而是靠减少有酬劳动得来的。近几年来，在英国毛纺织业的某些部门中，童工显著减少，有的地方几乎完全被排挤掉了。为什么呢？因为工厂法规定童工必须实行两班制，一班劳动六小时，另一班劳动四小时，或每班只劳动五小时。但是父母们不愿比以前出卖全日工更便宜地出卖半日工。因此半日工就被机器所代替。在矿井禁止使用妇女和儿童（10 岁以下的）以前，资本认为，在煤矿和其他矿井使用裸体的妇女和少女，而且往往让她们同男子混在一起的做法，是完全符合它的道德规范的，尤其是它的总账的，所以直到禁止使用妇女和儿童以后，资本才采用机器。美国人发明了碎石机。英国人不采用这种机器，因为从事这种劳动的"不幸者"（"wretch"是英国政治经济学用来称呼农业工人的术语）的劳动只有很小一部分是有报酬的，所以对于资本家说来，机器反而会使生产变贵。在英国，直到现在还有时不用马而用妇女在运河上拉纤等等，因为生产马和机器所需要的劳动是一个数学上的已知量，而维持过剩人口中的妇女所需要的劳动，却是微不足道的。因此，恰恰是英国这个机器国家，比任何地方都更无耻地为了卑鄙的目的而浪费人力。

　　马克思：《资本论》第 1 卷（1894 年 11 月），摘自《马克思恩格斯文集》第 5 卷，人民出版社 2009 年 12 月第 1 版，第 451—453 页。

　　现代工场手工业中对廉价劳动力和未成熟劳动力的剥削，比在真正的工厂中还要无耻，因为工厂所拥有的技术基础，即代替肌肉力的机器和轻便的劳动，在现代工场手工业中大多是不存在的；同时，在现代工场手工业中，女工或未成熟工人的身体还被丧尽天良地置于有毒物质等等的侵害之下。而这种剥削在所谓的家庭劳动中，又比在工场手工业中更加无耻，这是因为：工人的反抗力由于分散而减弱，在真正的雇主和工人之间挤进了一大批贪婪的寄生虫，家庭劳动到处和同一生产部门的机器生产或者至少是工场手工业生产进行竞争，贫困剥夺了工人必不可少的劳动条件——

空间、光线、通风设备等等，就业越来越不稳定，最后，在这些由大工业和大农业所造成的"过剩"人口的最后避难所里，工人之间的竞争必然达到顶点。由于采用机器生产才系统地实现的生产资料的节约，一开始就同时是对劳动力的最无情的浪费和对劳动发挥作用的正常条件的剥夺，而现在，在一个工业部门中，社会劳动生产力和结合的劳动过程的技术基础越不发达，这种节约就越暴露出它的对抗性和杀人的一面。

> 马克思：《资本论》第 1 卷（1894 年 11 月），摘自《马克思恩格斯文集》第 5 卷，人民出版社 2009 年 12 月第 1 版，第 532 页。

（五）人口过剩和资本积累

我们已经知道，机器生产以越来越大的规模占领这个生产部门本身。再拿原料来说，毫无疑问，例如棉纺业的飞速发展极大地促进了美国的植棉业，从而不仅大大促进了非洲的奴隶贸易，而且还使饲养黑人成了所谓边疆蓄奴各州的主要事业。1790 年，美国进行了第一次奴隶人口调查，当时共有奴隶 697000 人，而到 1861 年大约有 400 万人。另一方面，同样明确的是，机械毛纺织工厂的兴旺，以及耕地不断转化为牧羊场，引起了农业劳动者的大量被驱逐和"过剩"。爱尔兰直到目前还在经历着这个过程，那里的人口从 1845 年以来几乎减少了一半，并且还在继续减少，以达到同爱尔兰大地主和英格兰毛纺织厂主先生们的需要恰好相适应的那个程度。

> 马克思：《资本论》第 1 卷（1894 年 11 月），摘自《马克思恩格斯文集》第 5 卷，人民出版社 2009 年 12 月第 1 版，第 510—511 页。

最近几年来不断扩大的帮伙制度当然不是为了帮头的利益而存在的。它是为了大租地农场主或地主的发财致富的需要而存在的。在租地农场主看来，再没有更巧妙的办法能把他的劳动人员大大压低到正常水平以下，而又能经常拥有一批额外劳力来应付额外工作，花尽量少的钱榨取尽量多的劳动，并使成年男工"过剩"。根据以上所述，我们可以了解，为什么人们一方面承认农民处于不同程度的失业中，而另一方面又认为，由于男劳动力缺乏并流往城市，帮伙制度是"必要的"。林肯郡等地的已清除杂草的田地和人类的杂草，就是资本主义生产的对立的两极。

> 马克思：《资本论》第 1 卷（1894 年 11 月），摘自《马克思恩格斯文集》第 5 卷，人民出版社 2009 年 12 月第 1 版，第 801—802 页。

　　资本主义生产最美妙的地方，就在于它不仅不断地再生产出雇佣工人本身，而且总是与资本积累相适应地生产出雇佣工人的相对过剩人口。这样，劳动的供求规律就保持在正常的轨道上，工资的变动就限制在资本主义剥削所容许的范围内，最后，工人对资本家必不可少的社会从属性即绝对的从属关系得到了保证。政治经济学家在本国，即在宗主国，可以花言巧语地把这种绝对的从属关系描绘成买者和卖者之间的自由契约关系，描绘成同样独立的商品占有者即资本商品占有者和劳动商品占有者之间的自由契约关系。但是在殖民地，这个美丽的幻想破灭了。到这里来的许多工人都是成年人，因此这里绝对人口增长得比宗主国快得多，但是劳动市场却总是供给不足。劳动的供求规律遭到了破坏。一方面，旧大陆不断地把渴望剥削和要求禁欲的资本投进来，另一方面，雇佣工人本身有规则的再生产，遇到了非常顽强的、部分是不可克服的障碍。哪里还能与资本积累相适应地生产出过剩的雇佣工人来呢！今天的雇佣工人，明天就会成为独立经营的农民或手工业者。他从劳动市场上消失，但并不是到贫民习艺所去了。雇佣工人不断地转化为独立生产者，他们不是为资本劳动，而是为自己劳动，不是使资本家老爷变富，而是使自己变富；这种转化又反过来对劳动市场的状况产生极有害的影响。不仅雇佣工人受剥削的程度低得不像样子；而且，雇佣工人在丧失对禁欲资本家的从属关系时，也丧失了对他的从属感情。

　　　　马克思：《资本论》第 1 卷（1894 年 11 月），摘自《马克思恩格斯文集》
　　　　第 5 卷，人民出版社 2009 年 12 月第 1 版，第 881—882 页。

（六）消灭相对过剩人口

　　为了把社会生产变为一个由合作的自由劳动构成的和谐的大整体，必须进行全面的社会变革，也就是社会的全面状况的变革。除非把社会的有组织的力量即国家政权从资本家和地主手中转移到生产者自己手中，否则这种变革决不可能实现。

　　　　马克思：《给临时中央委员会代表的关于若干问题的指示》（1866 年 8
　　　　月），摘自《马克思恩格斯全集》第 21 卷，人民出版社 2003 年 5 月第 2
　　　　版，第 271 页。

　　工人阶级的解放应该由工人阶级自己去争取；工人阶级的解放斗争不

是要争取阶级特权和垄断权，而是要争取平等的权利和义务，并消灭一切阶级统治；

　　劳动者在经济上受劳动资料即生活源泉的垄断者的支配，是一切形式的奴役的基础，是一切社会贫困、精神沉沦和政治依附的基础；

　　因而工人阶级的经济解放是伟大的目标，一切政治运动都应该作为手段服从于这一目标；

　　……

　　　　马克思：《国际工人协会共同章程》（1871 年 9 月底 10 月初—大约 11 月 6 日），摘自《马克思恩格斯文集》第 3 卷，人民出版社 2009 年 12 月第 1 版，第 226 页。

　　在共产主义社会里，人和人的利益并不是彼此对立的，而是一致的，因而竞争就消失了。当然也就谈不到个别阶级的破产，更谈不到像现在那样的富人和穷人的阶级了。

　　　　恩格斯：《在爱北斐特的演说》（1845 年 2 月 8 日），摘自《马克思恩格斯全集》第 2 卷，人民出版社 1957 年 12 月第 1 版，第 605 页。

　　工人阶级根据自己的经验认识到，他们要获得任何持久的利益，不能够依靠别人，而应当亲自争取，首先应当采取的办法是夺取政权。

　　　　恩格斯：《十小时工作日问题》（1850 年 2 月 9 日—大约 20 日之间），摘自《马克思恩格斯全集》第 10 卷，人民出版社 1998 年 3 月第 2 版，第 286 页。

　　生产资料的扩张力撑破了资本主义生产方式所加给它的桎梏。把生产资料从这种桎梏下解放出来，是生产力不断地加速发展的唯一先决条件，因而也是生产本身实际上无限增长的唯一先决条件。但是还不止于此。生产资料由社会占有，不仅会消除生产的现存的人为障碍，而且还会消除生产力和产品的有形的浪费和破坏，这种浪费和破坏在目前是生产的无法摆脱的伴侣，并且在危机时期达到顶点。此外，这种占有还由于消除了现在的统治阶级及其政治代表的穷奢极欲的挥霍而为全社会节省出大量的生产资料和产品。通过社会化生产，不仅可能保证一切社会成员有富足的和一天比一天充裕的物质生活，而且还可能保证他们的体力和智力获得充分的自由的发展和运用，这种可能性现在第一次出现了，但它确实是出现了。

　　　　恩格斯：《社会主义从空想到科学的发展》（1880 年 1 月—3 月上半月），摘自《马克思恩格斯文集》第 3 卷，人民出版社 2009 年 12 月第 1 版，第

563—564 页。

我们的目的是要建立社会主义制度，这种制度将给所有的人提供健康而有益的工作，给所有的人提供充裕的物质生活和闲暇时间，给所有的人提供真正的充分的自由。

恩格斯：《弗·恩格斯对英国北方社会主义联盟纲领的修正》（1887 年 6 月 14 日和 23 日之间），摘自《马克思恩格斯全集》第 21 卷，人民出版社 1965 年 9 月第 1 版，第 570 页。

九 对马尔萨斯人口理论及相关理论的批判

（一） 对马尔萨斯主义的批判

假如读者想提醒我们不要忘了 1798 年发表《人口原理》的马尔萨斯，那我要提醒你们：他这本书最初的版本不过是对笛福、詹姆斯·斯图亚特爵士、唐森、富兰克林、华莱士等人的小学生般肤浅的和牧师般拿腔做调的剽窃，其中没有一个他独自思考出来的命题。这本小册子所以轰动一时，完全是由党派利益引起的。法国革命在不列颠王国找到了热情的维护者；"人口原理"是在 18 世纪逐渐编造出来的，接着在一次巨大的社会危机中被大吹大擂地宣扬为对付孔多塞等人学说的万无一失的解毒剂，英国的寡头政府认为它可以最有效地扑灭一切追求人类进步的热望，因而报以热情的喝彩。

> 马克思：《资本论》第 1 卷（1894 年 11 月），摘自《马克思恩格斯文集》第 5 卷，人民出版社 2009 年 12 月第 1 版，第 711 页。

但是马尔萨斯为之效劳的保守利益使他看不到，随着机器的异常的发展以及对妇女劳动和儿童劳动的剥削，无限度地延长工作日必定会使工人阶级的很大一部分"过剩"，特别是在战争造成的需求和英国对世界市场的垄断消失的时候。用永恒的自然规律去解释这种"人口过剩"，当然比用资本主义生产的纯粹历史的自然规律去解释更便利，更符合马尔萨斯真正牧师般地崇拜的统治阶级的利益。

> 马克思：《资本论》第 1 卷（1894 年 11 月），摘自《马克思恩格斯文集》第 5 卷，人民出版社 2009 年 12 月第 1 版，第 604 页。

作为所谓"自然人口规律"的基础的资本主义生产规律，可以简单地归结如下：资本、积累同工资率之间的关系，不外是转化为资本的无酬劳动和为推动追加资本所必需的追加劳动之间的关系。因此，这决不是两个彼此独立的量，即资本量和工人人口数量之间的关系；相反地，归根到底这只是同一工人人口所提供的无酬劳动和有酬劳动之间的关系。如果工人阶级提供的并由资本家阶级所积累的无酬劳动量增长得十分迅速，以致只有大大追加有酬劳动才能转化为资本，那末，工资就会提高，而在其他一切情况不变时，无酬劳动就会相应地减少。但是，一旦这种减少达到这样一点，即滋养资本的剩余劳动不再有正常数量的供应时，反作用就会发生：收入中资本化的部分减少，积累削弱，工资的上升运动受到反击。可见，劳动价格的提高被限制在这样的界限内，这个界限不仅使资本主义制度的基础不受侵犯，而且还保证资本主义制度的规模扩大的再生产。可见，被神秘化为一种自然规律的资本主义积累规律，实际上不过表示：资本主义积累的本性，决不允许劳动剥削程度的任何降低或劳动价格的任何提高有可能严重地危及资本关系的不断再生产和它的规模不断扩大的再生产。在一种不是物质财富为工人的发展需要而存在，相反是工人为现有价值的增殖需要而存在的生产方式下，事情也不可能是别的样子。正像人在宗教中受他自己头脑的产物的支配一样，人在资本主义生产中受他自己双手的产物的支配。

马克思：《资本论》第 1 卷（1894 年 11 月），摘自《马克思恩格斯文集》第 5 卷，人民出版社 2009 年 12 月第 1 版，第 716—717 页。

如果马尔萨斯不这样片面地看问题，那么他必定会看到，人口过剩或劳动力过剩是始终与财富过剩、资本过剩和地产过剩联系着的。只有在整个生产力过大的地方，人口才会过多。从马尔萨斯写作时起，任何人口过剩的国家的情况，尤其是英国的情况，都极其明显地证实了这一点。

恩格斯：《国民经济学批判大纲》（1843 年 9 月底或 10 月初—1844 年 1 月中），摘自《马克思恩格斯文集》第 1 卷，人民出版社 2009 年 12 月第 1 版，第 80 页。

其次，马尔萨斯利用安德森的地租理论，为的是使自己的人口规律第一次同时有政治经济学的和现实的（博物学的）论据，而他从以前的著作家那里借用的关于几何级数和算术级数的荒谬说法，则是一种纯粹空想的假设。……

……把马尔萨斯的著作同安德森的著作仔细比较一下，就可以看出马尔萨斯知道安德森，并且利用安德森。马尔萨斯本来就是一个职业剽窃者。只要把他论人口的著作第一版同我以前引用过的唐森牧师的著作对比一下，就会相信，马尔萨斯不是作为具有自由创作思想的人来加工唐森的著作，而是作为盲从的剽窃者照抄和转述唐森的著作，虽然他在任何地方都没有提到唐森，隐匿了唐森的存在。

　　马尔萨斯利用安德森的方式，是很有特色的。安德森维护鼓励谷物输出的出口奖励和限制谷物输入的进口税，决不是从地主的利益出发，而是因为他相信，这样的立法会"降低谷物的平均价格"，保证农业生产力的均衡发展。马尔萨斯采用安德森的这个实际结论，则因为马尔萨斯作为英国国教会的真诚教徒，是土地贵族的职业献媚者，他从经济学上替土地贵族的地租、领干薪、挥霍、残忍等等辩护。只是在工业资产阶级的利益同土地所有权的利益，同贵族的利益一致时，即他们反对人民群众、反对无产阶级时，马尔萨斯才拥护工业资产阶级的利益；但是，凡是土地贵族的利益同工业资产阶级的利益发生分歧并且互相敌对时，马尔萨斯就站在贵族一边，反对资产阶级。因此，他为"非生产劳动者"、消费过度等等辩护。

<blockquote>马克思：《政治经济学批判（1861—1863 年手稿）第三部分〈剩余价值理论（续）〉》（1862 年春—1862 年底），摘自《马克思恩格斯全集》第 34 卷，人民出版社 2008 年 7 月第 2 版，第 124—125 页。</blockquote>

　　安德森是人口论的死敌，他非常明确地强调指出，土地有不断增长的持久的改良的能力：

　　"通过化学作用和耕种，土地可以越来越得到改良。"

　　"在合理的经营制度下，土地的生产率可以无限期地逐年提高，最后一直达到我们现在还难于设想的程度。"

　　"可以有把握地说，现在的人口同这个岛能够供养的人口比较起来是很少的，远没有达到引起严重忧虑的程度。"

　　"凡人口增加的地方，国家的生产也必定一起增加，除非人们允许某种精神的影响破坏自然的经济。"

　　"人口论"是"最危险的偏见"。安德森力求用历史来证明，"农业生产率"随着人口的增长而提高，随着人口的减少而下降。

<blockquote>马克思：《政治经济学批判（1861—1863 年手稿）第三部分〈剩余价值理论（续）〉》（1862 年春—1862 年底），摘自《马克思恩格斯全集》第 34 卷，人民出版社 2008 年 7 月第 2 版，第 159 页。</blockquote>

　　而马尔萨斯呢！这个无赖，从已经由科学得出的（而且总是他剽窃来的）前提，只做出对于贵族反对资产阶级以及对于贵族和资产阶级两者反对无产阶级来说，是"合乎心意的"（有用的）结论。因此，他不希望为

生产而生产，他所希望的只是在维持或加强现存的东西并且为统治阶级利益服务的那种限度内的生产。

他的第一部著作，就已经是靠牺牲原著而剽窃成功的最明显的写作例子之一。这部著作的实际目的，是为了英国现政府和土地贵族的利益，"从经济学上"证明法国革命及其英国追随者追求完美性的意图是空想。也就是说，这是一本歌功颂德的小册子，它维护现状，反对历史的发展；而且它还为反对革命法国的战争辩护。

他1815年关于保护关税和地租的著作，部分地是要证明他以前为生产者的贫困所作的辩解，但首先是为了维护反动的土地所有权，反对"开明的"、"自由的"和"进步的"资本，特别是要证明英国立法当时为了保护贵族利益反对工业资产阶级而采取的有意的倒退是正确的。最后，他的《政治经济学原理》是反对李嘉图的，这本书的根本目的，就是要把"工业资本"及其生产率依以发展的那些规律的绝对要求，纳入从土地贵族、国教会（马尔萨斯所属的教会）、政府养老金领取者和食税者的现有利益看来是"有利的"和"适宜的""范围"。但是，一个人如果力求使科学去适应不是从科学本身（不管这种科学如何错误）引出的观点，而是从外部、从与与科学无关的、外在利益引出的观点，我就说这种人"卑鄙"。

> 马克思：《政治经济学批判（1861—1863年手稿）第三部分〈剩余价值理论（续）〉》（1862年春—1862年底），摘自《马克思恩格斯全集》第34卷，人民出版社2008年7月第2版，第128—129页。

马尔萨斯牧师就完全不同了。他为了生产而把工人贬低到役畜的地位，甚至宣布要饿死他们并强制他们当光棍。〔但是〕在同样的生产的要求减少地主的"地租"时，在同样的生产的要求威胁国教会的"什一税"或"食税者"的利益时，或者，在为了一部分代表生产进步的工业资产阶级而去牺牲另一部分本身利益阻碍生产进步的工业资产阶级时，——总之，在贵族的某种利益同资产阶级的利益对立时，或者，在进步的资产阶级的某种利益同保守和停滞的资产阶级的利益对立时，——在所有这些场合，马尔萨斯"牧师"都不是为了生产而牺牲特殊利益，而是竭尽全力企图为了现有统治阶级或统治阶级集团的特殊利益而牺牲生产的要求。为了这个目的，他在科学上伪造自己的结论。这就是他在科学上的卑鄙，就是他对科学的犯罪，更不用说他那无耻的熟练的剽窃手艺了。马尔萨斯在科学上的结论，是看着统治阶级特别是统治阶级的反动分子的"眼色"捏造出来的；这就是说，马尔萨斯为了这些阶级的利益而伪造科学。相反，对于被压迫阶级，他的结论却是冷酷无情的。他不单单是冷酷无情，而且宣扬他的冷酷无情，昔尼克式地以此感到快乐，并且在用他的结论反对"穷人"时，把他的结论夸大到极端，甚至超过了从他的观点看来还可以在科学上说得过去的程度。

> 马克思：《政治经济学批判（1861—1863 年手稿）第三部分〈剩余价值理论（续）〉》（1862 年春—1862 年底），摘自《马克思恩格斯全集》第 34 卷，人民出版社 2008 年 7 月第 2 版，第 129—130 页。

马尔萨斯的"人口论"这部著作第一版没有包含一个新的科学词汇；这本书只应看做卡普勒教士喋喋不休的说教，只应看做是用亚伯拉罕·圣克拉拉文体对唐森、斯图亚特、华莱士、埃尔伯等人的论断的改写。因为这本书实际上只是指望以它的大众化的形式来引人注意，所以它理所当然地要引起大众的憎恨。

> 马克思：《政治经济学批判（1861—1863 年手稿）第三部分〈剩余价值理论（续）〉》（1862 年春—1862 年底），摘自《马克思恩格斯全集》第 34 卷，人民出版社 2008 年 7 月第 2 版，第 130 页。

达尔文在他的卓越的著作中没有看到，他在动物界和植物界发现了"几何"级数，就是把马尔萨斯的理论驳倒了。马尔萨斯的理论正好建立在他用华莱士关于人类繁殖的几何级数同幻想的动植物的"算术"级数相对立上面。在达尔文的著作中，例如在谈到物种灭绝的地方，也有在细节上（更不用说达尔文的基本原则了）从博物学方面对马尔萨斯理论的反驳。而当马尔萨斯的理论以安德森的地租理论为依据时，他的理论又被安德森本人驳倒了。

> 马克思：《政治经济学批判（1861—1863 年手稿）第三部分〈剩余价值理论（续）〉》（1862 年春—1862 年底），摘自《马克思恩格斯全集》第 34 卷，人民出版社 2008 年 7 月第 2 版，第 131 页。

朗格先生（在《论工人问题……》第二版中）对我大加赞扬，但目的是为了抬高他自己。事情是这样的，朗格先生有一个伟大的发现：全部历史可以纳入一个唯一的伟大的自然规律。这个自然规律就是"struggle for life"，即"生存斗争"这一句话（达尔文的说法这样应用就变成了一句空话），而这句话的内容就是马尔萨斯的人口规律，或者更确切些说，人口过剩规律。这样一来，就可以不去分析"生存斗争"如何在各种不同的社会形式中历史地表现出来，而只要把每一个具体的斗争都变成"生存斗争"这句话，并且把这句话变成马尔萨斯关于"人口的狂想"就行了。必须承认，这对于那些华而不实、假冒科学、高傲无知和思想懒惰的人说来倒是一种十分有用的方法。

马克思：《马克思致路德维希·库格曼》（1870 年 6 月 27 日），摘自《马克思恩格斯文集》第 10 卷，人民出版社 2009 年 12 月第 1 版，第 337—338 页。

然而，为了驳倒对人口过剩普遍存在的恐惧所持的根据，让我们再回过来谈生产力和人口的关系。马尔萨斯把自己的整个体系建立在下面这种计算上：人口按几何级数 $1+2+4+8+16+32$……增加，而土地的生产力按算术级数 $1+2+3+4+5+6$ 增加。差额是明显的、触目惊心的，但这是否对呢？在什么地方证明过土地的生产能力是按算术级数增加的呢？土地的扩大是受限制的。好吧。在这个面积上使用的劳动力随着人口的增加而增加。即使我们假定，由于增加劳动而增加的收获量，并不总是与劳动成比例地增加，这时仍然还有一个第三要素，一个对经济学家来说当然是无足轻重的要素——科学，它的进步与人口的增长一样，是永无止境的，至少也是与人口的增长一样快。仅仅一门化学，光是汉弗莱·戴维爵士和尤斯图斯·李比希两人，就使本世纪的农业获得了怎样的成就？可见科学发展的速度至少也是与人口增长的速度一样的；人口与前一代人的人数成比例地增长，而科学则与前一代人遗留的知识量成比例地发展，因此，在最普通的情况下，科学也是按几何级数发展的。而对科学来说，又有什么是做不到的呢？当"密西西比河流域有足够的荒地可容下欧洲的全部人口"的时候，当地球上的土地才耕种了三分之一，而这三分之一的土地只要采用现在已经人所共知的改良耕作方法，就能使产量提高五倍、甚至五倍以上的时候，谈论什么人口过剩，岂不是非常可笑的事情。

恩格斯：《国民经济学批判大纲》（1843 年 9 月底或 10 月初—1844 年 1 月中），摘自《马克思恩格斯文集》第 1 卷，人民出版社 2009 年 12 月第 1 版，第 82—83 页。

而资产阶级对无产阶级的最公开的宣战是马尔萨斯的人口论和由此产生的新济贫法。关于马尔萨斯的理论我们已经谈过好几次。现在我们来简略地重述一下这一理论的主要结论：地球上永远有过剩人口，所以永远充满着匮乏、贫困、穷苦和不道德；世界上的人数过多，从而分为不同的阶级，这是人类的宿命，是人类的永恒的命运，这些阶级中有的比较富裕、受过教育、有道德，而另一些阶级则比较穷苦、贫困、愚昧和不道德。由此就得出下面这个实践上的结论（而且这个结论是马尔萨斯本人得出的）：慈善事业和济贫金实际上是毫无意义的，因为它们只会维持过剩人口的存在，并鼓励他们繁殖，而其余的人的工资由于他们的竞争而降低。济贫机构给穷人工作同样是毫无意义的，因为既然只有一定数量的劳动产品能够得到消费，一个失业的工人找到了工作，就必然要使另一个现在有工作的工人失业，所以济贫机构经营的事业是在损害私人产业的基础上进行的。因此，问题不在于去养活过剩人口，而在于采用某种办法尽可能限制过剩人口。马尔萨斯干脆宣布，以往公认的每个生在世界上的人都有权获得生活资料的说法是完全荒谬的。他引用了一个诗人的话：穷人来赴大自然的宴会，但是找不到空着的餐具。马尔萨斯补充说，于是大自然就命令他滚蛋（she bids him to be gone），"因为他在出生前没有先问一下社会是否愿意接纳他"。这一理论现在已成为英国一切真正的资产者心爱的理论，这是完全自然的，因为这种理论对他们来说是最舒适的卧榻，而且对现存关系来说有许多方面是适合的。既然问题不在于利用"过剩人口"，不在于把"过剩人口"变为有用的人口，而只在于用尽可能简便的方法使这些人饿死，同时阻止他们生出过多的孩子，那么事情自然就很简单了。不过要有一个条件：必须使过剩人口承认自己是多余的，并且心甘情愿饿死。但是，尽管仁慈的资产阶级已经费尽心机，使工人们相信这一点，然而目前还没有成功的希望。相反，无产者坚决相信，他们有勤劳的双手，他们正是必不可少的人，而无所事事的有钱的资本家先生们，才真正是多余的。

恩格斯：《英国工人阶级状况》（1844 年 9 月—1845 年 3 月），摘自《马克思恩格斯文集》第 1 卷，人民出版社 2009 年 12 月第 1 版，第 484—485 页。

第三，我们的人已经让别人把拉萨尔的"铁的工资规律"强加在自己头上，这个规律的基础是一种陈腐不堪的经济学观点，即工人平均只能得到最低的工资，之所以如此，是因为按照马尔萨斯的人口论工人总是太多（这就是拉萨尔的论据）。但是，马克思在《资本论》里已经详细地证明，调节工资的各种规律非常复杂，根据不同的情况，时而这个规律占优势，时而那个规律占优势，所以它们绝对不是铁的，反而是很有弹性的，这件事根本不像拉萨尔所想象的那样用三言两语就能了结。拉萨尔从马尔萨斯和李嘉图（歪曲了后者）那里抄袭来的这一规律的马尔萨斯论据，例如拉萨尔在《工人读本》第 5 页上引自他的另一本小册子的这一论据，已被马克思在《资本的积累过程》这一篇中驳斥得体无完肤了。接受拉萨尔的"铁的规律"，也就是承认一个错误的论点和它的错误的论据。

恩格斯：《给奥·倍倍尔的信》（1875 年 3 月 18—28 日），摘自《马克思
恩格斯文集》第 3 卷，人民出版社 2009 年 12 月第 1 版，第 412—413 页。

　　达尔文的全部生存斗争学说，不过是把霍布斯关于一切人反对一切人的战争的学说和资产阶级经济学的竞争学说以及马尔萨斯的人口论从社会搬到生物界而已。变完这个戏法以后（正像我在第一点已经指出的，我否认它是无条件合理的，特别是同马尔萨斯的学说相关的东西），再把同一种理论从有机界搬回历史，然后就断言，已经证明了这些理论具有人类社会的永恒规律的效力。这种做法的幼稚可笑是一望而知的，根本用不着对此多费唇舌。但是，如果我想比较详细地谈这个问题，那么我就要首先说明他们是蹩脚的经济学家，其次才说明他们是蹩脚的自然科学家和哲学家。

　　……

　　……资本主义方式的生产所生产出来的生存资料和发展资料远比资本主义社会所能消费的多得多，因为这种生产人为地使广大真正的生产者同这些生存资料和发展资料相隔绝；如果这个社会由于它自身的生存规律而不得不继续扩大对它来说已经过大的生产，并从周期性地每隔 10 年不仅毁灭大批产品，而且毁灭生产力本身，那么，"生存斗争"的空谈还有什么意义呢？于是生存斗争的含义只能是，生产者阶级把生产和分配的领导权从迄今为止掌握这种领导权但现在已经无力领导的那个阶级手中夺过来，而这就是社会主义革命。

　　顺便提一下，只要把迄今的历史视为一系列的阶级斗争，就足以看出，把这种历史理解为"生存斗争"的稍加改变的翻版，是如何肤浅。因此，我是决不会使这些冒牌的自然科学家称心如意的。

恩格斯：《恩格斯致彼得·拉甫罗维奇·拉甫罗夫》（1875 年 11 月 12—17
日），摘自《马克思恩格斯文集》第 10 卷，人民出版社 2009 年 12 月第 1
版，第 411—413 页。

杜林先生反对达尔文的这个理论,他说:正如达尔文本人所承认的,生存斗争观念的起源,应当到国民经济学上的人口理论家马尔萨斯的观点的普遍化中去寻找,所以这个理论也就具有关于人口过剩问题的马尔萨斯牧师的观点所固有的一切缺陷。——其实达尔文根本没有想到要说生存斗争观念的起源应当到马尔萨斯那里去寻找。他只是说:他的生存斗争理论是应用于整个动物界和植物界的马尔萨斯理论。不论达尔文由于天真地盲目地接受马尔萨斯学说而犯了多大的错误,任何人一眼就能看出:人们不需要戴上马尔萨斯的眼镜就可以看到自然界中的生存斗争,看到自然界白白地产生的无数胚胎同能够达到成熟程度的少量胚胎之间的矛盾;这种矛盾事实上绝大部分是在生存斗争中,而且有时是在极端残酷的生存斗争中解决的。正如李嘉图用来证明工资规律的马尔萨斯论据早已无声无息以后,工资规律还依旧保持自己的效力一样,生存斗争也可以没有任何马尔萨斯的解释而依旧在自然界中进行。此外,自然界中的有机体也有自己的人口规律,不过这种规律迄今几乎完全没有被研究过,而证实这种规律,一定会对物种进化的理论有决定性的意义。是谁也在这方面给了决定性的推动呢?不是别人,正是达尔文。

> 恩格斯:《反杜林论》(1876 年 9 月—1878 年 6 月),摘自《马克思恩格斯文集》第 9 卷,人民出版社 2009 年 12 月第 1 版,第 73—74 页。

此外,我不明白,怎么能够在现在谈论补充马尔萨斯理论的问题。这一理论是以人口的增长超过生存资料的增长这一论断为基础的,而伦敦现在的粮食价格是一夸特二十先令,即不到 1848—1870 年时期平均粮价的一半,世所公认,现在生存资料的增长超过人口增长,人口还没有多到要把生存资料消耗完!如果在俄国农民不得不将他们自己食用必需的粮食卖掉,他被迫这样做当然不是由于人口增长的压力,而是由于税吏、地主、富农以及其他等等的压力。据我所知,阿根廷小麦价格低廉对整个欧洲(包括俄国在内)农业危机发生的影响,比别的什么都大。

> 恩格斯:《致尼古拉·弗兰策维奇·丹尼尔逊》(1895 年 1 月 9 日),摘自《马克思恩格斯全集》第 39 卷,人民出版社 1974 年 11 月第 1 版,第 355 页。

在我们看来,这个问题很容易解释。人类支配的生产力是无法估量的。资本、劳动和科学的应用,可以使土地的生产能力无限地提高。按照最有才智的经济学家和统计学家的计算（参看艾利生的《人口原理》第 1 卷第 1、2 章），"人口过密"的大不列颠在十年内，将使粮食生产足以供应六倍于目前人口的需要。资本日益增加，劳动力随着人口的增长而增长，科学又日益使自然力受人类支配。这种无法估量的生产能力，一旦被自觉地运用并为大众造福，人类肩负的劳动就会很快地减少到最低限度。要是让竞争自由发展，它虽然也会起同样的作用，然而是在对立之中起作用。一部分土地进行精耕细作，而另一部分土地——大不列颠和爱尔兰的 3000 万英亩好地——却荒芜着。一部分资本在以难以置信的速度周转，而另一部分资本却闲置在钱柜里。一部分工人每天工作 14 或 16 小时，而另一部分工人却无所事事，无活可干，活活饿死。或者，这种分立现象并不同时发生：今天生意很好，需求很大，这时，大家都工作，资本以惊人的速度周转着，农业欣欣向荣，工人干得累倒了；而明天停滞到来，农业不值得费力去经营，大片土地荒芜，资本在正在流动的时候凝滞，工人无事可做，整个国家因财富过剩、人口过剩而备尝痛苦。

经济学家不能承认事情这样发展是对的，否则，他就得像上面所说的那样放弃自己的全部竞争体系，就得认识到自己把生产和消费对立起来、把人口过剩和财富过剩对立起来是荒诞无稽的。但是，既然事实是无法否认的，为了使这种事实与理论一致，就发明了人口论。

这种学说的创始人马尔萨斯断言，人口总是威胁着生活资料，一当生产增加，人口也以同样比例增加，人口固有的那种其繁衍超过可支配的生活资料的倾向，是一切贫困和罪恶的原因。因此，在人太多的地方，就应当用某种方法把他们消灭掉：或者用暴力将他们杀死，或者让他们饿死。可是这样做了以后，又会出现一个空隙，这个空隙又会马上被另一次繁衍的人口填满，于是，以前的贫困又开始到来。据说在任何条件下都是如此，不仅在文明的状态下，而且在自然的状态下都是如此；新荷兰的平均每平方英里只有一个野蛮人，却也和英国一样，深受人口过剩的痛苦。简言之，要是我们愿意首尾一贯，那我们就得承认：当地球上只有一个人的时候，就已经人口过剩了。从这种阐述得出的结论是：正因为穷人是过剩人口，所以，除了尽可能减轻他们饿死的痛苦，使他们相信这是无法改变的，他们整个阶级的唯一出路是尽量减少生育，此外就不应该为他们做任何事情；或者，如果这样做不行，那么最好还是像"马尔库斯"所建议的那样，建立一种国家机构，用无痛苦的办法把穷人的孩子杀死；按照他的建议，每一个工人家庭只能有两个半小孩，超过此数的孩子用无痛苦的办法杀死。施舍被认为是犯罪，因为这会助长过剩人口的增长；但是，把贫穷宣布为犯罪，把济贫所变为监狱——这正是英国通过"自由的"的新济贫法已经做的——，却算是非常有益的事情。的确，这种理论很不符合圣经关于上帝及其创造物完美无缺的教义，但是"动用圣经来反驳事实，是拙劣的反驳！"

　　我是否还需要更详尽地阐述这种卑鄙无耻的学说，这种对自然和人类的恶毒诬蔑，并进一步探究其结论呢？在这里我们终于看到，经济学家的不道德已经登峰造极。一切战争和垄断制度所造成的灾难，与这种理论相比，又算得了什么呢？要知道，正是这种理论构成了自由派的自由贸易体系的拱顶石，这块石头一旦坠落，整个大厦就倾倒。因为竞争在这里既然已经被证明是贫困、穷苦、犯罪的原因，那么谁还敢对竞争赞一词呢？

　　艾利生在上面引用过的著作中动摇了马尔萨斯的理论，他诉诸土地的生产力，并用以下事实来反对马尔萨斯的原理：每一个成年人能够生产出多于他本人消费所需的东西。如果不存在这一个事实，人类就不可能繁衍，甚至不可能生存；否则成长中的一代依靠什么来生活呢？可是，艾利生没有深入事物的本质，因而他最后也得出了同马尔萨斯一样的结论。他虽然证明了马尔萨斯的原理是不正确的，但未能驳倒马尔萨斯据以提出他的原理的事实。

　　如果马尔萨斯不这样片面地看问题，那么他必定会看到，人口过剩或劳动力过剩是始终与财富过剩、资本过剩和地产过剩联系着的。只有在整个生产力过大的地方，人口才会过多。从马尔萨斯写作时起，任何人口过剩的国家的情况，尤其是英国的情况，都极其明显地证实了这一点。这是马尔萨斯应当从总体上加以考察的事实，而对这些事实的考察必然会得出正确的结论；他没有这样做，而是只选出一个事实，对其他事实不予考虑，因而得出荒谬的结论。他犯的第二个错误是把生活资料和就业手段混为一谈。人口总是威胁着就业手段，有多少人能够就业，就有多少人出生，简言之，劳动力的产生迄今为止由竞争的规律来调节，因而也同样要经受周期性的危机和波动，这是事实，确定这一事实是马尔萨斯的功绩。然而，就业手段并不就是生活资料。就业手段由于机器力和资本的增加而增加，这是仅就其最终结果而言；而生活资料，只要生产力稍有提高，就立刻增加。这里暴露出经济学的一个新的矛盾。经济学家所说的需求不是现实的需求，他所说的消费只是人为的消费。在经济学家看来，只有能够为自己取得的东西提供等价物的人，才是现实的需求者，现实的消费者。但是，如果事实是这样：每一个成年人生产的东西多于他本人所消费的东西；小孩像树木一样能够绰绰有余地偿还花在他身上的费用——难道这不是事实？——，那么就应该认为，每一个工人必定能够生产出远远多于他所需要的东西，因此，社会必定会乐意供给他所必需的一切；同时也应该认为，大家庭必定是非常值得社会向往的礼物。但是，由于经济学家观察问题很粗糙，除了以可触摸的现金向他支付的东西以外，他不知道还有任何别的等价物。他已深陷在自己的对立物中，以致连最令人信服的事实也像最科学的原理一样使他无动于衷。

我们干脆用扬弃矛盾的方法消灭矛盾。只要目前对立的利益能够融合，一方面的人口过剩和另一方面的财富过剩之间的对立就会消失，关于一国人民纯粹由于富裕和过剩而必定饿死这种不可思议的事实，这种比一切宗教中的一切奇迹的总和更不可思议的事实就会消失，那种认为土地无力养活人们的荒谬见解也就会消失。这种见解是基督教经济学的顶峰，——而我们的经济学本质上是基督教经济学，这一点我可以用任何命题和任何范畴加以证明，这个工作在适当的时候我会做的；马尔萨斯的理论只不过是关于精神和自然之间存在着矛盾和由此而来的关于二者的堕落的宗教教条在经济学上的表现。我希望也在经济学领域揭示这个对宗教来说并与宗教一起早就解决了的矛盾的虚无性。同时，如果马尔萨斯理论的辩护人事先不能用这种理论的原则向我解释，一国人民怎么能够纯粹由于过剩而饿死，并使这种解释同理性和事实一致起来，那我就不会认为这种辩护是站得住脚的。

可是，马尔萨斯的理论却是一个推动我们不断前进的、绝对必要的中转站。我们由于他的理论，总的来说由于经济学，才注意到土地和人类的生产力，而且我们在战胜了这种经济学上的绝望以后，就保证永远不惧怕人口过剩。我们从马尔萨斯的理论中为社会变革汲取到最有力的经济论据，因为即使马尔萨斯完全正确，也必须立刻进行这种变革，原因是只有这种变革，只有通过这种变革来教育群众，才能够从道德上限制繁殖本能，而马尔萨斯本人也认为这种限制是对付人口过剩的最有效和最简易的办法。我们由于这个理论才开始明白人类的极端堕落，才了解这种堕落依存于竞争关系；这种理论向我们指出，私有制如何最终使人变成了商品，使人的生产和消灭也仅仅依存于需求；它由此也指出竞争制度如何屠杀了并且每日还在屠杀着千百万人；这一切我们都看到了，这一切都促使我们要用消灭私有制、消灭竞争和利益对立的办法来消灭这种人类堕落。

> 恩格斯：《国民经济学批判大纲》（1843 年 9 月底或 10 月初—1844 年 1 月中），摘自《马克思恩格斯文集》第 1 卷，人民出版社 2009 年 12 月第 1 版，第 77—82 页。

当国民经济学主张需求和供给始终相符的时候，它立即忘记，按照它自己的主张，人的供给（人口论）始终超过对人的需求；因而，需求和供给之间的比例失调在整个生产的重要结果——人的生存——上得到最显著的表现。

> 马克思：《1844 年经济学哲学手稿》（1844 年 4—8 月），摘自《马克思恩格斯文集》第 1 卷，人民出版社 2009 年 12 月第 1 版，第 232 页。

马克思在 1870 年 6 月 27 日给库格曼的信里这样写道："朗格先生（在《论工人问题……》第 2 版中）对我大加赞扬，但目的只是为了抬高他自己。事情是这样的，郎格先生有一个伟大的发现：全部历史可以纳入一个唯一的伟大的自然规律。这个自然规律就是'Struggle for life'，即'生存斗争'这一句话（达尔文的说法这样应用就变成了一句空话），而这句话的内容就是马尔萨斯的人口律，或者更确切些说，人口过剩律。这样一来，就可以不去分析'生存斗争'如何在各种不同的社会形态中历史地表现出来，而只要把每一个具体的斗争都变成'生存斗争'这句话，并且把这句话变成马尔萨斯关于'人口的狂想'就行了。必须承认，这对于那些华而不实、假冒科学、高傲无知和思想懒惰的人说来倒是一种很有说明力的方法。"

马克思对朗格的批判的基础，不在于朗格特意把马尔萨斯主义硬搬进社会学，而在于把生物学的概念笼统地搬用于社会科学的领域，就变成空话。不论这样的搬用是出于"善良的"目的或者是为了巩固错误的社会学结论，空话始终是空话。波格丹诺夫的"社会唯能论"，他加在马克思主义上面的社会选择学说，正是这样的空话。

列宁：《唯物主义和经验批判主义（节选）》（1908 年 2—10 月），摘自《列宁专题文集》之《论辩证唯物主义和历史唯物主义》卷，人民出版社 2009 年 12 月第 1 版，第 114—115 页。

"在土地属于大小占有者的农业国家里，只要自愿节育的风气在人民习俗中还没有巩固，希望靠该地域的产品过活的劳动力和消费者的经常过剩就是不可避免的。"（《工人问题》第 157—158 页）朗格简单地搬出这种纯粹的马尔萨斯原理，而没有提出任何论据。他一再重复这个原理说："不管怎样，这样的国家的人口即使绝对稀少，也总要呈现出相对过剩的征象"，"市场上劳动的供应通常过多，而需求仍然很低"。（第 158 页）但这一切仍然是毫无根据的。从哪里可以看出"工人过剩"是真正"不可避免的"呢？从哪里可以看出这种过剩同人民习俗中缺乏自愿节育风气有联系呢？在谈论"人民习俗"之前，不应当先看看人民生活于其中的生产关系吗？……无论自愿节育的风气在人民习俗中如何巩固，人口"过剩"的形成总是不可避免的。朗格这种忽视社会经济关系的论断，只是清楚地证明他的方法毫不中用。除了这样的论断外，朗格再没有提供什么别的。他说，厂主很愿意把生产移到偏僻的乡村，因为那里"时时刻刻为任何工作准备着必要数量的童工"（第 161 页），但他不去探讨是什么样的历史条件，什么样的社会生产方式促使父母"准备"把自己的孩子送去受人盘剥。……

列宁：《民粹主义的经济内容及其在司徒卢威先生的书中受到的批评》（1894 年底—1895 年初），摘自《列宁全集》第 1 卷，人民出版社 1984 年 10 月第 2 版，第 416—417 页。

1762—1846 年期间的资料表明，人口的增殖总的说来是并不快的：每年的增长率为 1.07%—1.5%。此时人口增殖较快的，据阿尔先耶夫说，是那些"种谷物的"省份。司徒卢威先生得出结论说，这个"事实""对于原始形式的人民经济来说是非常典型的，因为在这种经济条件下，增殖直接依赖于土壤的天然肥沃程度，而且这种依存关系可以说是看得见摸得着的"。这是"人口增殖和生活资料相适应的规律"在起作用（第 185 页）。"土地面积愈大，土壤的天然肥沃程度愈高，人口的自然增长率就愈大。"（第 186 页）这个结论是完全没有根据的，因为这里仅仅根据一件事实，即欧俄中部各省在 1790—1846 年内人口增长最慢的是弗拉基米尔省和卡卢加省，就得出了一个完整的关于人口增殖和生活资料相适应的规律。

难道可以根据"土地面积"来判断居民的生活资料吗？（即使承认依据这样少量的资料可以得出一般性的结论）要知道，这些"人口"并没有把他们所取得的"天然肥沃"的产品直接归自己，他们是跟地主、国家分享这些产品的。这种或那种地主经济制度（代役租或徭役租，两种租的数额及其征收方式等等）对人们获得"生活资料"数量的影响，要比不归生产者绝对占有和自由占有的土地面积的影响大得无法比拟，这难道还不清楚吗？不仅如此。尽管有表现为农奴制度的社会关系，人们当时就已被交换联系在一起了，作者说得很对，"加工工业和农业的分离，即社会的全国的分工，在改革前的时代就已存在"。（第189页）试问，既然这样，为什么我们要认为生活在沼泽地带的弗拉基米尔省手工业者或商贩的"生活资料"不如握有"天然肥沃的土地"的坦波夫省粗野农民那样充裕呢？

接着，司徒卢威先生列举解放前农奴人口减少的资料。他引证过的那些经济学家把这个现象归之于"生活水平下降"（第189页）。作者得出结论说：

"我们所以谈到解放前农奴人口减少的事实，是因为在我们看来，这个事实有力地说明了俄国当时的经济情况。我国很大一部分地区的人口，在当时的技术经济条件和社会法律条件下已经……处于饱和状态，因为这些条件对将近40%的人口的稍微迅速的增殖，都是非常不利的。"（第189页）既然农奴制的社会制度把这些生活资料直接送到一小撮大土地占有者的手里，而不给人民群众（要研究的却正是他们的增殖），那么这与马尔萨斯的人口增殖和生活资料相适应的"规律"有什么关系呢？作者认为人口增加最少的，是土地不肥沃、工业不发达的省份，或者是人口稠密的纯粹农业的省份，能不能承认这种见解有什么价值呢？司徒卢威先生想把这个事实看作"非资本主义的人口过剩"的表现，认为这种人口过剩即使没有商品经济也一定会产生的，"是适合自然经济的"。但是，同样有理由，甚至更有理由说，这种人口过剩是适合农奴制经济的，人口增长缓慢主要是由于对农民劳动的剥削的加重，而剥削的加重又是由于商品生产在地主经济中增长起来，因为地主开始使用徭役劳动来生产出卖的粮食，而不只是满足自己的需要。作者举出的例子是反对他自己的，这些例子说明，决不能忽视历史上特定的社会关系体系及其发展阶段而按照人口增殖和生活资料相适应的公式来建立抽象的人口规律。

列宁：《民粹主义的经济内容及其在司徒卢威先生的书中受到的批评》
（1894 年底—1895 年初），摘自《列宁全集》第 1 卷，人民出版社 1984 年
10 月第 2 版，第 418—420 页。

工人阶级不会在斗争中灭亡，而会在斗争中成长，巩固，团结起来，
受到教育和锻炼。对于农奴制度、资本主义和小生产，我们是悲观的，但
是对于工人运动及其目的，我们是非常乐观的。我们已经为新的大厦奠定
了基础，我们的子女将要把它建成。

正因为这样——也只是因为这样——所以我们是新马尔萨斯主义的死
敌；新马尔萨斯主义是落后的利己的男女市侩的思潮，这些人恐惧地咕哝
说：我们自身，上帝保佑，还能勉强维持下去，至于孩子最好别再生了。

当然，这丝毫也不妨碍我们要求无条件废弃一切惩罚堕胎的法律，也
不妨碍我们拥护传播有关避孕方法的医学著作等等。这些法律不过是统治
阶级的一种假道学。这些法律并不能治好资本主义的脓疮，反而会使这些
脓疮更加恶化，使被压迫群众受到更大苦痛。医学宣传的自由和保护男女
公民的起码民主权利是一回事。新马尔萨斯主义的社会学说是另一回事。
觉悟的工人永远要进行最无情的斗争，来反对把这一反动的怯弱的学说加
到现代社会最先进的、最强大的、最有决心去进行伟大改造的阶级的身上
的企图。

列宁：《工人阶级和新马尔萨斯主义》（1913 年），摘自《列宁全集》第
19 卷，人民出版社 1959 年版，第 227—229 页。

（二）对"土地肥力递减规律"的批判

现在从头说起，你知道，根据李嘉图的地租理论，地租不过是生产费
用和土地产品的价格之间的差额，或者，按照他的另一种说法，不过是最
坏的土地的产品为补偿它的费用（租佃者的利润和利息总是算在这种费用
里面的）所必需的出售价格和最好的土地的产品所能够得到的出售价格之
间的差额。

依照他自己对他的理论的解释，地租的增加表明：

（1）人们不得不耕种越来越坏的土地，或者说，连续使用于同一块土
地的同量的资本获得的产品不一样。一句话：人口对土地的要求越多，土
质就变得越坏。土地变得相对地越来越贫瘠了。这恰恰为马尔萨斯的人口

论提供了现实基础，而他的学生们现在也在这里寻求最后的靠山。

（2）只有当谷物价格上涨时，地租才能提高（至少在经济学上是合乎规律的）；当谷物价格下跌时，地租必定降低。

（3）全国的地租总额如果增加，这只是由于很大数量的较坏的土地被耕种了。

可是，这三个论点处处都是和历史相矛盾的。

（1）毫无疑问，随着文明的进步，人们不得不耕种越来越坏的土地。但是，同样毫无疑问，由于科学和工业的进步，这种较坏的土地和从前的好的土地比起来，是相对地好的。

（2）自1815年以来，谷物的价格从90先令下降到50先令，而在谷物法废除以前，降得更低，这种下降是不规则的，但是不断的。而地租却不断地提高。英国是这样。大陆上到处也有相应的变化。

（3）我们在各个国家都发现，像配第曾经指出的：当谷物价格下跌时，国内地租的总额却增加了。

在这里，主要问题仍然是使地租规律与整个土壤肥力的提高相符合；只有这样，才能解释历史事实，另一方面，也才能驳倒马尔萨斯关于不仅劳动力日益衰退而且土质也日益恶化的理论。

马克思：《马克思致恩格斯》（1851年1月7日），摘自《马克思恩格斯文集》第10卷，人民出版社2009年12月第1版，第63—64页。

李比希的不朽功绩之一，是从自然科学的观点出发阐明了现代农业的消极方面。他对农业史所作的历史的概述虽不免有严重错误，但也包含一些卓见。可惜的是，他竟会不加考虑地发表这样的见解："把土弄得更细并且经常翻耕，会促进疏松的那部分土壤内的空气流通，扩大并更新受空气作用的土壤表面；但是很容易理解，土地的收益不会同使用在土地上的劳动成比例地增加，而是以小得多的比率增加。"李比希接着说："这个规律最先是由约翰·斯·穆勒在他的《政治经济学原理》中表述的，该书第一卷第217页这样写道：'在其他条件相同的情况下，同雇用的工人人数的增加相比，土地的产量以递减的比率增加，这是农业的普遍规律〈穆勒先生甚至以错误的公式复述了李嘉图学派的规律，因为在英国，所使用的工人的减少始终是同农业的进步并行的，因此，这个在英国并且为了英国而发明的规律，至少在英国是完全不适用的〉。'这确是令人惊奇的事情，因为穆勒并不知道这个规律的根据。"（李比希《化学在农业和生理学中的应用》第 1 卷第 143 页和注释）且不说李比希对"劳动"（他所理解的劳动与政治经济学不同）一词的错误理解，无论如何"令人惊奇的"是，他竟把约翰·斯·穆勒先生当做这个理论的首倡者，其实，这个理论最先由亚当·斯密时代的詹姆斯·安德森发表的，直到 19 世纪初还被他在不同的著作中加以重复；1815 年，剽窃能手马尔萨斯（他的全部人口论都是无耻的剽窃）把它据为己有；威斯特在当时也与安德森无关而独立地对此作了阐述；1817 年，李嘉图把它同一般的价值理论联系起来，从此以后，这个理论就以李嘉图的名字传遍全世界。1820 年，詹姆斯·穆勒（约翰·斯·穆勒的父亲）把它庸俗化了，最后，约翰·斯·穆勒先生也把它当做一种老生常谈的学派教条加以复述。不可否认，约·斯·穆勒之所以享有那种无论如何"令人惊奇"的权威，几乎完全是由于类似的误解造成的。

马克思：《资本论》第 1 卷（1894 年 11 月），摘自《马克思恩格斯文集》第 5 卷，人民出版社 2009 年 12 月第 1 版，第 580 页。

　　……臭名远扬的"土地肥力递减规律"的"显而易见"究竟在什么地方呢？就在于：如果后投入土地的劳动和资本所提供的产品不是递次减少而是数量相等，那就根本用不着扩大耕地了，在原有的土地面积上（不管多么小）就可以生产更多的粮食，"全世界的农业就可以容纳在一俄亩土地上了"。这就是常见的（也是唯一的）为这一"普遍"规律辩护的论据。任何人只要稍加思考，就会明白，这个论据是一个毫无内容的抽象概念，它抛开了技术水平和生产力状况这些最重要的东西。事实上，"追加的（或连续投入的）劳动和资本"这个概念本身，就是以生产方式的改变和技术的革新为前提的。要大规模地增加投入土地的资本的数量，就必须发明新的机器、新的耕作制度、新的牲畜饲养方法和产品运输方法等等。当然，较小规模地"投入追加劳动和追加资本"，可以在原有的、没有改变的技术水平的基础上实现（而且正在实现）。在这种情况下，"土地肥力递减规律"在某种程度上倒是适用的，这就是说，如果技术情况没有改变，能够投入的追加劳动和追加资本就是非常有限的。可见，我们得出的并不是普遍的规律，而是极其相对的"规律"，相对得说不上是一种"规律"，甚至说不上是农业的一个重要特征。……"土地肥力递减规律"完全不适用于技术正在进步和生产方式正在变革的情况，而只是极其相对地、有条件地适用于技术没有改变的情况。所以，马克思也好，马克思主义者也好，都不谈这个"规律"，只有象布伦坦诺之流的资产阶级学者才会高谈这个"规律"，因为他们怎样也摆脱不了旧政治经济学的偏见及其抽象的、永恒的、自然的规律。

> 列宁：《土地问题和"马克思的批评家"》（1901 年 6—9 月和 1907 年秋），摘自《列宁全集》第 5 卷，人民出版社 1986 年 10 月第 2 版，第 88—89 页。

……一般说来，人的劳动是无法代替自然力的，就象普特不能代替俄尺一样。无论在工业或农业中，人只能在认识到自然力的作用以后利用这种作用，并借助机器和工具等等以减少利用中的困难。说原始人获得的必需品是自然界的无偿赐物，这是拙劣的童话，连刚进大学的学生听了也会给布尔加柯夫先生喝倒彩。过去从来没有过什么黄金时代，原始人完全被生存的困难，同自然斗争的困难所压倒。机器和更完善的生产方式的采用，使人类进行这一斗争，特别是进行食物生产容易得多了。不是生产食物更加困难，而是工人取得食物更加困难了，因为资本主义的发展抬高了地租和地价，使农业集中在大大小小的资本家的手中，使机器、工具和货币更加集中，而没有这些东西就不可能顺利地进行生产。说工人生活日益困难是由于自然界减少了它的赐物，这就是充当资产阶级的辩护士。

> 列宁：《土地问题和"马克思的批评家"》（1901 年 6—9 月和 1907 年秋），摘自《列宁全集》第 5 卷，人民出版社 1986 年 10 月第 2 版，第 90 页。

技术进步是"暂时的"趋势，而土地肥力递减规律，即在技术没有改变的基础上追加投资的生产率递次降低（而且并非永远如此）的规律，却"具有普遍意义"！这就如同说，火车在车站停车是蒸汽机运输的普遍规律，而火车在两站之间行驶却是使静止的普遍规律不发生作用的暂时趋势。

> 列宁：《土地问题和"马克思的批评家"》（1901 年 6—9 月和 1907 年秋），摘自《列宁全集》第 5 卷，人民出版社 1986 年 10 月第 2 版，第 91 页。

……农业人口相对减少的现象，在所有的资本主义国家，包括农业国家和进口粮食的国家，都可以看到。……19 世纪的全部历史，用极为不同国家的大量资料确凿地证明：技术进步的"暂时"趋势使土地肥力递减的"普遍"规律完全不发生作用，技术的进步可以使相对（有时甚至是绝对）减少的农村人口为日益增多的总人口生产愈来愈多的农产品。

> 列宁：《土地问题和"马克思的批评家"》（1901 年 6—9 月和 1907 年秋），

摘自《列宁全集》第 5 卷，人民出版社 1986 年 10 月第 2 版，第 91—92 页。

……在农村人口减少或者绝对增加量极小的情况下所取得的农业进步，完全粉碎了布尔加柯夫先生妄想复活马尔萨斯主义的荒谬尝试。在俄国的"前马克思主义者"中间，司徒卢威先生大概是第一个在他的《评述》中作了这样的尝试，但终究不过是一些羞答答的、吞吞吐吐的、模棱两可的意见，一些没有考虑成熟，没有形成一套系统的观点。布尔加柯夫先生却更勇敢更彻底，他毫不犹豫地把"土地肥力递减规律"变为"文明史上最重要的规律之一"（原文如此！第 18 页）。"19 世纪的全部历史……以及该世纪的贫富问题，离开这一规律是无法理解的。""我毫不怀疑，社会问题，按它现在的提法，是同这一规律密切联系的"（我们这位严峻的学者在他的"研究性著作"第 18 页上就宣布了这一点）！……他在该书的结尾说："毫无疑问，在人口过剩的情况下，某一部分贫困应该算作绝对贫困，即生产的贫困，而不是分配的贫困。"（第 2 卷第 221 页）"在我看来，农业生产的条件所造成的特殊形式的人口问题，至少在目前已经成为农业经营中比较广泛地实现集体化或协作化原则的主要困难。"（第 2 卷第 265 页）"过去给将来遗留下来的、比社会问题更可怕、更困难的粮食问题，是生产问题，而不是分配问题"（第 2 卷第 455 页），如此等等。这一"理论"同土地肥力递减的普遍规律有密切联系，土地肥力递减规律上面已经分析过了，因此这一"理论"的科学价值，就用不着多谈了。向马尔萨斯主义献媚的批判，按其必然的逻辑发展，一定会成为最庸俗的资产阶级辩护术；我们所引的布尔加柯夫先生的结论，就再坦率不过地证实了这一点。

列宁：《土地问题和"马克思的批评家"》（1901 年 6—9 月和 1907 年秋），摘自《列宁全集》第 5 卷，人民出版社 1986 年 10 月第 2 版，第 93—94 页。

……有些著作家也和布尔加柯夫先生一样，把"粮食问题"说得比社会问题更加可怕更加重要，以此吓唬无产阶级，他们赞扬人工节制生育，说什么"调节人口增殖"是农民富裕的"根本的（原文如此！）经济条件"（第 2 卷第 261 页），说什么这种调节值得"推崇"，说什么"农民人口的增长在悲天悯人的（!?）道德论者中间引起了许多伪善的愤懑（仅仅是伪善的愤懑，而不是对现代社会制度正当的愤懑吗?），似乎无节制的淫欲

（原文如此！）倒是一种美德"（同上）。这班著作家自然而然地、不可避免地会竭力掩盖资本主义对农业进步的阻碍，把一切都归罪于"土地肥力递减"这一自然"规律"，把消灭城乡对立说成是"不折不扣的空想"。……

列宁：《土地问题和"马克思的批评家"》（1901 年 6—9 月和 1907 年秋），

摘自《列宁全集》第 5 卷，人民出版社 1986 年 10 月第 2 版，第 135 页。

　　……必须指出，大农户的土地单位面积产量所以最高还有一个原因，就是它们经常（也许几乎完全是）采用泥灰石改良土壤，较多地使用人造肥料（三类农户每摩尔根的肥料支出是 0.81—0.38—0.43 马克）和精饲料（在大农户中，每摩尔根是 2 马克，其余的农户根本不用）。把中等农户也算作大农户的克拉夫基说："我们的农民农户根本不花钱买精饲料。它们对进步的东西不大容易接受，尤其舍不得花掉现钱。"（《论农业小生产的竞争能力》第 461 页）大农户的耕作制度也比较先进：我们看到，4 个大农户全部都采用改良轮作制，中等农户采用这种制度的有 3 户（有 1 户还是采用旧的三圃制），小农户只有 1 户（其余 3 户都是采用三圃制）。最后，大农户的机器也多得多。诚然，克拉夫基本人认为机器没有什么特别重大的意义。但是我们不要受他的"见解"限制，而要看看有关的资料。蒸汽脱粒机、马拉脱粒机、谷物清选机、选粮筒、条播机、撒粪机、马拉搂草机、辗压机等 8 种机器在上述 3 类农户中的分配情况如下：4 个大农户共有 29 架机器（其中有 1 架蒸汽脱粒机），4 个中等农户共有 11 架（1 架蒸汽脱粒机也没有），4 个小农户只有 1 架（马拉脱粒机）。当然，农民农户的任何崇拜者的任何"见解"，也不能使我们相信，谷物清选机、条播机、辗压机等等竟会不影响单位面积的产量。……

列宁：《土地问题和"马克思的批评家"》（1901 年 6—9 月和 1907 年秋），

摘自《列宁全集》第 5 卷，人民出版社 1986 年 10 月第 2 版，第 151 页。

　　资产阶级经济学用"土地肥力递减规律"来解释"争夺新土地的竞争"，那是因为资产者有意无意地忽视问题的社会历史方面。社会主义经济学（即马克思主义）认为海外竞争的原因是海外那些不用付地租的土地在破坏过分昂贵的粮食价格，而这种粮价过去是欧洲各古老国家的资本主义靠极大地抬高地租来保持的。资产阶级经济学家不懂得（或者是故意瞒着自己和别人）土地私有制所造成的昂贵的地租是农业进步的障碍，而把这一切归咎于土地肥力递减这一"事实"所造成的"天然"障碍。

列宁：《社会民主党在 1905—1907 年俄国第一次革命中的土地纲领》（1907 年 11—12 月），摘自《列宁全集》第 16 卷，人民出版社 1988 年 10 月第 2 版，第 271 页。

（三）对劳动基金学说的批判

公民韦斯顿的论证，实际上是根据两个前提：

首先，国民产品量是固定不变的，或者像数学家所说的，是一个常量或常数；

其次，实际工资总额，也就是说，按照能够用以购买的商品的数量来测定的工资总额，是一个不变额，一个常数。

他的前一个论断显然是错误的。你们可以看到，产品的价值和数量在逐年增加，国民劳动的生产力在逐年扩大，而这种日益增加的产品的流通所必需的货币数量也在不断变化。一年告终时是如此，就可相互比较的各个不同年度来说是如此，就一年中每个平均日来说也是如此。国民产品的数或量总是在不断变化。它不是一个常数，而是一个变数，撇开人口的变化不谈，它也必然如此，因为资本积累和劳动生产力总是在不断地变化。的确，假如工资水平普遍提高了，这种提高本身，无论其后果如何，决不会立即改变产品量。这种提高最初可能是由当时的实际情况造成的。但是，如果在工资提高之前，国民产品是一个变数而不是一个常数，那么，在工资提高之后，它仍然是一个变数而不是一个常数。

但是，假定说，国民产品量不是变数，而是常数。即使如此，我们的朋友韦斯顿当做逻辑结论的东西，也只是一种武断。如果我们有一个已知数，比如说是 8，那么这个数的绝对界限并不妨碍它的各部分改变其相对界限。如果利润为 6，工资为 2，那么工资可能增加至 6，利润减少至 2，而总数仍然是 8。因此，产品量的固定不变，无论如何也不能证明工资总额也是固定不变的。那么，我们的朋友韦斯顿究竟怎样证明工资总额是固定不变的呢？不过是武断而已。

但是，即使同意他的论断，那么它也应当在两方面都说得通，然而公民韦斯顿却使它只能说明一个方面。如果工资总额是一个常数，它就既不能增加，也不能减少。因此，如果说工人争取暂时增加工资很愚蠢，那么资本家争取暂时降低工资也很愚蠢。我们的朋友韦斯顿并不否认，在一定的情况下，工人能够迫使资本家增加工资，但是，他觉得工资总额是天然固定不变的，工资增加后必然会有一个反作用。另一方面，他也知道资本家能够压低工资，而且确实经常想压低它。依照工资不变的原则，在这种场合，也应当像在前一种场合一样，随后有一个反作用。所以，工人对降低工资的企图或对工资已经降低的现象进行反抗是正确的。所以，他们力求增加工资也是正确的，因为任何一种反抗降低工资的行动都是一种争取增加工资的行动。依照公民韦斯顿的工资不变原则，工人也应当在一定情况下联合起来，为增加工资而斗争。

马克思：《工资、价格和利润》（1865 年 5 月 20 日—6 月 24 日之间），摘自《马克思恩格斯文集》第 3 卷，人民出版社 2009 年 12 月第 1 版，第26—27 页。

经济学的上述虚构，把调节工资的一般变动或调节工人阶级即总劳动力和社会总资本之间的关系的规律，同在各个特殊生产部门之间分配工人人口的规律混为一谈了。例如，由于市场情况良好，某一生产部门的积累特别活跃，利润高于平均利润，追加资本纷纷涌来，这样，对劳动的需求和工资自然就会提高。较高的工资把较大一部分工人人口吸引到这个有利的部门，直到这里劳动力达到饱和，工资终于又下降到以前的平均水平，如果工人流入过多，甚至会降到这个水平以下。那时工人流入该生产部门的现象不仅停止，甚至还会发生流出现象。在这里，政治经济学家就以为看到了，随着工资的提高，工人人数"在何处以及如何"绝对增长，而随着工人人数的绝对增长，工资"在何处以及如何"下降；但是事实上，他所看到的，只是某一特殊生产部门的劳动市场的局部波动，他所看到的，只是工人人口按照资本的需要的变动而在各投资部门之间的分配。

产业后备军在停滞和中等繁荣时期加压力于现役劳动军，在生产过剩和亢进时期又抑制现役劳动军的要求。所以，相对过剩人口是劳动供求规律借以运动的背景。它把这个规律的作用范围限制在绝对符合资本的剥削欲和统治欲的界限之内。这里正好应该回过来谈一下经济学辩护论的一大业绩。我们记得，由于采用新机器或扩大旧机器，一部分可变资本转化为不变资本，这是"束缚"资本，从而"游离"工人的活动，而经济学辩护士却相反地把这种活动说成是为工人游离资本。只有到现在我们才能充分地评价辩护士的厚颜无耻。其实，被游离出来的，不仅有直接被机器排挤

的工人,而且还有他们的代替者和企业在原有基础上实行一般扩大时通常
会吸收的追加人员。现在他们全被"游离"出来,并且每一笔希望执行职
能的新资本都能支配他们。不管这种资本吸引的是这些工人,还是另一些
工人,只要这笔资本刚好足以从市场上雇走被机器抛到市场上的那么多工
人,那么对劳动的总需求的影响就等于零。如果它雇用的人数较少,过剩
的人数就会增加;如果它雇用的人数较多,劳动总需求增加的幅度也只不
过等于就业的人超过"被游离的人"的那个差额。可见,寻求投资场所的
追加资本本来会激起的劳动总需求的增加,在以上每一种场合都会按照工
人被机器抛向街头的程度而抵消。因此,这也就是说,资本主义生产的机
制安排好,不让资本的绝对增长伴有劳动总需求的相应增加。而辩护士就
把这叫做对于被排挤的工人在被抛入产业后备军的过渡时期中遭受贫困、
痛苦和可能死亡的一种补偿!对劳动的需求同资本的增长并不是一回事,
劳动的供给同工人阶级的增长也不是一回事,所以,这里不是两种彼此独
立的力量互相影响。骰子是假的。资本在两方面同时起作用。它的积累一
方面扩大对劳动的需求,另一方面又通过"游离"工人来扩大工人的供
给,与此同时,失业工人的压力又迫使就业工人付出更多的劳动,从而在
一定程度上使劳动的供给不依赖于工人的供给。劳动供求规律在这个基础
上的运动成全了资本的专制。因此,一旦工人识破秘密,知道了他们为什
么劳动越多,为他人生产的财富越多,他们的劳动生产力越是提高,他们
连充当资本增殖手段的职能对他们来说也就越是没有保障;一旦工人发现,
他们本身之间竞争的激烈程度完全取决于相对过剩人口的压力;一旦工人
因此试图通过工联等等在就业工人和失业工人之间组织有计划的合作,来
消除或剥削资本主义生产的那种自然规律对他们这个阶段所造成的毁灭性
的后果,这时,资本和它的献媚者政治经济学家就大吵大叫起来,说这是
违反了"永恒的"和所谓"神圣的"供求规律。也就是说,就业工人和失
业工人之间的任何联合都会破坏这个规律的"纯粹的"作用。另一方面,
例如在殖民地,一旦有不利的情况妨碍建立产业后备军,从而妨碍工人阶
级绝对地隶属于资本家阶级,资本就同它的庸俗的桑乔·潘萨一道起来反
叛"神圣的"供求规律,并企图用强制手段来阻碍它发挥作用。

马克思:《资本论》第 1 卷(1894 年 11 月),摘自《马克思恩格斯文集》
第 5 卷,人民出版社 2009 年 12 月第 1 版,第 735—738 页。

大体来说，工资的一般变动仅仅由同工业周期各个时期的更替相适应的产业后备军的膨胀和收缩来调节。因此，决定工资的一般变动的，不是工人人口绝对数量的变动，而是工人阶级分为现役军和后备军的比例的变动，是过剩人口相对量的增减，是过剩人口时而被吸收、时而又被游离的程度。现代工业具有十年一次的周期，每次周期又有各个周期性的阶段，而且这些阶段在积累进程中被越来越频繁地相继发生的不规则的波动所打断。对于这个现代工业来说，如果有下面这样的规律，那确实是太好了：劳动的供求不是通过资本的膨胀和收缩，因而不是按照资本当时的增殖需要来调节，以致劳动市场忽而由于资本膨胀而显得相对不足，忽而由于资本收缩而显得过剩，而是相反，资本的运动依存于人口量的绝对运动。然而，这正是经济学的教条。按照这个教条，工资因资本的积累而提高。工资的提高刺激工人人口更快地增加，这种增加一直持续到劳动市场充斥，因而资本同工人的供给比较起来相对不足时为止。工资下降，于是事情走向反面。由于工资的下降，工人人口逐渐减少，以致资本同工人人口比较起来又相对过剩，或者像另一些人所说的那样，工资的降低和对工人剥削的相应提高，会使积累重新加快，而与此同时，低工资又会抑制工人阶级的增长。这样一来，就又出现劳动的供给小于劳动的需求、工资提高等等情况。这对于发达的资本主义生产是一个多么美好的运动方法啊！可是，在真正有劳动能力的人口因工资提高而可能出现某种实际增长以前，已经一再经过了这样一个时期，在这个时期必然发生工业战，展开厮杀，并且决出胜负。

马克思：《资本论》第 1 卷（1894 年 11 月），摘自《马克思恩格斯文集》第 5 卷，人民出版社 2009 年 12 月第 1 版，第 734—735 页。

边沁本人和马尔萨斯、詹姆斯·穆勒、麦克库洛赫等人都利用这一教条以达到辩护的目的，特别是为了把资本的一部分，即可变资本或可转变为劳动力的资本，说成是一个固定的量。可变资本的物质存在，即它所代表的工人生活资料的量或所谓劳动基金，被虚构为社会财富中一个受自然锁链束缚的而且不能突破的特殊部分。为了推动社会财富中要作为固定资本，或从物质方面说，要作为生产资料执行职能的那一部分，必需有一定量的活劳动。这个量是由工艺所确定的。但是，推动这一劳动量所需要的工人人数不是已定的，因为这个数目随着单个劳动力的剥削程度而变化，这个劳动力的价格也不是已定的，已定的只是它的具有很大弹性的最低界限。这一教条所依据的事实是：一方面，工人对社会财富分为非劳动者的消费品和生产资料这一点无权过问；另一方面，工人只有在幸运的例外情况下才有可能靠牺牲富人的"收入"来扩大所谓"劳动基金"。

把劳动基金的资本主义界限改写成劳动基金的社会的自然界限，造成了多么荒唐的同义反复，这可以用福塞特教授的例子来说明。他说：

"一个国家的流动资本就是它的劳动基金。因此，要想计算出每个工人所得到的平均货币工资，只要简单地用工人人口的数目去除这个资本就行了。"

这就是说，我们先算出实际付给的个人工资的总额，然后我们就可以断言，这样加起来的结果就是上帝和自然强行规定的"劳动基金"的价值总额。最后，我们把用这种办法得出的总额除以工人人数，就可以又发现平均每个工人能得到多少。这是一个非常狡猾的手法。它并不妨碍福塞特先生一口气说出：

"英国每年所积累的总财富分为两个部分。一部分用来维持英国本身的工业。另一部分则输往国外……用在本国工业上的那一部分占这个国家每年积累的财富的不大的一部分。"

由此可见，从英国工人那里不付等价物而窃取的、逐年都在增长的剩余产品的一大部分，不是在英国而是在其他国家资本化的。但是同追加资本一起输出的，还有上帝和边沁所发明的"劳动基金"的一部分。

马克思：《资本论》第 1 卷（1894 年 11 月），摘自《马克思恩格斯文集》
第 5 卷，人民出版社 2009 年 12 月第 1 版，第 704—706 页。

（四）驳斥米海洛夫斯基先生的若干错误论断

再举一个例子。……因为在史前时期没有阶级斗争，他们（米海洛夫斯基先生等人——编者注）便对唯物主义历史观的公式加上这样一个"更正"：在劳动生产率极低的原始时代，起首要作用的人自身的生产即子女生产，和物质财富生产同样是决定的要素。

……

……其次，我们的哲学家（即米海洛夫斯基先生——编者注）说，子女生产是非经济因素。可是您究竟在马克思或恩格斯的什么著作中读到他们一定是在谈经济唯物主义呢？他们在说明自己的世界观时，只是把它叫做唯物主义而已。……马克思在上述引文中说，对政治法律形式的说明要在"物质生活关系"中去寻找。怎么，难道米海洛夫斯基先生以为子女生产关系是思想关系？米海洛夫斯基先生对这一点的解释很独特，值得拿来分析一下。他说："无论我们怎样玩弄子女生产这个术语，以图在它和经济唯物主义之间建立一种哪怕是字面上的联系，无论它在错综复杂的社会生活现象中怎样同包括经济现象在内的其他现象交织着，但它毕竟有它本身的生理根源和心理根源。（米海洛夫斯基先生，您这一番子女生产有其生理根源的话，莫非是说给吃奶的孩子听的吗!？您为什么要顾左右而言他呢?）而这使我们联想到，经济唯物主义的理论家不仅没有弄清楚历史，也没有弄清楚心理学。毫无疑问，氏族联系在文明国家的历史中已经失去它的意义。但关于直接的两性联系和家庭联系，却未必能同样有把握地这样说。固然，它们在整个日益复杂的生活影响下有了很大的变化，可是只要有一定辩证技巧就可以证明：不仅法律关系，就是经济关系本身也是两性关系和家庭关系的上层建筑。我们不准备研究这一点。不过我们还是要举出遗产制度来说一说。"

……

……总之，子女教育列入了遗产制度!……总之，遗产制度所以是家庭关系和两性关系的上层建筑，是因为没有子女生产就不可能有遗产制!是呀，这真算是发现了新大陆!直到现在，大家都以为子女生产不大能够解释遗产制度，正如饮食的必要性不大能够解释财产制度一样……

我们可以把一句有名的格言改个样子来说：只要把"人民之友"刮一刮，就可以看出资产者的原形。的确，米海洛夫斯基先生这一套关于遗产制度同子女教育、同子女生产心理等等相联系的议论，不就是说遗产制度也同子女教育一样是永恒的、必要的和神圣的吗!固然，米海洛夫斯基先生想替自己留条后路，说"遗产制度在一定程度内是受经济竞争的事实制约的"，但这无非是想逃避明确回答问题的一种诡计，而且是一种手法拙劣的诡计。既然我们只字不提遗产对竞争究竟依赖到什么样的"一定程度"，既然丝毫没有说明竞争与遗产制度之间的这个联系究竟是由什么引起的，那我们怎能领会这种意见呢？其实，遗产制度以私有制为前提，而私有制则是随着交换的出现而产生的。……无论私有制或遗产，都是单独的小家庭（一夫一妻制的家庭）已经形成和交换已在开始发展的那个社会制度的范畴。米海洛夫斯基先生的例子所证明的，恰巧和他所想要证明的相反。

　　……米海洛夫斯基先生举出这两件事实，都是自己打自己的耳光，而给予我们的不过是标本的资产阶级的庸俗见解而已，其所以是庸俗见解，是因为他用子女生产及其心理来解释遗产制度，而用氏族联系来解释民族；其所以是资产阶级的，是因为他把历史上一个特定的社会形态（以交换为基础的社会形态）的范畴和上层建筑，当做子女教育和"直接"两性关系一样普遍的和永恒的范畴。

　　　　　　列宁：《什么是"人民之友"以及他们如何攻击社会民主党人？（节选）》
　　　　　　（1894 年春夏），摘自《列宁专题文集》之《论辩证唯物主义和历史唯物
　　　　　　主义》卷，人民出版社 2009 年 12 月第 1 版，第 168—175 页。

　　……其次，为了表明把子女生产扯到唯物主义上面去是完全不正确的，表明这不过是玩弄字眼，于是批评家（米海洛夫斯基先生——编者注）就来证明经济关系是两性关系和家庭关系的上层建筑。这位严肃的批评家在这里为了教训唯物主义者所作的指点，使我们获得了一个深刻的真理：遗产制度非有子女生产不行，复杂的心理是同这子女生产的产品"结合着"的，子女是以父辈的精神来教育的。顺便我们也知道了民族联系就是氏族联系的延续和普遍化。……

　　　　　　列宁：《什么是"人民之友"以及他们如何攻击社会民主党人？（节选）》
　　　　　　（1894 年春夏），摘自《列宁专题文集》之《论辩证唯物主义和历史唯物
　　　　　　主义》卷，人民出版社 2009 年 12 月第 1 版，第 202—203 页。

十 社会主义和共产主义社会的人口

（一）自觉地调整人的生产

共产主义是对私有财产即人的自我异化的积极的扬弃，因而是通过人并且为了人而对人的本质的真正占有；因此，它是人向自身、也就是向社会的即合乎人性的人的复归，这种复归是完全的复归，是自觉实现并在以往发展的全部财富的范围内实现的复归。这种共产主义，作为完成了的自然主义，等于人道主义，而作为完成了的人道主义，等于自然主义，它是人和自然界之间、人和人之间的矛盾的真正解决，是存在和本质、对象化和自我确证、自由和必然、个体和类之间的斗争的真正解决。它是历史之谜的解答，而且知道自己就是这种解答。

> 马克思：《1844 年经济学哲学手稿》（1844 年 4—8 月），摘自《马克思恩格斯文集》第 1 卷，人民出版社 2009 年 12 月第 1 版，第 185—186 页。

代替那存在着阶级和阶级对立的资产阶级旧社会的，将是这样一个联合体，在那里，每个人的自由发展是一切人的自由发展的条件。

> 马克思和恩格斯：《共产党宣言》（1847 年 12 月—1848 年 1 月底），摘自《马克思恩格斯文集》第 2 卷，人民出版社 2009 年 12 月第 1 版，第 53 页。

在共产主义社会高级阶段，在迫使个人奴隶般地服从分工的情形已经消失，从而脑力劳动和体力劳动的对立也随之消失之后；在劳动已经不仅仅是谋生的手段，而且本身成了生活的第一需要之后；在随着个人的全面发展，他们的生产力也增长起来。而集体财富的一切源泉都充分涌流之后，——只有在那个时候，才能完全超出资产阶级权利的狭隘眼界，社会才能在自己的旗帜上写上：各尽所能，按需分配！

> 马克思：《哥达纲领批判》（1875 年 4 月底—5 月 7 日），摘自《马克思恩格斯文集》第 3 卷，人民出版社 2009 年 12 月第 1 版，第 435—436 页。

共产主义并不剥夺任何人占有社会产品的权力，它只剥夺利用这种占有去奴役他人劳动的权力。

> 马克思和恩格斯：《共产党宣言》（1847 年 12 月—1848 年 1 月底），摘自《马克思恩格斯文集》第 2 卷，人民出版社 2009 年 12 月第 1 版，第

47 页。

我们由于他的理论，总的来说由于经济学，才注意到土地和人类的生产力，而且我们在战胜了这种经济学上的绝望以后，就保证永远不惧怕人口过剩。……也必须立刻进行这种变革，原因是只有这种变革，只有通过这种变革来教育群众，才能够从道德上限制繁殖本能……

> 恩格斯：《国民经济学批判大纲》（1843 年 9 月底或 10 月初—1844 年 1 月中），摘自《马克思恩格斯文集》第 1 卷，人民出版社 2009 年 12 月第 1 版，第 81 页。

只有一种有计划地生产和分配的自觉的社会生产组织，才能在社会方面把人从其余的动物中提升出来，正像一般生产曾经在物种方面把人从其余的动物中提升出来一样。历史的发展使这种社会生产组织日益成为必要，也日益成为可能。一个新的历史时期将从这种社会生产组织开始，在这个时期中，人自身以及人的生活的一切方面，尤其是自然科学，都将突飞猛进，使以往的一切都黯然失色。

> 恩格斯：《自然辩证法》（1873—1882 年），摘自《马克思恩格斯文集》第 9 卷，人民出版社 2009 年 12 月第 1 版，第 422 页。

一旦社会占有了生产资料，商品生产就将被消除，而产品对生产者的统治也将随之消除。社会生产内部的无政府状态将为有计划的自觉的组织所代替。个体生存斗争停止了。于是，人在一定意义上才最终地脱离了动物界，从动物的生存条件进入真正人的生存条件。人们周围的、至今统治着人们的生活条件，现在受人们的支配和控制，人们第一次成为自然界的自觉的和真正的主人，因为他们已经成为自身的社会结合的主人了。人们自己的社会行动的规律，这些一直作为异己的、支配着人们的自然规律而同人们相对立的规律，那时就将被人们熟练地运用，因而将听从他们的支配。人们自身的社会结合一直是作为自然界和历史强加于他们的东西而同他们相对立的，现在则变成他们自己的自由行动了。至今一直统治着历史的客观的异己的力量，现在处于人们自己的控制之下了。只是从这时起，人们才完全自觉地自己创造自己的历史；只是从这时起，由人们使之起作用的社会原因才大部分并且越来越多地达到他们所预期的结果。这是人类从必然王国进入自由王国的飞跃。

> 恩格斯：《反杜林论》（1876 年 9 月—1878 年 6 月），摘自《马克思恩格斯文集》第 9 卷，人民出版社 2009 年 12 月第 1 版，第 300 页。

人类数量增多到必须为其增长规定一个限度的这种抽象可能性当然是存在的。但是，如果说共产主义社会在将来某个时候不得不像已经对物的生产进行调节那样，同时也对人的生产进行调节，那么正是这个社会，而且只有这个社会才能无困难地做到这点。在这样的社会里，有计划地达到现在法国和下奥地利在自发的无计划的发展过程中产生的那种结果，在我看来，并不是那么困难的事情。无论如何，共产主义社会中的人们自己会决定，是否应当为此采取某种措施，在什么时候，用什么办法，以及究竟是什么样的措施。我不认为自己有向他们提出这方面的建议和劝导的使命。那些人无论如何也会和我们一样聪明。

> 恩格斯：《恩格斯致卡尔·考茨基》（1881 年 2 月 1 日），摘自《马克思恩格斯文集》第 10 卷，人民出版社 2009 年 12 月第 1 版，第 455—456 页。

（二）消灭失业现象

对工人的经济压迫，必然会引起和产生对群众的各种政治压迫和社会屈辱，使他们在精神生活方面变得粗俗和愚昧。工人固然可以多少争得一点政治自由来为自身的经济解放而斗争，但是，在资本的政权未被推翻以前，任何自由都不会使他们摆脱贫困、失业和压迫。

> 列宁：《社会主义和宗教》（1905 年 12 月 3 日［16 日]），摘自《列宁专题文集》之《论辩证唯物主义和历史唯物主义》卷，人民出版社 2009 年 12 月第 1 版，第 219 页。

为了消灭阶级，首先就要推翻地主和资本家。这一部分任务我们已经完成了，但这只是任务的一部分，而且不是最困难的部分。为了消灭阶级，其次就要消灭工农之间的差别，使所有的人都成为工作者。这不是一下子能够办到的。这是一个无比困难的任务，而且必然是一个长期的任务。这个任务不能用推翻哪个阶级的办法来解决。要解决这个任务，只有把整个社会经济在组织上加以改造，只有从个体的、单独的小商品经济过渡到公共的大经济。这样的过渡必然是非常长久的。采用急躁轻率的行政手段和立法手段，只会延缓这种过渡，给这种过渡造成困难。只有帮助农民大大改进以至根本改造全部农业技术，才能加速这种过渡。

> 列宁：《无产阶级专政时代的经济和政治》（1919 年 10 月 30 日），摘自《列宁专题文集》之《论社会主义》卷，人民出版社 2009 年 12 月第 1 版，第 159 页。

上面我讲到了工业和农业方面的成就，讲到了苏联工业和农业高涨的情形。从改善工农物质生活状况方面看来，这些成就产生了什么结果呢？从根本改善劳动者物质生活状况方面看来，我们在工业和农业方面的成就的主要结果是什么呢？

第一个主要结果是消灭了失业现象，消除了工人中不相信明天的心理。

第二个主要结果是几乎全体贫农都参加了集体农庄建设，在这个基础上打破了农民分化为富农和贫农的过程，因而消灭了农村中的贫困现象。

同志们，这是一个巨大的成绩，这种成绩是任何一个资产阶级国家哪怕是最"民主的"国家所梦想不到的。

我们苏联的工人早已忘记失业现象了。大约三年前我们还有将近一百五十万失业者。我们消灭失业现象已经有两年了。在这段时间内工人已经忘记了失业现象，忘记了失业的痛苦，忘记了失业的惨状。请看一看资本主义国家由于失业而造成的惨状吧。在这些国家里现在至少有三四千万失业者。这是些什么人呢？通常都说这是些"走投无路的人"。

他们每天都在设法获得工作，寻找工作，几乎任何工作条件都愿意接受，可是谁也不收容他们，因为他们是"多余的"人。与此同时，却有大批商品和产品被那些命运的宠儿，地主和资本家的子弟任意消耗。

不给失业者饭吃，因为他们无饭钱可付；不给他们屋子住，因为他们无房钱可付。他们靠什么生活，在哪里居住呢？他们的生活靠老爷餐桌上抛下来的一点点施舍，靠在垃圾箱里寻找腐烂的残余食品。他们住在大城市的贫民窟里，而且大多数住在郊外用木箱板和树皮匆忙搭成的小屋里。不仅如此，不仅失业者遭受失业的痛苦，而且在业工人也遭受失业的痛苦。他们所以遭受失业的痛苦，是因为大批失业者的存在使他们在生产中的地位不稳固，使他们产生了不相信明天的心理。今天他们还在企业里工作，可是他们不知道明天醒来时是否已被解雇。

五年计划四年完成的主要成绩之一，就是我们消灭了失业现象，使苏联工人摆脱了失业的惨状。

关于农民也必须这样说。他们也已经忘记了农民分化为富农和贫农的情形，忘记了富农剥削贫农的情形，忘记了每年都有几十万几百万贫农破产而沦为乞丐的情形。三四年前我国贫农至少占农民总人口的百分之三十，即将近二千万人。而在更早的时候，在十月革命以前，贫农至少占农民人口的百分之六十。什么是贫农呢？这就是通常在经营农业时或者缺乏种子，或者缺乏耕马，或者缺乏农具，或者缺乏所有这一切东西的人。贫农就是过着半饥半饱的生活，通常受富农盘剥，而在旧俄时代既受富农盘剥又受地主盘剥的人。就在不久以前，还有二百多万贫农每年跑到南部，跑到北高加索和乌克兰去谋生，受富农雇用，而在更早的时候，受富农和地主雇用。每年跑到工厂门口来补充失业者队伍的贫农更多。当时不仅贫农处于这种恶劣的情况，而且中农也大半和贫农一样遭受贫穷和困苦。所有这一切情况农民已经忘记了。

五年计划四年完成的结果，给了贫农和下中农什么呢？它打败和击溃了富农阶级，使贫农和一大半中农摆脱了富农的盘剥。它把贫农和一大半中农吸引到集体农庄里来，并为他们造成了稳固的地位，从而消灭了农民分化为剥削者（富农）和被剥削者（贫农）的可能，消灭了农村中的贫困。它把加入集体农庄的贫农和下中农变成了生活有保障的人，从而消灭了农民破产和贫困的过程。现在我国已经没有几百万农民每年离乡背井跑到远方去谋生的现象了。现在要吸引农民离开自己的集体农庄到什么地方去工作，必须和集体农庄订立合同，而且还要送给庄员免费的火车票。现在我国已经没有几十万几百万农民陷于破产，站在工厂门口哀求工作的现象了。这种事情过去是有的，但它早已成为过去了。现在农民是生活有保障的主人，是拥有拖拉机、农业机器、种子储备和存粮等等的集体农庄的庄员。

这就是五年计划给予贫农和下中农的东西。

这就是五年计划在改善工农物质生活状况方面的主要成绩的实质。

由于在改善工农物质生活状况方面获得了这些主要成绩，我们在第一个五年计划时期就有了如下的事实：

（甲）大工业的工人和职员人数比1928年增加一倍，即超额完成五年计划百分之五十七；

（乙）国民收入，也就是说工农收入，在1932年增加到四百五十一亿卢布，即比1928年增加百分之八十五；

（丙）大工业的工人和职员每年的平均工资比1928年增加百分之六十七，即超额完成五年计划百分之十八；

（丁）社会保险基金比1928年增加百分之二百九十二（1932年为四十

一亿二千万卢布，而1928年为十亿五千万卢布），即超额完成五年计划百分之一百一十一；

（戊）公共饮食业迅速发展，它供应各个最主要的工业部门百分之七十以上的工人，即超额完成五年计划五倍。

当然，我们还没有做到完全满足工农的物质需要。我们在最近几年内也未必能做到这一点。但是，我们毫无疑问已经做到使我国工农的物质生活状况逐年改善。只有苏维埃政权的死敌，也许还有资产阶级报刊的某些代表，包括资产阶级报刊驻莫斯科的一部分通讯员，才会怀疑这一点，而他们对于国民经济和劳动者状况的了解未必胜过阿比西尼亚国王对于高等数学的了解。

资本主义国家工农的物质生活状况又是怎样的呢？

请看官方统计吧。

资本主义国家的失业人数急剧增加了。在美国，据官方统计，单是加工工业中的在业工人人数就由1928年的八百五十万人减少到1932年的五百五十万人；而据美国劳工联合会统计，美国全部工业中的失业人数在1932年末已经达到一千一百万人。在英国，据官方统计，失业人数由1928年的一百二十九万人增加到1932年的二百八十万人。在德国，据官方统计，失业人数由1928年的一百三十七万六千人增加到1932的五百五十万人。一切资本主义国家的情形都是如此，而且官方统计照例都要缩小失业工人的数字，实际上资本主义国家的失业人数是在三千五百万至四千万之间。

工人的工资不断下降。据官方统计，美国工人每月的平均工资比1928年水平降低百分之三十五，英国在同一时期降低百分之十五，德国甚至降低百分之五十。据美国劳工联合会统计，美国工人由于1930—1931年度工资降低而受到的损失在三百五十亿美元以上。

英国和德国本来就很少的工人保险基金大大缩减了。美国和法国本来就很少的工人保险基金大大缩减了。美国和法国完全没有或者几乎完全没有任何失业保险形式，因此，无家可归的工人和无人照料的儿童人数急剧增长，特别是在美国。

资本主义各国农民群众的状况也不见得好些，那里的农业危机根本破坏了农民经济，使数千百万破产的农民沦为乞丐。

五年计划在改善苏联劳动者物质生活状况方面四年完成的总结就是如此。

斯大林：《第一个五年计划的总结》（1933 年 1 月 7 日），摘自《斯大林全集》第 13 卷，人民出版社 1956 年 4 月第 1 版，第 178—182 页。

（三）消灭城乡对立使人口尽可能平均分布于全国

把农业和工业结合起来，促使城乡对立逐步消灭。

马克思和恩格斯：《共产党宣言》（1847 年 12 月—1848 年 1 月底），摘自《马克思恩格斯文集》第 2 卷，人民出版社 2009 年 12 月第 1 版，第 53 页。

消灭城乡对立不是空想，不多不少正像消除资本家与雇佣工人的对立不是空想一样。消灭这种对立日益成为工业生产和农业生产的实际要求。……只有使人口尽可能地平均分布于全国，只有使工业生产和农业生产发生紧密的联系，并适应这一要求使交通工具也扩充起来——同时这要以废除资本主义生产方式为前提——才能使农村人口从他们数千年来几乎一成不变地在其中受煎熬的那种与世隔绝的和愚昧无知的状态中挣脱出来。断定人们只有在消除城乡对立后才能从他们以往历史所铸造的枷锁中完全解放出来，这完全不是空想；当有人硬要"从现有情况出发"预先规定一种据说可用来消除现存社会中这种或其他任何一种对立的形式时，那才是空想。

恩格斯：《论住宅问题》（1872 年 5 月—1873 年 1 月），摘自《马克思恩格斯文集》第 3 卷，人民出版社 2009 年 12 月第 1 版，第 326 页。

住宅问题，只有当社会已经得到充分改造，从而可能着手消灭在现代资本主义社会里已达到极其尖锐程度的城乡对立时，才能获得解决。资本主义社会不能消灭这种对立，相反，它必然使这种对立日益尖锐化。……并不是住宅问题的解决同时就会导致社会问题的解决，而只是由于社会问题的解决，即由于资本主义生产方式的废除，才同时使得解决住宅问题成为可能。

恩格斯：《论住宅问题》（1872 年 5 月—1873 年 1 月），摘自《马克思恩格斯文集》第 3 卷，人民出版社 2009 年 12 月第 1 版，第 283 页。

因此，城市和乡村的对立的消灭不仅是可能的，而且已经成为工业生产本身的直接需要，同样也已经成为农业生产和公共卫生事业的需要。只有通过城市和乡村的融合，现在的空气、水和土地的污染才能排除，只有通过这种融合，才能使目前城市中病弱群众的粪便不致引起疾病，而被用做植物的肥料。

……

因此，从大工业在全国的尽可能均衡的分布是消灭城市和乡村分离的条件这方面来说，消灭城市和乡村的分离也不是什么空想。的确，文明在大城市中给我们留下了一种需要花费许多时间和力量才能消除的遗产。但是这种遗产必须被消除而且必将被消除，即使这是一个长期的过程。

恩格斯：《反杜林论》（1876 年 9 月—1878 年 6 月），摘自《马克思恩格斯文集》第 9 卷，人民出版社 2009 年 12 月第 1 版，第 313—314 页。

（四）社会主义的人口教育工作

目前在国民教育方面所做的工作，一般说来，范围并不算太窄。为了推动旧的教师们前进，吸引他们来执行新的任务，使他们注意教育学一些问题的新提法，注意宗教之类的问题，我们做了很不少的工作。

但是我们没有做主要的事情。我们没有关心或者远没有充分关心把国民教师的地位提到应有的高度，而不做到这一点，就谈不上任何文化，既谈不上无产阶级文化，甚至也谈不上资产阶级文化。问题就在于我们直到今天还没有摆脱半亚洲式的不文明状态，如果我们不作重大的努力，是不能摆脱的，虽然我们有可能摆脱，因为没有哪一个地方的人民群众像我国的人民群众这样关心真正的文化；没有哪一个地方像我国这样把文化问题提得这样深刻，这样彻底；没有哪一个地方，哪一个国家像我国那样国家政权掌握在工人阶级手里，而大多数工人深知自己的——且不说在文化方面，而是在识字方面——不足；没有哪一个地方的工人阶级像我国工人阶级这样，为了改善自己在这方面的状况，情愿忍受并且正在忍受如此重大的牺牲。

列宁：《日记摘录》（1923 年 1 月 2 日），摘自《列宁专题文集》之《论社会主义》卷，人民出版社 2009 年 12 月第 1 版，第 344 页。

应当把我国国民教师的地位提到在资产阶级社会里从来没有、也不可能有的高度。这是用不着证明的真理。为此，我们必须经常不断地坚持不懈地工作，既要振奋他们的精神，也要使他们具有真正符合他们的崇高称号的全面修养，而最最重要的是提高他们的物质生活水平。

应当不断地加强组织国民教师的工作，以便使他们从资产阶级制度的支柱（在无一例外的所有资本主义国家里，他们一直是资产阶级制度的支柱）变成苏维埃制度的支柱，以便通过他们去争取农民，使农民脱离同资产阶级的联盟而同无产阶级结成联盟。

> 列宁：《日记摘录》（1923 年 1 月 2 日），摘自《列宁专题文集》之《论社会主义》卷，人民出版社 2009 年 12 月第 1 版，第 345—346 页。

在国民教育方面，俄共给自己提出的任务是：把 1917 年十月革命时开始的事业进行到底，即把学校由资产阶级的阶级统治工具变为摧毁这种统治和完全消灭社会阶级划分的工具。学校应当成为无产阶级专政的工具，就是说，不仅应当传播一般共产主义原则，而且应当对劳动群众中的半无产者和非无产者的阶层传播无产阶级在思想、组织、教育等方面的影响，以利于彻底镇压剥削者的反抗和实现共产主义制度。

> 列宁：《俄共［布］纲领草案》（1919 年 2 月），摘自《列宁全集》第 36 卷，人民出版社 1985 年 10 月第 2 版，第 106 页。

应当明确地认识到，只有确切地了解人类全部发展过程所创造的文化，只有对这种文化加以改造，才能建设无产阶级的文化，没有这样的认识，我们就不能完成这项任务。无产阶级文化并不是从天上掉下来的，也不是那些自命为无产阶级文化专家的人杜撰出来的。如果硬说是这样，那完全是一派胡言。无产阶级文化应当是人类在资本主义社会、地主社会和官僚社会压迫下创造出来的全部知识合乎规律的发展。

> 列宁：《青年团的任务》（1920 年 10 月 2 日），摘自《列宁全集》第 39 卷，人民出版社 1986 年 10 月第 2 版，第 299 页。

当我们听到有些青年以及某些维护新教育制度的人常常非难旧学校，说它是死记硬背的学校时，我们就告诉他们，我们应当吸取旧学校中的好东西。我们不应当吸取旧学校的这样一种做法，即用无边无际的、九分无用一分歪曲了的知识来充塞青年的头脑，但是这并不等于说，我们可以只学共产主义的结论，只背共产主义的口号。这样是建立不了共产主义的。只有了解人类创造的一切财富以丰富自己的头脑，才能成为共产主义者。

> 列宁：《青年团的任务》（1920 年 10 月 2 日），摘自《列宁全集》第 39 卷，人民出版社 1986 年 10 月第 2 版，第 299 页。

没有各种学术、技术和实际工作领域的专家的指导，向社会主义过渡是不可能的，因为社会主义要求广大群众自觉地在资本主义已经达到的基础上向高于资本主义的劳动生产率迈进。社会主义应该按照自己的方式，用自己的方法——具体些说，用苏维埃的方法——来实现这种迈进。而专家大多数必然是资产阶级的，这是把他们培养成为专家的整个社会生活环境造成的。如果我们无产阶级在掌握政权后迅速地在全民范围内解决了计算、监督和组织的任务（当时由于战争和俄国的落后，这是无法实现的），那么，在粉碎了怠工以后，我们就能用普遍的计算和监督的方法使资产阶级专家也完全服从我们。……

> 列宁：《苏维埃政权的当前任务》（1918 年 4 月），摘自《列宁专题文集》之《论社会主义》卷，人民出版社 2009 年 12 月第 1 版，第 88 页。

资本主义扼杀、压制、摧残了工人和劳动农民中的大批人才。这些人才在贫穷困苦、人格遭到侮辱的压迫之下毁灭了。现在我们的职责就是要善于发现这些人才，让他们担任工作。在征收党员周期间入党的新党员，大多数没有经验，不熟悉国家管理工作，这是毫无疑问的。但他们是被资本主义人为地压在下面、变成"层底"、没有抬头机会的那些社会阶层当中最忠实、最真诚、最有才能的人，这也是毫无疑问的。他们比别的人更有力量，更富朝气，更耿直，更坚强，更真诚。

> 列宁：《莫斯科征收党员周的总结和我们的任务》（1919 年 10 月 21 日），摘自《列宁专题文集》之《论无产阶级政党》卷，人民出版社 2009 年 12 月第 1 版，第 227 页。

……外国工人和本国工人享有同等权利（这一条对于像瑞士这样的帝国主义国家尤其重要，因为它们无耻地剥削愈来愈多的外国工人，使他们处于无权的地位）；其次，给予国内比如每一百居民以建立学习军事的自由团体的权利，自由选举教官，由国家支付薪金，等等。只有这样，无产阶级才能真正为自己而不是为奴隶主去学习军事，而这是完全符合无产阶级的利益的。俄国革命证明，革命运动的任何一次胜利，哪怕是局部的胜利，比如夺取了某个城市、某个工厂区、某一部分军队等等，都必然迫使胜利了的无产阶级恰恰要实现这样的纲领。

> 列宁：《无产阶级革命的军事纲领》（1916 年 8 月 9 日［22 日］以前），摘自《列宁专题文集》之《论社会主义》卷，人民出版社 2009 年 12 月第 1 版，第 15—16 页。

为了表明苏维埃政权要向社会主义过渡必须利用资产阶级知识分子的

服务，我冒昧地说一句骤然听来似乎是奇谈怪论的话：学习社会主义，在很大程度上要向托拉斯的领导者学习，学习社会主义，要向资本主义最大的组织者学习。正是大工厂，正是把对劳动者的剥削发展到空前规模的大机器工业，是唯一能够消灭资本统治并开始向社会主义过渡的那个阶级集中的中心；凡是考虑到这一点的人都不难相信，上面的说法并不是奇谈怪论。因此，当社会主义的组织工作提到日程上时，为了解决社会主义的实际任务，我们就必须吸引大批的资产阶级知识分子，特别是那些曾经从事过资本主义的最大生产的实际组织工作，首先是组织过辛迪加、卡特尔和托拉斯的人来协助苏维埃政权，这是毫不奇怪的。

列宁：《〈苏维埃政权的当前任务〉一文初稿》（1918 年 3 月 23 日和 28 日之间），摘自《列宁全集》第 34 卷，人民出版社 1985 年 10 月第 2 版，第 128 页。

当然，劳动人民没有管理的经验，但是这一点吓不倒我们。现在展现在胜利了的无产阶级面前的，是已经变成全民财产的土地，无产阶级一定能够根据社会主义原则组织新的生产和消费。过去，人类的全部智慧、人类的全部天才所进行的创造，只是为了让一部分人独享技术和文化的一切成果，而使另一部分人连最必需的东西——教育和发展也被剥夺了。然而现在一切技术奇迹、一切文化成果都将成为全民的财产，从今以后，人类的智慧和天才永远不会变成暴力手段，变成剥削手段。这些我们是知道的，因此，为了实现这一最伟大的历史任务，难道还不值得去工作，还不值得献出全部力量吗？劳动者一定能完成这一宏伟的历史任务，因为在他们身上蕴藏着革命、复兴和革新的尚未苏醒的伟大力量。

列宁：《全俄工兵农代表苏维埃第三次代表大会文献》（1918 年 1 月中旬），摘自《列宁全集》第 33 卷，人民出版社 1985 年 10 月第 2 版，第 288—289 页。

工人和农民还有些"胆怯"，他们应当克服这种毛病，他们**一定**会克服这种毛病。没有知识分子、专家这些有学问的人的建议和指导性的意见是不行的。任何一个有点头脑的工人和农民，对于这一点是知道得很清楚的，我们的知识分子不能抱怨工农对他们不够重视，对他们缺少同志式的尊敬。但是，建议和意见是一回事，组织**实际的**计算和监督又是一回事。知识分子往往能够提出极好的建议和意见，可是他们"笨手笨脚"到了可笑、**荒谬**和丢脸的地步，没有本事去**实行**这些建议和意见，**切实监督**怎样把言论变成行动。

由此可见，如果没有来自"老百姓"即工人和劳动农民的实际组织工作者的帮助，没有这些人的领导作用，是绝对不行的。"事在人为"，工人和农民应当把这个真理牢牢记住。

> 列宁：《怎样组织竞赛?》（1917 年 12 月 24—27 日［1918 年 1 月 6—9 日］），摘自《列宁专题文集》之《论社会主义》卷，人民出版社 2009 年 12 月第 1 版，第 59 页。

（五）个人得到全面发展

在这种共产主义看来，物质的直接的占用是生活和存在的唯一目的；工人这个规定并没有被取消，而是被推广到一切人身上；私有财产关系仍然是共同体同物的世界的关系；最后，这个用普遍的私有财产来反对私有财产的运动是以一种动物的形式表现出来的：用公妻制——也就是把妇女变为公有的和共有的财产——来反对婚姻（它确实是一种排他性的私有财产的形式）。

> 马克思：《1844 年经济学哲学手稿》（1844 年 4—8 月），摘自《马克思恩格斯文集》第 1 卷，人民出版社 2009 年 12 月第 1 版，第 183 页。

……对社会主义的人来说，整个所谓世界历史不外是人通过人的劳动而诞生的过程，是自然界对人来说的生成过程，所以关于他通过自身而诞生、关于他的形成过程，他有直观的、无可辩驳的证明。因为人和自然界的实在性，即人对人来说作为自然界的存在以及自然界对人来说作为人的存在，已经成为实际的、可以通过感觉直观的，所以关于某种异己的存在物、关于凌驾于自然界和人之上的存在物的问题，即包含着对自然界的和人的非实在性的承认的问题，实际上已经成为不可能的了。

> 马克思：《1844 年经济学哲学手稿》（1844 年 4—8 月），摘自《马克思恩格斯文集》第 1 卷，人民出版社 2009 年 12 月第 1 版，第 196—197 页。

个人力量（关系）由于分工而转化为物的力量这一现象，不能靠人们从头脑里抛开关于这一现象的一般观念的办法来消灭，而只能靠个人重新驾驭这些物的力量，靠消灭分工的办法来消灭。没有共同体，这是不可能实现的。只有在共同体中，个人才能获得全面发展其才能的手段，也就是说，只有在共同体中才可能有个人自由。

马克思和恩格斯：《德意志意识形态》（1845 年秋—1846 年 5 月），摘自
《马克思恩格斯文集》第 1 卷，人民出版社 2009 年 12 月第 1 版，第 570—
571 页。

阶级的存在是由分工引起的，而迄今为止的分工方式将完全消失。因
为要把工业和农业生产提高到上面说过的水平，单靠机械和化学的辅助手
段是不够的，还必须相应地发展使用这些手段的人的能力。当上个世纪的
农民和手工工场工人被卷入大工业的时候，他们改变了自己的整个生活方
式而成为完全不同的人，同样，用整个社会共同经营生产和由此而引起的
生产的新发展，也需要完全不同的人，并将创造出这种人来。共同经营生
产不能由现在这种人来进行，因为他们每一个人都只隶属于某一个生产部
门，受它束缚，听它剥削，在这里，每一个人都只能发展自己才能的一方
面而偏废了其他各方面，只熟悉整个生产中的某一个部门或者某一个部门
的一部分。就是现在的工业也越来越不能使用这样的人了。由整个社会共
同地和有计划地来经营的工业，更加需要才能得到全面发展、能够通晓整
个生产系统的人。因此，现在已被机器破坏了的分工，即把一个人变成农
民、把另外一个人变成鞋匠、把第三个人变成工厂工人、把第四个人变成
交易所投机者的分工，将完全消失。教育将使年轻人能够很快熟悉整个生
产系统，将使他们能够根据社会需要或他们自己的爱好，轮流从一个生产
部门转到另一个生产部门。因此，教育将使他们摆脱现在这种分工给每个
人造成的片面性。这样一来，根据共产主义原则组织起来的社会，将使自
己的成员能够全面发挥他们的得到全面发展的才能。于是各个不同的阶级
也就必然消失。因此，根据共产主义原则组织起来的社会一方面不容许阶
级继续存在，另一方面这个社会的建立本身为消灭阶级差别提供了手段。

由此可见，城市和乡村之间的对立也将消失。从事农业和工业的将是
同一些人，而不再是两个不同的阶级。单从纯粹物质方面的原因来看，这
也是共产主义联合体的必要条件。乡村农业人口的分散和大城市工业人口
的集中，仅仅适应于工农业发展水平还不够高的阶段，这种状态是一切进
一步发展的障碍，这一点现在人们就已经深深地感觉到了。

由社会全体成员组成的共同联合体来共同地和有计划地利用生产力；
把生产发展到能够满足所有人的需要的规模；结束牺牲一些人的利益来满

足另一些人的需要的状况；彻底消灭阶级和阶级对立；通过消除旧的分工，通过产业教育、变换工种、所有人共同享受大家创造出来的福利，通过城乡的融合，使社会全体成员的才能得到全面的发展，——这就是废除私有制的主要结果。

> 恩格斯：《共产主义原理》（1847 年 10 月底—11 月），摘自《马克思恩格斯文集》第 1 卷，人民出版社 2009 年 12 月第 1 版，第 688—689 页。

正是由于这种工业革命，人的劳动生产力才达到了相当高的水平，以致在人类历史上破天荒第一次创造了这样的可能性：在所有的人实行明智分工的条件下，不仅生产的东西可以满足全体社会成员丰裕的消费和造成充足的储备，而且使每个人都有充分的闲暇时间去获得历史上遗留下来的文化——科学、艺术、社交方式等等——中一切真正有价值的东西；并且不仅是去获得，而且还要把这一切从统治阶级的独占品变成全社会的共同财富并加以进一步发展。关键就在这里。人的劳动生产力既然已发展到这样高的水平，统治阶级存在的任何借口便都被打破了。为阶级差别辩护的最终理由总是说：一定要有一个阶级无须为生产每天的必需品操劳，以便有时间为社会从事脑力劳动。这种废话在此以前曾有其充分的历史合理性，而现在被近百年来的工业革命一下子永远根除了。统治阶级的存在，日益成为工业生产力发展的障碍，同样也日益成为科学和艺术发展，特别是文明社交方式发展的障碍。从来也没有比我们现代的资产者更无知的人了。

> 恩格斯：《论住宅问题》（1872 年 5 月—1873 年 1 月），摘自《马克思恩格斯文集》第 3 卷，人民出版社 2009 年 12 月第 1 版，第 258—259 页。

无产阶级将取得公共权力，并且利用这个权力把脱离资产阶级掌握的社会化生产资料变为公共财产。通过这个行动，无产阶级使生产资料摆脱了它们迄今具有的资本属性，使它们的社会性质有充分的自由得以实现。从此按照预定计划进行的社会生产就成为可能的了。生产的发展使不同社会阶级的继续存在成为时代错乱。随着社会生产的无政府状态的消失，国家的政治权威也将消失。人终于成为自己的社会结合的主人，从而也就成为自然界的主人，成为自身的主人——自由的人。

> 恩格斯：《社会主义从空想到科学的发展》（1880 年 1 月—3 月上半月），摘自《马克思恩格斯文集》第 3 卷，人民出版社 2009 年 12 月第 1 版，第 566 页。

任何管理工作都需要有特殊的本领。有的人可以当一个最有能力的革命家和鼓动家，但是完全不适合做一个管理人员。凡是熟悉实际生活、阅历丰富的人都知道：要管理就要懂行，就要精通生产的全部情况，就要懂得现代水平的生产技术，就要受过一定的科学教育。这就是我们无论如何都应当具备的条件。

> 列宁：《在全俄水运工人第三次代表大会上的讲话》（1920 年 3 月 15 日），
> 摘自《列宁全集》第 38 卷，人民出版社 1986 年 10 月第 2 版，第 240 页。

要竭力做到：管理工作上花费人力最少，管理人员个个都有能力，不论是专家还是工人都要做工作，都要参加管理，如果他们不参加管理，就要被认为是犯了罪。要学习自己的实际经验，也要向资产阶级学习。他们善于保持自己的阶级统治，他们有我们不可缺少的经验；拒绝吸取这种经验，就是妄自尊大，就会给革命造成极大的危害。

> 列宁：《在全俄水运工人第三次代表大会上的讲话》（1920 年 3 月 15 日），
> 摘自《列宁全集》第 38 卷，人民出版社 1986 年 10 月第 2 版，第 241 页。

国家机关的领导人应该具有吸收人才的高超能力，具有检查他们的工作的相当丰富的科学技术知识。这是基本的方面。不然，工作就不能做好。另一方面，很重要的是他要善于做行政管理工作，并且在这方面有一个或几个得力的助手。

> 列宁：《关于赋予国家计划委员会以立法职能》（1922 年 12 月 27 日），摘
> 自《列宁全集》第 43 卷，人民出版社 1987 年 10 月第 2 版，第 346 页。

……社会主义将发展为共产主义，而对人们使用暴力，使一个人服从另一个人、使一部分居民服从另一部分居民的任何必要也将随之消失，因为人们将习惯于遵守公共生活的起码规则，而不需要暴力和服从。

为了强调这个习惯的因素，恩格斯就说到了新的一代，他们是"在新的自由的社会条件下成长起来的一代，能够把这全部国家废物完全抛掉"，——这里所谓国家是指任何一种国家，其中也包括民主共和制的国家。

> 列宁：《国家与革命》（1917 年 8—9 月），摘自《列宁专题文集》之《论马克思主义》卷，人民出版社 2009 年 12 月第 1 版，第 253—254 页。

……一旦社会全体成员在占有生产资料方面的平等即劳动平等、工资平等实现以后，在人类面前不可避免地立即就会产生一个问题：要更进一步，从形式上的平等进到事实上的平等，即实现"各尽所能，按需分配"

的原则。至于人类会经过哪些阶段，通过哪些实际措施达到这个最高目的，那我们不知道，也不可能知道。可是，必须认识到：通常的资产阶级观念，即把社会主义看成一种僵死的、凝固的、一成不变的东西的这种观念，是非常荒谬的；实际上，只是从社会主义实现时起，社会生活和个人生活的各个领域才会开始出现迅速的、真正的、确实是群众性的即有大多数居民参加然后有全体居民参加的前进运动。

> 列宁：《国家与革命》（1917 年 8—9 月），摘自《列宁专题文集》之《论马克思主义》卷，人民出版社 2009 年 12 月第 1 版，第 270 页。

可是，在城市工人与农村雇工之间建立交往，在他们之间建立一种他们之间可以很容易建立起来的友好互助形式，这是我们的责任，这是执政的工人阶级的基本任务之一。为此就必须在工厂工人中组成许多以经常帮助农村发展文化为宗旨的团体（党的、工会的、个人的）。

> 列宁：《日记摘录》（1923 年 1 月 2 日），摘自《列宁专题文集》之《论社会主义》卷，人民出版社 2009 年 12 月第 1 版，第 346—347 页。

极少数人享受民主，富人享受民主，——这就是资本主义社会的民主制度。如果仔细地考察一下资本主义民主的结构，那么无论在选举权的一些"微小的"（似乎是微小的）细节上（居住年限、妇女被排斥等等），或是在代表机构的办事手续上，或是在行使集会权的实际障碍上（公共建筑物不准"叫化子"使用！），或是在纯粹资本主义的办报原则上，等等，到处都可以看到对民主制度的重重限制。用来对付穷人的这些限制、例外、排斥、阻碍，看起来似乎是很微小的，特别是在那些从来没有亲身体验过贫困、从来没有接近过被压迫阶级群众的生活的人（这种人在资产阶级的政论家和政治家中，如果不占百分之九十九，也得占十分之九）看起来是很微小的，但是这些限制加在一起，就把穷人排斥和推出政治生活之外，使他们不能积极参加民主生活。

> 列宁：《国家与革命》（1917 年 8—9 月），摘自《列宁专题文集》之《论马克思主义》卷，人民出版社 2009 年 12 月第 1 版，第 258—259 页。

你们很清楚，这样的例子不知有过多少了。我再说一遍：这并不值得惊奇，因为改造小农，改造他们的整个心理和习惯，这件事需要花几代人的时间。只有有了物质基础，只有有了技术，只有在农业中大规模地使用拖拉机和机器，只有大规模电气化，才能解决小农这个问题，才能像人们所说的使他们整个心理健全起来。只有这样才能根本地和非常迅速地改造小农。我说需要花几代人的时间，倒不是说需要几百年。你们都很清楚，要获得拖拉机和机器，要实现一个大国家的电气化，无论如何要有几十年的时间才行。客观情况就是这样。

> 列宁：《俄共（布）第十次代表大会文献（节选）》（1921 年 3 月），摘自《列宁专题文集》之《论社会主义》卷，人民出版社 2009 年 12 月第 1 版，第 204 页。

提高劳动生产率，首先需要保证大工业的物资基础，即发展燃料、铁、机器制造业、化学工业的生产。……

提高劳动生产率的另一种条件就是：第一，提高居民群众的文化教育水平。现在这一工作正在突飞猛进，那些被资产阶级陈腐观念所蒙蔽的人看不到这一点，他们不能了解，由于存在苏维埃组织，现在人民"下层"中的求知热情和首创精神是多么高涨。第二，提高劳动者的纪律、工作技能、效率、劳动强度，改善劳动组织，这也是发展经济的条件。

……自然，刚刚摆脱空前残酷压迫的群众，他们的情绪是沸腾激昂的；要群众培植出劳动纪律的新基础是一个很长的过程，在没有完全战胜地主和资产阶级以前，这种工作甚至还不可能开始。

> 列宁：《苏维埃政权的当前任务》（1918 年 4 月），摘自《列宁专题文集》之《论社会主义》卷，人民出版社 2009 年 12 月第 1 版，第 96—97 页。

资产阶级的事业就是发展托拉斯，把儿童和妇女赶进工厂，在那里折磨他们，腐蚀他们，使他们过着极端贫困的生活。我们不"支持"这种发展，不"要求"这种发展，我们反对这种发展。但是怎样反对呢？我们知道，托拉斯和妇女从事工厂劳动是进步的。我们不愿意倒退到手工业，倒退到垄断前的资本主义和妇女从事家务劳动。要通过托拉斯等等前进，并且要超过它们走向社会主义！

> 列宁：《无产阶级革命的军事纲领》（1916 年 8 月 9 日［22 日］以前），摘自《列宁专题文集》之《论社会主义》卷，人民出版社 2009 年 12 月第 1 版，第 11 页。

资本主义必然遗留给社会主义的，一方面是工人中间旧有的、长期形成的工种和行当的差异；另一方面是各工种的工会，它们只有十分缓慢地、经过许多年才能发展成为而且一定会发展成为规模较广而行会气味较少的产业工会（包括整个生产部门，而不仅是包括同行、同工种、同行当），然后经过这种产业工会，进而消灭人与人之间的分工，教育、训练和培养出**全面发展的**和受到**全面**训练的人，即**会做一切工作的人**。共产主义正在向这个目标前进，必须向这个目标前进，并且**一定能达到**这个目标，不过需要经过许多岁月。

列宁：《共产主义运动中的"左派"幼稚病》（1920 年 4—5 月），摘自《列宁全集》第 39 卷，人民出版社 1986 年 10 月第 2 版，第 29—30 页。

……在那里每个人将成为真正自由的人，不必为糊口而操心，也不必迎合"当代有权有势的人"。

斯大林：《和第一个美国工人代表团的谈话》（1927 年 9 月 9 日），摘自《斯大林全集》第 10 卷，人民出版社 1954 年 12 月第 1 版，第 117—118 页。

参考资料

一 马克思和恩格斯部分

1. 《马克思恩格斯全集》（第1—50卷），中共中央马克思恩格斯列宁斯大林著作编译局译，人民出版社1956年12月—1985年12月第1版。

2. 《马克思恩格斯全集》（第1—3卷、第10—13卷、第16卷、第19卷、第21卷、第25卷、第30—35卷、第44—48卷），中共中央马克思恩格斯列宁斯大林著作编译局编译，人民出版社1995年6月—2013年4月第2版。

3. 《马克思恩格斯文集》（第1—10卷），中共中央马克思恩格斯列宁斯大林著作编译局编译，人民出版社2009年12月第1版。

二 列宁部分

1. 《列宁全集》（第1—60卷），中共中央马克思恩格斯列宁斯大林著作编译局编译，人民出版社1984年10月—1990年12月第2版。

2. 《列宁专题文集》（五卷本），中共中央马克思恩格斯列宁斯大林著作编译局译，人民出版社2009年12月第1版。

三 斯大林部分

1. 《斯大林全集》（第1—13卷），中共中央马克思恩格斯列宁斯大林著作编译局编，人民出版社1953年9月—1956年4月第1版。

2. 《斯大林选集》（上、下卷），中共中央马克思恩格斯列宁斯大林著作编译局编，人民出版社1979年12月第1版。

3. 《斯大林文集》（1934—1952），中共中央马克思恩格斯列宁斯大林著作编译局编译，人民出版社1985年12月第1版。

四 其他

1. 北京大学人口研究室：《马克思、恩格斯、列宁、斯大林论人口》，教学参考资料，1984年。

2. 《马克思、恩格斯、列宁、斯大林论人口问题》，商务印书馆1977年版。

3. 吕红平、陈胜利：《马克思、恩格斯、列宁、斯大林、毛泽东论生育文化》，中国人口出版社2004年版。

4. 张纯元:《马克思主义人口思想史》,北京大学出版社 1986 年版。

5. 刘永佶:《马克思主义人口思想史纲》,青海人民出版社 1987 年版。

6. 德·伊·瓦连捷伊:《马克思列宁主义人口理论》,商务印书馆 1978 年版。

后　记

本书是中国社会科学院"马克思主义理论研究和建设工程"子项目——"马克思主义经典作家论人口问题专题摘编"成果。本课题于2010年5月正式立项启动，于2013年5月完成。在课题研究中，参考和借鉴了以往的相关成果，并对原有成果进行了内容更新与补充，完成本书稿。

本文集的资料摘编过程如下：首先，根据中央编译局最新编译的10卷本《马克思恩格斯文集》（人民出版社2009年版）和5卷本《列宁专题文集》，按照每册文集所附的名目索引，找到与人口问题相关的关键词，如人口、家庭、婚姻、劳动和教育等，摘录相关的原文。这是本摘编文集最主要的资料来源。其次，将商务印书馆选编的《马克思、恩格斯、列宁、斯大林论人口问题》（商务印书馆1977年版）中的相关内容，按照上述最新版本文集进行了相应更新。另外，还收集了相关论文和专著中引用的马克思主义经典作家对人口问题的论述，并按照最新版的文集对引文进行了更新。对于新版文集中没有收录的马克思主义经典作家的相关论述，我们以早期版本著作为准。

在文献的摘编中，编者根据相应内容的主题，拟定了本书的一级标题。书中的二级标题，基本保持与马恩经典作家文集提供的有关名目索引一致。对于一些难以与经典著作名目索引对应的内容，编者根据自己的理解，拟定了相应标题。

本课题组成员均来自中国社会科学院人口与劳动经济研究所，由张世生任课题组长，课题组成员包括徐进、高文书、伍海霞和赵晓姝，以及中国社会科学院研究生院的研究生高梅、陈光普和柯宓，课题组分工如下：张世生负责课题的组织领导；高文书和徐进负责全书的框架设计；高文书、高梅、陈光普和柯宓负责各章中马克思和恩格斯有关劳动、就业和人口流动等相关论述的摘编；伍海霞负责各章中马克思和恩格斯有关婚姻、家庭和生育等的相关论述的摘编；赵晓姝负责各章中列宁和斯大林的相关论述的摘编。最后，徐进、高文书负责核校。

由于编者水平所限，本文献摘编肯定还存在很多不足，敬请批评指正。

编　者